위기상담의 이론과 실제

위기상담의 이론과 실제

Theory and Practice of Crisis Counseling

이미나 · 김경숙 · 박정인

동문사

머리말

인간은 태어나서 죽을 때까지 끊임없이 위기를 겪으면서 산다. 그런데 기대하지 않은 상황에서 갑작스럽게 충격적인 단일 사건이 발생하거나 반복적으로 사건을 경험하면서 정서적 충격을 받아 개인이 적절하게 대처할 수 없거나 대처방식이 붕괴되는 것이다. 이처럼 인간은 살아가는 동안 쉽게 해결할 수 있는 일부터 해결하기 어려운 일, 또는 갑작스럽거나 미리 예견된 일 등을 겪는다. 즉, 위기란 개인이 현재 자원과 대처기제로는 감당하기 어려운 사건이나 상황을 지각하거나 경험하는 것이다고 할 수 있다. 고통이 해결되지 않을 경우에는 심각한 인지적 · 정서적 · 행동적 역기능이 초래될 수 있다.

위기(危機)의 한자적 의미는 위험(danger)과 기회(opportunity)의 공존을 뜻한다. 위기는 다소 긴 붕괴와 변화의 기간, 급성적이고 급작스러운 붕괴나 변화의 순간을 뜻하기도 한다. 사고 또는 만성적인 상태의 갑작스러운 악화 등이 그것이다. 그런데 대처방식에 따라서 위기는 하나의 전환점으로, 건전한 방향으로 전진하기도 하고, 주어진 상황이나 다른 사람들로부터 후퇴해 버리는 기점이 된다. 이러한 상황에서 자연재해나 극심한 심리적 고통과 같이 자신의 대처능력을 벗어나서 견디기가 매우 힘든 급박한 사건이나 상황처럼 특정 순간에 갑작스럽게 심각한 문제를 겪어 신속한 해결이 요구되는 상황 혹은 상태에서 이루어지는 상담이 위기상담이다. 갑작스러운 자살충동을 겪어 전화로 도움을 요청하면서 이루어지는 전화상담도 위기상담이다.

그러므로 위기(crisis)란 한 개인의 삶에 중요한 영향을 주는 단일한(single event) 또는 연속적인(series of events) 사건으로 인해 심리적 불균형(psychological disequilibrium)이 발생한 이후, 다시금 심리적 항상성을 복구하기 위한 노력을 함에도 불구하고 현재의 상황이 더 나빠지거나 비적응적인 행동양상으로 이어질 수 있는 상황으로 정의한다. 첫째, 위기적 사건이 발생하게 되면 거의 대부분의 사람은 생리적으로든 또는 정서적, 인지적, 행동적으로든 자신에게 생긴 변화에 반응을 하게 된다. 둘째, 사건 자체가 위기인 것이 아니라 개인의 반응양식이 실패하거나 부적절하게 작동하는 상황을 위기라 칭한다. 또한 사람들이 기존에 지니고 있던 심리적 항상성의 수준도 각기 다르고, 그 항상성을 깨뜨릴 수 있는 외부적 사건을 지각하는 정도도 개인마다 다르며, 변화에 대해 반응하는 양식에도 큰 개인차가 있기에 위기란 매우 주관적인 경험이라고 할 수 있다.

본 교재의 구성은 총 16장으로 구성되어 있다. 제1장에서는 위기에 대한 이해, 제2장에서는 위기상담의 이해, 제3장에서는 위기상담 이론, 제4장에서는 위기상담의 단계, 제5장에서는 위기상담 과정, 제6장에서는 발달단계적 위기의 이해, 제7장에서는 위기상담 매체활용기법, 제8장에서는 심리측정 및 평가, 제9장에서는 위기유형 및 외상스트레스, 제10장에서는 자살과 자해위기, 제11장에서는 죽음과 가족위기, 제12장에서는 위기개입과 사이버 상담, 제13장에서는 부부갈등과 이혼위기, 제14장에서는 중독과 위기, 제15장에서는 감염병과 재난 위기, 마지막으로 제16장에서는 위기상담사의 역할 및 전문성으로 구성되었다.

본 내용이 대학과 대학원에서의 상담심리학과목으로는 물론이고 위기상담과 청소년 위기상담을 전공자에게 '위기상담의 이론과 실제'라는 과목으로 활용될 뿐 아니라 위기교육 및 위기상담에 대해 연구하는 분들에게 도움이 되기를 기대한다.

끝으로 본 교재가 나오기까지 도와주시고 격려하여 주신 모든 분에게 감사를 드리고자 한다. 그리고 출판을 흔쾌히 허락하고 모든 지원을 해주신 동문사 이중수 사장님과 편집부에 정중하게 감사의 말을 전한다.

2022년 3월

저자 일동

차 례

Chapter

1

위기에 대한 이해

Chapter 1

위기에 대한 이해

1. 위기의 개념

'위기(crisis)'라는 말은 원래 그리스어의 '크리네인(krinein: 분리한다)'에서 어원을 둔 의학용어로 환자의 상태가 좋아지거나 악화되는 전환점을 의미하며, 학자들 간에 상황적 여건에 따라 다양하게 정의되고 있다(전영신, 2009). 일반적으로 '위기'라고 말할 때 협의의 의미로는 "어떤 개인이나 조직이 심한 변화를 겪으면서 위험한 상태에 처해 있을 때"를 말한다(이연, 1989). 그러나 실제로 우리가 '위기'라는 말을 쓸 때에는 나쁜 상황을 초래할 수 있는 위급한 상황을 가리키는 경우가 많다. 위기는 변화, 스트레스, 긴장, 공포, 경악이란 의미를 담고 있는 용어이다.

현대사회에서 위기상황은 개인, 단체와 조직, 정부, 국가, 국제체제 등의 다양한 차원에서 일상적이고 보편적으로 발생한다. 그렇기 때문에 위기의 개념 적용은 군사학, 정치학, 경제학, 사회학, 심리학, 경영학 등 모든 학문분야에서 진행되고 있다. 이에 따라 위기개념에 대한 이해도 확대, 심화되었다. 그러므로 위기 개념을 정확하게 정의하는 것이 중요하다.

위기관리 학자인 허만(Herman, 1972)에 의하면 "위기라고 하는 것은 의사결정 집단의 최우선 목표를 위협하여 의사결정이 이루어지기 전에는 대처 시간을 제한하고, 결정 후에는 의사결정 집단의 멤버를 놀라게 하는 것"이라고 정의하였다. 또한 올(Ole, 1978)은 "조직의 위기를 중요한 가치에 높은 위협을 가하는 상황, 매우 짧은 의사결정을 하는 상황"으로 파악하였다.

위기(crisis)는 웹스터 사전(Webster)의 의미는 '위험한 고비(crucial time)', '어떤 일의 전환점(turning point)', 즉 '어떤 외적 위험에 대한 개인의 내적인 반응'이다.

어원적 의미는 '결단하다(to decide)'란 의미의 희랍어 χρινειν에서 연유되어 전환점, 절정(climax), 전기(juncture), 변환점(point of change), 심판(judgement) 등의 의미를 지닌다.

또한, 한문으로 위기(危機)란 위험(danger)+기회(opportunity)로 하나의 전환점으로, 건전한 방향으로 전진하든지 아니면 주어진 상황이나 다른 사람들로부터 후퇴해 버리는 기점이 된다.

정신의학에서는 인간의 항상성(homeostasis) 체계가 무너진 불균형의 상태, 즉 심리적 안정이 깨어진 상태라고 정의한다. 위기는 인간의 행복을 위협하거나 매일의 일상적 삶을 방해하는 일련의 사건을 의미한다(Gary Collins, 1995).

김기태는 위기상태는 그 자체가 일종의 병이 아니라, 특히 새로운 발달단계에서 발생하는 안정상태의 혼란, 혹은 생의 전환점인 체계의 불균형 상태를 의미한다(정상태 저, 위기개입론 중). 위기는 결단의 시기, 긴급을 요하는 시기, 궁극적 관심의 시기, 위험과 가능성의 시기라고 정의하고 있다.

심리학자들마다 위기에 대한 견해와 정의를 내리는 내용에 약간의 차이를 보이지만 공통적인 견해는 한 인간이 지금까지 자신에게 도움이 되어 왔던 행동기제로 용이하게 해결할 수 없는 문제에 직면할 경우, 위기에 처한 사람은 하나의 전환점에 서 있다고 보았다. 여기서 긴장과 불안의 강도는 높아지는데 해결책을 강구하는 자구능력은 저하되고, 무력감을 느끼게 되며, 정서적으로 심각한 혼란 상태에 빠지게 되어 자신의 문제를 스스로 해결할 수 없다고 생각하게 된다고 하였다. 이러한 관점에서 본다면 위기는 위험을 내포한 말이고 '극적 전환점'을 이룰 수 있는 기회가 될 수 있으며, 절박한 상황에 처해 있음을 의미하고 개인으로 하여금 위험에 이르게 된 어떤 사건의 발생을 의미하며 개인에게 있어서 '약한 상태'를 의미한다.

다시 말하면 어떤 사상의 결정적이고도 중대한 단계라고 할 수 있으며, '내가 가지고 있는 지금의 틀이 깨지는 것'을 의미하는 것으로 '기존의 질서에 어떤 것이 더해지거나(+) 빠질 때(−) 일어나는 현상'이라고 설명하기도 한다.

위기(crisis)란 한 개인의 삶에 중요한 영향을 주는 단일한(single event) 또는 연속적인(series of events) 사건으로 인해 심리적 불균형(psychological disequilibrium)이 발생한 이후, 다시금 심리적 항상성을 복구하기 위한 노력을 함에도 불구하고 현재의 상황이 더 나빠지거나 비적응적인 행동양상으로 이어질 수 있는 상황으로 정의할 수 있다(Lindemann, 1944, 1956; Caplan, 1964). 이와 같은 정의에는 몇 가지 중요한 전제가 내포되어 있다. 첫째, 위기적 사건이 발생하게 되면 거의 대다수 사람은 생리적으로든, 또는 정서적, 인지적, 행동적으로든 자신에게 생긴 변화에 반응을 하게 된다는 것이다. 둘째, 사건 자체가 위기인 것이 아니라 개인의 반응양식이 실패하거나 부적절하게 작동하는 상황을 위기라 지칭한다. 또한 사람들이 기존에 시니고 있던 심리직 항상성의 수준도 각기 다르고, 그 항상성을 깨트릴 수 있는 외부적 사건을 지각하는 정도도 개인마다 다르며, 변화에 대해 반응하는 양식에도 큰 개인차가 있기에 위기란 매우 주관적인 경험이라는 사실도 강조되고 있다(Caplan, 1964).

Roberts(2005)는 이러한 전제들에 기초한 종래의 여러 위기이론들을 통합하여 '위기에 처한 사람(person in crisis)'을 다음과 같이 표현하였다.

첫째, 현재 발생한 사건이 개인적으로 중요한 의미를 지니면서 동시에 자신의 안녕에 위협을 주는 것으로 지각하고 있다.

둘째, 자신이 지닌 기존의 대처기술로는 현재의 사건을 바꾸거나 그 영향을 줄일 수 없다고 느낀다.

셋째, 그 사건으로 인해 두려움, 긴장, 혼란감이 점차 증가된다.

넷째, 주관적 불편감(subjective discomfort) 수준이 매우 높게 나타난다.

다섯째, 활성화된 위기상태, 즉 심리적 불균형(disequilibrium) 상태로 악화되어 간다.

콜린스에 따르면 위기란 항상 피할 수 없는 전환점이다. 위기는 예상된 것일 수도 있으며 또는 뜻밖의 일일 수도 있다. 동시에 위기는 실제적으로 일어날 수 있거나 상상 속에 머물기도 하지만, 현실적으로 다가올 수도 있으며(사랑하는 사람의 죽음 같이), 잠재적(사랑하는 사람이 곧 죽을 것이라는 예상과 같이)일 수 있다. 또한 스톤(Howard W. Stone)은 그의 저서 『위기상담(Crisis Counseling)』에서 "위기는 어떤 외적인 위험에 대한 개인의 내적 반응"을 의미한다고 말한다. 여기에는 위험에 대한 일시적인 상실, 즉 정서 장애가 역전될 수 있을 것이라는 은연중의 확신의 상실을 포함한다.

제임스와 길리랜드(James & Gilliland)는 개인이 현재 지니고 있는 대처기제와 자원으로 해결하거나 감당하기 어려운 사건 또는 상황을 지각하거나 경험하는 것을 위기로 정의하였다. 브램머(Brammer, 1985)는 기대하지 않은 상황에서 갑작스럽게 충격적인 단일 사건이 발생하거나 반복적으로 사건을 경험하면서 정서적 충격을 받아 개인이 적절하게 대처할 수 없거나 대처방식이 붕괴되는 것이라고 위기를 정의하였다. 인간은 살아가는 동안 쉽게 해결할 수 있는 일부터 해결하기 어려운 일 또는 갑작스럽거나 미리 예견된 일 등을 겪는다.

예견하지 못한 상황에서 갑작스럽게 사건이 발생하여 빠른 시간 내에 해결해야 하는 일을 응급상황이라고 한다. 이에 반해 위기란 응급상황처럼 빠른 시일 내에 해결해야 하는 일이 아니라 시간적으로 24시간 이상 기다려도 되는 상황이다. 응급상황이 긴급하게 해결되지 않고 24시간 이상 지연된다면 위기상황이 된다.

위기는 보통 6주 또는 8주간 지속되는 사건을 말하는데, 흔히 이 시기를 지나게 되면 위기상황이 완화되어 문제를 해결하지 못하였다 하더라도 위기로 지각하지 않는다. 그 이유는 불안함과 고통과 같은 부정적 감정들이 시간이 지나면서 점차 옅어지거나 그 상황에 익숙해져서 제대로 의식하지 못하기 때문이다.

위기는 개인의 경험과 특성에 따라 다르게 지각하거나 반응하지만, 타인의 지지나 지원이 가장 큰 영향을 미친다. 위기에 처한 사람은 다른 사람의 도움을 요청하면서 자신의 위기를 알리려고 한다.

2. 위기의 특성

일반적인 위기의 공통적인 특징을 살펴보면 다음과 같다.

첫째, 위기는 정상적인 능력으로는 해결하기 어려운 상황을 가져온다(김형렬, 1990).

둘째, 위기는 사회의 구성원 어느 누구도 원하지 않는 상황으로서 돌발적으로 발생하고, 사회 제반의 가치와 규범 및 문화 그리고 관계들을 변화시키는 역할을 하기도 한다(Gladwin & Kumar, 1987).

셋째, 위기의 대상은 특별히 한정되어 있지 않고 어떤 개인이나 가정, 조직, 기업, 사회 그리고 국가까지도 위기로부터 벗어날 수 없고 위기로부터 자유로울 수가 없다(Barton 1993).

넷째, 위기의 발생은 반복성을 지니고 있다. 과거에 발생하였던 위기에 대한 학습과 관리가 적절하지 못할 경우 동일한 유형의 위기가 반복해서 일어나게 되고(이상팔, 1996), 이는 부작위에 의한 위기발생 기회를 제공하는 것과 같은 것이다.

다섯째, 위기는 시 · 공간적 무제약성을 특징으로 한다. 즉, 위기는 언제, 어디서, 누구에게 발생할 것인지를 예측할 수가 없으며, 시간과 장소에 관계없이 일어날 수 있다(이채순, 2007).

마지막으로 위기는 발생원인이 다양하고 복잡하다. 단일한 원인에 의해 위기가 발생한 경우에는 적시에 적절한 원인의 치유를 통해 해결이 가능하지만, 그러나 대부분의 위기는 그 원인이 다양하고 복잡하기 때문에 준비 및 대응 등이 총체적이고 복합적일 수밖에 없다(이재은, 2000; 이채순, 2007).

위기상담에서 그 특성을 이해하는 것은 매우 중요한 일이다. 특성을 이해하지 못한다면 위기 중재를 할 수 없고 아울러 내담자에게 접근하지 못한다. 일반적인 내담자와 달리 취급해야 할 이유도 이 특성이 시간적인 긴급성을 요하는 긴박한 문제라는 것과 위기에 처한 자의 심리상태가 모호한 비논리적인 점을 말할 수 있다. 이 위기의 특성은 대부분 사람들이 우발적인 사건을 통해서 경험되며 이 경험은 정신적인 질환의 징후가 아니며 그 상황에서 나타나는 정상적인 감정의 반응인 것이다. 그러나 위기를 경험할 때 위기를 촉발하는 요인은 대체로 그 상황이나 초래한 당사자가 아니고 위기를 경험하는 본인의 주관적인 간접 경험이 위기 초래의 더 직접적인 원인이 되기 때문에 똑같은 위기상황에서도 어떤 사람은 더 심각한 위기경험을 하는가 하면 다른 이는 전혀 위기를 느끼지 않을 수도 있다. 즉, 위기상황과 위기경험 사이에는 어떤 정비례의 관계가 존재하지 않는다. 특히 위기를 경험하고 있는 자들은 대부분 그들이 대단히 중요하게 여기고 있는 것을 잃었다거나 잃을 위험이 있다고 생각한다. 그러나 실제로는 잃었는지 잃지 않았는지 하는 객관적인 사실과는 관계가 없다. 당사자의 주관적인 경험이 더 중요한 것이다. 위기를 당한 자가 사태가 더 위협적이라고 평가할수록 그에 대한 대응책들은 더욱더 원시적이고 퇴보적일 가능성이 크다. 즉, 어떤 사람들은 실제적인 현실과의 접촉을 끊고 대인관계를 단절시키는 동시에 퇴보적이고 유아적인 관계에 대한 갈망을 갖는다. 이때 이들은 상당한 의존성과 유아적 밀착성을 나타내므로 다른 사람은 거절하지만 동시에 상담사의 도움은 오히려 강하게 요구하고 있음을 발견해야 한다. 이처럼 원시적 대응책으로의 후퇴는 다시 말해서 위기 가운데 있는 사람은 평상시보다 훨씬 덜 방어적이고 변화에 대해서 취약성이 있다. 이때는 정서적으로 불안한 상태로 외부의 조건에 따라 쉽게 정신 건강 쪽으로든지 아니면 정신 불(不)건강 쪽으로든지 변화되기가 쉽다. 그러므로 위기상담사는 위기에 처해 있는 사람이 위기를 불건강하게 다루고 있으면 그로 하여금 위기를 건강하게 다루도록 도와주면 될 것이다. 이때를 잘 극복하면 정서적, 정신적, 영적인 면에서 건강을 회복할 수 있는 좋은 전환점이 될 수 있어서 위기상담에서는 이때를 놓쳐서는 상담의 효과를 기대할 수 없다. 이 위기를 성공적으로 해결할 경험이 있는 사람은 새로운 위기에 대해서도 성공적으로 대응할 가능성이 많다고 보며 이런 특성을 갖게 하는 것이 상담의 목적이기도 하다. 위기의 특성은 다음과 같은 일반적인 원리를 갖는다. 즉, 인간은 누구나 위기에서 해방될 수 없으며 그 경험은 발전이냐 파멸이냐 하는 중요한 분기점을 이루며, 이때 어떤 결단을 내렸는가와 누가 그 곁에 있어 주었는가는 궁극적인 전환에 매우 중요한 요인이 되며, 그 위기의 체험은 언제나 당사자의 주관적 감정 경험과 관계되어 있어서 그가 감정의 갈등에 어떻게 대처하는가가 위기상담사의 중요한 열쇠가 된다.

위기는 정신적 질환의 징표(a sign of mental illness)가 아니라 정서적으로 위험한 상황(hazardous situation)에 대한 한 사람의 정상적인 반응(normal human reaction)이다. 위기 가운데 있는 사람이 반드시 정신적 질환을 앓는다고 할 필요는 없지만 강렬한 정서적 반응을 경험할 수 있다. 이런 정서적 고통은 적절하게 해결되지 않으면 심각한 정신적인 고통으로 발전될 수 있다. 그리고 정서적 위험상황에 대한 개인의 주관적 평가 또는 인식은 위기가 발생할 것인지 아닌지 그리고 얼마나 심각한 위기일 것인가를 크게 결정한다. 사람들은 똑같은 사태에 대해서도 다르게 반응한다. 그것은 그들의 과거의 경험과 이해를 근거로 그 사태의 의미를 어떻게 평가하느냐에 달려 있기 때문이다.

대부분의 사람은 위기 가운데 있을 때에 그들에게 중요한 것, 즉 그들의 육체적, 경제적, 대인관계적, 혹은 상실(loss)의 위협을 느낀다. 여기에서 중요한 인물(significant person), 사랑 혹은 의존관계(love or dependency relationship), 재정적 지원(financial support), 건강, 생명, 친숙한 역할, 가치가 있다는 느낌, 삶의 의미 등이 상실대상이 될 수도 있다. 어떤 사람에게는 새로운 직업을 얻거나 다른 곳으로 이주하는 때에도 커다란 상실이 발생할 수도 있다. 그러나 대응방법이 많고 다양할수록 위기를 경험할 가능성은 더 적어지며 대응수단이 빈약한 사람이 겪는 것과 같이 심각한 위기는 경험하지 않는다.

그런데 사태를 보다 위협적이라고 평가할수록 그에 대한 대응책들은 더욱더 원시적이고 퇴보적일 가능성이 많다. 심리적으로 접근 가능성이 고조되는 기간은 대개 짧으며 절정에 이르는 속도가 빠르다. 그러므로 상담사가 그 기간에 재빨리 어떤 관계를 맺어주지 못하거나 정보를 얻는 데 너무 많은 시간을 보내면 고조된 기회가 지나가 버리며, 상담에 있어서 본래 필요한 것보다 더 많은 시간과 노력을 요구하게 된다. 그리고 위기의 해결 과정은 더 좋은 결과를 가져올 수도 있고 더 나쁜 결과를 초래할 수도 있다. 위기를 성공적으로 해결한 경험이 있는 사람은 새로운 위기에 대해서도 성공적으로 대응할 가능성이 더 크기도 하다. 위기 가운데 있는 사람들은 흔히 그들에게 어느 때보다 더 필요한 대인관계에서 스스로 단절하는 경향이 있다. 적극적인 대인관계는 적절한 위기 해결을 촉진해 준다.

3. 위기단계

1) 위기의 단계

위기 연구자들은 위기 상태를 가져올 수 있는 촉발 요인을 흔히 두 가지의 범주로 나눈다(Slaikeu, 1990). 하나는 발달과정상의 위기(developmental life crises)로서, 가족이나 주요 인간관계의 변화, 또는 환경적 변화(예: 사별이나 이혼으로 인한 가족 구조의 변화, 실직)로 인하여 새로운 삶의 방식에 적응해야 하는 상황을 말한다. 이러한 종류의 위기는 정상적인 삶의 경험 범위에 포함되는 것으로 여겨지지만, 당사자에게는 어떤 식으로든 기존의 항상성이 깨지는 변화를 일으킨다는 점 때문에 주관적 스트레스가 따르는 위기라 할 수 있다.

반면, 정상적인 삶의 경험 범위를 벗어나서 예측하지 못하게 발생하며 심리적, 신체적 안녕에 심각한 위협을 주는 위기상황을 사건상황적 위기(situational life crises)라 부른다. 홍수, 지진, 태풍 등의 자연적 재해나 재난, 교통사고, 폭력, 범죄, 전쟁 그리고 비정상적인 사별이나 상실의 경험이 그 예라 할 수 있다. 발달과정상의 위기는 기존의 일반상담 장면에서도 흔히 다루어지고 있는 상담 내용인 반면, 사건상황적 위기는 예고 없이 급작스럽게 발생하고 위기경험자에게는 더욱 첨예한 정서적 혼란을 야기하며 개입의 즉시성이 중요하다는 점에서 일반상담에서의 개입목표나 전개 과정과는 다른 것이 요구된다. 따라서 이와 같은 사건상황적 위기요인이 주로 위기개입 또는 위기상담의 대상이 된다.

극심한 심리적 불균형이 발생한 이후 그것이 안정화되는 데 걸리는 시간은 대체로 4~6주 정도이기 때문에(Caplan, 1964), 이 기간 동안 이루어지는 심리적 처치가 위기상담에 해당한다. 현재까지 매우 많은 종류의 위기상담 모델이 개발되었는데, 그럼에도 불구하고 대부분의 위기상담 모델은 단기간 내에 정서적 혼란, 신체적 불편감, 이상 행동 등으로 나타나는 심리적 불균형을 복구한다는 점에서 유사성을 지니고 있다. 그 예로 Roberts(1991; 2005)의 7단계 위기개입 모델, Westefeld와 Heckman-Stone(2003)의 10단계의 문제해결 중심통합 모델(Integrated Problem-Solving Model), 그리고 Kanel(2006)의 ABC 위기개입 모델 등이 있고, 그 외 대부분의 위기상담 모델은 이 세 모델과 유사하므로 〈표 1-1〉에서는 세 모델만을 비교 제시하였다. 그동안 국내에서는 상담 분야에서 위기개입이 소개된 사례가 많지 않았는데, 김미리혜(1998)가 Beck(1976)의 인지치료와 Mitchell & Everly(1997)의 Critical Incident Stress Debriefing을 조합하여 실시한 위기개입 프로그램 효과성 연구와 최웅용과 이수연(2003)이 대구지하철 참사의 유가족을 대상으로 실시한 단기 집단상담 프로그램 연구가 있었다.

〈표 1-1〉 Roberts, Westefeld와 Heckman-Stone, Kanel의 위기개입 모델

Roberts의 7단계 모델	Westefeld와 Heckman-Stone의 10단계 모델	Kanel의 ABC 모델
1. 위기의 심각성 및 개인의 생물심리학적(biopsychosocial) 평가	1. 라포의 형성과 유지	A. 라포 형성과 유지 (적극적 경청, 재진술, 감정 탐색 등)
2. 라포와 즉각적 협력관계 형성	2. 내담자의 안전 확인 (자살, 자해, 신변위협 등)	B. 문제상황의 평가 a. 촉발 사건 확인 b. 인지적 측면 평가 c. 정서적 호소 평가 d. 행동적, 사회적 기능 평가 e. 위기이전 기능 평가 f. 윤리적 측면의 평가(자살, 아동학대, 의료적 질환 등) g. 약물 사용 여부 평가 h. 치료적 개입 실시(심리교육적 정보제공, 심리적 지지, 인지적 재구조화 등)
3. 문제상황의 다각적 파악	3. 문제상황의 평가	C. 대처 측면 a. 현재 대처 기능 평가 b. 내담자의 대안적 책략 탐색 c. 상담사의 대안적 대처방법 제시(외부 기관 의뢰 등) d. 추후 개입
4. 내담자의 정서와 감정 탐색	4. 위기상담 목표 수립	
5. 가능한 대안을 탐색 (자원과 대처기술 포함)	5. 다양한 대안의 탐색	
6. 구체적 행동계획을 수립	6. 대안의 실효성 탐색	
7. 추후 계획 수립 및 합의	7. 최적의 대안 선택	
	8. 대안의 실행	
	9. 성과의 평가	
	10. 추후 개입	

〈표 1-1〉에서 볼 수 있듯이 지금까지 소개된 대부분의 위기상담 모델들은 고유한 위기상담 이론을 갖고 있기보다는 상담의 일반론적인 접근(즉, 평가, 대안탐색, 실행, 추후개입)을 하고 있거나, 여러 종류의 상담이론과 기법을 선택적으로 재적용하는 것이 대부분이다. 서두에서 소개한 대로 많은 연구자들이 위기의 심리적 특성을 분명 따로 정의하고 있음에도 불구하고 실제 위기상담 모델들은 일반 상담 모델과 두드러지게 큰 차이가 보이지 않기 때문에 위기상담이 지녀야 할 고유한 치료적 개입요인이 무엇인지 명확하지 않다. 이와 같이 구체적인 위기상담의 치료적 요인이 명시되지 않으면 위기상담 모델 자체의 타당성이 모호해질 뿐 아니라 위기상담의 성과를 평가하는 것에도 제한이 있다. 실제로 이와 같은 문제점은 위기상담 모델들의 타당성을 지지해줄 경험적 연구자료가 현재까지 거의 없었다는 지적에서도 드러난다(Westefeld, & Heckman-Stone, 2003). 비록 위기상담의 모델들이 종래의 상담이론이나 기법들을 그대로 포함한다 하더라도, 위기상담의 치료적 요인들로 다시금 재구성되어야 할 것이고, 무엇보다도 그 요인들의 효과성이 검증되어야 할 필요가 있다.

2) 청소년의 위기단계

한국청소년상담원(2006)은 위기를 '현재 나타나고 있지는 않지만 적절한 개입을 하지 않을 경우 미래에는 청소년에게 부정적인 결과를 가져올 위험성이 있는 상황'으로 보고 5단계로 위기의 수준을 분류하였다. 1단계 최저위기는 좋은 사회경제적 배경을 갖고 있고, 학교나 가족적 환경, 사회관계가 긍정적이며 심리적, 환경적으로 스트레스 요인이 거의 없는 상태이다. 2단계 저위기는 최저위기에 비해 약간은 부족한 사회경제적 배경을 갖고 있고, 약간은 부족한 가정, 학교, 사회관계를 갖고 있으며 몇 가지 스트레스 요인이 있는 상태이다. 3단계 고위기는 부정적인 가족, 학교, 사회관계하에 스트레스 요인이 많으며, 부정적인 태도나 감정, 기술 부족 등 개인적 위기징후로 발전되는 단계이다. 4단계 위기행동 입문은 청소년이 어느 한 가지 유형의 문제행동을 시작하는 단계이다. 5단계 위기행동이란 입문수준의 행동에서 다른 범주의 위기행동으로 발전해 나가는 단계이다(한국청소년상담원, 2006).

주로 4단계와 5단계의 위기행동 입문이나 위기행동의 문제들이 표출될 때 일반적으로 학생의 위기유형이라고 해석하나 앞으로 학교현장과 상담현장에서는 문제행동이 아직 드러나지 않은 상태의 고위기상태의 청소년의 돌봄과 지원도 시급한 실정이라고 볼 수 있다. 한편 권해수 외(2006, 7-8)는 위기 청소년을 발굴하여 개입, 지원할 수 있는 위기상황을 문제행동 영역, 환경적 영역, 정신건강 영역으로 설정하고, 위기상황의 수준을 '위험성' 측면에서 평가하였다. 위험성은 '드러난 위기상황이 자신과 타인에게 얼마나 심각한 피해를 주고 있는지'의 정도를 평가하는 기준으로 위험성에 따라 자신과 타인에게 심각한 피해를 주는 파괴적인 문제행동이 나타나는 경우를 위기 1수준, 파괴적이지는 않지만 문제행동이 나타나는 경우를 위기 2수준, 문제행동이 나타날 잠재적 조건을 갖춘 경우를 위기 3수준으로 정의하였다.

고위험군에 해당하는 위기 1수준과 위험군에 해당하는 위기 2수준의 경우를 청소년의 위기군으로 분류하고 정의하였다. 영국에서는 위기청소년 수준을 3단계로 설정하고 있다. '가장 높은 단계인 3단계 상태는 이미 다양하고 복합적인 문제를 드러내고 있는 청소년 집단을 의미함에 따라 전문가에 의한 지속적이고 집중적인 개입을 필요로 하게 된다. 중간단계인 2단계는 복합적인 위기상황은 아니지만 앞으로 복합적인 위기상황이 될 가능성이 있는 집단을 말한다. 이 단계의 위기청소년은 교육과 훈련을 통해 이 시기를 잘 극복하여 안전하고 평화롭게 성인기로 넘어갈 수 있는 집단이다. 낮은 단계인 1단계의 청소년은 별문제가 없으며 학업성적도 우수한 청소년집단이며, 학업과 진로상담이 필요한 수준(한국청소년상담원, 2006, 3-5)'이라고 정의하였다. 이러한 단계별 위기개념에 근거한 위기청소년이란 어느 특별한 집단이 아니고 위기의 유형, 발달단계, 위기수준에 따라 차이가 있는 다양한 위기상황에 처한 청소년집단이며 적절한 개입 없이는 심리사회적 문제에 빠질 가능성이 많은 집단을 의미한다.

위험요소를 경험하게 되는 위기청소년의 심리적 특성을 살펴보면 자기에 대한 만족 및 수용정도가 낮아 자신이 못나고 열등하며, 쓸모없고 사랑받을 만한 존재가 아니라고 느끼고 자신의 가정에 대한 만족도가 낮다. 또한 자신의 감정이나 욕구를 충분히 경험하거나 조절하는 데 어려움이 있어, 자신이나 환경에 대해 무관심한 듯이 보이는데 이는 반복된 욕구좌절로 인해 자신의 감정을 수용할 수 없기 때문이라고 볼 수 있다. 따라서 자신의 감정이나 욕구를 무시하거나 때로는 감정이나 욕구를 조절하지 못하고 상황을 고려하지 못한 채 행동으로 옮기게 된다(한국청소년상담원, 2009).

그러므로 구본영 외(2005)는 부모의 적절한 도움이나 지원을 제공받지 못하면서 위기상황에 처해 있는 청소년들은 다양한 어려움에 직면하게 된다고 주장하며 위기청소년 지원모델을 개발하였다. 건전한 발달과 성장이 어려운 상황에 처해 있는 위기청소년들 중에 부모의 적절한 보호나 지원을 제공받지 못하는 청소년들에게 부모를 대신해서 국가나 지방자치단체가 부모의 보호와 지원을 제공하여 위기청소년들의 건전한 발달과 성장을 촉진시켜야 한다고 하였다. 따라서 위기청소년들이 다양한 문제를 경험하고 있기 때문에 위기를 극복하기 위해 다양한 도움이 필요하고 특별히 학입지원이나 상담지원, 활동지원 등의 도움이 필요하고 중복지원도 필요하다고 설명하였다.

4. 위기의 유형

위기의 유형에 대한 분류는 학자들에 따라 다양하다. 정상의 위기, 상황적 위기, 과도기적 위기의 세 가지로 분류하기도 하고, 상황적 위기, 예상되는 생활 변화의 위기, 외상적 스트레스에 의한 위기, 성숙성 혹은 발달과정상의 위기, 정신병리에 의한 위기 등 다섯 가지로 분류하기도 한다. 그러나 그 같은 구체적인 사항을 정리하면 일반적으로 발달적 위기(developmental crisis)와 상황적 위기(situational crisis)의 두 가지로 분류한다.

1) 발달적 위기

이 위기는 성숙의 결과로서 성장 · 발달하는 과정 중에 일어나는 것으로 이해된다. 그래서 정상적인 위기라고 보는 견해가 많으며, 이 위기들은 프로이트(Freud)의 정신성적(psychosexual) 발달이론과 Erickson의 아동으로부터 노년까지의 인간 생활주기에 대한 8단계의 계통적 설명에 근거한다. Oates(1966)는 발달과정상의 위기로서 다음과 같은 것이 위기가 될 수 있다고 하였다. 즉, 출생, 이유, 용변 가리기, 오이디푸스 갈등, 입학, 청소년기, 직업 선택, 가정을 떠남, 학교 졸업, 약혼, 결혼에의 적응, 임신, 어버이가 되는 것, 중년기의 위기, 부모 상실, 폐경기, 퇴직, 배우자의 사망, 친구의 사망 등이다.

발달적 위기(developmental crisis)란 우리가 일생을 살아나가는 동안 예기된 시기에 일어나는 위기들이다. 즉, 예측 가능한 경험들(the predictable)이며, 사람들 모두가 성장 과정(the maturation process)에서 겪는 것들이다. 예를 들면 등교 첫날을 맞는 것, 사춘기를 잘 극복하는 것, 결혼 생활에 적응하는 것, 중년의 위기에 잘 대처하는 것, 퇴직에 대처하는 것 등, 이 모든 일은 그 개인이나 그 가족들에게 특별한 노력이 필요한 위기상황들이다. 이러한 위기들은 매우 심각할 수도 있으나 대부분 미리 예견할 수 있는 것들이며, 본인이 인생의 새로운 단계에 적응하는 것을 배우게 되면 저절로 해결된다. 발달 위기는 사람들이 일생을 살아가면서 누구나 겪고 넘어가야 하는 삶의 단계에서 일어나는 위기를 말하며, 생의 단계에서 발생하는 위기가 아니더라도 사건의 발전과정을 예측할 수 있는 위기를 일컬을 수 있다. 사람 대부분은 인간 변화의 과정의 각 단계에서 새롭게 자기에게 부딪쳐 오는 생의 변화에 적응하고 도전하느라고 상당한 스트레스를 겪는다.

삶의 각 단계에서 자신이 싸우며 헤쳐 나가야 할 과업을 만나는데, 이 주어진 과업에 성공적으로 대처하지 못하게 되면 성장에 장애를 가져온다. 인간의 인격과 정서적 성장은 자연적으로 일어나는 결과가 아니라, 자신의 삶에서 주기적으로 오는 과정에 적극적으로 대처할 때 오는 열매이기도 하다. 발달과정에서 일어나는 광풍을 성공적으로 헤쳐 나가기 위해서는 상당한 노력과 에너지가 있어야 한다. 이런 격동기를 잘 통과하기 위해서 사람들은 주위 사람들로부터의 인정과 사랑의 지원을 요망하게 되기도 한다. 이때 적당하게 지원해 주면 그는 생의 한 단계에서 다음 단계로 도전해 갈 힘을 얻는다.

2) 상황적 위기

이 위기는 우발적 위기라고도 한다. 사람들이 욕구충족의 본질적인 자원이라고 믿고 있는 것을 비정상적으로 또 일반적으로 예기치 않는 가운데 상실됨으로써 유발되는 위기이다. Oates(1966)는 상황적 위기로서 실직, 금전의 상실, 도움을 받는 사람의 상실, 질병 혹은 외과적 수술, 자녀 사망, 결혼생활에서의 부정과 이혼, 정신병 혹은 알코올 중독, 신체장애, 원하지 않는 임신 등이 있다고 하였다.

상황적 위기(accidental crisis)란 이름 그대로 예견하기가 매우 힘들며, 따라서 좀 더 강한 충격을 준다. 갑작스러운 지위나 재산의 상실, 사랑하는 사람의 교통 사고사, 예기치 않게 끝나 버린 약혼, 갑작스러운 실직 등 이러한 일들은 그 본인에게 극도의 것을 요구할 수도 있으며 또 다음에 무엇을 어떻게 해야 할 것인가를 생각할 때 혼란을 가져다준다. 즉, 예외적이고 예측하기가 곤란하다(exceptional and unpredictable). 이런 사건들은 전혀 뜻밖에 일어나기 때문에 당사자들은 대부분 사건에 대한 대처가 불가능하다. 이는 사고적 위기, 또는 우발적 위기라고도 하는데, 이는 위기에 대한 최선의 대처는 간접적으로 준비하는 삶을 사는 것이다. 어떤 면에서 생각하면 상황적 위기는 예측불허의 상황에서 일어나기도 하지만, 상당의 부분은 위기 당사자의 선택에서 오는 간접적 요인에 의해 일어난다고도 볼 수 있다. 일상생활 가운데서 영적이고 정신적이며 신체적인 건강을 유지하고 한꺼번에 많은 변화를 일으키는 생활을 피하는 것은 우발적으로 일어나는 사고를 간접적으로 대비하는 삶이라고 할 수 있다.

3) 실존적 위기

실존적 위기(existential crisis)는 발달적 위기와 상황적 위기가 겹쳐진 것이다. 이 두 가지는 진실을 방해할 때 종종 모두가 직면하게 되는 우리 자신에 관한 상황들이다.

콜린스는 이에 대해 이렇게 표현한다.

나의 인생에는 방향이 없다.
나는 오랫동안 승진하지 못했다.
나는 현재 다시 혼자다.
나의 결혼은 이혼으로 끝이 났다.
나의 병은 치료할 수가 없다.
나의 아들은 나를 거부해 왔다.
나의 집과 재산은 모두 불 속으로 사라져버렸다.
나는 나의 피부 색깔로 거부당해 왔다.
내 인생의 목표에 도달하기에는 너무 늙었다.

이와 같은 현실들을 있는 그대로 받아들이려면 시간이 걸리고 노력이 필요하다. 그것들은 자신의 인식 속에서 일시적으로 부정될 수 있다. 그러나 인생이 계속해서 진행되고 완성되어 간다면 그 현실들은 실제로 직면하게 될 수밖에 없는 시간 속에 있는 변화들이다.

4) 심리적 위기

위기는 '분리하다'를 뜻하는 그리스어 'Krinein'에서 유래되어, 회복과 죽음의 분기점이 되는 갑작스럽고 결정적인 병세의 변화를 가리키는 의학용어로 사용되고 있다. 각각 다른 상황의 변화를 충격적으로 표현하는 말로 널리 쓰이고 있으며, 급격한 정세변화를 뜻한다. 또한, 중국에서 위기는 두 가지 의미의 글자로 구성되어 있는데 하나는 위험을 나타내고, 하나는 기회를 나타낸다. 이러한 두 가지 의미를 가진 위기의 지각 정도는 개인마다 차이가 있다(Miller, 1963; 김아영, 2011: 10). 스트레스와 위기를 구분하면 스트레스는 위기의 잠재력을 가지고 있으며, 위기는 성장 및 발달의 가능성을 내포하고 있다. 또한 위기는 습관을 혼란케 하는 촉매작용을 하고, 새로운 반응을 유발하며, 새로운 발전의 중요한 요인으로서 유기체 전반에 다양한 형태로 체험되고 여러 가지 방법으로 발산한다(김아영, 2011: 10).

Parad(1966)는 평행상태의 혼란으로 특징지어지는 현상을 위기라고 정의하며, 위기를 유발하는 사건은 그것이 위기가 되기 전에 개인에게 스트레스적 사건으로 지각됨을 제시하였다. 유기체는 끊임없이 외부환경과 균형을 유지하기 위해 노력하는데 이렇게 하여 유지되는 균형은 여러 가지 요인에 의하여 위협을 받게 되고, 개인은 즉시 해결하지 못하는 문제에 직면하게 되어 균형상태의 혼란인 위기에 처하게 된다(김아영, 2011: 10). 19세기 생리학에서 요구에 대한 적응을 포함하는 "역동적 상태"를 강조하는 울프 등(Wolff et al., 1964)과 항상성 유지 장애와 관련하여 편성된 생리적 반응 패턴을 강조한 셀리에(Selye, 1950)는 자극에 대한 반응을 생물학적 측면에서 능동적인 저항의 과정으로 언급하였다(김아영, 2011: 10).

5) 국가적인 또는 공동 사회의 위기

이 위기는 개인을 뛰어넘어 거대한 집단으로 확대된다. 무서운 태풍, 지진, 전염병으로 수많은 것들이 파괴될 때, 그리고 건물들이 테러 때문에 파괴되거나 한 나라가 외부의 힘으로 공격당하게 될 때, 이와 같은 위기는 많은 사람에게 영향을 준다. 아마도 모든 사람이 위기에 처해 있다는 생각으로 안심을 할 수 있다. 침투력이 강한 위기의 특징은 상담사조차도 똑같이 불확실한 상황에 직면하게 되며 그 자신도 내담자와 같이 두려워하는 상황이 된다.

6) 청소년의 위기

청소년 자신의 상황적 요구 및 발달적 필요를 충족시키기 위해 갖추어야 할 개인적 특성, 가정의 양육능력 그리고 학교 및 기타 환경적 요소 중 어느 하나에서의 결핍 또는 둘 이상의 결핍에서 위기청소년이 나타난다고 볼 수 있다. 여기서 상황적 요구란 청소년 개인이 직면하고 있는 상황적 그리고 발달적 위기 해소의 필요성을 말하며, 발달적 필요란 청소년이 사회에 공헌하는 성인으로 성장 발달하기 위해 필요로 하는 지식, 기술 및 태도의 습득 필요성을 말한다. 이러한 청소년의 요구와 필요가 가정, 학교 및 기타 환경적 제재가 제공하는 공식적 그리고 비공식적 보호 · 교육 기능에 의해 적절히 지원받지 못하면 청소년은 점차 문제행동의 빈도와 정도를 증가시켜 가게 되고 그 결과로 필요한 지식, 기능, 태도를 습득할 수 있는 기회를 잃어버리게 되는 결과를 낳는다.

이와 관련하여 한국청소년상담원은 위기상황을 크게 세 가지로 분류하여 개인적 위기상황, 가족적 위기상황, 교육적 위기상황이라고 하였다. 그러나 많은 경우 위기청소년은 한 가지 문제보다는 몇 가지의 문제를 동시에 안고 있다. 이러한 점을 고려하며, 위기청소년이 처해 있는 위기상황은 여러 문제들의 조합 결과로 파악될 것이다. 이 경우 청소년이 처한 위기상황은 다음 4가지 유형 중의 하나로 나타날 수 있다. 첫 번째는 청소년이 안고 있는 문제들이 하나의 위기상황 내에 있는 경우이고, 두 번째는 청소년이 가지고 있는 문제들이 서로 다른 두 가지 위기상황 내에 있는 경우이다. 세 번째는 청소년이 가지고 있는 문제들이 서로 다른 세 가지 위기상황 내에 있는 경우이며, 네 번째는 세 가지 모두의 위기상황에 연관되는 경우이다(한국청소년상담원, 2009, 14-15).

이러한 위기상황들의 조합에 의한 위기청소년 분류는 청소년들이 어느 한 가지 이상의 복수의 위기상황에 처할 수 있다는 것을 나타내며, 이는 또한 청소년들이 나타내는 문제들이 상호 연관되어 있다는 것을 의미한다. 말하자면, 한 가지 문제를 가지고 있는 청소년은 다른 문제에 관련되기가 더 쉬우며, 이들이 서로 상호작용하여 제3의 문제를 연쇄적으로 파생시킬 수 있다는 것이다(한국청소년상담원, 2009, 14-15). 따라서 이들에 대한 개입은 어느 한 영역에 대한 것이 아니라 청소년이 처한 복수의 위험요인에 대한 것이어야 한다. 이를 위해서는 청소년 개인과 청소년을 둘러싸고 있는 환경적 요인들에 대한 주의 깊은 평가가 선행되어야 한다.

Chapter

2

위기상담의 이해

Chapter 2

위기상담의 이해

1. 위기상담의 개념

위기(조정, 중재: crisis intervention counseling)상담이란 무엇인가? 위기조정상담이란 인간이 생을 영위해 갈 때 발생하는 각종 위기와 고난을 효과적으로 극복할 수 있도록 돕는 심리적 조력의 기술과 방법이다.

위기상담은 위기에 빠진 사람들에 대한 봉사 이상으로, 성장 관점에서 사람들을 돕는 사역이다. 위기상담이란 짧은 기간에 간단한 도움을 제공하는 것이다. 위기상담은 현재 상황에 초점을 두는 현재지향적 치료 방법이다. 따라서 위기상담은 기존의 상담과는 차이가 있다. 첫째, 위기상담의 목표는 내담자의 평행상태를 시키는 데 있다. 그러므로 그 범위가 제한되어 있으며 기간도 짧다. 둘째, 위기상담은 내담자에게 특정 행동을 취하도록 돕는 것이기 때문에 더욱더 직접적이다. 전통적인 상담에서는 경청, 반영, 직면, 요약, 구조화 등이 이루어지지만, 위기상담에서는 경청할 뿐만 아니라, 더욱더 적극적으로 나서서 정보를 주고, 내담자에게 전략을 제공하고, 조언과 암시를 한다. 셋째, 원리적 관점에서 차이가 있다. 비밀보장의 유지를 하지 못할 경우도 있고(내담자가 자신이나 타인을 해칠 염려가 있을 때), 성폭행의 문제나 물질 남용을 다룰 때 부모나 그 밖의 사람의 허락을 받아야 할 경우도 있다.

위기상담의 기본관점에 대해 살펴보면 다음과 같다.

첫째, 위기상황에 처해 있는 사람에게 즉각적인 도움을 제공해야 한다(예: 자살 방지 전화상담, 24시간 오픈 시스템 구축).

둘째, 위기상황에 처한 사람에게 적극적인 접근 방법이 모색되어야 한다(위기상담은 내담자의 방문을 기다리는 상담이 아니다).

셋째, 위기상담의 최소한의 목표는 위기경험 이전 상태로의 회복이다.

넷째, 위기조정을 위해 그 위기상황에 맞는 가장 적절하고 독자적인 해결 방법이 선택되어야 한다(위기상담은 특별한 위기를 다루는 기술이 요구된다).

다섯째, 위기상황에 대한 정확한 진단과 해석이 선행되어야 한다.

여섯째, 제한된 시간과 회수로 현재 시점의 문제해결에 모든 노력과 관심이 집중된다(위기상담은 현재에 초점을 맞추어야 한다(here and now).

일곱째, 최대한의 유연한 접근법이 요구된다(위기상담은 도움을 줄 수 있는 사람들과 기관과의 유기적 관계를 유지해야 한다).

위기 청소년을 'youth at risk'로 사용하게 된 배경에는 수많은 청소년의 가정, 학교, 사회에서 역기능적인 행동을 보임에 따라, 이러한 문제행동이 사회문제화되었기 때문이라고 할 수 있다(김경미, 2010). '위기에 처한 국가(A Nation at Risk)'라는 보고서가 1983년에 미국에서 발간되면서 광범위한 사회적 · 심리적 문제들에 대해서 교육자, 상담사 그리고 대인 서비스를 다루는 전문가들 간에 위기(at-risk)라는 용어가 자주 사용되었고, 이와 함께 위기 청소년이라는 명칭도 함께 사용되었다. 따라서 청소년이 위기상태에 이르는 데에는 학교, 가정적인 문제인 부모의 이혼, 가정폭력 등 열악한 가정환경, 또래와의 관계 등의 또래 요인, 범죄적인 환경에 노출, 낮은 사회적 유대감 등의 지역사회 요인과 관여, 청소년 개인의 정신건강 및 낮은 자존감 같은 심리적 요인 등이 영향을 미친다(유성경 외, 2000).

2. 위기상담의 목적

위기상담의 목적은 위기를 만난 내담자가 위기상황을 잘 대처하도록 돕는 것으로 위기사건의 충격을 가능한 한 감소시키는 것에 있다. 또한 현재의 위기에 뒤이어 나타날 미래의 위기를 더 잘 대처할 수 있는 능력을 길러주고 새로운 도전으로 대처방안을 향상하는 데 있다(Lieberrman, 1973). 위기상담은 위기 이전의 기능 혹은 더 성숙한 기능 수준으로 복귀한 것이며 균형상태의 회복에 있다. 그러므로 위기상담은 먼저 위기를 성공적으로 해결하기 위해 자신들의 장점이나 가능성을 촉진하도록 돕는 상담가의 역할이 부각되어야 한다. 위에서 언급한 위기상담의 목적에 따른 목표는 첫째, 내담자의 다양한 심리적 증상과 긴장, 고통을 해소하는 것이고, 둘째, 내담자가 더는 혼란되지 않도록 하고 과거의 정상적인 상태의 적응수행력의 회복이며, 셋째, 내담자에게 위기의식을 촉발한 환경적인 요인에 대해 이해를 하도록 돕는 것이다(유옥, 2017).

위기상담의 목표는 위기 특성의 이해와 아울러 인간 이해, 상담의 풍부한 자원, 상담사의 신념과 소망이 조화를 이룰 때, 온전히 설정되고 또 그 목표를 구현할 수 있다. 위기는 돌발적이기 때문에 당사자에게 매우 혹독한 고통이 따르며 대단히 위험한 결과를 초래할 긴급성이 내포되어 있다. 따라서 상담사가 위기를 겪고 있는 어떤 개인이나 가정의 구체적인 생활 속에 개입할 때, 몇 가지 목표를 지니게 된다. 첫째, 위기의 발단이 된 사건의 충격을 가능한 한, 감소시키는 것이다. 즉, 위기의 혹독성과 긴급성을 감소시키는 것이다. 둘째, 위기 행동이 표출되어 있을 때는 그것을 강압적으로 제어하는 것은 더 큰 반발을 유도하는 경우가 되므로 위기를 통한 카타르시스(catharsis)를 하게 하여 최소한의 평정 상태를 되찾게 하는 것이다. 셋째, 위기의 일차적인 표현은 평정이 상태를 갖는다고 할지라도 내적으로 충동되는 더 큰 요인을 제거하지 않으면 아무 소용이 없다. 그래서 위기상담사에게 위기의 촉진원(진원지)이 무엇인지를 찾도록 한다. 그것은 개개인의 경험과 정서에 따라 그 촉진원이 다르기 때문에 상담사는 위기상담사의 감정의 흐름을 통감하며 격려함으로써 스스로 결정적인 원인을 찾게 한다. 넷째, 자신을 통찰할 수 있게 하고, 많은 정보를 제공해 줌으로써 자기를 수용하는 단계, 즉 위기의 의미를 깨닫게 하여 자신의 잘못된 판단을 뉘우치게 한다. 끝으로 위기상담의 최종 목표라 할 수 있는 것으로 위기에 처한 자에게 위기 이전의 상태로 회복하거나 좀 더 나은 상태로 발전할 수 있도록 하는 것이다. 위기는 새로운 조치를 요구한다. 위기의 도전은 새로운 대처방안을 자극한다. 그 대처방안은 개인의 적응 능력을 증가시키며 심리적, 정신적 건강 수준을 향상시키는 것이어야 한다. 또한 여기서부터 현실의 선택을 바로 할 수 있게 되며 인간관계를 개선해 나갈 수 있게 되고 지력에 의한 목적 달성과 영적 재원을 심화시켜 나갈 수 있게 한다.

3. 위기상담의 특징

예기치 않았던 환경 자극이나 그 밖의 이유로 위기감을 느끼는 내담자에게는 위기상담이 필요하다. 즉, 생활 조건의 변화나 가족 및 주위의 사람들에게 큰 변동이 생김으로써 내담자가 심한 긴장과 불안을 느끼는 경우이다. 이럴 때 내담자들은 대개 긴장감을 느끼고 심한 불안감과 심리적 혼란을 경험하게 된다. 위기상담을 할 때는 내담자에 대해 이해적인 관심을 가지되 결코 놀라서는 안 되고, 내담자의 문제를 합리적인 해결 방향으로 도와줄 수 있는 객관적인 태도를 상실해서도 안 된다. 그리고 내담자가 처해 있는 위기적인 상황은 상담사 혼자서 처리하거나 해결해 주기 힘든 경우가 대부분일 것이다. 따라서 상담사는 혼자서 처리하려 하지 말고 주위의 부모나 선생님 혹은 타인들과 협의해서 해결하는 것이 바람직하다. 위기는 여러 가지 생활 환경적인 조건에서 촉발되는 것이고, 외부적 조건이나 내면적 변동 상황에 대해 내담자가 어떻게 반응하느냐에 따라서 위기의 정도도 달라질 수 있다.

따라서 위기를 조정하고 상담해 나갈 수 있기 위해 상담사가 갖추어야 할 기본적인 요건들을 몇 가지로 요약해 볼 수 있다.

첫째, 내담자의 위기 및 긴장감에 대해 공감적인 이해나 경청할 수 있는 능력.

둘째, 내담자의 환경적인 여건이나 심리적인 반응에 대해 정확히 평가할 수 있는 능력.

셋째, 내담자의 문제를 보다 효과적으로 이해할 수 있는 주변 자원(기관 및 사람)에 대한 충분한 지식의 준비 등을 들 수 있다.

유옥(2017)은 내담자가 겪고 있는 위기를 조종하고 상담해 나갈 수 있기 위해 위기상담사가 갖추어야 할 기본적인 요건들을 다음의 세 가지로 정리하였다. 첫째, 내담자의 위기 및 긴장에 대해 공감적 이해나 경청을 할 수 있는 능력, 둘째, 내담자의 환경적 여건이나 심리적인 반응에 대해 정확히 평가할 수 있는 능력, 셋째, 내담자의 문제를 보다 효과적으로 이해할 수 있는 주변 자원에 대해 충분한 지식의 순비 등이나. 이처럼 위기상담은 내담자가 처한 위기 사안에 맞추어 빠르게 대응하고 개입하는 것이 중요하다.

4. 위기상담의 원리

위기를 당한 사람들을 돕는 데는 일정한 원리가 있다. 와렌 존스(Warren L. Jones)는 그의 논문 "위기관리의 ABC방법"에서 위기상담의 원리를 말하고 있다. 여기에서 A는 위기 당사자를 직접 접촉하는 것(관계형성)이며 B는 문제의 핵심을 파악하는 것이며 C는 문제에 대해서 적극 대처하는 것이다. 그러나 클라인벨(Howard J. Clinebell, Jr.)이 주장하는 D(발전단계)를 첨가하여 상황적인 위기 가운데 가족 상실을 중심으로 'A-B-C-D 원리'를 설명하고 있다.

1) 관계형성(Active Contact)

위기상담의 성패는 첫 번째 단계인 관계형성(A원리)에 있다. 관계형성을 위해서는 올바른 경청과 공감형성이 중요한 과제이다. 경청(listening)은 위기 당사자를 찾아가 가장 먼저 할 수 있는 봉사이다. 이는 수동적으로 메시지를 받아들이는 것 이상이다. 경청할 때는 주어진 문제에 대한 초점을 맞추면서 중요한 주제에 대하여 특별한 관심을 가지고, 문제에 대한 우선순위를 생각하면서 들어야 한다. 그러나 주변에는 종종 상대방과의 대화에 경청 장애인들이 있다. 이들은 들을 때와 조용할 때를 모르는 문제 상담사들이다. 이들 대부분은 상담을 성경을 인용하며 충고하고 권고하는 것으로 잘못 알고 있다. 그러나 알아야 한다. 듣는 것(경청)은 상담의 결정적인 부분이다.

(1) 경청(listening)

경청 없는 권면이나 지침, 지시는 내담자의 호소문제에 대한 해석력을 저하시킨다. 기독교 상담이나 일반 상담 및 심리치료를 막론하고 경청은 1차적인 것이며, 필수적이어야 한다.

일반적으로 '듣는다'라는 의미를 가진 'hearing'과 'listening'에는 다른 의미가 있다. 'hearing'은 자신을 위하여 정보를 얻는 데 목적이 있지만, 'listening'은 그 안에서 다른 사람의 감정을 이해할 수 있고, 또 그를 위하여 듣는 것이다. 'hearing'은 좌담의 결과로써 내가 소유할 결과와 내 안의 그 무엇인가에 의하여 결정짓게 되는 것이다. 'listening'은 그를 위하여 무엇을 할 것인지 세심하게 관찰하는 동시에 내면세계에 할 수 있는 것이 무엇인지에 의하여 결정짓게 되는 것이다. 그러므로 이 'listening' 안에서 무엇을 들었는지(heard)에 대하여 해석과 이해를 시도하는 것이다. 이처럼 'hearing'과 'listening'은 많은 차이가 있다.

상담에서의 'listening'은 'hearing'의 차원을 넘어서 대단히 중요한 의미를 가진다. 그러므로 'listening'은 내담자, 친구, 또는 가족을 위해서 줄 수 있는 최고의 사랑의 선물이다. 이에 대해 클라인벨은 상담사의 중요한 자세 몇 가지를 소개한다.

첫째, 경청을 하는 것이다. 비판적인 태도가 아닌 상대방이 당하고 있는 아픔을 보살피는 마음으로 들어주라. 나 자신이 이 위기를 만났다면 어떤 심정이 될 것인가를 생각해 보라.

둘째, 상대의 아픔에 동참하고 공감하여서 상대로 하여금 상담사의 따뜻한 마음을 경험할 수 있도록 하라.

셋째, 상대방이 위기상황을 대처하려고 애쓰는데 나도 그와 동참하면서 위기 해결을 위해 노력하고 싶다는 마음을 상대방으로 하여금 알게 하라.

넷째, 가능하면 상대방에게 자주 확신감을 불어넣어 주라. 위기를 대처할 능력이 위기 당사자에게 있음을 깨닫게 하라 등이다. 이를 위해서는 듣는 사람은 평가 없이 있는 그대로의 사실 위주로 들어주어야 하며, 상대방의 말에 "음", "그렇군요", "저런", "예" 같은 반응을 보여야 한다. 라이트는 경청의 종류로 네 가지를 말한다.

즉, ① 누군가를 이해하기 위한 경청, ② 누군가의 말을 즐기기 위한 경청, ③ 무엇인가를 배우기 위한 경청, ④ 도움을 주거나 위로하기 위한 경청을 말한다.

(2) 감정 이입(empathy)

감정 이입(empathy)은 효과적인 상담을 위하여 가장 중요한 것으로 위기 당사자의 감정을 자유롭게 표출하도록 도우며 지금, 여기에 초점을 맞추어야 한다. 그러나 불행하게도 '감정 이입'이란 단어는 '느낌과 함께한다'라는 의미인

'feelunto' 또는 'feelwith'라는 의미이다. 이 의미는 마치 다른 사람과 함께 운전석에 앉아서 서로를 '감지하고 느끼는(feeling and sensing)' 것과 같다. 이것은 눈과 촉감을 통하여 내담자의 상황을 관찰하는 것이다. 치유는 이렇게 고통당하는 이들의 심정과 그 상태에 들어가 그를 이해하고 아는 데서 비로소 시작된다.

2) 문제의 핵심 파악(Boiling Down)

위기상담의 제2단계는 문제의 핵심을 파악(B원리)하는 것이다. 위기 당사자를 향한 문제의 핵심파악은 느낌과 생각에 대해서 반응해 주고 초점을 맞추어 주는 것이다. 그 결과로 위기 당사자뿐만 아니라 도움을 주려고 하는 사람은 그에게 무슨 일이 일어났는가, 실제로 무엇을 느끼고 있는가, 그리고 그 이유는 무엇인가에 대하여 분명한 정의를 내릴 수 있다. 이와 같이 문제의 핵심파악 단계에서는 위기 당사자에게 반응하고 초점을 맞추는 기술이 요구된다.

반응이란 모든 일에 상호관계가 지니는 근본적인 요인들 중의 하나이다. 그러므로 의사소통은 언어적이든지 비언어적(신체 언어)이든지 반응이 있어야 하는데, 특별히 위기 당사자의 신체 언어에 대한 이해가 있어야 한다. 여기서 말하는 신체 언어란 의사소통의 한 형식으로 음성을 통한 직접적인 의사전달보다 더 많고 더 강한 메시지를 전달하는 신호체계이다. 대부분의 연구가들은 정보 전달을 위해서 우선적으로 음성적 매개체가 사용되고 비음성적 매개체도 사람과 사람 사이의 태도를 변화시키며, 어떤 경우에는 음성적 메시지의 대체로서 비음성적 매개체가 사용된다는 데 동의한다. 그러므로 상담사가 내담자의 정확한 의사전달을 파악하기 위해서는 신체 언어에 대한 지식이 있어야 한다.

3) 문제해결책 강구(Coping Actively)

경청과 공감을 통한 관계형성이 이루어진 다음 문제의 핵심을 파악하게 되면 곧바로 구체적인 대안(C원리)을 행동으로 옮겨야 한다. 이를 위해서는 목표 수립, 자원 조사, 대안 확정, 행동 착수 그리고 반성과 재검토의 과정이 이루어져야 한다. 위기상담의 목표는 위기의 징후를 제거하는 것과 위기 이전과 같은 수준 또는 더 높은 수준의 기능을 성취하는 것이다. 따라서 위기상담의 진행 방향과 목표는 가능한 구체적이고, 그 성취가 측정될 수 있도록 관찰이 가능해야 한다. 목표가 수립된 후에는 위기 당사자들을 도울 수 있는 자원 조사에 들어간다. 여기에는 외적인 자원과 내적인 자원으로 구분된다. 외적인 자원이란 위기 당사자와 가까이 지내면서 그를 도울 수 있는 친구들, 가족, 교회, 정신적 자원, 소속단체, 이와 동일한 경험을 가진 사람들 그리고 재정 능력을 포함한다. 이러한 외적 자원들은 위기 당사자들이 중요한 대인관계로부터 단절되고 혼자뿐이라고 느끼는 고독감과 절망감에서부터 벗어나게 하는 중요한 자원이다. 내적인 자원으로는 자기 안에 지니고 있는 대처방법들로 과거의 경험도 중요한 자원이다. 자원 조사를 마친 후에는 대안 확정에 들어간다. 위기 당사자를 도울 수 있는 여러 가지 대안들에 대하여 목록을 작성하거나 좋은 방법들에 대하여 의논을 한 후 행동으로 옮길 만한 한두 가지를 선택한다. 그 후 이 대안을 가지고 위기 당사자와 협의하여 곧바로 행동에 옮긴다. 행동 착수는 위기 가운데 얽혀 있는 무기력과 마비를 물리치고 사람들에게 기운을 북돋아 주어 그들의 기분에 관계없이 문제해결을 위해서 무엇인가를 하도록 한다. 그러나 때때로 위기 당사자들은 불안 때문에 행동하는 것에 어려움을 느끼므로 인내가 요구된다. 반성과 재검토는 목표수립에 대한 평가단계이다. 지금까지의 개입을 통해서 어느 정도의 효과가 있으며 목표나 대안 확정에 재검토의 내용이 있다면 어떤 것인가에 대한 자체 점검단계이다. 여기서 중요한 것은 지금까지의 상담을 통해서 알게 된 것을 정리하여 설명해 주고 장차 발생하게 될 문제들과 위기들에 대해서는 새로 발견한 힘과 대응책들을 활용할 것을 격려해 주는 일이다.

4) 발전단계(Development stage)

클라인벨은 이 발전단계를 '건설적인 행동을 통하여 개인이 성장할 수 있도록 발전하는 단계'라고 정의한다. 그에 따르면, 위기는 해결로만 끝나는 것이 아니기 때문에 성공적으로 대처한 후에 그의 위기경험이 다른 위기 당사자들의 회복에 도움이 되어서 서로가 성장해 갈 수 있는 데까지 돕는 것을 목표로 하고 있다. 이에 대하여 스톤은 발전단계를 '사후배려(follow-up)'라고 정의한다. 그는 클라인벨과 맥을 같이 하고 있는데, 그에 따르면, 이 사후배려는 '점검'이 아니라 위기 당사자들의 계속적인 행복에 대한 관심의 표현이다.

5. 위기상담의 방법

권면적 상담에 근거한 위기상담의 방법은 아담스의 권면적 상담과 그의 제자들의 그룹인 CCEF(Christian Counseling & Education Foundation)의 이론을 종합 분석하여 적용된 세 가지의 방법을 따라야 하는데 다음과 같다.

1) 경청

상담할 때 다른 어떤 것보다 상담사를 가장 어렵게 만드는 것이 있다면 그것은 경청의 요령, 즉 언제 경청하고, 언제 침묵해야 하는가를 아는 것이다. 경청은 학습될 수 있는 기술이다. 단순히 듣는 것과 경청하는 것에는 차이가 있다. 듣는 것은 자기 자신을 위해서 필요한 정보를 얻는 것이다. 반면에 경청은 내담자의 내부에서 일어나는 것과 상담사의 주의력에 의해 결정되는 것이다. 경청은 상담사가 들은 것을 해석하고 이해하려고 노력하는 과정이다.

아담스에 의하면 상담사들은 내담자들이 그들의 언어를 실제의 생활과 관련시키는 것을 배우도록 도와야 하는 것에 대해 강조한다. 과장은 많은 근원들, 지각력, 분열, 사리사욕, 한정된 경험들로부터 비롯될 수 있다. 내부로 뻗어내고, 폐쇄적이고, 아전인수적이며, 다른 사람과의 접촉을 일절 시도하지 않는 사람들은 대부분의 경우 그들의 부분적으로 분별된 환경으로 말미암아 과장할 것이다. 그들이 그들의 관심과 접촉을 확대하려고 시도하지 않는 한, 그들은 조그마한 일에도 계속해서 지나친 관심을 쏟을 것이다. 상담사가 이것은 문제가 된다고 추정할 경우 그는 내담자에게 그 안에 들어 있는 중요 인물들, 장소들, 사건들을 지적하는 내담자의 세계의 지도를 그려 오는 임무를 부여할 수 있다. 내담자는 그의 관심과 흥미의 소규모성에 놀랄 수 있다.

2) 마음과 행동의 이해

아담스의 권면적 상담에 근거한 위기상담의 방법 중 두 번째는 말씀에 근거해서 마음과 행동을 분석하라는 것이다. 태도는 주제, 사람 혹은 행동으로 향한 어떤 일정한 시간에서 한 인간의 습관적 자세를 구성하는 전제, 신념, 확신 그리고 의견들의 연합이다. 행동에 강력하게 영향을 미치는 것은 마음이다. 상담에 있어서 태도들은 느낌보다 직접적으로 공격당하고 변화될 수 있는데 대부분의 경우에 그것은 태도와 행동의 변화를 통해서 오직 간접적으로만이 변화될 수 있다. 태도는 자주 문제를 해결하는 방법을 제시하기 때문에 매우 중요하다. 부정적 태도는 타인으로 하여금 선입관을 가지게 할 수 있으며, 그리하여 중요한 의사전달과 문제해결을 불가능하게 만든다. 때때로 타인에 대한 괴로움, 증오, 성냄 혹은 공포를 유발한 태도들은 우선 먼저 이러한 문제해결들이 가능하기 이전에 제거되어야 한다.

아담스는 인간의 신경조직에 관해서 말하는 것은 곧 상담에서 행동과 감정에 관해서 말하는 것과 같다고 한다. 감정적인 상태는 행동적인 체계나 자발적인 체계에서 이차적으로 파생되는 것이다. 신경조직 간의 전달은 중심조직의 지각적인 통로에 의해서 공급되어야 한다. 신경조직 간에는 밀접한 관계와 연결이 되어 있기 때문에 정확히 분리될 수 없다. 감정이 행동에서 유래된다는 것을 이해하는 것은 중요한 일이다. 따라서 행동의 변화를 통해 문제의 해결을 보기를 원한다면 우선적으로 마음에서부터 시작되는 원인을 해결하여야 외적으로 나타나는 태도나 행동의 변화가 일어나게 되는 것이다.

행동만 고치려고 하는 것은 근본적인 변화를 가져오지 못한다. 마음의 변화가 오든지, 속사람이 변화되어야 그 사람의 인격이 변화되고 그 사람의 삶이 변화되는 것이다. 모든 상담의 목적은 변화이다. 완전하고 지속적인 변화는 마음이 변화되어야 가능하다. 우리는 사람들에게 마음에 관해서, 동기의 문제 등에 대하여 가르쳐야 한다. 환경에 모든 책임을 전가하는 것은 대단히 쉬운 일이지만 그렇게 하면 그 삶은 변화되지 못한다. 그러므로 모든 문제는 자신의 마음에 있음을 가르쳐야 한다. 그러므로 행동을 바꾸기 위해서는 마음을 고쳐야 한다.

3) 직면

황규명은 말하기를 직면의 과정을 통해 상담사는 내담자가 보지 못하는 것이 무엇인지, 상담사 스스로 무엇을 보고 무엇을 도울 것인지 생각하며 내담자가 자신의 행동을 점진적으로 점검하도록 도와야 한다. 내담자가 자신을 보고 잘못에 대한 고백의 단계에 도달할 수 있도록 돕고 옛사람을 벗어버리고 새사람을 입도록 결단을 촉구하고, 변화되도록 해야 한다. 그리고 상담사는 언제 직면하는 것이 적절한지 아는 것이 중요한데, 일치하지 않고 모순되는 말과 행동과 태도에 주의를 기울일 수 있게 하기 위해 직면을 사용하는 것이 필요하다.

위기상담의 일반적 원리를 살펴보면 다음과 같다.

먼저 신속한 개입과 행동(action)에 초점을 맞춘 적극적인 기술이 필요하다.

그리고 제한된 목표를 통해 평형상태로 과거와 동일하거나 보다 나은 수준의 기능 회복과 파멸을 예방하는 데 주안점을 두어야 한다.

상담사는 내담자의 지지자이다. 부정적 감정을 해소하고 긍정적인 자기상을 갖도록 격려와 지지를 통해 내담자에게 적절한 희망을 부여하고 문제해결에 대한 기대감을 갖도록 한다.

초점적 문제해결은 위기상담의 핵심이기에 문제를 파악하고 현실을 직면하며 위기에 처한 내담자에게 의존성보다는 위기극복 과정에 함께 참여하도록 하며 자립심을 길러주어야 한다.

또한, 스톤(Howard W. Stone)의 ABC위기상담 방법은 다음과 같다.

역사적 배경은 와렌 존스(Warren L. Jones; LA정신병 학자) → 스톤(H. W. Stone) → Howard J. Clinebell, 스비쩌(David K. Switzer), 카크후크(Carkhuff), 아이비(Ivey), 글래서(Glasser)로 발전해 왔다.

ABC 위기상담의 구성요소는 다음과 같다.

A: 사람을 직접 접촉하라(achieve contact with person)

B: 문제의 핵심을 파악하라(boiling down the problem to its essentials)

C: 문제에 대해 적극 대처하라(cope actively with the problem)

위기를 당한 사람과의 접촉은 위기를 당한 사람과 가장 가까이에서 따뜻하고 효과적인 도움을 주며, 치유적 관계를 유지하며 라포(rapport)를 형성해야 한다. 라포란 상담사와 내담자의 바람직한 정서적 친밀한 유대관계, 친근하고 적극적이며 협동적인 인간관계이다. 카운슬러와 카운슬리 사이에 서로 믿고 존경하는 감정의 교류에 의해 이루어지는 조화적 인간관계, 조화와 일치의 관계, 친밀하고 조화적 관계이기에 위기상담에 있어서 성공적이고 효율적인 상담을 위해서 가장 중요하다.

Chapter

3

위기상담 이론

Chapter 3

위기상담 이론

1. 정신분석적 접근

지그문트 프로이트(Sigmund Freud)는 빈(Vienna)의 한 가정에서 7남매의 맏이로 태어났다. 그는 가난한 모직 상인 아버지 슬하에서 경제적인 어려움을 겪었다. 그는 학창시절에 7년 동안 수석을 할 만큼 우수한 학생이었고 의과대학에 입학하였으나, 유대인이었기에 전공을 선택하는 데 제약을 받았다. 그는 생리학과 신경학을 공부하면서 에너지 보존법칙을 인간의 성격 형성이론에 접목하여 정신분석학을 창안하게 되었다. 정신분석을 연구하면서 최면술에 의존하던 히스테리 환자의 치료를 자유연상과 꿈 분석을 통하여 치료하였다.

'꿈의 해석'이라는 저서를 출판하면서 정신분석이 세상에 알려지게 되었다. 그 후 정신분석을 연구한 모임은 빈 정신분석학회로 발전하였다. 그 후 정신분석학회는 활발한 연구를 통해 많은 학자들을 배출하면서 전 세계에 정신분석을 알리게 되었으며, 다른 견해를 갖는 학자를 배척하는 태도를 보이기도 하였다. 프로이트는 턱암으로 인해 수술을 받으면서도 연구에 몰두하였고 2차 세계대전 중인 1939년 3월 23일 89세로 세상을 떠났다.

프로이트는 인간의 성격 형성 과정과 정신구조를 체계화하였다. 그는 인간 행동의 동기와 무의식을 규명하였고, 생애 초기 경험이 인간의 성격 형성에 미치는 영향을 밝힘으로써 심리학의 새로운 지평을 열었다. 이후에 프로이트의 정신분석학은 자아심리학, 대상관계이론, 자기심리학으로 더욱 발전하였고 아들러(Adler)의 개인심리학, 융(Jung)의 분석심리학 등 다른 심리학 이론이 탄생하는 모태가 되었다.

정신분석이론에서 인간은 비합리적이고 결정론적 존재이다. 인간 행동은 기본적인 생물학적 충동과 본능을 만족시키려는 욕동(drive)에 의해 동기화된다(이형득, 1997). 이것은 인간 행동의 비합리적인 힘, 무의식적인 동기, 생물학적 그리고 생애 초기의 심리성적 발달에 의해 전개되는 본능적 충동에 의해 결정된다.

인간의 본능에는 삶의 본능과 죽음의 본능이 있는데 삶의 본능은 리비도(libido)라고도 부르며 이것은 성적 에너지와 인간 행동 동기의 원천이다. 삶의 본능은 즐거움을 추구하며 삶에서 쾌락을 얻는 것이고 이것이 삶의 목표가 된다. 죽음의 본능은 공격적이고 파괴적인 욕구인데 이것은 이후에 멜라니 클라인(Melanie Klein)에 의해서 이론적으로 확장되었고 대상관계이론으로 발전하였다.

1) 주요개념

정신분석 이론은 역동적이며 결정론적인 특징을 갖고 있다. 생애 최초 6년 동안의 경험에 의식과 무의식이 갈등을 겪게 되는데 의식세계에서의 갈등, 불안, 개인이 수용하기 어려운 경험에 의해 원초아, 자아, 초자아의 상호작용으로 성격이 형성된다. 인간이 생활하고 성장하면서 본능은 억압이나 방어기제를 통해 현실생활에 적응될 수 있는 형태로 변형되거나 무의식에 남게 된다. 이렇게 생성된 무의식은 인간 행동의 원인이 된다. 따라서 정신분석적 상담과정을 통해 무의식을 의식화하여 자신의 행동과 욕구를 통찰하고 갈등을 해결하고 현실에서 적용 가능한 방식으로 행동을 변화시킨다.

(1) 리비도(Libido)

리비도는 정신에너지로 전 생애에 걸쳐서 다양한 쾌락을 추구하며 리비도가 어디에 고착되는가에 따라 발달단계가 달라진다. 즉, 리비도는 에너지가 신체의 한 부분에 점유되는 형태로 나타나는데, 구강에 집중되는 경우에는 구강의 욕구 충족과 만족이 인간 행동의 동기가 된다. 따라서 인간의 성격구조 형성에는 리비도가 어디에 고착되어 있으며 그 시기에 욕구를 어떻게 만족시켰는가에 따라 성격 형성에 있어서 주요한 변인이 된다.

(2) 원초아(Id)

성격의 최초 체계이며 생득적인 것으로 인간의 심리학적 에너지의 원천이며 본능적인 것을 말한다. 원초아는 쾌락의 원리를 따르고 이것은 고통을 피하고 쾌락을 얻으며 긴장 감소를 목적으로 한다. 원초아는 본능적인 충동에 의해 생기는 정신에너지(psychic energy)를 즉각적으로 방출하기 때문에 충동적이고 자기중심적인 특성을 지닌다. 원초아는 대부분 인식되지 않으며 무의식적 과정에 의해 행동으로 표출된다.

(3) 자아(Ego)

자아는 현실 원리에 의해 움직이며 원초아의 욕구를 현실세계와 연결지어 판단하고 외부와 자기 자신의 관계를 중재한다. 또한 현실적 상황과 조건이 초자아의 제약에 맞추어서 현실 원리에 따라 본능의 욕구를 표현하고 만족시킨다. 또한 본능적 욕망을 실현하기 위해서는 환경적 조건이나 적절하거나 만족할 대상물이 나타날 때까지 억제되거나 지연시킨다. 이 과정에서 자아는 방어기제를 활용하게 되고 방어기제는 원초아와 초자아 사이를 중재하고 현실에 적응시키는 역할을 하게 된다.

(4) 초자아(Superego)

초자아는 개인의 사회화 과정을 통해서 발달되는 것으로 사회적 규범, 행동기준이 내면화된 것을 말한다. 초자아는 부모에게서 계승되는 전통적인 가치나 도덕적 판단, 사회의 이상 등을 나타내게 되고 어린 시절 부모, 교사 그리고 주변의 인물들과 상호작용하는 과정에서 형성된다. 초자아는 이성적이고 도덕적인 특성을 지닌다. 그러므로 초자아는 양심과 자아 이상의 두 가지 하위체계로 나뉜다.

양심은 부모가 나쁜 행동이라고 말하는 것, 꾸중이나 벌을 받는 것 등 처벌과 관련되어 있는 반면, 자아 이상은 부모가 인정하고 상을 주는 것으로부터 형성되는 것이다. 자아 이상은 목적과 포부를 설정하고 자아 존중을 할 수 있게 된다. 초자아는 부모의 기대와 통제에 의해 발달되지만, 부모의 통제에서 아이 자신의 통제로 변화될 때 충분하게 발현된다.

(5) 의식(Consciousness)

의식은 현재 직접 경험하고 있는 심적 현상이다. 의식은 인간의 지식, 감정, 의지라는 일체의 활동을 포함하고, 물질세계의 반영으로서 생긴 산물이다. 의식은 한 개인이 현재 각성하고 있는 모든 행위와 감정을 포함한다. 의식은 인간의 모든 생활에서 아주 일부에 국한되며 잠시 동안만 의식되고 나머지는 무의식으로 사라져버린다.

(6) 전의식(Preconsciousness)

전의식과 무의식은 둘 다 무의식의 것으로 간주된다. 전의식은 이용 가능한 기억으로 불리는데 이것은 조금만 노력을 기울이면 의식으로 떠올릴 수 있는 생각이나 감정을 말한다. 전의식은 의식과 무의식을 연결시켜 주며 정신분석적인 기법을 통해 무의식이 전의식으로 떠오르고 이것이 의식화될 수 있다.

(7) 무의식(Unconsciousness)

무의식은 인간 행동의 동기가 되며, 무의식의 내용은 개인이나 사회에서 허용하기 어려운 생각이나 감정, 충동이 억압된 것이다. 이러한 무의식의 내용은 개인으로 하여금 갈등을 경험하게 하고 이것을 억압하기 위해 다양한 방어기제를 사용한다. 무의식은 꿈, 실수, 실언, 농담을 통해 나타나기도 한다.

2) 성격발달 5단계

프로이트의 성격발달이론은 신체적 성숙과 관련이 있다. 정신에너지인 리비도가 집중적으로 투입되어 만족을 얻는 신체 부위의 발달에 따른 변화를 5단계로 나누었다. 각 발달단계의 경험은 개인의 성격적 특성을 이루게 되며 이상성격은 발달 과정에서 이루어지는 리비도의 고착과 퇴행에 의해 형성된다. 또한 불안을 다루기 위해 방어기제를 사용해도 해결할 수 없을 때 심리적 방어를 한다.

안나 프로이트는 아동의 정상적인 심리성적 발달을 방해하는 환경을 두 가지로 보았다. 첫째, 아동의 기본적인 발날 욕구가 박탈되는 경우이다. 부모의 돌봄이 질적으로 낮은 수준이거나 부모 자신이 정서적 문제를 겪어 바람직한 양육이 이뤄지지 않을 때이다. 둘째, 주양육자가 아동을 지나치게 과보호하여 의존적으로 키우거나 과도하게 통제하여 공격적이거나 반항적인 성격을 형성하게 하는 경우이다.

(1) 구강기(Oral stage: 출생부터 약 18개월까지)

리비도가 구강에 집중되는 시기로 빠는 행동(구강 전기)과 씹거나 깨무는 행동(구강 후기)으로 쾌감을 얻는다. 이 시기는 유아가 빨기 행동을 통해서 성적 만족을 충족시키고 이것이 충족되지 못하면 구강기에 고착(oral fixation)이 되며 성격 형성에 영향을 미친다. 구강기 고착으로 인해 과도한 음식물에 대한 집착, 지나친 흡연이나 음주, 타인에 대한 과잉의존, 애정거부 등으로 나타날 수 있다.

(2) 항문기(Anal stage: 2~3세)

항문기는 배변훈련을 통해 독립성, 개인의 힘, 자율감을 획득하고 부정적 감정을 수용하고 처리하는 방법을 배운다. 항문기는 대변을 참거나 배설하는 행위를 통해 쾌락을 충족시키기 때문에 주양육자의 배변훈련 양상이 자녀의 성격을 특징짓는 요인이 된다. 배변의 쾌감과 부모의 통제 사이에서 아이는 배설욕구를 통제할 수 있게 된다. 대표적인 항문기적인 성격의 특징으로는 고집 세고 완고하며 인색하고 강박적 성격 발달(억압에 대한 소극적 분노)과 함께 반대로 정돈하지 못하고 지저분하며 어지럽히는 행동 등으로 나타난다.

(3) 남근기(Phallic stage: 3~5세)

남근기는 초자아를 형성하게 되는 시기이다. 남근기는 성적에너지가 더 강해지고 적극적이다. 남근기는 이성 부모에게 느껴지는 무의식적인 근친상간 욕구(오이디푸스 콤플렉스, 엘렉트라 콤플렉스)이다. 이 욕구는 동성 부모를 동일시하고 성 정체감을 형성하며 세대 간의 차이를 수용하면서 해결된다. 특히 남아는 거세불안(castration anxiety)을 느끼면서 이를 감소시키기 위해 아버지를 동일시(identification)한다.

동일시 과정은 아버지의 생각, 태도, 행동을 모방하면서 아버지를 닮아가게 되고 성 정체감을 형성한다. 또한 동일시 과정을 통해 아버지를 자신이 도달할 이상으로 여긴다. 여아는 남근 선망(penis envy)을 가지게 되고 3~4세경의 여아는 남근이 없다는 사실에 실망한다. 이때 여아는 거세불안이 없으므로 어머니를 두려워할 이유가 없고 이를 해소하기 위한 동일시 기제가 약하기 때문에 남아에 비해 초자아가 약하게 형성된다고 하였다. 이러한 이론은 시대적인 문화를 반영하는 것으로서 이후에 성적 편견이라는 이유로 비판의 대상이 되고 있다.

(4) 잠재기(Latency state: 7 · 8세~청소년기)

잠재기는 성격구조(원초아, 자아, 초자아)가 공고해지면서 학동기에 접어들어 다른 사람과의 관계를 중요하게 여기는 관계 형성에 집중하는 에너지를 사용한다. 따라서 잠재기는 학업, 운동, 친구관계 등의 비성적 활동에 집중하면서 성적 동기는 상대적으로 억압된다.

(5) 생식기(Genital state: 청소년기 이후)

생식기관의 성숙과 이차 성징이 나타나면서 이성에 대한 관심과 성적 충동이 다시 증가한다. 사춘기의 생리적 변화의 결과라 할 수 있다. 정액 분비와 월경의 시작으로 아이를 낳을 수 있는 신체적 능력을 갖추게 된다. 구강기, 항문기, 남근기는 자신의 리비도로부터 쾌감을 느끼는 자기애적인 시기인 반면, 생식기에는 타인과의 진정한 관계를 발달시키게 된다. 자기애적인 아동에서 사회화된 성인으로 비로소 옮겨지는 시기이다.

3) 방어기제

사람은 사회문화가 허락하지 않는 본능(id)의 출현과 초자아(superego)의 지나친 통제 압력에 대한 불안으로부터 자신을 보호하기 위해 방어기제를 사용한다. 자아(ego)는 본능이 표출되는 것을 막기 위해 의식화를 차단하거나 충동이나 강도를 약화시키거나 왜곡시킨다. 모든 방어기제는 의식하지 못한 채 불안에서 벗어나기 위해 여러 가지를 함께 사용한다.

이것은 인간이 자기를 보호하고 현실에 적응하기 위해 활용하기도 하지만, 과도한 사용과 지나친 집중은 현실의 합리적 판단을 어렵게 하여 부적응을 가져온다. 적절하지 못한 방어기제 사용으로 인한 부적응은 성격 형성에도 중대한 영향을 미쳐서 성격장애를 일으키기도 한다.

(1) 합리화(Rationalization)

합리화는 자기 행동과 생각의 진정한 이유나 동기를 감추고 그럴듯한 이유로 합리화하는 것이다. 신포도반응이라고도 하는데, 높이 매달린 포도를 먹고 싶지만, 손이 닿지 않자 그 포도는 시어서 먹지 않는 것이라고 둘러댄 우화에서 비롯된 것이다.

(2) 억압(Repression)

억압은 불안을 회피하는 가장 기본적이고 직접적인 방식이다. 용납할 수 없는 충동을 자아가 완전히 차단하여 의식할 수 없게 억압한다. 그러나 억압된 내용은 해결된 것이 아니고 무의식 속에 남아서 현재 행동의 동기로 작용한다. 충격적인 경험이나 스트레스를 유발하는 사건을 억압하여 신경증적인 행동, 신체화 장애의 근본 원인이 된다.

(3) 동일시(Identification)

동일시는 자아가 약하여 의식의 기능을 강화하고자 할 때, 다른 사람의 태도, 신념, 가치 등을 자기 것으로 택하여 다른 사람의 특성을 자신의 성격에 흡수하는 것이다. 이러한 동일시는 초자아를 형성시키는 데 유익하다. 성찬식에서 빵과 포도주를 나누면서 예수 그리스도의 피와 몸이라 여기며 예수 그리스도를 닮고자 하는 경우를 예로 들 수 있다.

(4) 투사(Projection)

투사는 자신이 받아들일 수 없는 충동이나 태도, 행동 등을 다른 사람이나 환경 탓으로 돌리는 것이다. 자신이 수용할 수 없는 결점이나 욕구나 관심이 다른 사람에게 속한 것으로 지각하고 이를 비판함으로써 불안을 감소시켜 자신을 보호하는 것을 말한다.

(5) 부정(Denial)

부정은 현실을 왜곡하는 다른 방어기제와 달리 현실 자체를 부정하는 것이다. 억압이 자신의 충동에 초점을 맞춘 것과는 반대로 부정은 외부세계의 현실에 초점을 맞추어 부정한다. 부정은 기억에서 그 현실을 완전히 차단해 버린다. 사랑하는 사람의 죽음을 인정하지 않고 장례를 치르지 않은 채 곁에 시신을 그대로 두고 있는 경우에 해당한다.

(6) 반동형성(Reaction formation)

반동형성은 사회적으로 용인될 수 없는 충동의 표출을 막기 위해 그 충동을 의식수준에서 억압하여 완전히 정반대로 나타내는 것이다. 부정적인 감정을 숨기면서 타인에게 잘해주어 자신의 무의식적 충동이나 공격성을 감추는 경우이다.

(7) 전이(Displacement)

전이는 높은 수준의 불안을 해소하기 위해 위협적인 대상보다 약한 대상에게 자신의 충동이나 감정을 해소하는 것이다. 예를 들어 종로에서 뺨 맞고 한강에서 화풀이하는 것이다. 부모에게 억울하게 야단맞은 아이가 자기 집의 강아지를 때리는 행동으로 약한 대상에게 자신의 감정을 해소하거나 꿈에서 부모에게 화풀이를 하며 무의식적으로 자신을 보호한다.

(8) 고착(Fixation)

고착은 성격발달의 단계를 거치는 과정에서 어느 일정한 단계의 좌절이나 불안이 지나치면 해결하기 더 힘든 다음 단계로 이동하기보다는 현재의 발달수준에 머무는 것이다. 예를 들어 부모에게서 독립하는 것이 불안한 아동이 의존적 행동을 지속적으로 보이는 것을 말한다.

(9) 퇴행(Regression)

퇴행은 현재의 과제에 대한 불안이 지나치거나 좌절이 두려워 이전 발달단계로 다시 돌아가 미성숙하고 부적절한 행동을 통해 불안을 극복하려는 태도를 말한다. 대표적으로 동생이 태어난 아동이 아기처럼 행동하거나 대소변을 못 가리는 행동을 보이는 경우이다. 이러한 현상이 과도하게 지속되면 심리성적 발달에 부정적인 영향을 줄 수 있다.

(10) 감정의 고립(Isolation of affect)

감정의 고립은 충격적인 기억이나 사건에서 오는 극도의 불안을 감소시키기 위해 그것에 대한 사실 인지에서 감정을 분리시키는 것이다. 자신에게 일어났던 두려웠던 혹은 충격적인 사건을 보고하면서 자신에게 일어났던 일이 아닌 듯이 아무런 감정의 표현도 보이지 않는 행동이 그 예이다.

(11) 취소(Undoing)

취소는 수용할 수 없는 생각이 떠오를 때 이를 되돌리기 위해 상징적 행동을 수반한 마술적 생각을 하는 것을 말한다. 이것은 행동을 하고도 안 한 것처럼 가장하고 다시 처음부터 하는 것을 의미한다. 예를 들어 비도덕적인 충동이나 행동을 하려는 욕구가 생길 때마다 보도블록 금을 밟지 않는 사람이 있다.

(12) 신체화(Somatization)

신체화는 불안이나 내적 충동이 올라올 때 신체적인 반응 감정을 은폐하는 행위인데 중년 부인에게서 전형적으로 나타나고 건강에 대한 염려가 심한 사람들에게서 병이 없는데도 불구하고 기능이 안 되는 현상을 볼 수 있다.

신체화는 고통스러운 감정을 신체적 고통으로 변형시키는 것으로, 받아들일 수 없는 감정이나 걱정, 염려 등을 항상 신체적 고통으로 호소하면서 주변의 동정이나 관심을 집중시킬 수 있다.

(13) 승화(Sublimation)

승화는 본능이 신경증적인 행동으로 전이되지 않고, 오히려 사회적으로 바람직한 행동으로 나타나는 것을 말한다. 예를 들면, 프로이트는 르네상스 시대의 유명한 누드화들은 성적 충동이 승화되어 나타난 것이며, 문명과 예술의 발달이 이러한 승화의 결과라고 하였다.

이처럼, 정신분석 상담이론에서는 정신병리가 성격구조의 구성 요인인 본능, 자아, 초자아 간의 갈등에서 불안이 야기되고 불안을 다루기 위해 자아 방어기제의 과도한 사용으로 인해 생긴다고 본다. 불안은 현실적 불안, 신경증적 불안, 도덕적 불안으로 나눠게 된다. 현실적 불안은 외부환경에 실제로 위협이나 위험이 존재할 때 나타나는 정서적 반응이다. 예를 들어 사나운 동물, 자연재해, 시험 등에 대한 불안 등이고 현실적 불안이 지나치면 현실적 대처 능력을 약화시킬 수 있다. 신경증적 불안은 본능적 충동이 의식화됨으로써 자아가 본능을 통제할 수 없어 위협당할 때 나타나는 반응이다.

원초아, 자아, 초자아의 세 가지 성격구조들 간에 갈등이 일어나면서 나타난 불안을 다루기 위한 자아 방어기제의 과도한 사용이 심리적 증상을 형성하는데 이를 신경증(neurosis)이라고 한다. 도덕적 불안은 자아가 초자아의 벌을 받을 위협이 있을 때 나타나는 정서적 반응이다. 본능이 비도덕적 생각이나 행동을 나타내면 초자아가 수치심과 죄책감 등을 느끼게 되면서 도덕적 불안이 생긴다. 도덕적 불안은 양심에 받아들여질 만한 행동을 하게 하는 원천이다.

4) 정신분석 상담의 목표

정신분석 상담의 가장 중요한 목표는 내담자의 무의식을 의식화하고 자아를 강하게 하여 본능의 요구보다는 현실에 바탕을 둔 행동을 취할 수 있도록 조력하는 것이다.

분석을 통해 증상의 의미, 행동의 원인 그리고 적응을 방해하는 억압된 감정이나 충동을 규명하고 그것을 자유롭게 표현할 수 있도록 촉진함으로써 무의식을 의식화시킴으로써 내담자가 자신의 현재 행동의 적절성과 부적절성을 탐색하고, 나아가 자신의 문제행동의 원인을 통찰할 수 있도록 한다.

- **상담기법**: 자유연상, 꿈의 분석, 저항의 분석, 전이의 분석, 해석, 훈습, 직관과 통찰의 확장 등이 있다.

2. 인간중심적 접근

로저스(Rogers)는 1902년 미국 일리노이주에서 기독교가정의 5남 1녀 중 넷째 아들로 태어났다. 그의 가정은 경제적으로 부유한 편이었으나 종교적인 윤리규범이 엄격하여 친구관계를 자유롭게 형성하기 어려웠고 도시생활의 유혹을 경계한 부모가 시골 농장으로 이주하게 되어 청소년기를 농촌에서 보냈다. 그는 대학에서 농학을 전공하였다가 1922년 중국에서 개최된 국제 기독학생연합회에 참여하면서 다양한 문화와 종교를 체험하게 되었다. 그 후 사학에 관심을 가지면서 역사학으로 학위를 받고 심리학과 정신의학에 관심을 가지면서 임상 및 교육심리학으로 석·박사학위를 받게 되었다. 그 후 심리상담을 하면서 상담에서 내담자 중심치료를 출판하였고 이후에 자신의 이론을 인간중심상담으로 명명하게 되었다. 그는 자신의 이론을 교육, 정치, 사회활동에 적용하기에 힘썼고 세계평화에 기여하여 노벨평화상 후보로 지명되기도 하였다. 로저스는 현재 미국에서 영향력 있는 심리학자로 사람들에게 기억되고 있다.

1) 주요개념

인간중심상담(person-centered counseling)은 정신분석학적 접근과 함께 정서적 접근의 대표적인 상담이론이다. 인간중심상담이론은 1940년대에 로저스(Carl R. Rogers)에 의해 시작된 후 현재에도 계속 발전하여 적용되고 있다. 로저스는 상담에서 허용적이고 수용하는 분위기를 강조하면서 비지시적(non-directive) 상담이라고 칭하였다. 내담자의 자기감정 인식을 상담의 목표로 하고 언어적 · 비언어적 표현을 반영하고 명료화하는 데 초점을 두었다.

내담자의 주관적 세계를 상담사가 인식하고 상담의 시발점임을 강조하면서 내담자 중심(client-centered) 상담이라는 명칭을 사용하였다. 후기에는 인간이 진정한 자기가 되는 과정에 초점을 두면서부터 인간중심상담이론이라 불리기 시작하였으며, 인간중심상담에서 상담사는 내담자의 주관적인 내적 세계를 이해해야 한다고 하였다. 이러한 입장은 정신분석에서 과거의 경험이 현재의 행동을 결정한다는 입장과는 달리 인간은 현재의 나로서 긍정적이고 변화 가능한 존재로 여기는 것과 차이가 있다. 이후 액슬린(Axline, 1947)은 인간중심의 상담이론을 아동상담의 이론적 기틀을 잡는 데 활용하였다.

인간중심상담에서의 유기체는 자기실현을 하려는 욕구를 가진 인간을 뜻한다. 유기체는 자기실현의 동기를 지니고 사고와 감정을 가지고 행동할 뿐만 아니라 자기 자신에 대해 지각(self-perception)할 수 있다. 따라서 자신의 문제를 해결할 수 있는 내적 능력이 있고 적절한 환경 속에서 자신의 성장과 잠재력을 합리적으로 실현할 수 있게 된다. 인간의 성장을 위한 잠재력의 실현은 무비판적으로 진실한 이해와 수용의 관계 속에서 발휘될 수 있다. 현실적인 노력은 긍정적이고 능동적인 변화를 일으키는 주체가 된다.

(1) 현상학적인 장(Phenomenal field)

유기체가 내적 · 외적으로 경험하는 주관적 실재(subjective reality)를 말한다. 유기체가 중요하다고 여기는 것은 객관적인 외적 현실(external reality)이 아니라, 그가 지각한 내용으로서의 주관적인 현실이다. 그러므로 현상은 주관적이고 개인적 의미로 결정되는 것이다. 현상학적 장은 개인의 내적 준거체계(internal frame of reference)에 의해 의미를 갖게 되며 공감적 추론에 의해서 다른 사람에게 전달된다. 유기체인 인간이 현실적으로 행동할 때에는 있는 그대로의 실재와 자신들의 지각된 경험들을 비교 · 점검해 보려고 한다.

(2) 자아(Self)

타인과의 상호작용을 통해 개인의 전체 현상학적 장(phenomenal field) 또는 지각적 장(perceptual field)으로부터 분화된 부분이다. 이것은 타인이 대상의 행동을 어떻게 지각하고, 그것에 어떻게 반응하는가의 결과로서 '나'라는 개념이 형성된다. 이러한 경험은 긍정적일 수도 혹은 부정적일 수도 있다. 실제로 자아개념이란 자기 자신, 자신의 힘, 자신의 약점 등에 관해 가지는 일련의 가설들이라 할 수 있다. 이러한 가설들은 현상학적인 장으로부터 만들어지고 긍정적 경험과 부정적 경험을 통해서 조건부 가치를 지니고 이를 통해 자아의 행동이나 가치가 형성된다.

(3) 심리적 문제

타인으로부터 인정받고자 하는 긍정적인 자기 존중의 욕구와 자신이 경험하는 타인의 평가 간에 불일치가 커지면, 불안을 경험하게 되는데 이것이 심리적 문제를 일으키게 된다. 인간중심상담을 통해서 내담자의 자아개념과 유기체적 경험 간의 불일치 문제를 제거하고, 자아에 대한 위협과 방어기제를 제거하여 충분히 기능하게 한다.

(4) 관계

인간의 자기실현은 유기체의 현상학적 장에 자신을 있는 그대로 수용해 주며 존중해 주는 관계 속에서 이루어진다. 긍정적인 관계 형성을 위해 무조건적이고 온정적인 태도로 반응하기, 문제를 해결하는 내담자의 능력 존중하기, 공감적으로 반영하기, 감정 이입하기 등이 중요한 부분이다.

(5) 완전하게 기능하는 사람(Fully functioning person)

인간중심상담이론에서 성격은 일생 동안 변화될 수 있다고 본다. 성격이 잘 형성되면 자아 기능이 향상되고, 신체적 측면과 정신적 측면의 기능이 일치되어 현상학적인 장에서 완전하게 기능할 수 있게 된다. 완전하게 기능한다는 것은 자신의 잠재력과 재능을 충분히 활용할 수 있으며 자신과 자신의 모든 경험에 대해 완벽한 지식을 갖게 되는 것을 말한다. 그러나 로저스는 완전하게 기능하는 사람은 실제로 존재할 수 없지만 모든 인간은 이를 향해 나아간다고 하였다.

완전하게 기능하는 사람은 경험과 자기감정에 대해 개방적이며, 자신의 모든 실존적 삶을 중요하게 생각하며 살아간다. 타인의 기대에 근거하여 의사결정을 하기보다는 자신의 경험에 귀를 기울이고 결정한다. 자신의 행위 결과에 대해서 자신이 책임을 갖고 있으므로 자유로운 선택의 주체로서 기능하며 무슨 일이 이루어지든 그것은 자기 자신에게 달려 있다고 믿는다. 자신의 욕구를 충족시키면서도 사회문화에 단순히 동조하지도 않는다. 오히려 그가 처한 환경적 조건을 창조적으로 조절한다.

인간은 최적 상태로 성장가능성을 가지고 태어났으나, 그 가능성을 발견하지 못하고 외부에서 주어진 가치조건과 체계에 맞추어 살게 될 때, 심리적 문제를 겪는다. 아동은 사랑과 관심을 받으려는 욕구가 강해지면서 주변에서 인정을 더 많이 받으려고 한다. 어른들의 가치에 따른 생각과 행동으로 존중받는 지속적인 경험은 자신의 것이 아니라 어른들의 가치체계를 내면화하게 된다. 이는 외적으로 부여된 가치의 조건에 따라 살게 되면서 자아불일치를 경험하게 된다. 자아불일치는 위협과 불안을 발생시킨다. 자아불일치 상태에서 아동은 자아개념을 유지하려는 노력으로 방어를 사용하게 된다. 즉, 방어는 경험을 왜곡(distortion)시키거나 경험의 존재 자체를 부인(denial)하는 형태로 나타난다. 아동이 환경 속에서 불일치 경험을 계속 받는다면, 심각한 심리적 부적응이 발생하게 되고 이것이 너무 심하면 현실 왜곡으로 인해 자아의 기능이 매우 힘들게 된다.

인간중심상담에서는 내담자가 현재 봉착하고 있는 문제의 해결에 초점을 두기보다는 그가 완전히 기능하는 인간이 되도록 돕는다. 즉, 자기 경험에 대해 개방적이어서 스스로를 신뢰하고 외적인 준거보다는 내적인 준거에 의해 자신을 평가하며 자기실현(self-actualization)을 하려는 사람이 되도록 하는 것을 상담의 목표로 삼는다. 따라서 상담을 하면서 내담자 스스로 삶의 목표와 방향, 진행 속도 등은 모두 내담자에 의해 결정되기 때문에 상담사는 내담자를 재촉하지 않는다. 그러므로 상담사의 역할은 내담자의 성장에 도움이 되는 분위기를 조성하는 것이다. 상담사는 내담자와의 관계에서 진실한 태도를 가지고 내담자의 주관적 세계를 이해하려고 해야 한다. 그러기 위해서는 내담자와 치료동맹이 잘 맺어져야 하고 진실되고 평등한 관계 안에서 상담이 이루어져야 한다. 이것을 뒷받침해주는 상담사 태도는 진실성, 무조건적인 긍정적 관심, 정확한 공감적 이해이고, 이러한 태도는 치료의 본질적인 부분인 동시에 상담기법으로 활용된다.

첫째, 진실성(Genuineness)

진실성은 상담관계에서 순간순간 경험하는 자신의 감정이나 태도를 있는 그대로 솔직하게 인정하거나 솔직하게 표현하는 상담사의 태도를 말한다. 내담자의 관계 속에서 상담사가 보이는 진실성은 순수한 인간관계를 형성하고 내담자를 개방하게 하여 자기 탐색을 촉진하게 한다. 이러한 상담사의 태도는 내담자가 자신의 감정과 태도를 자유롭고 솔직하게 표현하도록 촉진한다.

둘째, 무조건적인 긍정적 관심(Unconditional positive regard)

내담자가 어떤 감정이나 태도에 처해 있든 간에 무조건적이고 긍정적이고 수용적인 태도로 대한다. 내담자를 판단하지 않는 것 이상으로 내담자에게 긍정적인 존중을 표시하는 것까지를 의미한다. 수용과 이해는 내담자에게 전달되어 자신이 수용되고 이해받고 있다는 것을 인식하게 될 때 비로소 치료적 가치가 생긴다.

셋째, 정확한 공감적 이해(Accurate empathic understanding)

상담사가 내담자의 내면을 마치 자신의 내면세계인 것처럼 느끼게 되는 것을 말한다. 정확한 공감적 이해는 내담자로 하여금 있는 그대로 자신에게 접근할 수 있도록 격려, 지지하고 내담자는 자신의 존재와 경험 간의 불일치성을 인지하게 한다. 정확한 공감적 이해가 완전하게 일어날 수 없지만, 내담자를 이해하려는 상담사의 태도에 의해 상담은 긍정적인 효과를 얻게 된다.

이처럼 상담사의 태도는 상담과정 내내 일관성 있게 유지되어야 한다. 인간중심상담의 상담과정이 편의상 일곱 단계로 분류되어 설명되지만 각 단계는 연속적인 변화의 과정이다. 상담은 잘 진전되다가도 어느 단계에서는 퇴보를 보이는 경우도 있으나 상담회기 전체를 보았을 때는 다음과 같이 진전되는 양상이 있다.

① 1단계

처음 내담자가 상담을 받으러 와서 자신의 문제에 해결을 원하고 있으나, 의사소통이 원활하게 이뤄지지 않는다. 이 단계에서는 개인적인 의미와 감정이 인식되거나 수용되지 않는다.

② 2단계

내담자는 여전히 문제의 원인을 외부에서 찾으며 개인적인 책임으로 받아들이려고 하지 않는다. 따라서 내담자들이 자발적으로 상담을 받으러 오지만, 상담의 진전이 느리게 진행되어 중단이 되는 경우가 발생한다.

③ 3단계

내담자는 전체적이지는 않지만 부분적으로 자기 경험 내의 모순을 인정한다. 상담사는 내담자가 자신의 문제와 관련된 감정을 자유롭게 표현하도록 격려한다.

④ 4단계

상담사의 공감적이고 수용적인 태도를 통해 내담자는 분노감, 증오감, 혐오감을 강하게 표현한다. 내담자는 자신의 경험 내에서 모순을 발견하게 되고 이를 자기책임으로 느끼기 시작한다. 상담사는 내담자가 부정적 감정을 표현하면 이를 수용, 인정하며 명료화해 준다. 상담사는 내담자가 말하는 표면적인 내용보다는 내면에 깔린 감정에 반응해야 한다. 내담자는 자신이 부정적 감정을 가지고 있음을 인정하고 자신의 한 부분으로 받아들일 수 있도록 노력한다.

⑤ 5단계

부정적 감정이 표출되면 성장을 지향하는 긍정적 충동이 표현되기 시작한다. 부정적 감정을 충분하게 표현한 후 사랑, 사회적 욕구, 자기존중과 같은 긍정적 감정이 나타난다. 이러한 긍정적 충동은 부정적 감정이 표출되면 자연스럽게 나타나는 것이 아니라 부정적 감정이 표현되면서 불일치와 갈등이 해소될 때 나타나게 된다.

⑥ 6단계

내담자는 자아이해, 자아수용과 같은 통찰이 생기면서 감정을 즉시 경험하고 경험과 관련된 긍정적 · 부정적 감정을 지향하거나 부정하지 않고 모두 수용한다. 내담자는 주관적으로 자신의 문제를 직면한다. 상담사는 도덕적 가치나 윤리적 판단을 배제한 가치중립적 태도로 내담자를 수용 · 인정한다.

⑦ 7단계

내담자는 통합적으로 긍정적 행동을 취한다. 내담자는 선택에 대한 두려움을 덜 느끼고 자신의 행동에 대한 자신감을 갖는다. 또한 이전에 보이던 상담사에 대한 의존이나 불안이 사라진다. 내담자가 상담을 종결하기를 원하는 것을 인식하고 상담을 종결한다. 상담사는 상담의 종결과 관련된 내담자의 감정을 수용하면서 다룬다. 내담자가 독립적이고 자신에 대한 광범위한 통찰이 생기면서 문제상황에서 스스로 해결할 수 있는 힘이 생기게 되는 시점이 상담 종결을 원하는 때이다.

그러므로 인간중심상담기법에서는 상담사와 내담자 사이의 관계에 초점을 두고 있으므로 상담관계 그 자체를 통해 변화가 이루어질 수 있는 상담기법이 된다. 따라서 공감적 이해, 무조건적, 긍정적 존중, 일치는 상담의 기본태도인 동시에 구체적인 상담기법이 된다.

2) 주요기법

인간중심상담에서 주요기법은 다음과 같다.

(1) 단순한 수용(Simple acceptance)

내담자와의 대화에 에피소드를 격려하는 언어적 혹은 비언어적 반응이다. 내담자의 정서나 신념 따위를 아무 비판 없이 수용한다.

(2) 반영(Reflection)

반영은 내담자의 메시지에 담겨 있는 정서를 해석하여 되돌려주어 내담자의 자기 인식을 돕는다. 내담자의 메시지 가운데 내용과 정서가 명확히 구분되는 것은 아니지만 정서에 초점을 맞추어 되돌려준다. 정확한 정서 되돌려주기는 내담자로 하여금 자신의 깊은 마음을 이해받고 있다는 느낌을 심어주고 있으며 내담자의 자기개방 수준을 심화시킨다. 단순히 말의 내용이 아니라 자신이 표현하고 싶은 깊은 속내를 꼭 집어 이해하고 있다는 느낌은 상담사에 대한 친밀감을 배가시키는데, 그 결과 더 적극적으로 자신의 내면을 드러내게 된다. 내담자의 느낌과 감정의 세계가 개방되면 그만큼 문제의 전모를 파악하기가 쉬워지므로 상담이 더 원활하게 이루어질 수 있다.

(3) 명료화(Clarification)

내담자가 전달하는 바를 잘 이해하지 못했을 때나 표현할 내용을 더 정교하게 정확히 점검하고 싶을 때 명료화를 사용한다. 상담 중에 불명확한 대명사, 애매모호한 어휘, 여러 의미를 가진 어구, 뒤틀린 문법의 사용, 앞뒤 관계가 불명료한 경우, 논리의 비약이 심해서 생략된 부분이 많은 경우에 명료화 기술을 적용한다. 명료화시킴으로써 상담사는 검증되지 않은 가정과 추리에 의해 선불리 결론에 도달하지 않도록 하는 동시에 내담자로 하여금 상담사가 자신의 말을 정확히 이해하고 있고, 전력을 다해 자신의 말에 집중한다는 신뢰감을 심어줄 수 있다. 그러나 명료화 기술을 너무 자주 활용하면 대화의 자연스러운 흐름을 막게 되므로 빈도를 적절히 조절할 필요가 있다.

(4) 개방적 질문(Open-ended question)

내담자와 함께 나누는 감정, 사건, 경험을 더 깊이 공감하고 파악하기 위해 사용한다. 단정 지어 '예/아니오'의 대답을 요하는 질문은 내담자 스스로 요약하고 정리할 수 있게 하고, 개방적 질문은 내담자에게 함께 나누는 이야기와 상황이 중요하다는 것을 나타내 주며, 구체적으로 내담자 스스로 자기탐색을 할 수 있게 한다.

(5) 직면(Confrontation)

직면은 상담과정에서 내담자가 은연중 대화 속에서 모순, 불일치, 왜곡, 게임, 변명, 회피 등 각종 방어기제 등을 사용하여 자신을 은폐하려 할 때 사용한다. 상담사는 내담자의 대화 속에 숨어 있는 이런 혼란스러운 상황들을 드러내어 직면시킴으로써 내담자가 더 효율적으로 기능하도록 도울 수 있지만 내담자는 심리적으로 위축될 수 있음을 고려하여야 한다. 따라서 직면기법으로서 모순된 언행을 지적하는 일, 직면에 대한 내담자의 반응을 분석하는 일은 모두 내담자를 새로운 통찰로 이끌어 바람직한 변화를 유도하는 수단으로 활용되어야 한다. 상담사의 분노를 표출하거나 뚜렷한 목적 없이 직면 기술을 사용하는 것은 절대 금해야 한다.

(6) 자기노출(Self-disclosure)

상담사가 자신에 대해 어떤 것을 내담자에게 공개하여 내담자가 그것을 공유하게 하는 것이다. 자기노출을 통해 상담사는 자신의 경험, 생각, 가치, 느낌, 태도 그리고 여러 가지 정보를 내담자에게 드러내 보인다. 또 상담사도 내담자와 비슷한 경험을 겪었고 비슷한 느낌을 갖는다는 것을 보여주기도 한다. 자기노출은 무엇을 해야 좋을지 모르는 내담자, 자신을 솔직하게 드러내기를 망설이는 내담자에게 도움이 된다. 그러나 자기 문제로 힘들어하고 있는 내담자에게 또 다른 부담이 되어서는 안 된다. 시기와 상황, 내담자의 상황을 고려하여 진행해야 한다. 지나치게 너무 자주 사용하지 말아야 하며, 자주 사용하면 내담자의 자기 문제 탐색을 방해하거나 상담사에게로 주의가 옮겨지게 된다.

(7) 지금-여기(Here and now)

내담자는 흔히 현재 자신이 대인관계에서 겪는 문제에 직접 부딪히기보다는 과거에 집착하는 경향이 있다. 특히 부모상담에서 이러한 경향이 두드러진다. 과거사나 가족사로 지나치게 초점이 되어 이야기하게 되면 상담은 구체적이고 현실적인 문제를 접어둔 채 내담자의 과거에 대한 푸념과 넋두리로 채워질 가능성이 많다. 이럴 경우 상담사는 부모-자녀 관계에서 내담자가 경험했던 내용이 지금 현재의 상황에 어떻게 반영되고 있는지, 현재 내담자의 문제와 어떤 관련이 있는지를 질문함으로써 지금-여기로 되돌아올 수 있게 된다. 지나간 옛날이야기에 지나치게 탐닉하는 내담자들이 상담에서 지금-여기를 충분히 경험하는 것은 긍정적 효과를 가져올 수 있다.

(8) 침묵(Silence)과 침묵 벗어나기

내담자가 열심히 자신을 표현하고 있거나, 특별히 응대할 내용이 떠오르지 않을 때, 몸짓으로 대화하는 것이 바람직하다고 생각될 때에 침묵을 지키며 내담자의 이야기 속으로 몰입해 들어간다. 입을 열어 말을 하지 않을 따름이지 상담사의 온 신경을 내담자에게 쏟아가며 열심히 귀 기울여 듣는 상태가 침묵이다. 따라서 내담자의 입장에서 보면 상담사가 비록 말은 하지 않지만 내담자의 말을 듣고 있으며 좀 더 듣기를 원한다는 것을 나타내 주어야 한다.

또한 내담자가 생각을 정리하여 표현하도록 기다려주는 끈기가 요구된다. 간혹 내담자가 상담사를 시험하기 위해 곤혹스러운 질문을 할 때에는 침묵으로 응하는 편이 좋다. 침묵을 지킴으로써 상담사는 거짓말을 하지 않아도 되고 내담자의 시험을 피하는 효과도 얻을 수 있다. 그러나 상담사가 침묵 반응으로 일관하는 것은 문제가 있다. 상담사는 필요하다고 판단될 때, 예컨대 내담자가 간절히 응답을 원하는 질문을 던질 때나 열심히 듣고 있음을 짧은 어구로 표시하고 싶을 때, 침묵에서 벗어난다.

인본주의에서의 인간은 세상의 중심에 있고 가치롭고 필수적이며 중추적인 존재이다. 커센바움(Kirschenbaum, 2004)에 따르면 인본주의는 세 가지 주요한 측면에서 정신분석이나 행동주의와는 다르다.

첫째, 인본주의는 현상적 장을 중시하고 사람들의 '내적 참조 틀'과 그들의 경험에 대한 개인적인 의미에 초점을 맞춘다.

둘째, 인본주의는 낙관적 관점을 고수하며 개인의 성장과 잠재력의 실현을 도모할 수 있도록 격려한다.

셋째, 인본주의는 다른 유기체와 달리 인간이 가지고 있는 선택, 자유, 가치 등과 같은 특성을 강조한다. 예컨대 적절한 조건만 갖추어지면 긍정적인 방향으로 '자동적'으로 성장하는 도토리나무처럼, 인간도 자연스럽게 자아실현을 이룰 수 있는 방향으로 나아간다. 따라서 사람중심상담의 토대를 이루는 인본주의에서는 성장과 자아실현을 위한 분위기를 만들어 내는 바람직한 상담사의 태도가 무엇보다 중요하다(Corey, 2001).

현상학적 관점에서 로저스(Rogers)의 사람중심 상담은 현상학(phenomenology)에 영향을 받아 형성되었다. 현상학에서는 개인이 세상에 대해 자신만의 독특한 지각을 가지고 있다고 믿는다. 즉, 우리에게 중요한 것은 대상이나 사건 그 자체가 아니라 개인이 대상이나 사건을 어떻게 지각하느냐 하는 것이다. 주관적 지각 혹은 주관적 경험이 사람들의 신념, 행동, 정서, 관계를 결정한다. 가시적인 객관적 세계가 아니라 한 개인의 주관적인 경험의 세계가 개인 행동의 원천이라는 점이 중요하다.

Rogers(1951)에 따르면 "유기체는 그들이 경험하고 지각하는 만큼의 영역에 반응한다. 이러한 지각 영역은 개인에게 실제 현실이다." 인간의 사고와 감정을 결정하는 것은 객관적 실체가 아닌 그 실체를 해석하고 지각하는 개인의 주관적 지각체계이다. 인간은 자신만의 현상학적 세계 안에서 자신을 실현하고자 한다. 각 개인은 끊임없이 변화하는 세상의 중심에 존재하고, 심지어 우리가 객관적이라고 믿을 때에도 우리의 주관적인 지각이 우리의 삶의 방향을 결정한다. 따라서 내담자를 이해하는 것은 이러한 주관적인 지각을 인식하고 수용하는 것과도

갈다(Seligman, 2006).

3) 인간중심 상담의 목표

인간중심 치료의 목표는 먼저 내담자의 심리적 성장을 목표로 하며 충분히 기능하는 사람이 되도록 한다. 내담자가 자신의 내면세계를 이해하고 자신의 문제를 파악하여 현재는 물론이고 앞으로 겪게 될 문제까지 더 잘 다루며 기능하는 삶을 살도록 한다.

내담자에게 치료적인 관계, 촉진적인 심리적 분위기 속에서 예전에 알아차리지 못했던 어떤 감정들을 경험하며 자신의 가능성과 자발성을 증진시키고 자신을 신뢰하도록 한다.

인간중심 상담은 인간을 합목적적이고, 건설적이며, 현실적인 존재인 동시에 아주 신뢰할 만한 선한 존재로 보고 인간은 자신 속에 자기를 이해할 수 있고 자아개념의 기본적인 것을 변형시킬 수 있는 방대한 자원을 가지고 있기에 인간을 대단히 긍정적인 시각으로 바라보며 촉진적인 심리적 분위기 제공을 통해 그 자원을 개발할 수 있도록 한다.

인간중심 상담은 내담자에게 긍정적인 행동변화나 감정변화를 촉진하는 상담자의 '진정성', '긍정적 수용', '공감적 이해'의 인간중심적 태도를 상담과정에서 적절하게 실천하고 이것이 내담자에게 지각된다면 내담자의 어려운 문제가 긍정적으로 해결된다고 보았다.

- **상담기법**: 진정성, 긍정적 수용, 공감적 이해의 태도, 적극적 경청, 공감적으로 반영하기, 개방적 질문, 직면, 지금-여기의 즉시성, 명료화, 자기노출 등이 있다.

3. 분석심리적 접근

융(Carl Gustav Jung)이 창안한 분석심리학은 의식과 무의식 간 관계를 확립하고 이해하는 데 초점이 맞춰져 있다. 프로이트(Freud)로부터 무의식의 중요성에 대해 영향을 받은 융은 무의식의 개념을 확장하여 체계적 이론을 구축하였다.

분석심리학은 인간 정신의 구조를 의식과 무의식으로 구분하며, 나아가 무의식을 개인무의식과 집단무의식으로 세분화한다. 먼저 의식은 자아(ego)에 의해 지배되는 부분으로, 인간이 자신을 외부에 표현하고 외부 현실을 인식하는 기능을 한다. 개인이 자신의 의식을 능동적으로 외적 세계에 초점을 맞추는 경향을 외향성으로 칭하며, 내적 주관적 세계로 향하는 성향을 내향성이라 한다. 융은 우리 모두가 두 가지 상반되는 태도를 가지고 있으며, 하나의 지배적인 경향에 따라 우리의 성격 및 태도가 달라진다고 보았다. 의식이 외부 세계를 인식하는 방식은 감각과 직관으로 구성된 비합리적 차원, 그리고 외부 세계를 판단하는 방식은 사고와 감정으로 구성된 합리적 차원으로 나뉜다. 융은 심리적 태도와 의식의 기능을 조합하여 여덟 가지 심리적 유형을 정리하였는데, 성격 유형을 측정하는 데 많이 쓰이는 MBTI가 이에 기초하고 있다.

융은 일생 동안 성격의 본질을 이해하기 위해 노력했다. 그는 출생 시에 존재하는 미분화된 잠재력과 함께 상호 작용하는 에너지 체계가 존재한다고 하였다. 이 잠재력은 삶과의 접촉을 통해 의식적 경험으로 분화되고 변형된다. 융에 의하면 의식(consciousness)과 무의식(unconscious)은 성격 안에 있는 두 개의 역동적이고 상호 작용적인 영역이다. 의식적인 영역 안에는 두 개의 구조가 있다. 하나는 개인이 정체성과 연속성을 느낄 수 있는 원천으로 간주되는 자아(ego)이고, 다른 하나는 개인의 “공적 가면(public mask)” 또는 “세상을 향한 얼굴(face to the world)”인 페르소나(persona)이다. 페르소나에는 사회적 요구에 부응하여 다른 사람들에게 보이는 역할, 태도, 행동이 포함된다. 그러나 그 페르소나가 성격 발달에 방해가 될 정도로 강조될 때, 심리적 스트레스가 따르게 된다.

분석심리학에서 발달에 대한 견해는 융 이론의 핵심이었음에도 불구하고, 그는 초기 아동기 발달에는 거의 관심이 없었다. 그 대신 그는 삶을 두 기간으로 나누어 생각했다. 전반부는 세상에서 자신의 자리를 확립하고 직업을 갖고, 배우자를 선택하고, 가치관을 확립하고, 흥밋거리를 발견하는 기간인 반면, 후반부는 주로 죽음에 직면하기 전에 수행해야 할 개성화라는 과제와 관련되어 있다.

개성화란 생애 전체에 걸친 과정으로서, 개인이 "심리적으로 분할할 수 없는 개별적인 존재 또는 전체(whole)가 되는 것을 말한다"(Jung, 1961: 383). 개성화는 원래의 구조 안에 잠재된 가능성을 의식에서 사용할 수 있게 하고, 긴장 안에 내재된 상반된 요소들을 서로 화해시키거나 조절할 수 있게 하는 과정이다. 이상적일 경우, 개성화는 개인으로 하여금 자기 성격의 전체 잠재력을 실현할 수 있게 하고, 순조롭게 기능하는 원만한 인격의 소유자가 되게 한다. 즉, 개성화는 보편적인 인간 과정이며, 인류는 상징, 종교 제도와 의례 등을 통해서 이 개성화 과정에서 발생하는 심리적 문제를 다루어 왔다.

프로이트 학파의 개념과 융 학파의 개념들 중에는 서로 중복되는 것들이 있다. 콤플렉스 개념과 리비도의 방향이 내부로 향하느냐 외부로 향하느냐의 문제인 내향(introversion)과 외향(extroversion) 개념은 융이 정신분석 학파에 속해 있는 동안 제안한 것이지만, 나중에 그는 집단무의식의 개념을 확장하면서 이 개념들의 범위를 확장시켰다. 아니마와 아니무스, 페르소나, 원형, 자기, 그림자 등의 개념들은 분석심리학의 주요개념들이지만, 이것들이 프로이트 학파의 개념들과 관계가 있음이 분명하다. 예를 들어, 아니무스와 아니마 개념은 프로이트가 관찰한 보편적 양성 개념을 확장한 것으로 볼 수 있다.

1) 주요개념

(1) 집단무의식

개인의 무의식은 쉽게 의식화될 수 있는 망각된 경험이나 감각 경험으로 구성되며, 이는 개인의 과거 경험에서 비롯된다. 반면 집단무의식은 융의 독창적 개념으로서 분석심리학에서 가장 핵심적인 개념이다. 집단무의식은 인류가 역사와 문화를 통해 공유해 온 모든 정신적 자료의 저장소로, 우리의 행동에 영향을 미치는 수없이 많은 원형(archetypes)으로 구성되어 있다. 이는 문화를 막론하고 신화, 민속, 예술 등에서 보편적으로 등장하는 주제를 통해 드러난다. 원형은 상징을 통해서 표현되는 보편적, 집단적, 선험적인 심상(image)들로 신, 악마, 부모, 대모, 현자, 사기꾼 등의 원초적 이미지들을 포함한다.

대표적인 원형은 개인이 환경과 조화를 이루려는 적응의 원형인 페르소나(persona), 남성의 내부에 있는 여성성을 뜻하는 아니마(anima)와 여성 내부의 남성성을 의미하는 아니무스(animus), 인간의 어둡거나 사악한 측면 및 원초적인 동물적 욕망을 뜻하는 그림자(shadow), 전체로서 인간 성격의 조화와 통합을 위해 노력하는 자기(self) 등이다. 융에 따르면, 자기(self)는 다른 정신 체계가 충분히 발달할 때까지 나타나지 않으며, 일생에 걸쳐 분화와 통합을 통해 발달하는 과정을 거친다. 이를 개성화(individuation)라고 한다.

무의식은 개인무의식과 집단무의식이라는 두 측면으로 나뉜다. 개인무의식은 좀 더 표면적이며 억압된 경험으로 구성되는데, 여기에는 아주 희미한 의식 경험이거나 의식으로 수용하기에는 너무나 고통스러운 경험이 포함된다. 개인무의식에는 콤플렉스(complexes)가 포함되는데, 이것은 정동감으로 충전된 원형적 핵들을 둘러싸고 형성되어진 생각, 감정, 행동, 경험들이 배열된다. 그 예로 어머니 콤플렉스, 오이디푸스 콤플렉스, 거세 콤플렉스 등을 들 수 있는데, 후자의 두 가지 콤플렉스는 정신분석 문헌에서도 종종 언급된다. 융이 말하는 개인무의식에는 성적이고 신화적인 요소뿐 아니라 윤리적 기준도 포함되는데, 이후에 프로이트는 무의식의 일부분을 이루는 초자아에 대한 개념에서 이를 설명하였다.

융은 집단무의식(collective unconscious)의 개념을 프로이트보다 더 포괄적으로 사용하였다. 융의 견해에서 집단무의식은 모든 인류가 신화적인 방식으로 공유하는 어떤 것이다. 여기에는 더 깊고 보편적이며 원초적인 성격의 측면들이 포함되어 있으며, 그 에너지는 의식에서 경험한 것과는 다른 이미지들을 만들어낼 수 있다. 집단무의식에는 꿈, 환상 그리고 다른 창조적 경험들이 있으며, 그 형태는 모든 사람에게 있어서 유사하며, 인간이 언제나 겪어온 선과 악, 권력, 성(性), 출생과 죽음과 같은 중심 주제들과 연관되어 있다. 융은 이미지들을 전형(prototypes) 또는 원형(archetypes)의 집단으로 묶었다. 예를 들어, 성격의 남성적 측면과 여성적 측면을 나타내는 많은 이미지들을 아니무스(animus)와 아니마(anima) 원형이라고 불렀다. 융은 성격의 다양한 현상들을 기술하기 위해, 내향성과 외향성의 두 기본적인 태도, 사고와 감정, 감각과 직관이라는 네 가지 심리적 기능을 포함하는 개념적 모델을 발달시켰다. 이러한 개념적 도식은 16개 범주의 성격 유형론(typology)의 토대가 되었다.

집단무의식은 인류 역사를 통해 전달된 우리의 행동에 영향을 주는 수없이 많은 원형(archetypes)들로 구성되었으며, 원형들은 인류 역사의 산물인 신화, 민속, 예술 등에서 보편적이고 공통적으로 나타나는 반복적인 주제를 재현한다.

(2) 원형

원형은 타고난 심리적 행동 유형으로서, 본능과 연결되어 있으며, 활성화될 경우 행동과 정서로 나타난다. 융의 원형 이론은 세 단계를 거쳐 발달했다. 1912년 그는 태고적 이미지(primordial images)에 대해 썼는데, 이것은 전 인류 역사에서 나타나는 문화적 주제들과 유사하다. 주요 특징은 힘과 깊이 관련된 자율성이다. 융이 말하는 집단무의식(collective unconscious)의 경험적인 내용은 태고적 이미지로부터 왔다. 그는 1917년에 우세점(dominants)에 대해 썼는데, 이것은 에너지를 끌어당겨 개인의 기능에 영향을 미치는 심리의 매듭점을 말한다. 그는 유전되는 것은 심리적 내용이 아니라 표현될 수 없는 근본적 구조라는 사실을 강조하기 위해서 1919년에 처음으로 원형이라는 용어를 사용하였다.

원형은 원형적 이미지, 모티프, 주제 그리고 유형으로부터 분명히 구분하기 위해 사용한 것이다. 원형은 본능과 이미지를 연결시켜 주는 심리 및 신체적인 그 무엇이다. 융은 인간의 심리와 이미지를 생물학적 욕동의 파생물로 간주하지 않았다. 이미지가 본능의 목표를 불러일으킨다는 그의 주장은 이미지가 본능과 동등한 자리에 놓일 수 있다는 것을 의미한다. 그러므로 모든 이미지는 어느 정도 원형적 성질을 띤다. 개인무의식과 집단무의식을 너무 엄격하게 나누는 것은 잘못된 것이다. 왜냐하면 정신의 기본 골격을 구성하는 개념인 원형이 살아 있는 개념이 되기 위해서는 일상적 경험을 필요로 한다.

원형은 출생, 재생, 죽음, 권력, 마법, 영웅, 어린이, 고아, 사기꾼, 현자, 신, 악마, 어머니, 대지, 거인, 해와 달 등 문화를 막론하고 나타나는 보편적이며 선험적인 심상들로, 상징을 통해 표현된다. 대표적인 원형으로 페르소나, 남성 속의 여성성(아니마), 여성 속의 남성성(아니무스), 그림자, 자기 등이 있다.

(3) 페르소나

그리스 어원의 '가면'을 나타내는 말로 '외적 인격' 또는 '가면을 쓴 인격'을 뜻한다. 스위스의 심리학자이자 정신과 의사인 칼 구스타프 융(Carl Gustav Jung)은 사람의 마음은 의식과 무의식으로 이루어지며 여기서 그림자와 같은 페르소나는 무의식의 열등한 인격이며 자아의 어두운 면이라고 말했다. 자아가 겉으로 드러난 의식의 영역을 통해 외부 세계와 관계를 맺으면서 내면세계와 소통하는 주체라면 페르소나는 일종의 가면으로 집단 사회의 행동 규범 또는 역할을 수행한다. 하지만 영화에서 페르소나는 종종 영화감독 자신의 분신이자 특정한 상징을 표현하는 배우를 지칭한다.

페르소나(persona)는 개인이 공개적으로 보여주는 공적인 '가면'을 뜻하며, 이는 개인이 환경의 요구에 조화를 이루려는 적응의 원형을 뜻한다.

(4) 그림자

그림자는 자아(ego)나 자기상(self-image)과 반대되는 개념으로, 우리 자신이 용납하기 어려운 특질과 감정으로 구성되어 있다. 억압된 약점, 부족한 점, 본능으로 구성된 무의식적 마음의 한 부분인 그림자는 아니마와 아니무스, 페르소나와 함께 원형에 포함된다. 모든 사람은 그림자를 이유로 움직인다고 할 만큼 그림자는 개인의 의식적 삶에서 쉽게 나타나지 않고 병적이다.

융(C. G. Jung)에 따르면, 그림자는 본능적이고 비합리적이며 투사적 경향이 있는데 이러한 투사는 자아와 현실세계 사이에 두꺼운 환각을 형성하여 개인을 고립시키고 손상시킨다. 융은 또한 인간의 어두움을 위한 축적기능에도 불구하고 그림자는 창조성의 소재지라고도 언급하였다. 이는 인간성의 어두운 측면, 그의 사악한 그림자, 재미없는 학자에 대항함으로써 삶의 진실한 영혼을 나타낸다. 그림자는 꿈, 비전, 다양한 양식으로 나타날 수 있고 대개 꿈꾸는 자와 동일한 성별의 인간으로 나타나기도 한다. 그림자는 인생의 어두운 특징으로 나타날 가능성이 있으며, 마음의 무계획적이고 원시적인 측면이다. 그림자의 외형과 역할은 개인의 살아온 경험에 따라 다르다. 왜냐하면 그림자의 대부분은 간단히 유전되어 온 집단무의식보다 개인무의식에서 발전되기 때문이다. 꿈에서 그림자와의 상호작용은 인간의 마음상태를 발견하도록 한다. 그림자와의 대화는 그 사람이 갈등하는 욕구나 긴장과 관련 있다. 경멸하는 인물과의 동일시는 자신이 인정하지 못한 다른 점을 가지고 있는 것을 의미한다.

융은 그림자가 단순히 한 층으로 만들어진 것이 아니라 더 많은 것을 포함하고 있다고도 하였다. 가장 높은 층은 의미 있는 흐름과 인간적 경험 방향의 징후를 포함한다. 이는 주의 변화, 단순망각, 억압에 의해 개인 안에서 무의식적 요소를 만든다. 그러나 모든 층 아래 모든 인간의 정신적 내용의 형태인 원형이 존재한다. 이러한 그림자의 가장 아래층을 융은 집단무의식이라고 말하였다.

그림자(shadow)는 가장 강력하고 잠재적인 내면적 본성으로, 인간의 어둡거나 사악한 측면을 나타내는 원형이다. 그림자는 인류의 역사를 통해 의식에서 억압된 사회가 나쁘다고 규정하는 측면을 드러내는 동시에 생명력과 자발성, 창조성과 깊은 통찰의 원천이기도 하다. 동물적 본성의 근원을 표현하며 인간의 양면성을 반영하는 원형이다.

(5) 아니마

아니마는 라틴어로서 독어의 'seele'에 해당하는 용어다. 이는 '심혼'이라는 뜻으로, 의식을 자극하는 무의식의 심리적 실체를 의미한다. 아니마는 아니무스와 더불어 의식과 무의식의 중재자로 언급되기도 한다. 융은 모든 사람이 자신의 생물학적 성과 반대되는 성의 특성을 내적 인격으로 지니게 된다고 언급하였다. 즉, 남성의 무의식에는 여성적 인격(anima)이, 여성의 무의식에는 남성적 인격(animus)이 자리한다는 것이다. 그래서 아니마는 여성다움, 즉 섬세한 감정, 자아의식, 예감능력 등의 특성을 지닌다. 융은 아니마를 개인무의식 영역을 초월한 집단무의식의 구성요소라고 기술하였다. 아니마는 아버지, 어머니, 형제, 자매, 고모, 삼촌, 선생님의 모습 등의 집합체가 아닌 집단무의식의 원형으로, 사람에게 긍정적이거나 부정적인 영향을 미칠 수 있다. 이것은 전반적으로 남성이 무의식적으로 나타내는 여성적 행동에서 확인할 수 있다. 남성의 여성스러운 측면은 대개 억압되기 때문에 아니마는 페르소나의 보상적 개념에서 자동 발생적으로 나타나는 콤플렉스의 일부다. 또한 아니마는 꿈으로도 나타난다. 아니마는 남성과 여성의 상호작용에 영향을 미치며, 연애에 대한 태도를 결정짓도록 한다. 하지만 자신의 아니마를 알아차리는 것은 쉽지 않다. 왜냐하면 아니마는 페르소나처럼 외부로 뚜렷하게 나타나지 않기 때문이다. 융은 "개인성숙발달에서 자신의 그림자를 알아차리는 것은 '초심자의 평화'이며, 자신의 아니마를 알아차리는 것은 '전문가의 평화'다."라고 언급하였다. 또한 아니마의 발달단계를 이브, 헬렌, 마리아, 소피아의 4단계로 구분하기도 하였다. 아니마 발달의 전체적인 과정은 남성이 지닌 주관적 개방성이 감성에 도달하는 과정이다. 즉, 남성이 직관을 포함한 새로운 의식적 패러다임을 창조하고, 창조성과 상상력을 획득하며, 자신과 타인에 대한 심리적 민감성을 획득하는 과정을 말한다. 아니마/아니무스(anima/animus)는 인간이 본질적으로 양성을 가진 존재라고 여겨, 남성의 내부에 있는 여성성, 즉 사랑(eros)을 아니마라고 하였고, 여성의 내부에 있는 남성성, 즉 이성(logos)을 아니무스라고 한다. 개인이 성숙한 인간이 되기 위해서는 그 안에 자신의 성과 상반된 성의 원형의 조화가 이루어져야 한다.

(6) 아니무스

융은 아니무스를 개인무의식 영역을 초월한 집단무의식의 구성요소라고 기술하였다. 아니무스는 전반적으로 여성이 무의식적으로 나타내는 남성적 행동에서 확인할 수 있다. 여성의 남성스러운 측면은 사회적 환경으로 대개 억압되기 때문에, 아니무스는 페르소나의 보상적 개념에서 자동 발생적으로 나타나는 콤플렉스의 일부다. 아니무스는 남성과 여성의 상호작용에 영향을 미치며, 연애에 대한 태도를 결정짓도록 한다. 여성은 자신의 아니무스를 이성에게 투사하며 상대방의 아니마와 상호작용한다. 하지만 자신의 아니무스를 알아차리는 것은 쉽지 않다. 왜냐하면 아니무스는 페르소나처럼 외부로 뚜렷하게 나타나지 않기 때문이다.

융은 "개인성숙발달에서 자신의 그림자를 알아차리는 것은 '초심자의 평화'이며, 자신의 아니무스를 알아차리는 것은 '전문가의 평화'다."라고 언급하였다. 또한 아니무스의 발달단계를 네 단계로 구분하였다. 첫째 단계는 단순한 신체적 힘의 구현으로, 예로는 운동선수, 근육적인 남성이다. 둘째 단계는 주도적이고 계획된 행동을 하는 능력을 지닌 남성 및 낭만적인 남성이다. 셋째 단계는 아니무스의 언어화 단계로 교수나 성직자와 같은 세상의 안내자, 가장 예의 바른 연설가 등이다. 넷째 단계는 의미의 실현으로서 영적 심연의 중재자다. 여성은 아니무스의 발달을 통해 힘의 충동에서 진취적인 성향과 말의 의미적 힘을 깨닫고, 그 의미를 실현하고 지혜를 획득한다.

(7) 콤플렉스

분석심리학자인 융(C. G. Jung)은 콤플렉스 용어를 다음과 같이 강조하였다. 그는 콤플렉스를 무의식에서의 중심점으로 설명하였는데, 처음에 그의 이론에 대해 '콤플렉스 심리학'이라고 불렸을 만큼 콤플렉스는 융의 이론에서 중요하다.

그는 무의식적 마음을 개인무의식과 집단무의식으로 구분하고, 개인무의식이 콤플렉스에 의해 지배당한다고 믿었다. 또 단어연상검사를 통해 콤플렉스에 대한 증거를 발견하였다. 단어연상검사에서는 연구자가 100개의 단어목록을 각 피검자에게 읽어 주고, 피검자가 최대한 빨리 단어를 듣고 떠오르는 반응에 대해 말하면, 피검자의 반응시간을 연구자가 측정한다. 이때 연구자는 말을 더듬거나 혀를 내미는 등 평범하지 않은 반응에 주목한다.

융은 피검자의 반응에서 피검자의 무의식적 감정과 믿음에 대한 힌트를 얻었다. 융의 이론에서 콤플렉스는 의식적이거나, 부분적으로 의식적이거나, 무의식적이다. 콤플렉스는 긍정적 또는 부정적일 수 있고, 긍정적인 결과를 가져오거나 부정적인 결과를 가져올 수 있다. 콤플렉스의 예는 다음과 같다. 만약 누군가가 어렸을 때 다리를 절단했다면, 핸디캡을 극복하고 성공적인 삶을 살아간다고 해도 이는 그 사람에게 큰 영향을 미친다.

그는 많은 사고, 정서, 기억, 감정, 열등감, 승리감, 괴로움을 가지고, 자신의 삶에서 한 측면을 중심으로 결정해야 할지도 모른다. 만약 이러한 사고들이 그를 불안하게 한다면, 융은 그가 다리에 대한 콤플렉스를 가지고 있는 것이라고 언급하였다. 콤플렉스에는 종류가 많지만, 콤플렉스의 핵심은 경험의 보편적인 패턴이나 원형이다. 그가 설명한 주요 콤플렉스는 아니마와 아니무스 두 가지다. 또 다른 주요 콤플렉스는 어머니, 아버지, 영웅, 최근에는 형, 언니다. 융은 모든 사람이 정신에 영향을 미치는 정서적 경험을 가지기 때문에 모두 콤플렉스를 가진다고 믿었다. 비록 이들이 정상이라고 해도 부정적 콤플렉스는 인간에게 고통을 줄 수 있다.

(8) 꿈분석

융은 먼저 무의식에 대한 분석과 기억에 대한 분석을 구분하였다. 무의식에 대한 분석은 의식적 요소가 고갈되고, 신경증에 대한 충분한 치료법이 없으며, 자아가 꿈과 같은 무의식적 요소를 직접적으로 다룰 만큼 충분히 강해졌을 때 실시되었다.

융의 분석기법은 임상정신의학의 치료와는 별개의 심리학적 작업이다. 또한 융 학파에서는 프로이트 학파에서 구별하듯 정신분석적 정신치료와 분석을 구별하지 않았다. 융의 분석작업에서는 진단과 예후를 내리지 않고, 체계적인 기술이나 방법을 사용하지 않으며, 치료자나 환자의 의식에 따라 결정하기보다는 무의식적 의도와 경향을 참작하여 결정한다.

분석 과정은 원칙적으로 주당 2~3회 정도이고, 각 회기마다 대략 60분 정도로 구성된다. 분석기간은 일정하게 정해져 있지 않으며, 스스로 자기 자신을 이해하고 자신의 무의식에 대해 어느 정도 인식이 가능해지면 분석을 종결해도 된다.

융은 이러한 무의식에 대한 분석은 인생의 후반기에서의 심리적 문제와 일치한다고 믿었다. 분석에 대한 성공과 실패는 쉽게 단정 지을 수 없고, 분석 중단 후 몇 개월, 몇 해 뒤에 비로소 자신에 대해 깨닫는 경우도 있다.

융은 무의식과 직면하여 의식화하는 데 주로 꿈분석 기법을 사용하였는데, 분석의 특수적인 방법으로는 그림분석이나 적극적 명상 등이 있다. 융은 성격과 심리학적 기질을 분석을 통해 완전히 객관화시키는 것이 불가능하다고 언급하였다.

(9) 자기(self)

자기(self)는 모든 의식과 무의식의 주인으로, 전인격적이고 통합적인 정신의 개념이다. 이는 하나의 전체로서 인간 성격의 조화와 통일, 일체성을 위해 노력하는 원형이며, 따라서 의식과 무의식의 양극성 사이의 평형점에 위치한다.

자기(Self)는 마음 전체의 중심이며, 마음의 발달이나 변용 작용의 근원적인 원점이 되는 원형이다. 종교적으로는 '신의 각인'이라고도 간주된다. 이 원형은 정신으로 하여금 전체성 혹은 전일성을 유지케 하는 원동력으로서도 기능한다.

자기(Self)의 특성을 살펴볼 때, 자기(Self)는 세 가지 특성을 지니고 있다.

첫째, 자기(Self)는 인격의 중심이다. 인격의 중심으로서 자기(Self)는 무의식 뒤에서 활동하고 있다. 자기(Self)가 결정하는 것들은 모두 자아와 관계되고 있으며 자아를 지배한다고 하였다.

둘째, 인간 정신의 중심인 자기(Self)는 정신의 전체성을 나타낸다. 의식과 무의식을 합한 전체, 다시 말해서 의식적 내용과 무의식적 내용을 포함한 인간 정신의 전일성을 나타내는 것이다. 인간 정신의 중심인 자기(Self)는 꿈이나 비전에서 나타나고 적극적 상상이 만들어 내는 것에서도 나타난다. 또한, 자기(Self)는 남성적인 것과 여성적인 것을 포괄한다.

셋째, 자기(Self)는 인간 정신의 초월성을 가리킨다. 즉, 자기(Self)는 그 안에 의식적 내용과 무의식적 내용을 모두 나타내기 때문에 초월적인 개념이라 하였다.

자기(Self)를 나타내는 상징으로 융은 신화적 상징과 종교적 상징 가운데서 누미노제적인 힘을 체험하게 하는 자기(Self)의 상징적 이미지를 많이 찾아낼 수 있으며 인간의 무의식이 만들어 낸 수많은 상징 가운데서 만다라 상징이나 그리스도 상징은 원형적인 자기의 모습을 나타내는 가장 좋은 상징이라 하였다. 만다라 상징은 인류가 가진 종교 상징 가운데서 가장 오래된 상징 중 하나다. 만다라는 역사적으로 신의 본성을 나타내는 상징으로 인식되었으며 통합의 상징으로서의 힘을 지녀 왔다. 즉, 만다라는 자기(Self)나 신, 따라서 전체성을 가리켜 왔다. 만다라는 개성화를 나타내는 상징이기도 하며, 만다라는 자기(Self), 즉 인간 정신의 전체성을 나타낸다고 하였다.

(10) 개성화

융의 이론에서 개성화는 우리의 가장 내적이고 궁극적이면서 다른 것과 비길 수 없는 유일무이한 고유성을 뜻한다. 융은 인간의 정신을 내향성과 외향성의 대극, 직관과 감각의 비합리적 기능과 사고와 감정 등 합리적 기능의 대극 등 개념상 분리해서 설명할 수 있지만 실제로는 전체성을 가진 하나로서 우리의 의식적 삶 속에서 실현되어야 한다고 말하였다. 개성화를 통해 '있는 그대로의 사람'이 되면 개인의 고유성을 회피하거나 억압하지 않고, 인간의 집단적 사명을 보다 바람직한 방향으로 충족시킬 수 있다. 이러한 의미에서 개성화는 하나의 치유 과정이며, 건강한 사람을 만들어 가는 자기인식의 과정이다. 따라서 개성화를 자기화(selfhood) 혹은 자기실현(self-realization)이라고 말할 수도 있다. 인간이 개성화될 때 한 차원 높은 성숙된 관계를 형성할 수 있을 것이다.

개성화된 인간의 특성은 다음과 같다.

첫째, 의식과 무의식수준에서 모두 자기 자신을 잘 이해하고 있다(자각).

둘째, 자기탐색의 시기에 자신에게 드러나는 것을 받아들인다. 자신의 본성을 수용하며, 상황에 따라 각기 다른 페르소나를 쓰지만 단지 사회적 편의를 위해서다. 자신이 갖가지 역할을 수행하고 있다는 것을 알고 있으며 그러한 역할과 진정한 자신을 혼동하지 않는다(자기수용).

셋째, 성격의 모든 측면이 통합되고 조화를 이루어 모든 것이 표출될 수 있다. 생애 처음으로 특정 측면이나 태도 혹은 기능에서 어느 한 가지가 지배하던 것에서 벗어난다(자기통합).

넷째, 자기 자신을 있는 그대로 나타내고 솔직한 생각과 기분을 표출한다(자기표현).

다섯째, 모든 인류경험의 저장소인 집단무의식에 대해 대단히 개방적이고, 인간상황을 보다 잘 인식하며 관대함을 가지고 있다. 우리 모두에게 영향을 미치는 인류의 유산에서 전해지는 힘을 인식하기 때문에 다른 사람들의 행동을 보다 깊이 통찰할 수 있으며, 인류에 대하여 보다 많은 연민의 정을 느낀다(인간본성의 수용과 관용).

여섯째, 의식 속에 무의식적, 비이성적 요소들을 끌어들일 수 있다. 꿈과 환상에 주목하며, 한편으로는 이성과 논리를 사용하면서 무의식의 힘으로 그러한 의식의 과정을 조정한다. 초자연적이며 영혼적인 현상에 관심을 가지고 수용한다(미지와 신비의 수용).

일곱째, 태도나 기능 혹은 원형의 특정 측면에 지배를 받지 않는다. 따라서 특정 심리적 유형으로 분류하기 어렵다(보편적 성격).

2) 분석심리학 상담의 목표

분석상담 심리치료의 가장 중요한 목표는 환자를 불가능한 행복 속으로 옮겨 놓는 것이 아니라 그에게 고통을 견딜 수 있는 강점과 철학적 인내를 얻을 수 있게 해주는 것이다.

내담자로 하여금 무의식적으로 작동하는 정신 원리를 의식화하고 개성화 혹은 실현 과정을 촉진하도록 한다.

분석심리학은 개인사뿐 아니라 무의식의 내용을 탐색하며 아직 발견되지 않는 심리적 내용까지도 분석함으로써 정신적 고통의 근원과 배경 및 그 의미를 살핀다. 치료의 목표는 자아의식을 강화시킴으로써 무의식의 내용을 의식에 통합시키는 것이다(CW16: 479).

(1) 고백 단계

내담자가 개인사를 고백함으로써 정화 경험, 약점 자각, 비밀 공유를 함으로써 강렬한 정서 방출을 하고 치료 동맹 관계가 형성되는 단계이다.

(2) 명료화 단계

내담자가 갖는 증상의 의미, 아니마와 아니무스, 음영, 현재 생활 상황과 고통 등 자신의 문제에 대한 통찰을 얻는 단계로 전이와 역전이 탐색 단계이다.

(3) 교육 단계

내담자가 사회적 존재로서 부적응적, 불균형적 삶을 초래한 발달과정의 문제에 초점을 두면서 슬기롭게 현실적인 사회 적응을 할 수 있도록 돕는 단계이다.

(4) 변형 단계

내담자와 치료자 간의 역동적인 상호작용을 통해 사회 적응을 넘어서 자기실현으로의 변화를 도모하는 단계(자기실현, 개성화를 이루기 위한 기간)이다.

- **상담기법**: 단어와 연상, 증상분석, 꿈분석, 사례사, 상징의 사용, 그림치료, MBTI 등이 있다.

4. 개인심리적 접근

개인심리학(individual psychology)의 창시자인 헝가리계 유대인인 아들러(Alfred Adler, 1870~1937)는 오스트리아 빈의 중산층 가정에서 태어났다. 어려서부터 후두염, 구루병, 폐렴 증세를 자주 보였고, 몇 차례 죽음의 고비를 넘긴 적도 있었다. 잦은 병치레 속에서 어머니의 사랑을 받았으나 동생의 출생으로 어머니의 관심을 덜 받게 되고 아버지와 친밀한 유대관계를 형상하게 되었다. 병약함과 사고로 인한 신체장애, 그리고 병으로 인한 동생의 죽음은 이후 빈 대학에서 의학을 전공한 뒤 의사가 되는 원동력이 되었다. 자신의 신체적 병약함과 다소 뒤처진 학습능력, 똑똑한 형을 둔 개인적 발달사는 아들러가 열등감과 우월성 등에 관심을 가지게 되는 직접적인 동기가 되었다. 또 여기에서 생활양식, 형제 서열에 따른 성격형성 등 개인심리학의 초석이 도는 사유개념들이 도출되었다.

아들러(Adler)는 1902년 오스트리아 빈에서 프로이트(Freud)를 주축으로 '빈 정신분석학회'를 결성하여 초대 회장을 맡았다. 이후 프로이트와 견해차를 가진 다른 회원들과 같이 1912년에 '개인심리학회'를 창설해 자신의 이론을 발전시켜 나갔다. 1차 세계대전 동안 정신과 군의관으로 근무하고 난 후 빈을 중심으로 아동임상센터를 여러 개 건립해 상담과 봉사, 교육활동을 펼쳤다. 히틀러(Hitler) 집권 이후 미국으로 이주하여 강의와 연구를 계속하면서 자신의 이론을 다양한 영역으로 확장시켰다.

아들러(Adler)의 개인심리학은 미국에서 특히 드라이커스(Dreikurs), 딩크마이어(Dinkmeyer) 등을 통해 확장되고 재조명되기 시작해 부모교육과 부모상담, 대인관계 상담, 부모-자녀관계, 교사교육, 집단상담 등 다양한 인접 분야들에서 적용되고 발전했다. 개인(individual)이라는 단어는 라틴어로 'indivisible(분리될 수 없는)'에서 온 말로서 여러 부분으로 나뉠 수 없는 단일한 실체와 전체성을 가진 개인(individuum: 더 이상 나누어질 수 없는 것)을 지시한다. 따라서 개인심리학에서 바라보는 인간은 각자 자신만의 고유한 삶의 목표와 가치를 소유하며, 목표에 도달하기 위한 독특한 방식을 가지고 있다. 각 개인에게서 정신과 육체는 분리되어 인식될 수 없고 증상을 포함한 그의 모든 표현은 그의 삶의 총체성 안에서 이해되어야 한다. 즉, '개인'은 단순히 부분과 기능으로 환원될 수 없는 총체이다.

개인심리학에서 개인의 행복과 평화는 사회적 유대감과 공동체감 속에서 가능하다. 가족과 사회 속에서 자신의 존재를 자리매김할 수 있고, 타자의 승인과 그들에 대한 수용과 공감이 개인의 심리적 안녕을 가능케 할 수 있다. 아들러를 비롯한 개인심리학자들은 인생의 기본적인 과업들과 이 과업의 수행을 강조한다.

예컨대 우정, 소속감, 친밀한 관계 형성, 직업성취 등의 기본 과제의 실패는 삶에서 역기능적 장애를 초래할 수도 있는 중요한 과업들이다. 따라서 치료는 이러한 기본 과제를 통찰하고 효과적으로 수행하는 것에 초점을 둔다.

우월성 추구에 집착하면 파괴적 생활양식을 갖게 되어 열등감 콤플렉스에 빠져버리게 된다. 주어진 삶의 과제에 대한 책임을 회피하고 부정적인 결과를 초래하는 병리적 열등감, 요컨대 열등감 콤플렉스의 원인으로는 신체기관의 열등감, 부모의 과잉보호로 인한 응석받이 열등감, 부모의 양육태만으로 인한 자존감 결여와 자기비하 등을 들 수 있다.

인간은 삶의 완전성을 추구하는 데서 이러한 열등감을 보상하는 방향으로 행동하게 되고 보상은 사회적 관심 정도에 따라 건강한 보상과 병리적인 보상으로 나뉠 수 있다. 무엇보다 개인적 목표를 사회 내 공동체의식 속에서 정립하고 노력할 때 병리적이지 않은 보상이 실현될 수 있다.

1) 주요개념

개인심리학의 특징은 행동의 원인을 분석하는 것이 아니라 행동의 목적을 분석하고(목적론), 인간을 분할할 수 없는 전체로서 파악하여 이성과 감성, 의식과 무의식 등의 대립을 인정하지 않고(총체론), 객관적 사실보다 객관적 사실에 대한 주관적 의미부여 과정을 중요하게 보고(현상학적 관점), 내적 정신세계보다 대인관계를 분석하고(대인관계론), 주체적 결단능력을 중요시한다(실존주의)는 것이다.

주요개념으로는 열등감과 보상, 우월추구, 생활양식, 허구적 목적, 공동체감과 사회적 관심, 가족구도와 출생순위, 삶의 과제 등이 있고, 변화를 위한 핵심 요인으로 격려를 강조한다.

주요개념을 상세히 살펴보면 다음과 같다.

첫째, 열등감과 보상은 인간은 불완전한 존재로서 완전을 향해 끊임없이 노력을 하는데 이 과정에서 모든 인간은 필연적 열등감 또는 부적절감을 가질 수밖에 없다는 것이다. 아들러에 따르면 기본적인 열등감은 인간의 모든 행동에 영향을 끼치게 되는데, 열등감이 행동의 동기를 부여하는 추진력이며 모든 노력의 원천이라고 생각하였다. 따라서 인간의 성장과 진보는 열등감을 보상하려는 시도의 결과라고 보았다.

둘째, 우월추구는 인간행동의 동기를 긴장을 감소하고 쾌락을 추구한다는 프로이트와는 달리 아들러는 열등의 감정을 극복 또는 보상하여 우월해지고, 위로 상승하고자 하는 목표, 완전에의 추구라는 더 많은 에너지와 노력을 요구하며 긴장을 증가시키는 것을 인간행동의 동기로 본다는 것이다.

셋째, 생활양식은 아들러의 역동적 성격 이론을 가장 잘 나타내는 개념이다. 인간은 유아기를 지나 4~5세경에 자아개념과 가치 및 태도 등을 포함한 자신의 독특성을 형성하는데, 아동기까지 열등감과 보상을 기초로 발달하며 그 후로는 저절로 변하는 일은 거의 일어나지 않는 것으로 보았다.

넷째, 허구적 목적은 사고, 감정 혹은 행동의 심리적 과정 모두 마음속에 일관성 있는 어떤 목적이 있다고 보고 결정론보다는 목적론이 더 중요하다는 것이다. 그래서 설명하기 어려운 행동들도 일단 그들의 무의식적 목적을 알게 되면 이해할 수 있다고 하였다.

다섯째, 공동체감과 사회적 관심은 열등감을 극복하고 사회적 동물인 인간이 건강하게 살아가기 위해서, 그리고 인간의 문화와 정신을 발달시키기 위해서 가장 필요한 것이라고 보았다.

여섯째, 가족구도와 출생순위는 가족 내의 출생순위가 성격 형성에 큰 영향을 주고, 개인의 생활양식을 형성하는 요인이 된다는 것이다.

일곱째, 삶의 과제는 모든 사람이 직면하는 세 가지 중요한 과제가 있는데, 이는 직업, 타인과의 관계, 이성적 사랑이라고 본 것이다. 이 과제는 서로서로 연결되어 있으며 사회적 의미를 내포하고 있다. 또한 이 과제를 해결해 나가는 방식은 개인의 생활양식에 달려 있으며, 개인의 부적절한 생활양식은 문제를 야기한다고 하였다.

여덟째, 격려는 내담자가 자신의 열등감을 극복하고 가치를 깨닫도록 도움을 주는 데 초점을 두는 것으로, 내담자가 자신의 능력과 유용성을 소유하고 있다는 것을 알아차릴 수 있도록 하여 자기 삶의 문제에 용감하게 다가갈 수 있도록 도와주는 것이다.

개인심리학 상담모델은 의료모델이 아니라 성장모델이다. 아들러는 사람이 지닌 문제는 사람과 분리된 것이 아니기 때문에 심리상담은 전인격의 치료가 필요하다고 말하였다. 그는 아픈 사람과 건강한 사람 사이에 분명한 선이 있다고 말하는 것을 매우 싫어하였다. 개인심리학에서는 내담자를 병든 존재나 치료받아야 할 존재로 보지 않기 때문에 상담의 목표도 증상 제거보다는 열등감을 극복하고, 잘못된 생의 목표와 생활양식을 수정하고, 사회에서 다른 사람과 상호작용할 수 있도록 타인과 동등한 감정을 갖고 공동체감을 증진시키는 것으로 설정하였다(Dreikurs, 1967; Mosak, 1987).

2) 상담과정

개인심리학의 상담과정은 4단계로 진행된다.

1단계는 내담자가 상담사에게 이해받고, 받아들여진다고 느끼도록 내담자와 공감적 관계를 형성하는 관계형성 단계이다.

2단계는 내담자가 생활양식을 결정하는 동기나 목표, 신념과 정서를 이해할 수 있도록 해주는 생활양식 탐색단계이다.

3단계는 내담자의 잘못된 목표와 자기패배적 행동을 자각하도록 도와주는 통찰단계이다.

4단계는 내담자가 문제행동이나 문제상황에 대해서 대안을 고려해 변화를 실행하도록 도와주는 재정향 단계이다. 개인심리학의 주요 상담기법으로는 초기기억, 꿈분석, 단추 누르기, 수프에 침 뱉기, '마치 ~인 것처럼' 행동하기, 자기포착하기, 과제 설정하기, 역설 기법, 격려 등이 있다.

아들러는 상담의 영역을 가정, 학교, 지역사회 등으로 확장시켰다. 그는 교육자인 동시에 사회개혁자였다(Corey, 2010). 개인심리학은 일찍부터 자녀양육, 결혼과 가족치료, 학교상담, 교사상담, 교정상담, 인간관계 개선, 진로상담, 부모교육 및 부모상담 등 수많은 분야에 영향력을 미쳤으며, 범죄 · 전쟁 · 종교 · 민족주의 · 저항 · 인종 · 약물 · 사회적 조건 및 종교에 대한 사회문제에 관심을 갖고 문제해결에 노력하고 있다(Corsini, 2010).

대표적인 개인심리학자로는 드라이커스(Dreikurs), 안스바허(Ansbacher), 모삭(Mosak), 슐만(Shulman), 케피어(Kefir), 엘렌버거(Ellenberger), 웩스버그(Wexberg) 등이 있다.

(1) 우월성 추구(Striving for superiority)

아들러 이론에서 인간의 행동을 동기화하는 힘은 무엇보다 완전성을 추구(striving for perfection)하는 것과 보상성(compensation)이다. 열등감 콤플렉스는 보상충동을 자극하고 이는 우월성 추구로 나타나며, 다시 이는 인생과 인생과업 해결의 토대가 된다. Adler가 말하는 우월성 추구는 인간의 잠재력을 더 잘 발휘하고 자신의 내면을 극복하는 차원을 말하는 것으로, 타인과의 경쟁과 교만의식을 의미하는 것이 아니다.

인간은 완벽의 추구라는 목적하에 동기유발되고 열등감에 대한 보상의 모습을 구현하고자 한다. 삶의 목표로서 우월성 추구를 가지며 우월성을 향한 욕구는 자아실현, 자기완성의 개념과 유사하다. 예컨대 유아의 발달은 주위 사람들보다 자신이 무기력하고 열등하다는 인식에서도 비롯된다. 이러한 우월성 추구는 인류공영에 입각한 타인에 대한 공감, 존중, 배려 등을 지향하는 사회적 관심을 기반으로 해야 한다. 타인과 사회적 유용성을 고려하지 않는 우울성 추구는 오히려 자신이 타인보다 더 훌륭하고 우월하다고 생각하는 '우월성 콤플렉스'로 빠질 수 있다.

(2) 사회적 관심(Social interest)

아들러에게 인간의 자기완성과 자아실현, 궁극적 행복은 사회적 유대와 결속 안에서 비로소 가능하다. 사회적 관심은 개인의 완전함에 대한 욕구가 사회의 완전함에 대한 욕구로 대치되고, 공공의 이익을 위해 타인과 함께 참여하고 집단에 소속된다는 느낌으로 사람들과 협동하는 것이라 할 수 있다. 이는 타인과의 일체감을 경험하면서 자신이 더 큰 사회의 구성원임을 자각하고 공공선을 고려하는 것으로, 공감, 상호존중, 우정, 동료애 등과 같은 특징으로 나타난다.

사회적 관심이 발달한 사람은 열등감이나 소외감 없이 정신적으로 건강하고 행복하며 사회에 기여하는 사람으로 볼 수 있다. 반대로 부적응적인 사람은 사회적 관심도가 낮고 사회적 유대와 승인을 경험하지 못하여 열등감에 빠지기 쉽다. 즉, 사람들의 사회적 관심 정도는 정신건강의 척도가 되어, Adler에 따르면 신경증과 정신병, 알코올 중독, 자살, 범죄 등의 모든 문제는 바로 이 사회적 관심의 부족과 결핍에서 기인한다. 사회적 관심은 타고나기도 하지만 학습되기도 한다. 어떤 사람들은 완전한 자기실현을 향해 나아가지만 어떤 사람들은 사회적 관심의 부족이나 열등감에 압도당해 실패하기도 한다. 또 부모의 양육 태도에 따라 사회적 관심의 발달 정도가 달라질 수 있다.

(3) 생활양식(Life style)

아들러는 한 개인의 성격보다는 생활양식에 대해 주로 얘기하였다. 생활양식이란 삶에 대한 개인의 기본적이고 독특한 지향성을 의미하는 것으로, 인생에 대한 시각, 가치, 자기의식, 태도 등으로 구성된다. 이는 사람들의 행동과 사고, 가치관과 태도 등 그 개인의 개별적 주체성과 정체성을 설명하는 기본도식이다.

인간은 자신에게 의미 있는 목표를 추구하면서 자신만의 창조적인 독특한 생활양식을 만든다. 따라서 생활양식은 개인이 세상과 환경과 접촉하면서 구조화한 고유한 지각과 인식, 해석체계이다. 대개 아동이 4~5세 될 때까지 확립된 각 개인의 독특한 생활양식은 삶을 지배하는 고유한 행동패턴으로 존재한다. 이러한 생활양식은 개인의 열등감과 그 열등감을 극복하기 위한 특정 방식에 기초를 두고 있으며, 역으로 열등감을 해소하는 태도 영향을 미친다. 인간은 어릴 때 상상 속이든 실제로든 열등감을 경험하고 이것은 어떤 방법으로든 보상성향을 추동한다. 그러므로 한 개인의 생활양식은 그 개인이 가지고 있는 열등감을 보상하기 위한 노력의 결과로 볼 수 있다.

(4) 출생순위

일반적으로 출생순위에 근거를 두고 있는 전형화된 행동들은 맨 처음 아들러학파에 의해 분류되었다. 출생순위의 영향에 관한 내용을 정리하면 아래와 같다(Dinkmeyer & Sperry, 2000; Thompson & Henderson, 2008). 그런데 동일한 출생순위를 가진 사람들이 공통의 특징을 가지고 있기는 하지만 모두 동일한 특성을 갖도록 결정되는 것은 아니다. 또 출생순위 자체보다는 출생순위에 수반되는 상황들, 가령 부모의 양육태도와 자녀에 대한 기대수준, 출생순위에 따라 다르게 경험하는 심리사회적 환경, 그리고 이러한 것들에 대한 개인의 지각이 중요하기 때문에 출생순위에 관한 설명은 절대적이지 않다. 무엇보다도 생물학적 출생순위뿐 아니라 심리적 출생순위가 더 큰 영향을 행사하기 쉽다는 점을 유의해야 한다.

3) 개인심리학적 상담의 목표

개인심리학 상담의 목표는 내담자의 생활양식을 이해하고 부적응적인 목표와 신념을 파악하여 사회적 관심을 증진시키고 적응적인 목표와 생활양식으로 변화시키는 것이다. 치료원리로는 통찰, 치료자의 격려, 직면, 긍정적인 변화과정 촉진, 공동체감이 있다.

- **상담기법**: 격려, 즉시성, 역설적 의도, 내담자의 수프에 침 뱉기, 마치~인 것처럼 행동하기, 단추 누르기, 수렁에 빠지는 것을 피하기 등이 있다.

5. 게슈탈트적 접근

펄스(Fritz Perls, 1893~1970)는 1920년대 Wertheimer, Kohler, Koffa 등의 게슈탈트 심리학에 관심을 갖게 되었다. 게슈탈트 심리학자들은 당시에 팽배했던 행동주의에 정면으로 반대하는 심리학의 체계를 개념화하였다. 이들은 심리학적 현상이 특별하고 분자적인 부분의 합이라기보다는 조직화되고 형태화된 전체라는 개념을 중시한다. 즉, 인간은 특정 자극이나 대상을 일부분으로 바라보지 않고 전체성과 완결성에 입각해 유의미한 전체인 '게슈탈트'로 지각한다. 예컨대 "게슈탈트란 통일된 전체로서, 부분들과 그것들의 관계를 단순히 합하는 것으로부터는 도출될 수 없는 속성을 갖고 있는 하나의 형태, 윤곽, 또는 전체성을 의미한다. 그것은 물리적 구조를 말할 수도 있고, 생리적 및 심리적 기능을 말하거나 상징적인 단위를 말할 수도 있다."

게슈탈트적 접근에 따르면, 건강한 인간은 자신의 욕구나 감정을 잘 자각해서 하나의 일체된 전체와 행동으로 실행하고 완성한다.

게슈탈트이론은 총체적인 유기체로서의 인간이 깨어 있고 자각하는 매 순간의 생각과 감정을 중시하며, 이렇게 반응하고 활동할 때 건강한 행위가 나올 수 있다고 본다. 인간은 자신의 사고와 감정뿐 아니라 신체와 관련해서 완결된 통합성을 충분히 획득할 수 있다. 그러나 여러 가지 이유로 자신에 대한 집중과 주의가 분산되고 분열되면서 비효율적이고 비정상적인 행위와 문제가 나타날 수 있다. 게슈탈트상담은 실존적 · 현상학적 접근의 기본 전제를 따른다. 상담의 기본 목표는 내담자가 자신의 경험과 행동을 자각(awareness)하게 하는 것이고, 이러한 자각을 통해서 변화는 자연스럽게 일어난다. 이 접근은 현실을 절대적인 것으로 규정하지 않고 내담자의 현실 지각을 강조한다는 점에서 현상학적이다. 또한 인간의 삶이 생물학적으로 결정되는 것이 아니라 인간이 각기 독특한 유기체로서 필요한 욕구를 선택하여 게슈탈트를 형성하면서 자신의 삶에 대한 책임을 진다는 점에서 실존적이다.

펄스는 다른 인본주의자들처럼 인간을 긍정적이고 능력이 있는 존재로 본다. 정신적으로 건강한 사람은 끊임없이 우리의 관심을 끌고 있는 다양한 환경자극에 의해 혼란에 빠지지 않고 자신의 자각 상태를 유지할 수 있다. 이러한 사람은 자기 자신의 욕구와 그것을 충족시키기 위한 환경적 대안들을 충분하고 분명하게 경험할 수 있다. 건강한 사람도 물론 자기 내부의 갈등과 좌절을 경험하지만, 집중하고 자각하는 수준이 높기 때문에 환상적인 것에 복잡하게 얽혀 들어가지 않고도 자신의 문제를 해결할 수 있다. 그들은 가능한 한 타인과의 갈등을 해결하려고 노력하며 그렇지 못할 때에는 잊어버린다. 자신의 욕구와 환경을 자각하는 수준이 높은 사람이라면 어떤 문제와 갈등은 해결이 가능하고, 또 어떤 것은 그렇지 못하다는 것을 잘 알고 있다(Thompson & Henderson, 2008).

1) 주요개념

상호연관된 부분으로 구성된 전체로 보는 견해에 따르면, 인간의 신체, 정서, 사고, 감각, 지각 등은 전체로서의 인간을 구성하는 부분들이다. 인간은 각 부분들로 나뉘어 해석될 수 없다. 이는 "전체는 부분의 합보다 크다"는 게슈탈트이론의 기본 명제를 반영한다.

또한, 모든 감각과 사고, 정서와 지각을 충분히 지각할 수 있는 잠재력을 가진 존재로 인간은 자신의 심리적 · 신체적 감각을 충분히 인식하고 느낄 수 있다. 그런데 지나친 지적 사고에의 의존은 역설적으로 정서와 신체의 변화와 감각을 무시하게 되고, 이는 건강하지 못한 사람들에게서 종종 볼 수 있는 모습이다. 따라서 인지적 추상화와 사고에의 과도한 접근이 아닌, 인간 본질적인 육체와 정신의 움직임과 감각, 본연의 욕구에 초점을 둘 필요가 있다.

(1) 자각(Awareness)

자각 혹은 인식은 지금 현재 나의 몸 안에서 나의 존재와 욕구를 알아차리고 의식하는 것이다. 지금 현재 자신이 무엇을 느끼고 생각하는지, 어떻게 행동하고 있는지, 선체에 무슨 일이 일어나는지에 대한 깨달음이라고 할 수 있다(Joyce & Sills, 2001).

게슈탈트상담에서 자각은 다른 환경과 사람들과의 직접 접촉을 통해서만 가능하다. 자신의 내면뿐 아니라 타자를 포함한 세상과의 접촉과 상호작용 속에서 자신의 순수한 욕구와 감정을 충분히 인식하고, 이를 게슈탈트로 형성해서 전경화한다. 결국 유기체 본연의 각성과 자각이 발생하게 될 때 주체 밖 세상과의 경계, 전경과 배경의 뚜렷한 경계와 접촉하게 된다. 그리고 이로써 경계가 분명한 게슈탈트를 형성할 수 있게 된다. 만일 인식의 차단, 자각의 결핍이 있다면 게슈탈트 형성은 방해받거나 전경과 배경의 경계설정도 모호할 수 있다.

펄스(1969)는 자각에 대해 다음과 같이 설명한다. "자각(인식)은 그 자체로 치료적일 수 있다. 완전히 자각하면 유기체의 자기조절에 대해 자각하게 되므로, 유기체는 방해나 간섭을 받지 않고 역할을 하게 할 수 있다. 우리는 유기체의 지혜에 의존할 수 있게 된다." 따라서 게슈탈트상담에서 자각은 건강한 사람의 특징이며 상담목표가 될 수 있다.

(2) 접촉(Contact)

사람들은 자각을 얻기 위해 많은 노력을 하는데 특히 환경과의 접촉이 매우 중요하다. 접촉은 보기, 듣기, 만지기, 이야기하기, 움직이기, 냄새 맡기, 맛보기와 같은 유기체적 기능을 통해 이루어지는 것으로, 전경화한 게슈탈트를 해소하기 위해 환경과 만나고 상호작용하는 것이다. 따라서 게슈탈트를 해소하고 자각을 촉진하고 건강한 성장을 위해 접촉은 반드시 필요하다고 볼 수 있다.

타인이나 세상 등 환경과 접촉할 때 개인은 반응하고 변화한다. 접촉 경험은 개인에게 자기 자신과 환경에 대해 가르쳐주며, 그가 세상의 일부를 느끼도록 돕는다. 또한 우리가 누구인지 보다 명확하게 정의할 수 있도록 해준다. 즉, 타자 및 세상의 존재와 접촉하는 순간에 우리의 존재가 그들과 구별되어 나타날 수 있는 것이다. 그러므로 타인과의 교류를 피하고 제한된 삶을 사는 사람들은 스스로 만든 공간 안에 폐쇄되어 자신의 성장을 방해한다. 그리고 여기에서 미해결과제는 해결되지 못하고 누적된다.

(3) 자각과 접촉을 방해하는 요소들

인식과 환경과의 접촉이 건강한 성장에 필요한 조건임에도 불구하고, 이러한 과정을 방해하는 심리과정들이 존재한다. 내면세계에서 일어나는 다음과 같은 여러 심리적 역동으로 인해 개인은 자신의 감정과 감각을 제대로 자각하지 못하며, 외부세계와의 적절한 접촉도 하기 힘들다.

내사(Introjection)는 타인의 사고와 가치 등을 적절한 통찰 없이 그대로 자신의 것으로 내면화한다. 가령 부모의 소망과 꿈을 내 것이라고 생각하고 그에 합당하게 되려고 한다. 투사(Projection)는 수용하기 어렵거나 부인하는 감정과 사고, 태도 등을 타인에게로 전가한다. 가령 내가 그를 미워하는 것을 인정하지 않고 반대로 그가 나에게 분노를 가지고 있다고 생각한다.

반전(Retroflection)은 타인에 대한 분노나 욕구, 바람 등을 자신에게로 돌려버린다. 점차 습관적으로 되어 나중에는 부지불식간에 나타나며, 타인과의 상호작용을 차단한다. 외부로 표출되지 못하는 여러 부정적 정서와 충동을 자신에게로 돌리고 이로 인해 여러 신체화 장애, 심장병, 위장병 등의 장애가 나올 수 있다.

(4) 전경과 배경

인간의 삶과 세상은 유동적이며 항상 변화한다. 사람들은 계속해서 불균형을 경험하고 그때마다 균형을 회복하기 위해 애쓴다. 펄스는 이를 명료화하기 위해 전경과 배경이라는 개념을 사용한다. 우리를 둘러싸고 있는 세상은 우리 삶에서 배경이다. 따라서 우리가 경험하는 모든 측면에 전부 주의를 기울이는 것은 불가능하다. 대신에 어떤 특정 상황과 순간에서 우리의 욕구에 따라 특정 요소가 전경으로 나오게 된다. 즉, 우리를 지배하는 가장 중요한 욕구가 이 순간에 전경으로 나타난다.

게슈탈트상담에서는 인간이 게슈탈트를 형성하여 자각하는 것도 전경과 배경의 관계로 설명한다. 게슈탈트를 형성한다는 말은 어느 한순간에 가장 중요한 욕구나 감정을 전경으로 떠올린다는 의미와 같다. 전경으로 떠올렸던 게슈탈트가 해소되면 그것은 전경에서 사라져 배경으로 물러난다. 그 다음 다시 새로운 게슈탈트가 형성되어 전경으로 떠오르고, 다시 해소되어 배경으로 물러나는 과정이 되풀이된다. 이러한 순환 과정은 게슈탈트의 형성과 해소, 혹은 전경과 배경의 교체 과정이라 할 수 있다.

건강한 사람은 한 번에 한 가지 욕구에만 뚜렷하게 초점을 맞추고 다른 욕구는 배경으로 처리해 버린다. 그 욕구가 충족되거나 게슈탈트가 완성되었을 때 그것은 배경으로 처리되고 새로운 욕구가 나타나게 된다. 이처럼 전경과 배경의 관계가 원활히 기능하는 것이 건강한 성격의 특징이다. 전경은 그것이 무엇이든 그 순간 가장 뚜렷하게 만족을 강요하는 욕구다. 사람들이 자신의 욕구를 충족시키고 게슈탈트를 완성하여 다른 것으로 옮겨갈 수 있으려면 자신이 무엇을 필요로 하는지를 결정할 수 있어야 하고, 자신과 자신의 환경을 다루는 법을 알아야 한다. 심지어는 순전히 생리적인 욕구조차도 오로지 환경과의 상호작용을 통해서만 충족될 수 있다(Perls, 1975; Thompson & Henderson, 2008).

(5) 성격층

펄스(1969)는 인간의 성격을 다섯 가지 층으로 설명하면서 양파껍질에 비유하였다. 게슈탈트상담에서 상담과정은 종종 내담자가 이 성격층들을 통과해 나가도록 돕는 것이 되는데, 성격의 더 건강한 층들을 드러내기 위해 양파껍질 같은 각각의 층을 벗겨 나가게 된다. 이러한 방식으로 사람들은 자신의 진정한 모습을 자각하게 되고, 환경과 타인은 물론 자신과 완전히 접촉할 수 있게 된다.

(6) 지금–여기

게슈탈트상담의 주요 공헌점 중 하나는 '지금–여기(here-now)'에 대한 강조로서 현재 이 순간을 감지해 완전히 경험하는 것을 중요시하는 것이다. 펄스(Perls, 1969)에 따르면 "바로 지금 외에 존재하는 것은 아무것도 없다…과거는 지나갔다. 미래는 아직 오지 않았다…당신은 바로 지금에 살아야만 한다." 현재 사람들과 대화하면서도 정서는 과거 상처에 붙들려 있고 생각은 미래 기대를 떠돌아다니고 있을 수 있다. 우리가 현재에 집중하지 못할 때 타인에게 혼란스러운 메시지를 주게 되고, 우리 자신에 대한 통합된 느낌을 갖지 못하게 되며, 자신·타인·환경과의 접촉에도 어려움을 겪게 된다. 현재는 개인이 지금 자신이 무엇을 하고 있는가를 깨닫게 됨으로써, 현재 순간을 충분히 경험함으로써, 그리고 이런 자각상태에 계속 존재함으로써 자신이 하는 것을 자각하는 것과 관련된다. 이로 인한 자각, 혹은 인식은 바로 게슈탈트 치료의 기본 목표이다. 이런 맥락에서 불안은 현재와 나 중간의 간극이다. 펄스에 따르면 인간은 현재의 안전감을 떠나 미래에 과도하게 몰입하고 종종 나쁜 일이 발생할 것을 예상하기 때문에 불안을 경험한다.

게슈탈트상담에서 상담사는 언어적 해석보다는 내담자가 매 순간 현존하면서 자신의 경험을 느끼고 접촉하도록 해야 한다. 내담자가 현재와 접촉하는 것을 돕기 위해 "왜"라고 묻는 대신에 "무엇", "어떻게"라는 질문을 한다. '지금–여기'

에 대한 자각을 증진시키기 위해 상담사는 내담자에게 “지금 일어나고 있는 일은 무엇입니까?”, “지금 진행되고 있는 일은 무엇입니까?”, “지금 순간 어떤 생각을 하고 있습니까?”, “지금 어떤 감정을 느끼고 있습니까?” 등과 같은 질문을 함으로써 현재 시제로 대화에 참여하도록 한다(Corey, 2001). 그러나 게슈탈트상담에서 현재를 강조한다고 해서 내담자의 과거를 무시하거나 과거가 중요하지 않다는 것은 아니다. 특히 현재의 삶의 기능과 역동과 관련되었을 경우 과거의 중요성은 현재뿐 아니라 미래와 관련해서도 중요하게 다루어져야 한다. 내담자의 과거를 다루는 과정은 ‘현재화’와 관련이 있다. 내담자가 자신의 과거를 이야기할 때, 상담사는 내담자에게 마치 과거의 일이 지금 현재 이 순간에 일어나고 있는 것처럼 과거를 현재화하도록 요청한다. 상담사는 내담자에게 과거를 현재로 가져오도록 하여 과거에 경험하였던 감정을 재체험하게 한다. 예컨대 내담자는 “나는 그랬습니다”라고 과거시제로 말하는 대신에 “나는 그러합니다”라고 현재시제로 말하도록 한다.

(7) 미해결과제(Unfinished business)

인간은 어떤 욕구가 해결되지 못해 게슈탈트를 완성하지 못하면 미해결과제를 갖게 된다. 이러한 미해결과제 혹은 미해결 게슈탈트는 분노, 증오, 고통, 불안, 슬픔, 죄책감, 비통함 등과 같이 표현되지 못한 감정으로 나타난다. 특히 펄스(1969)에 따르면 분노 혹은 원한은 가장 나쁜 미해결과제로서 이로 인해 다른 사고나 적절한 행위가 나오기 어렵다고 본다. 이 감정들은 충분히 자각되지 않았기 때문에 자신이나 타인과의 접촉을 방해하는 형태로 현재 생활에 나타난다. 따라서 미해결과제는 개인이 표현하지 못했던 감정을 직면할 때까지 지속된다(Corey, 2001).

미해결과제가 계속 누적될수록 인간은 ‘지금－여기에서’ 살아 있는 유기체로서의 완전한 삶을 누리는 것이 어렵다. 미해결과제는 삶의 연속선상에서 이후의 발생적 결과에 지속적으로 영향을 미치는 배경으로 존재한다. 이와 같은 미해결과제는 만족스럽게 해결되지 못했거나 종결되지 못한 외상 혹은 어려움과 같은 과거 상황과 관련이 있다. 욕구가 생겨날 경우 건강한 상태에서는 접촉이 이루어지고 게슈탈트가 완성된다. 그러나 상황에 대한 이해나 지지와 같은 자원을 가지고 있지 않다면 욕구는 해결되지 않은 채로 남겨지며 미성숙한 채로 종결되기 쉽다.

(8) 양극성(Polarity)

타인의 기대와 사고에 부응하려는 과정에서 개인의 성격이나 본성은 분열되고 소외되며 억압되기 쉽다. 인간의 내면과 양상은 두 가지 대립되는 측면들로 존재한다. 지배적이고 요구적인 주인과 이에 저항하고 거부하는 하인이 서로 대립하면서 갈등을 야기할 수 있다. 어떤 것은 '남성성과 여성성', '약함과 강함', '행복과 슬픔', '능동성과 수동성', '융통성과 고지식', '따뜻함과 차가움'처럼 분명하게 구분되지만, 어떤 것은 알아차리기 힘들 수 있다. 가장 보편적이며 유명한 양극성 중 하나는 '강자/승자'와 '약자/패자'의 양극성이다(Joyce & Sills, 2001).

어느 한쪽의 우세나 열세도, 혹은 어느 한쪽의 부재도 삶에 대한 만족스러운 공식이 아니다. 강자의 우세는 완벽주의에 대한 만족할 줄 모르는 추구를 가져올 수 있고, 약자의 우세는 무력감이나 꾸준한 저항과 유사한 상태를 초래할 수 있다. 인격은 강자와 약자로 분열되어 서로 공격하고 좌절시키다가 결국 모두 지고 만다. 이는 인간이 외부가 아닌 자기 내부로부터의 갈등과 분열에 시달릴 수 있음을 보여준다. 따라서 내담자로 하여금 자신 내부의 강자와 약자 간의 내면적 대화를 의식화시켜 자신의 행동에 대한 깊은 이해를 가능케 해야 한다.

2) 게슈탈트 상담의 목표

게슈탈트 치료의 가장 중요한 목표는 알아차림의 증진이라고 할 수 있다.

게슈탈트(Gestalt)는 '총체적 형상' 또는 '통합적 총체', 즉 부분들과 특정한 관계에 놓여 있는 전체를 나타내는 독일어 어원의 개념이다. 전경과 배경(Foreground and Background)은 어느 한순간에 관심의 초점이 되는 부분을 전경, 관심 밖에 놓이는 부분을 배경으로 전경에 있던 게슈탈트가 해소되면 배경으로 보내지고, 새로운 게슈탈트가 형성되어 전경으로 떠오르는 순환과정으로 '게슈탈트 형성과 해소' 혹은 '전경 · 배경의 교체'를 되풀이한다. 미해결과제(Unfinished Business)란 생의 초기의 사고, 감정 그리고 반응이 미처 표현되지 않아 일정한 시간이 경과한 후에도 여전히 개인의 기능에 영향을 미치고 현재의 삶을 방해하는 과거로부터의 감정이다. 인식(Awareness)이란 개인 내면뿐 아니라 타인들과 대상들과의 접촉에서 욕구나 감정을 지각하여 게슈탈트로 형성하여 전경으로 떠올려 전경에 떠올린 게슈탈트 해소를 위한 환경과의 상호작용을 통해 실제로 환경과 만나는 행동을 의미한다. 게슈탈트 치료의 일차 목표는 내담자의 분할 · 소외된 인격의 부분을 다시 접촉 · 체험하게 하여 인격의 일부로 통합시키도록 돕는 것이고, 성숙 및 성장 게슈탈트 치료의 이차적 목표는 실존적인 삶을 통해 성숙한 인간이 되도록 돕는 것이다. 게슈탈트 치료 상담의 목표는 알아차림을 통한 접촉 증진과정, 양극화 통합과정, 개인이 스스로 자기 자신을 되찾도록 격려하고 돕는 것이다.

- **상담기법**: 알아차리기 기법(지금-여기), 빈의자기법, 자기부분과의 대화기법, 험담 금지하기, 꿈작업이 있다.

6. 해결중심적 접근

1) 해결중심상담 개요

해결중심상담에서는 내담자의 삶에서 겪고 있는 문제의 원인이 무엇인지 파악하기 위해 내담자의 삶을 심층적으로 탐색하는 데 시간을 보내는 것보다는 문제를 해결하는 데 집중하고, 내담자에게 긍정적이고 효과가 있는 것에 초점을 맞추는 해결중심적 목표를 설정해야 한다고 본다. 이 같은 접근으로 내담자의 문제를 대하면 내담자의 삶에서 실제적으로 행해지는 행동이 우선적으로 고려되고, 그 이면의 의미나 가치에 대한 통찰은 덜 강조되기 때문에 상대적으로 상담기간이 짧아지는 효과가 나타난다.

해결중심적 상담에서는 치료자가 내담자를 이미 자기 문제에 대한 해결책을 가지고 있는 존재로 간주하여, 내담자가 상담과정을 거치면서 문제상황이나 부정적인 시각을 창조적으로 소거하거나 재해석할 수 있도록 한다. 즉, 해결중심으로는 예외상황의 발견, 장점을 기초로 한 문제상황의 재구성, 척도화 등이 있다. 또한, 예외상황의 발견은 문제에 대한 예외를 발견함으로써 문제가 고착된 것이 아님을 깨닫게 하는 것이다. 치료자는 내담자에게서 긍정적인 변화에 대한 정보를 끌어내어 그 긍정적인 변화를 확장시킨다. 장점을 기초로 한 문제상황의 재구성은 치료자가 내담자에게 문제를 바라보는 새로운 방법을 소개하는 것이다.

이러한 기법들을 이용하여 내담자로 하여금 문제가 해결된 상태를 상상해 보고 해결하고자 하는 것들을 구체화하며, 목표를 현실적으로 설정하고 변화를 구체화하여 자신감과 희망을 갖도록 한다. 또한 자신의 강점과 해결방안을 찾아 자신감과 역량을 강화시킬 뿐만 아니라 자신의 삶과 경험에 가치를 부여할 수 있다.

2) 해결중심 상담과정

해결중심접근의 기본 상담과정에서는 내담자가 자신이 가진 문제를 해결하려는 의지와 능력을 가지고 스스로 해결책을 찾아 나가도록 도움을 주는 데 주력하도록 하였다. 따라서 전통적인 심리상담치료가 내담자의 문제의 근원이나 원인을 탐색하는 데 중점을 두었던 것에 비해, 해결중심상담은 문제의 해결과 미래의 모습에 집중하는 차이를 나타낸다.

해결중심단기치료의 과정은 내담자가 자신의 삶에서 변화되었으면 하는 것을 명확하게 인식하도록 하고, 그 변화를 이루기 위해 해야 할 일들을 기초로 다양한 계획을 세워 보도록 한다. 해결중심접근의 이 같은 치료적 전략은 근본적으로 인간은 건강하고 능력이 있으며 누구나 자신의 문제를 해결할 수 있는 능력을 가지고 있다는 믿음을 기초로 하기 때문에 가능한 것이다. 따라서 내담자를 문제를 지니고 있는 부정적인 존재로 바라보는 것이 아니라, 자신이 지닌 자원이나 강점을 활용하지 못하고 있는 존재로 본다. 해결중심접근의 내담자에 대한 이러한 시각에 따라 내담자의 성공적 경험, 즉 예외를 발견하고 그 경험에 사용된 다양한 능력을 지속하여 성공적인 삶을 이어 가도록 격려하는 방법을 적용한다. 해결중심단기치료의 기초가 되는 기본 가정과 원리는 다음과 같다. 첫째, 항상 내담자의 긍정적인 측면에 초점을 맞춘다. 내담자의 삶에서 문제가 되는 상황에 초점을 맞추기보다는 긍정적인 상황에 초점을 맞추는 것이 훨씬 효과적이며, 보다 바람직한 방향으로 변화를 유도할 수 있다. 둘째, 내담자의 삶에서 발생하는 작은 변화는 더 큰 변화로 발전할 수 있는 가능성을 가지고 있다. 셋째, 사람들은 자신의 삶이 더 나은 방향으로 바뀌기를 원한다. 넷째, 내담자의 삶에서 발견되는 예외상황이 더 자주 일어나도록 격려하는 것은 내담자가 문제를 스스로 통제할 수 있다는 자신감과 해결책에 대한 가능성을 깨닫도록 만든다. 다섯째, 내담자의 문제에 대한 탐색이나 그 원인을 파악하려는 노력을 피해야 한다. 여섯째, 내담자와 치료자가 서로 협동하여 문제를 해결해야 한다. 저항하는 내담자가 있는 것이 아니라 유연성이 결여된 치료자가 있을 뿐이다.

해결중심단기치료의 과정은 일반적으로 첫 회기와 나머지 회기로 과정이 세분될 수 있는데, 첫 회기에서 상담구조와 절차 소개, 문제 진술, 예외 탐색, 상담목표 설정, 해결책 정의, 메시지 작성, 메시지 전달 등의 7단계를 거친다. 그리고 첫 회기 이후의 상담에서는 첫 회기 상담 후에 일어난 변화를 유지하고 강화하고 확대해 가는 과정으로 이루어진다. 이와 같은 해결중심단기치료는 정신병, 알코올 중독, 가정폭력, 학교와 관련된 행동문제 등 다양한 문제를 다루는 데 적용되고 있다.

3) 해결중심 상담의 목표

해결중심적 상담목표는 내담자의 문제해결을 효과적으로 돕기 위해서 베르크와 밀러(Berg & Miller, 1992)는 다음 세 가지 규칙을 강조하였다. 첫째, "깨지지 않았으면 붙이지 말라."라는 격언을 기억한다. 내담자에게 문제가 되지 않는 것까지 치료자가 조명하고 주의를 기울일 필요가 없다는 것이다. 치료자는 해결책을 만들어 내는 데 초점을 두어야지, 내담자에게 걱정거리를 더해 주면 안 된다. 둘째, 일단 효과가 있는 것이 무엇인지 알았으면 그것을 더욱 많이 하도록 조언한다. 즉, 치료자가 사용한 방법 중에서 내담자가 어떤 것이 효과적이라고 생각하는지를 알게 될 때, 치료자는 유용한 정보를 많이 얻을 수 있다.

따라서 일단 어느 정도의 성과가 있다는 것이 확인되면 치료자는 내담자에게 그것을 반복하도록 하는 것이 계속적인 성공경험으로 유도하는 바람직한 방법이 된다. 이러한 자세를 유지하기 위해서는 모든 사람들이 삶의 다양한 시점에서 자신의 문제를 성공적으로 극복해 왔다는 믿음을 치료자가 확고히 갖고 있어야 한다. 셋째, 효과가 없으면 반복하지 말고 다른 것을 시도한다. 보통은 상담과정에서 어려움에 부딪혔을 때 비슷한 대처전략을 사용하려는 경향이 있다. 그들이 알고 있는 전략이 매우 한정적이기 때문이다. 이러한 내담자들의 특성을 새롭게 전환시켜 주는 것이 치료자의 역할이다.

해결중심 치료의 목표는 내담자에게 중요한 것을 목표로 작은 것을 목표로 한다. 그리고 구체적이고 명확하며 행동적인 것을 목표로 한다. 또한 문제를 없애는 것보다는 긍정적인 행동에 관심을 두고, 목표를 종식보다는 시작으로 간주하고, 내담자의 생활에서 현실적이고 성취 가능한 것을 목표로 한다.

- **상담기법**: 질문기법(상담 전 변화에 대한 질문, 관계성질문, 대처질문, 척도질문, 기적질문, 예외질문, 악몽질문, 간접적인 칭찬, 그 외에 또 무엇이 있습니까? 질문), 메시지 전달기법(칭찬, 과제, 연결문) 등이 있다.

7. 긍정심리학적 접근

20세기 동안 정신의학자들은 지그문트 프로이트 등의 영향으로 마음의 부정적인 면에만 몰입한 경향이 있었다. 이러한 경향에 대해 반성하고 마음의 밝은 면을 규명해서 북돋우려는 심리학의 새로운 분야가 바로 긍정심리학이다.

미국의 경우 긍정심리학자들은 정부로부터 수백만 달러의 지원을 받아 행복의 실체를 찾고 있는데, 이들이 규정한 행복의 참모습과 행복을 증진하는 방법을 살펴보면 다음과 같다.

일반적으로 행복은 삶에서 오는 평온감과 안락함을 뜻한다. 경제적 풍요, 지식, 권위, 좋은 날씨가 행복을 보장하지는 않으며, 오히려 행복은 사랑하는 사람과의 결혼, 가족의 유대, 우정, 정신적 활동, 자존심, 희망 등과 관련이 있는 것으로 나타난다. 긍정심리학자들은 행복을 느끼는 정도는 유전적으로 결정되기도 하지만 한두 가지 유전자가 좌우하지는 않으며 후천적으로 계발시킬 수 있다고 강조한다. 행복해지려면 우선 주변 환경이 안정적이고 자신을 위협하는 조건이 없어야 한다. 현실이 그렇지 않다면 명상과 이완요법 등 적극적인 방법으로 심신을 만족스러운 상태로 바꾸려는 노력을 해야 한다. 또한 적절한 목표를 세우는 것은 행복한 삶을 위해 매우 중요한데, 목표는 개인의 관심과 가치가 반영된 것이어야 하며 위협이나 죄의식, 주위의 압력이 만든 목표는 성취해도 별 행복을 느끼지 못하게 된다.

또한, 생각을 밝게 하도록 훈련하는 것도 중요하다. 매사를 긍정적으로 보면 사고의 폭이 넓어지고 부정적인 생각이 사라진다. 유머를 즐기면 사고를 긍정적으로 발전시키는 데 도움이 되며, 매일 아침 거울을 보면서 웃는 표정을 연습하는 등 억지로라도 웃으면 사고의 색깔이 밝은색으로 바뀐다. 이밖에도 매사에 감사하는 훈련을 하는 것, 남의 훌륭한 면을 보거나 우연히 선행을 하는 '고양' 과정을 경험하는 것, '몰입'을 통해 순수한 즐거움을 체득하는 것 등이 행복감을 느끼게 하는 계기가 된다.

셀리그만(Kurt Seligmann)은 1942년 8월 12일 미국 뉴욕주 올버니(Albany)의 유대계 가정에서 출생하였으며, 알버니 아카데미를 거쳐 1964년 프린스턴 대학교에서 철학으로 학부를 우수 졸업하였다. 펜실베이니아대학교에서 실험심리학을 전공하여 1967년 박사학위를 취득하였다. 미국심리학회 회장을 역임했으며, 코넬대학교 조교수를 거쳐 펜실베이니아대학교 심리학과의 젤러바흐 패밀리 교수로 재직하며 폭스 리더십 프로그램, 펜실베이니아대학 긍정심리학센터 책임자 등으로 활발하게 활동하고 있다. 1989년 스웨덴 웁살라대학교, 1997년 매사추세츠대학 직업심리학과, 2003년 스페인 마드리드의 콤플루텐세대학교, 2006년 영국의 이스트 런던대학교로부터 명예박사학위를 받았다. 동물연구로부터 학습된 무기력의 개념을 도출하였으며, 우울증의 원인 및 치료방법 제시에 접목하여 심리학계에 큰 반향을 불러일으켰다. 그는 비관적 인지와 무기력을 긍정적이고 낙관적인 태도로 변화시킴으로써 우울증을 치료할 수 있다고 제안하였다. 셀리그만은 칼 로저스(Carl Rogers), 아브라함 매슬로(Abraham Maslow)와 같은 초기 인본주의적 견해를 가진 학자들로부터 영향을 받았으며, 긍정심리학은 지난 20여 년간 심리학계에서 지속적으로 발전을 거듭하며 교육, 보건, 신경과학 등 다양한 분야까지 확장 적용되었다.

셀리그만은 학생, 교사, 육군, 운동선수, 평범한 사람들에 이르기까지 보다 많은 사람들이 행복한 삶을 누릴 수 있도록 하는 것에 관심을 두고 연구를 해왔다. 미국심리학회 회장으로 선출된 후에는 단순한 질병의 부재가 아닌 정신적 건강에 초점을 맞추고, 긍정심리학을 가장 핵심적인 화두로 선정하기도 하였다. 그는 회복탄력성과 낙관주의, 비관주의 등을 통하여 행복을 설명하며, 내적인 강점의 발견과 잠재력의 발현을 통하여 삶의 질을 높일 수 있다고 제안하였다. 또한 챔피언십에 오를 정도로 즐기는 취미인 브릿지 게임을 통하여 우연적 사건을 통한 행운이나 일확천금보다 노력을 통한 성취감, 친밀한 대인관계, 삶의 의미가 행복한 삶에 있어서 중요함을 발견하고 기존의 긍정심리학 연구에 성취감 요소를 추가하였다. 미국 국립정신보건원, 국립노화연구소, 국립과학재단, 교육부 등 다양한 기관을 통하여 연구를 후원받았다.

미국, 캐나다에서 구겐하임 펠로십 사회과학 분야에 선정되었으며, 하그블룸(Haggbloom) 등이 2002년 집필한 『20세기 가장 영향력 있는 심리학자』에서 31번째 영향력 있는 인물이자 심리학개론 입문서에서 13번째로 가장 많이 인용된 심리학자로 선정되었다.

긍정심리는 불안과 우울, 스트레스와 같은 부정적 감정보다 개인의 강점과 미덕 등 긍정적 심리에 초점을 맞추자는 심리학의 새로운 연구 동향으로 미국 펜실베이니아대 심리학부 교수 마틴 셀리그먼(Martin Seligman)이 창시했다. 기존의 심리학이 정신질환 치료와 같이 삶을 불행하게 하는 심리 상태를 완화하는 데에만 치중, 오히려 삶의 긍정적 가치를 돌아보지 못했다는 반성에서 시작된 것으로, 미국에서는 하버드대 등 100여 개 대학에서 정식 강좌가 시작됐다. 지난 30년 동안 '우울'을 연구해 온 그는 "왜 모든 문화권에서 구매력이 늘어나고 전쟁에 의한 사망률도 줄어듦에도 불구하고 행복지수는 더 이상 늘어나지 않는 것일까"란 의문을 갖고 연구에 몰두한 결과, 마치 아이스크림을 먹는 것처럼 우리가 부(富)를 잘못 사용했기 때문이라는 결론을 내렸다. 아이스크림의 첫맛은 달콤하지만 계속 먹다 보면 맛에 무덤덤해지는데 물질적 풍요도 마찬가지라는 것이다.

셀리그먼은 "긍정적 삶을 만들기 위해서는 외부의 도움보다는 자신의 의지가 훨씬 중요하다"며 "행복은 누가 가르쳐주거나 훈련시키는 게 아니라 스스로의 발견과 창조를 통한 자기화의 과정"이라고 주장했다. 그는 행복의 3대 조건으로 '즐거움, 몰입, 삶의 의미'를 꼽은 뒤 "부정적 정서를 약화시키는 강점의 신호를 인지하고 자신보다 좀 더 큰 어떤 것(이웃, 사회)에 대한 헌신을 통해 만족을 이끌어 내라"고 조언했다.

그는 '생각을 바꿔 행복해지는 십계명'으로 "① 자신의 편견을 파악하라. ② 모든 잘못을 '내 탓이오'라고 단정하지 말라. ③ 최악의 순간보다 최상의 순간을 상상하라. ④ 쉬운 해결책을 찾아라. ⑤ 성공했을 때의 모습을 상상하라. ⑥ 낙천주의자라면 어떻게 했을까 생각하라. ⑦ 좋았던 일의 목록을 만들어라. ⑧ 주위 사람들과 기쁨을 나눠라. ⑨ 즐길 수 있는 목표를 찾아라. ⑩ 자신이 할 수 있는 한계를 정하라." 등을 제시했다. 셀리그먼 연구팀은 행복해지려는 노력의 대부분은 부질없다는 이제까지의 학설을 뒤집고, '매일 세 가지 좋은 일 생각하기' 실험 등 행복감을 증진시키는 과학적 방법을 연구하고 있다. 그러나 "긍정적 사고가 현실 감각을 잃어버리면 병을 만든다"는 금언도 있다.

1) 몰입의 즐거움(Finding Flow)

미국 시카고대학교 심리학과 교수인 미하이 칙센트미하이(Mihaly Csikszentmihalyi)가 연구한 개념이며 인간이 행복감을 느끼는 조건으로 제시하였다. 또한 그의 개념을 1997년 발표한 책의 제목이기도 하다. 그는 인간은 고대부터 행복해지는 방법과 조건을 탐구하였고 현재와 같이 고도로 발달된 문명의 조건에서 물질적인 풍요를 누리고 있지만 행복을 얻을 수 있는 방법을 찾기가 쉽지 않다고 전제한다. 그는 인간은 도대체 언제 왜 행복하다고 느끼는 것일까?라는 의문의 답을 찾기 위해 몰입(Flow)이라는 개념을 사용한다.

몰입(Flow)이란 삶이 고조되는 순간에 행동이 자연스럽게 이루어지는 느낌을 표현하는 개념으로, 물아일체, 무아지경, 황홀경 등의 상태와 비슷하다고 할 수 있다. 우선 그는 행복이란 우연히 찾아오는 것이 아니며 또한 의식적으로 얻기 위해서 노력한다고 해서 얻어지는 것도 아니라고 한다. 사람의 의식이 어떻게 작동하고 통제되는지 이해를 통해 자신의 의식을 스스로 조절할 수 있다고 역설한다. 타고난 기질과 특성 그리고 살아가는 일상의 환경과 조건을 뛰어넘는 성숙된 의식을 통해 스스로 자신의 운명을 조절할 수 있다는 느낌을 받는 순간을 최적의 경험(Optimal experience)으로 정의하고 그런 경험을 통해서 행복감을 얻을 수 있다고 주장한다. 이러한 최적의 경험이란 다양한 경우에서 느낄 수 있는 감정이며, 특별한 조건이 아닌 일상의 소소한 일에서도 일어난다.

칙센트미하이는 인생에서 행복감을 느끼기 위해서는 삶의 순간순간 '몰입'이 필요하다고 이야기한다. 몰입하지 않고 맛보는 행복은 외부적인 상황에 대한 의존도가 높은 반면에 몰입에 의해 오는 행복은 스스로의 힘으로 만든 것이므로 더 값지다는 것이다. 명확한 목표가 있고 효과를 곧바로 확인할 수 있으며, 자신의 능력에 적당한 과제를 수행할 때 우리는 몰입을 통해 삶의 질을 높일 수 있다. 종교의식, 음악연주, 등산, 여러 종류의 게임 등이 여기에 해당된다. 또한 일을 할 때에도 몰입을 경험하기 위해서는 뚜렷한 목표를 갖는 것이 좋다. 목표가 있을 때 인간의 주의력은 더욱 높아지고 몰입상태에 도달할 수 있다.

한편 인간이 행복감을 느끼지 못하고 불행하다고 느끼는 이유는 인류가 살아가는 우주 자체가 인간의 행복감을 충족시켜 주지 못하는 방향으로 발전하고 있기 때문에 인간의 행복을 가로막고 있다고 한다. 우주의 무질서와 혼돈은 인간이 통제할 수 없는 외적인 요인이며 이것을 극복하는 방법은 내적인 의식의 조화에 의존할 수밖에 없다. 인간은 문화를 통해 무질서와 혼돈을 극복하지만 문화는 또 다른 문제를 야기한다.

2) 행복감

행복은 인류가 추구하는 가장 소중한 가치다. 인간이라면 누구나 행복하고 안락하며 만족스러운 삶을 추구한다. 이는 인간의 당연한 권리이자 자연스러운 본능이다. 그렇다면 과연 어떠한 삶이 '행복한' 삶인가? 그리고 '행복'이란 무엇인가? 사실상 행복에 대한 관점은 사람마다 다르며 그 용어 자체에 매우 다양한 의미가 함축되어 있기 때문에 행복의 절대적인 정의를 내리기란 쉽지 않다. 그러나 1988년에 마틴 셀리그만(Martin seligman)을 필두로 긍정심리학(positive psychology)이 태동하게 되면서 행복을 구체적으로 정의하고 측정하려는 다양한 노력이 이루어져 왔다.

진정한 행복(authentic happiness)은 사람마다 자신의 긍정적 성향을 발견하여 일, 사랑, 놀이 그리고 자녀양육과 같은 중요한 삶의 영역에 활용함으로써 만족감과 기쁨을 경험하는 것이다(Seligman, 2004). 즉, 행복은 일상생활에서 원하는 것을 얻고, 그것을 충분히 충족하였을 때 경험하게 되는 만족과 기쁨을 느끼는 상태라고 정의할 수 있다(주옥남, 2016).

긍정심리학 역시 기존의 심리학과 마찬가지로 과학적인 방법론에 근거하고 있기 때문에 행복이라는 다소 추상적인 개념을 '주관적 안녕(subjective well-being)'이라는 측정 가능한 개념으로 정의한다. 대표적인 긍정 심리학자 Diener(2000)는 삶의 가치를 평가하고 판단할 권리는 인간 개개인에게 있는 것이기 때문에 행복을 '주관적'인 개념으로 이해해야 한다고 하였다. 따라서 주관적 안녕이란 '자신의 삶을 긍정적으로 경험하는 주관적인 심리상태'라고 할 수 있다(권석만, 2008).

주관적 안녕은 크게 정서적 요소와 인지적 요소로 구성되는데 정서적 요소란 행복감, 즐거움, 환희와 같은 긍정 정서와 우울, 슬픔, 질투와 같은 부정 정서를 포함한다. 인지적 요소는 개인이 설정한 기준에 빗대어 삶의 상태를 평가하는 의식적이고 인지적인 판단을 의미하며 흔히 삶의 만족도라고 지칭된다(Diener, 1984, 1994; 권석만, 2008에서 재인용).

표준국어대사전에 의하면 행복은 '생활에서 충분한 만족과 기쁨을 느끼는 흐

못한 상태'이다. 행복(happiness)의 사전적 의미는 '만족감에서 강렬한 기쁨에 이르는 모든 감정 상태를 특정 짓는 안녕(安寧)의 상태'이다. 그러나 행복에 대한 정의는 매우 다양하고(Veenhoven, 2007), 행복을 보는 관점에 있어서도 차이가 존재하고 있다. 행복은 개인의 전체 삶에 대한 주관적인 감정과 평가로 정의되기도 하며(Diener, 2000; 현경자, 2004), 웰빙 또는 삶의 질과 같은 유사한 의미로 사용되기도 한다(Donnelly, 2004; Veenhoven, 2007). 행복은 시대나 문화에 따라 만족이나 몰입, 삶의 질, 기쁨, 쾌락, 주관적으로 좋은 상태 등 다양한 용어와 혼용되어 왔다(이정미 · 이양희, 2005). Ben Shahar는 '행복이란 모든 목적의 가장 높은 것 그리고 모든 목적 가운데 최고의 정점을 의미'한다고 하였다. 행복을 연구한 초기에는 Wilson을 중심으로 인간이 가지고 있는 객관적인 상황에 초점을 맞추었다. 객관적인 환경요인이 강조되는 웰빙이나 삶의 만족도와 비슷한 의미로 사용되기도 하였다(Donnelly, 2004; Veenhoven, 2007; 황명진 · 심수진, 2008). 그 이후 현대의 행복 연구는 Diener를 중심으로 인간의 주관적인 해석과 내적이고 심리적인 요인들이 중요시되었으며(Diener et al., 1999; 최혜영 외, 2009), 개인의 전체 삶에 대한 주관적 감정과 평가로 정의되기도 하였다(현경자, 2004; 황명진 · 심수진, 2008). 이러한 흐름은 객관적인 삶의 조건이 행복에 영향을 미치는 요인이기는 하지만, 개인의 행복정도를 알아보기 위해서는 객관적인 특징과 더불어 각자가 생각하는 내적인 행복의 조건을 탐색하는 것이 필요하다는 의미로 해석된다(주옥남, 2016).

3) 낙관주의(optimism)

낙관주의는 미래에 대한 긍정적인 생각과 감정으로서, 만족감과 즐거움은 높이고 불안과 우울감은 줄이는 효과가 있다. 낙관주의는 성격과 유사한 특성을 지니고 있어 유전적인 영향을 강하게 받으며, 인생 전반에 걸쳐 중요한 영향을 미친다. 낙관주의를 지닌 사람은 인생의 긍정적인 면을 보므로 난관에 부딪쳐도 용기와 희망을 잃지 않으며, 목표를 이루고자 적극적으로 노력한다. 그리고 그러한 목표는 자기충족적 예언의 효과로 인해 달성될 가능성이 높다. 반면에 부작용도 있는데, 비현실적인 낙관주의를 가질 경우 실패가 초래될 수 있다는 점에서는 긍정적인 것만은 아니다.

심리학에서 낙관주의가 긍정적인 관심을 받게 된 것은 비교적 최근의 일이다. 낙관주의에 대한 전통적인 심리학의 입장은 프로이트를 통해 잘 알 수 있다. 프로이트는 낙관주의에 대해 종교적 형태의 낙관주의는 인간의 가능성을 높일 수 있지만, 이는 본질적으로 인간의 본성과 현실을 부인하는 것이므로 그 대가를 지불하게 될 것이라고 했다(Freud, 1928).

즉, '현실을 왜곡하여 바라보게 하는 허황된 기제'라는 입장이 심리학계의 보편적인 분위기였다(유성경 · 조하나, 2003). 그러나 이런 낙관주의는 1990년대에 들어서 긍정적인 인간의 기질로 파악되어 개인의 적응과정, 심리적, 신체적 건강에 긍정적으로 작용하는 변인으로 연구되기 시작했다(Seligman, 1991). 사실 이러한 낙관주의에 대한 심리학의 조명은 더 큰 흐름으로서 긍정심리학(positive psychology)의 경향과 맞물려 있다(권석만, 2008).

낙관주의는 미래에 대한 긍정적인 신념, 태도 및 사고방식을 의미한다. 세 측면에서 나누어 보면 다음과 같다. 첫째, 목표에 도달할 수 있다는 믿음이다. 이러한 믿음은 현실의 어려움을 정확히 직시하면서도 '그럼에도' 나의 목표는 이루어질 것이라 믿는 것으로, 근거 없는 희망과는 거리가 있다. 둘째, 목표를 향한 과정에 대한 태도이다. 목표를 향해 가는 과정에서 자신이 옳다고 생각하는 방식으로 온 힘을 다해 노력하면서도, 결과에 대한 강박 없이 과정 자체에 몰입하는 태도이다. 셋째, 사건의 결과를 귀인하는 방식이다. 부정적이고 불쾌한 사건의 결과가 나 자신, 장기적 원인, 일반적인 원인에서 기인했다고 생각하는 대신 "외적이고, 일시적이며, 특수한 원인"에 돌리는 사고방식이다.

이처럼 낙관주의는 현실의 부정적 사건을 긍정적으로 다시 재조합하는 비현실적인 사고방식이 아니다. 오히려 낙관주의는 지옥도 천국도 아닌 실제 현실에 적극적으로 대응하는 방식이다(서울대학교 행복연구센터 홈페이지). 즉, 인간은 행복과 성장을 추구하는 존재라는 가정으로 인간의 행복과 강점을 과학적으로 연구하는 긍정심리학에서 가장 관심 있게 보는 주제 중 하나가 낙관주의이다. 왜냐하면 이러한 낙관주의는 사람들을 행복하게 만들어 주는 가장 강력한 요인 중 하나이기 때문이다. 이런 낙관주의가 사람들의 행복을 증진시키는 심리적 요인은 다음과 같다(서울대학교 행복연구센터 홈페이지).

사람들은 목표에 도달할 수 있다고 생각하면 더 많은 노력을 투자할 것이고, 상대적으로 목표 달성 가능성이 커진다. 또 목표가 도달 가능하다고 생각하는 사람들은 현실적 어려움이 있을 때에도 더 많은 끈기와 인내와 열정으로 고난을 돌파하며, 이 역시 목표 달성 가능성을 높인다. 더 나아가 목표 도달 성공 경험은 사람들에게 더 높고 많은 목표를 설정하고 열정적으로 노력하게 하고, 이는 인생을 더 높은 곳으로 끌어올린다. 이 결과 생기는 열정, 끈기, 사교 능력, 과정에 대한 몰입, 직업에서의 성공 등이 어우러져 사람들은 더 행복해진다.

낙관주의는 능동적이고 효과적으로 문제에 대응하게 한다. 즉, 어려운 상황이 닥쳤을 때 비관주의자보다 낙관주의자가 계획을 세우고 문제해결을 위한 행동을 할 동기를 발휘할 가능성이 높다. 또 고난 극복, 문제해결 행동을 더 장기적으로 지속한다. 다시 말해 낙관주의자들은 위험과 스트레스에 대응하는 능력이 뛰어난 사람들이다. 이 결과 낙관주의자들의 상황이 더 빨리 개선되는 경향이 있으며, 설사 그렇지 못하더라도 문제해결 과정에서 생기는 자기통제감이 행복지수를 높인다. 이는 극심한 스트레스 상황에서도 개인의 정신건강과 신체 건강상태를 양호하게 유지하게 하고, 문제 대처 능력을 더 높인다.

낙관주의는 긍정적 기분, 생기, 열정, 사기의 원천이 된다. 낙관주의자들은 통제력, 자존감을 더 많이 느끼고 우울, 불안감을 덜 느낀다. 낙관적인 기대와 현재에 대한 몰입은 삶 속에 열정과 활기를 불어넣고, 동기를 고취하며, 삶에 활력과 열정과 동기를 불어넣는다. 그 결과 낙관적인 사람들은 타인에게 호감을 사고, 자존감도 더 높으며, 그래서 더욱 행복해진다.

4) 회복탄력성(resilience)

회복탄력성은 개인이 역경, 트라우마, 위협 등의 스트레스원을 만나게 되었을 때 적극적인 행동적응양식을 보여주는 역동적인 과정이다. '다시 되돌아오는 경향', '회복력', '탄성' 등으로 회복탄력성(回復彈力性)이라고도 하는 적응 유연성은 스트레스나 역경에 적극적으로 대처하고 시련을 견뎌 낼 수 있는 능력을 의미한다. 또 역경이나 어려움 속에서 그 기능수행을 회복한다는 뜻을 가지고 있다.

예를 들면, 사람은 누구나 평생 하나 이상의 어려움이나 역경과 마주치게 된다. 하지만 이러한 스트레스적인 상황에 반응하는 방식은 사람마다 다르다. 어떤 사람은 스트레스를 극복하지 못하거나 아주 오랜 시간 극심한 어려움을 느낀다. 그리고 어떤 사람들은 같은 정도의 스트레스 상황에서도 그것에 덜 민감하게 반응하고 극복하는 데 더 짧은 시간이 걸린다. 또 예상하지 못한 건강상의 문제가 생기거나 행복한 삶을 지속하는 데 어려움을 느끼기도 하지만 대다수의 사람들은 일시적인 어려움이나 고통을 잘 이겨 내고, 자신의 삶과 다른 사람들과의 관계를 잘 유지한다. 이렇게 스트레스 상황을 겪은 후에 이전의 상태로 되돌아갈 수 있는 능력을 적응 유연성이라고 한다.

이러한 적응 유연성의 개념을 정의할 때 중요한 두 가지는 '스트레스적인 상황'과 그러한 상황에도 불구하고 나타나는 '유능감(competence)'이다. 여기서 말하는 유능감이란 특정한 영역에서 높은 수준의 성취를 이루는 것이 아니라, 주어진 환경에 효율적으로 적응할 수 있는 능력을 의미한다. 따라서 어린아이나 청소년의 적응 유연성은 그들의 삶에서 어떤 어려움이나 두려움의 경험을 하고 있을 때 그것을 드러내어 표현할 수 있는가 하는 것을 보는 것이다. 적응 유연성이 확보된 어린아이나 청소년은 그러한 스트레스적인 상황에서도 자신의 어려움을 드러내어 언어 혹은 행동, 태도 등으로 이를 표현할 수 있다.

또한, 적응 유연성은 두 가지 층위로 구성되어 있는데, 하나는 역경이 드러나는 것이고 또 하나는 그 역경에 대한 적극적인 적응결과에 관한 것이다. 적응 유연성은 사람이 자신의 안녕을 유지하기 위해서 심리적 · 사회적 · 문화적 · 신체적 자원으로 자신의 길을 잘 헤쳐 나가는 능력이며 개인적이면서도 협력적으로 그런 자원들을 문화적으로도 의미 있는 방식으로 타협해 나가는 능력이기도 하다. 한편, 적응 유연성은 회복(recovery)과 그 개념을 명확하게 구분해야 한다. 회복은 우울의 증상이나 심리적 외상 후 스트레스 장애와 같은 정신병리학적인, 혹은 신체적인 어려움을 겪은 후에 어느 정도의 시간이 지난 다음 완전히 이전의 상태로 되돌아가게 되는 일정한 패턴을 의미한다.

이와 달리, 적응 유연성은 안정적이고 건강한 수준의 심리적이고 신체적인 기능을 유지하려고 하는 능력을 말한다. 즉, 적응 유연성은 불변적인 성격, 행동, 특성이라기보다는 스트레스에 대한 대처과정의 변화무쌍한 역동적인 본질을 보인다. 그리고 적응 유연성의 개념은 전문적인 문헌과 실제에서 상담의 모든 현장을 통하여 증가하는 현저한 현상이다. 근래의 충격과 스트레스가 되는 사건에 대한 직접적인 반응에 조심스러움이 많이 나타난다. 이로 인해 많은 사람들이 손상을 입고, 희망이 없으며 도움을 받지 못하고 있어 적응 유연성을 경험적으로 정의하려는 많은 시도가 있어 왔다.

필수적으로 적응 유연성은 첫째, 평형을 유지하려 하고, 둘째, 실망스럽거나 방해가 되는 환경을 조절하려 하고, 셋째, 환경을 거스르려 함에도 불구하고 능동적인 기능수준에 튀어 되돌아오려 하는 사람의 능력으로 인식되어 왔다. 적응 유연성은 모든 사람에게 자신의 환경이나 경험에 상관없이 적절하고 능력 있는 능동적이고 균형 잡힌 관점을 제공한다. 이 같은 적응 유연성의 행동을 구분하고 정의할 때 조심하고 문화적으로 예민해야 하는 것은 매우 중요하다. 역사적으로 적응 유연성의 행위는 백인과 서구적인 시각에서 정의되었고, 문화적 배경을 인식할 수 없고 외부에서의 적응 유연성 반응을 사용할 수도 있는 참가자의 인종, 민족, 문화적 주체성은 고려하지 않았다. 결과적으로 적응 유연성은 힘에 기초한 결과 또는 개발된 반응으로 볼 수 있다.

연구자들은 일반적으로 사람들이 다음의 세 가지 중요한 영역에 걸친 하나 또는 그 이상의 보호요인을 사용하여 적응 유연성을 개발하고 보여준다고 말한다. 첫째, 사람의 능동적 태도와 철학, 둘째, 지원적인 가정 또는 확연한 친사회적 및 적임의 사람들, 셋째, 학교, 사회기관, 믿음을 기초로 한 기관 등을 포함하는 안전하고 지원적인 커뮤니티에 소속되는 것이다. 해결책에 초점을 맞춘 간단한 치료, 능동적인 심리학 등의 역량강화 접근의 개념을 사용하는 것은 적응 유연성을 현저하게 증가시킬 수 있다.

5) 긍정심리학 상담의 목표

긍정심리 상담의 목표는 행복을 느끼는 정도는 유전적으로 결정되기도 하지만 후천적으로 계발시킬 수 있기에 내담자에게 마음의 밝은 면을 규명하여 북돋아 주는 데 있다.

긍정경험을 하게 되면 기분이 좋아진다. 긍정정서를 느낄 때 도파민과 세로토닌이 분비되기 때문에 머리가 맑아지고 기억력이 증진되며 사고가 유연해져 사고력과 창의력이 높아지고 까다로운 문제들을 효율적으로 처리하는 문제해결능력이 향상되기에 가장 나쁜 상태를 복구하는 것에 불과했던 것을 가장 최고의 삶을 구축하게 하는 방향으로 변화를 촉진시키는 것이다. 긍정심리 상담은 개인과 조직 사회에서 일어나는 기쁘고 좋은 일을 더 오랫동안 지속시킬 수 있는 방법과 힘들고 어려운 일을 극복하고 해결할 수 있는 과학적인 방법을 알려주며 변화를 성공적으로 이루기 위해서는 검증된 과학적 방법을 연습과 실천으로 익숙해지도록 습관화시킴으로 심리적 불안감을 해소하고 안정을 찾는 것을 넘어 인간의 도덕성과 미덕 행복을 실천하는 과학적인 도구를 갖추고 행복을 만들 수 있도록 돕는다.

- **상담기법**: 긍정정서의 확장 및 구축, 성격적 강점과 덕성 찾기, 감사, 기쁨, 희열, 따뜻함, 자신감, 몰입, 마음 챙김, 낙관성 등 긍정정서 이끌어 내기 등이 있다.

Chapter

4

위기상담의 단계

Chapter

4 위기상담의 단계

1. 위기상담 접근방법

1) 1단계: 경청과 격려로 신뢰관계 형성

아담스의 권면적 상담에 근거한 위기상담은 1단계에서 경청과 격려로 신뢰 관계를 형성하는 것으로부터 시작한다. 아담스는 성경에서 주의 깊은 경청의 중요성을 가르쳐준다고 한다. 로저스의 비지시적인 방법과 같다고 잘못 알려진 경청은 로저스 학파의 방법이 아니라는 것이다. 그들은 경청하지 않는다. 좋은 상담사는 다른 사람이 말하는 것에 관심을 둔다. 그러나 그들은 내용은 중시하지 않는다. 그들은 오직 감정적인 발산을 주의할 뿐이며 정보에 관한 대화를 거부한다. 아담스는 내담자중심 상담과 문제중심 상담의 차이점에 주의를 집중시킨다. 그의 견해는 문제중심 상담을 반대하는 것이라고 주장한다. 로저스 학파는 사람에게 관심을 기울이고, 아담스의 주장대로 권면적 상담사는 개인적인 문제를 가지고 있는 사람들에게 관심을 두고 있다. 다시 말하면 권면적인 상담사들은 그러한 구별을 하지 않는다. 그들은 사람을 위해서 문제에 관심을 둔다. 그들은 이러한 대조를 인정하지 않는다. 이것이냐 저것이냐 하는 선택 대신에 권면적인 상담사들은 자기의 책임을 다한다. 이것이 곧 내담자에게 관심을 두는 데서 시작하여 내담자의 기분과 문제점을 동시에 진지하게 다루는 내담자중심방법이다. 권면적인 상담사가 내담자의 문제에 철저히 개입하는 것은 그가 내담자를 돕는 것을 원하기 때문이다.

황규명 역시, 상담에서 첫 번째 작업은 바로 진입구를 찾아 격려하여야 하는데, 진입구란 일반적인 관계에서 상담의 관계로 들어가는 문이며 그 사람이 겪고 있는 문제 자체가 아니라고 한다. 진입구라는 것은 내담자가 겪고 있는 느낌이 어떤 것인가를 아는 것이다. 진입구를 어떻게 발견할 수 있겠는가? 그 방법은 목적을 가지고 듣는 것이라는 것이다. 그러기 위해서는 첫 번째로 '지금 어떻게 느끼는가?' 하는 감정적인 말을 잘 잡아서 감정적인 말에 귀를 기울여야 한다고 한다. 두 번째로는 내담자의 해석을 잘 들으면 지금 내담자가 어떤 갈등을 겪고 있는가를 알 수가 있어서 해석하는 말에 귀를 기울이라는 것이다. 세 번째로는 "나는 실패자다", "나는 정말 어리석다"와 같은 독백 역시 내담자가 어떤 갈등을 겪고 있는지를 알 수 있어서 내담자 자신이 자신에게 하는 말에 귀를 기울이라고 한다. 마지막, 네 번째로는 내담자가 하나님에 대하여 어떤 왜곡된 인식이나 감정은 없는지를 살필 수 있도록 하나님에 대한 말에 귀를 기울여야 한다고 한다.

위기상담사 노르만 라이트는 위기에 처한 사람을 돕는 첫 단계에서는 지지기술이 사용되며, 그것의 목적은 불안과 죄의식 그리고 긴장감을 낮추고 정서적으로 지원하는 것인데, 이것은 균형을 회복하기 위한 노력이라고 하였다. 이런 지지의 격려는 내담자로 하여금 무기력과 절망을 극복하도록 도움을 준다고 한다.

로렌스 크렙과 댄 앨린더 역시 상담에서의 격려의 중요성에 대하여 말하기를 격려의 말은 두 가지 조건을 충족시켜야 함을 주지한다. 첫째, 격려의 말은 두려움에 의해서가 아니라 사랑에 의해서 고무된다. 둘째, 격려의 말은 타인의 허물을 재배열할 의도로 그것을 겨냥하는 것이 아니라 타인의 숨겨진 두려움을 없애줄 의도로 그 두려움을 겨냥한다. 아울러 격려의 말은 겸손하고 친절한 마음에서 나온다. 자기 자신의 기만성에 무감각한 마음을 가진 사람, 상한 심령이 아니며 교만한 마음을 가진 사람은 타인에게 깊은 격려가 되는 말을 결코 하지 못한다. 대체로 내담자는 상담사를 신뢰하는데 사람은 자기가 신뢰하는 사람에게만 정직하게 말한다.

2) 2단계: 소망과 문제의 신속한 진입

아담스의 권면적 상담에 근거한 위기상담은 2단계에서 문제로 신속하게 진입하면서 내담자에게 소망을 주는 단계이다. 아담스는 문제해결의 과정에서 두 번째로 하여야 하는 것은 논리적인 질문을 통해 가능한 한 빨리 행위의 문제를 취급하는 것이라고 한다. 권면적 상담은 반드시 깊은 종류의 개입을 구체적으로 표현해야 하며, 가능한 한 빨리 행위의 문제를 취급해야 한다고 한다. 상담사가 행위의 문제를 취급하기 위해서는 특별한 관심과 배려가 필요한데, 상담사의 문제 이해의 바탕은 사랑이어야 한다.

또한 게리 콜린스(Gary Collins)에 의하면 상담하기 위해 찾아온 대부분의 내담자들은 억압 또는 불안한 상태에 있으며, 원만치 못한 대인관계로 곤란을 당하거나, 지난 과거의 과오나 상처에 집착하고 있으며, 이미 선택된 일에서 벗어날 수 없는 사람들이라는 것이다. 그리고 그들은 새로운 지식과 기술 또는 원치 않는 태도나 행위로부터 벗어나기 위한 또 다른 방법들을 찾고자 도움을 청하는 사람들로서, 심리적 요인으로 인하여 육체가 심히 지쳐 있다는 것이다. 그러므로 대다수의 내담자들에게는 무엇보다도 지도와 격려 또는 신속한 방향성 제시가 필요하다는 것이다. 위기당사자들에게는 문제에 신속하게 진입하기 위한 방향 제시가 필요하다.

3) 3단계: 내담자의 탐색과 자료수집

아담스의 권면적 상담에 근거한 위기상담의 3단계는 내담자를 탐색하기 위해서 자료수집을 하는 단계이다.

(1) 내담자의 탐색

문제해결의 과정에서 3단계로 해야 하는 것은 필수조건의 문제를 전체적으로 구조화시키는 것이다. 전체적 구조화는 모든 생활영역에 관련된 문제를 찾는 것을 의미한다. 내담자 중심요법의 치료의 기본적인 목적은 개인이 완전한 기능을 발휘하는 사람이 되도록 도와줄 수 있는 환경을 제공하는 데 있다고 한다. 즉, 먼저 쓰고 있는 가면을 꿰뚫어 보게 하여 자신을 향한 위협에 대해서 방패로 삼는 핑계와 가면을 깨닫게 한다는 것이다. 그리고 자기 실현화가 이루어지도록 돕는 사람의 특성을 다음과 같이 주장하고 있다. 첫째, 경험에 대한 개방은 선입관을 가진 자아구조에 맞도록 현실을 왜곡하지 않고 직시하도록 한다. 둘째로는, 내담자가 자신에게 신뢰감을 갖도록 돕는 것이다. 내담자들은 자신의 삶의 방향을 이끌어 나가는 능력을 믿지 않기 때문에 전형적으로 그들 자신 밖에서 충고나 해답을 발견하고자 한다. 셋째, 자신의 행동기준을 결정하고 삶의 결정과 선택을 자신에게서 찾도록 한다. 넷째로는, 상담사는 내담자를 위하여 특수한 목표를 선택하지 않으며, 내담자 중심적인 이론의 초석이 되는 것은 상담사와 관계를 가지는 내담자 자신이 목표를 설정하고 명백히 하는 능력을 가지도록 한다는 것이다.

이와 같이 로저스는 내담자에게 자기 실현화를 위해 신뢰감을 갖게 하고, 내담자가 자신의 삶의 방향을 이끌어 나가는 능력을 믿고 스스로 선택하게 한다. 그러나 아담스는 인간의 문제는 인간이 해결해야 한다는 것은 하나님의 도움 없이도 된다고 하는 자유주의적이며 인본주의적이라고 역설한다. 내담자 중심요법은 인간은 인간의 문제에 대해서 해결책을 제시할 수 있다고 하기 때문에 아담스는 이 내용은 성경적인 인간관에 위배되므로 권면적 상담에서는 거절해야 한다고 주장한다.

특히 상담사의 역할이 내담자 중심요법에서는 그의 존재 양식과 태도에 기초하고 있는 것이지 내담자에게 무엇인가를 하도록 고안된 테크닉의 이행에 있는 것은 아니다. 이 말은 상담사의 태도가 내담자에게 성격 변화를 일으키게 한다는 것을 지적하고 있다. 상담사는 그 자신을 변화의 도구로서 활용해야 하며, 그의 역할은 역할 없는 그 무엇이 되어야 한다고 한다. 곡해된 내담자의 생의 영역을 탐구하기에 필요한 자유를 내담자가 경험할 수 있도록 도와주는 관계를 조성하여야 하며 그 속에서 내담자는 덜 방어적이 되며 그 자신과 세계 속에 있는 가능성에 대하여 더 개방적이 된다. 다시 말해서 상담사는 일치성 또는 진실성으로 무조건적인 적극적 관심을 보이면서 정확한 공감적 이해를 통하여서 내담자가 자신의 해결책을 발견하도록 격려하는 것이다.

(2) 자료수집

황규명은 자료수집의 과정은 내담자를 돕기 위해 상담학의 이론에 따라 다양한 형태와 기술로 나타난다고 한다. 성경적 상담에서는 자료수집의 과정이 심도 있게 다루어지고 있는데, 이것은 내담자의 마음을 알기 위해 노력하는 것을 중요하게 여기는 것이며, 인간을 바라보는 시각과 관계가 있다고 보는 것이다.

전형준은 자료수집의 목표와 원칙을 각각 다섯 가지로 말하고 있다. 다섯 가지 목표로서는, 그것은 단지 문제를 밝히거나 죄를 드러내기 위한 것이 아니며, 내담자의 인격을 이해하기 위함이고, 인격을 이해한다는 것은 내담자의 마음을 아는 것이며, 상담사의 목표는 내담자가 자기를 성찰하고 발견하도록 하는 것이며, 내면을 다루는 깊은 질문을 통하여 내담자가 전에는 생각해 본 적이 없는 방식으로 자신에 대하여 생각하도록 하는 것이라고 한다. 다섯 가지 원칙으로서는 발전적인 방향이 있어야 하며, 내담자의 외적인 상황에서 시작하여 그의 마음의 사고와 동기에까지 이르러야 하며, 내담자와의 관계형성이라는 측면에서 고려해야 하며, 내담자를 타당하게 해석하지 않거나 검토되지도 않은 문제들을 갖고 상담하는 전제의 문제, 즉 질문은 전제하지 말고 직접 임해야 한다는 것이다.

그런데 자료수집을 할 때는 듣는 기술이 필요하다는 것이다. 들어야 할 것과 피해야 할 것들이 있다는 것이다.

자료수집을 하면서 들어야 할 것들은 무엇이 있는가? ① 도움 요청, ② 지금도움이 필요한 이유, ③ 사건의 역사, 배경, ④ 염려와 스트레스, 종교적 확신, 미신, 마술적 생각, ⑤ 내담자의 독백, ⑥ 질문하는 방법: “이렇게 생각하지 않으세요?”, ⑦ 질문에 답하는 방법: “맞아요. 그렇지만......”, ⑧ 내담자의 해석, 깔려 있는 전제들과 설명들, ⑨ 일반 사항, 과장, 파국을 일으키는 것, ⑩ 지속적인 주제.

내담자의 각 진술마다 3가지를 청취해야 한다. ① 내용, ② 감정, ③ 의도. 자료를 수집하는 과정에서 피해야 할 습관이 있다. 문제의 사소화, 부인, 의미 없는 반복, 지나친 해석, 동기 판단, 이탈, 응답 준비, 침묵을 참지 못함 등이다.

4) 4단계: 내담자의 변화를 위한 직면

아담스의 권면적 상담에 근거한 위기상담은 내담자의 생활의 전 영역이 구조화를 이루기 위해서는 반드시 직면의 단계를 거쳐야 하므로 4단계는 ‘내담자의 변화를 위한 직면’의 단계로 한다. 아담스는 문제해결의 과정의 네 번째로 하여야 하는 것은 권면적 상담이다. 권면적 상담은 중립적이고 무비판적인 태도를 유지하는 일반적인 견해와는 달리 적극적이며 권면적 개입의 문제해결을 중요한 열쇠로 삼는다. 권면적 상담은 반드시 가장 깊은 종류의 개입을 구체화한다.

실존주의 요법의 대가라고 할 수 있는 매이는 완전히 인간이 되는 것이 어떠한 것인지를 의미하는 것에 대해 철학적인 관심을 기울였고 실존주의로 기울어진 많은 철학자들은 인간의 조건에 중점을 두고 있다. 실존주의 요법은 어떤 테크닉의 체계라기보다는 근본적으로 인간이해를 강조하는 자세이다. 인간을 이해하는 데 있어서 첫째로, 인간은 스스로 사고하고 결단하는 독특하고 구별된 능력인 자아의식을 갖고 있다는 것이다. 의식적이 되면 될수록 더욱더 자유에 대한 가능성도 많아진다고 보며 선택하고 행동하는 자유와 더불어 책임이 동반된다고 하는데, 실존주의자들은 그들의 실존과 운명에 대한 책임을 져야 한다고 주장한다. 둘째로는, 자유와 책임에 대한 자각은 실존적인 불안을 야기하는데, 이것은 인간의 기본적인 속성이라는 것이다. 셋째, 인간은 생에 있어서 목적을 발견하고 삶에 실질적인 가치를 창조하려고 노력하는 유일한 존재라는 것이다. 인간은 근본적으로는 혼자이지만 관계적인 존재이므로 타인들과 의미 있는 관계를 가지고자 하는 욕구가 있다는 것이다. 의미 있는 관계를 맺지 못하면 고독, 비인간화, 소원함, 소외감, 외로움과 같은 상황을 초래하게 되며 인간은 자아를 실현하지 못한 정도에 비례하여 병들게 된다는 것이다. 여러 가지 면에서의 병든 상태는 인간능력의 실현화를 위해 자유를 사용하는 데 실패한 것으로 본다.

더 나아가 실존주의 요법은 치료의 관계를 가장 중요한 것으로 강조하고 있는데, 내담자에게 영향을 미치는 것은 인간 대 인간의 만남에 있으며 테크닉보다도 여로에 함께 동반하는 데 있다고 주장한다. 치료기간의 내용은 내담자의 현재 경험이지 내담자의 문제가 아니며 내담자는 진단되고 분석되는 대상이 아니라 실존적 파트너라는 것이다. 타인과의 진지한 만남의 관계는 지금-여기에 중점을 두며 과거와 미래는 오직 즉각적인 순간에 의미를 가질 때만 중요하다는 것이다. 내담자가 그의 참된 자아를 발견하고 그 자신에 대하여 이방인이 되지 않도록 도와주는 방법은 상담사가 치료 기간 중에 자발적으로 적당한 시간에 자신의 진실한 경험을 말해주는 것이라는 것이다.

매이는 실존주의 요법에서 중심이 되는 실존적인 질문을 다음과 같이 한다. '내가 누구인지에 관해 어느 정도까지 알고 있는가?', '나는 무엇이 되어 가고 있는가?', '나는 현재 나의 주체성을 재창조하도록 어떻게 선택할 수 있는가?', '나 자신의 길에 대한 선택의 자유를 어느 정도까지 수락하고 있는가?', '나의 선택에 대한 나 자신의 의식산물인 불안에 어떻게 대처할 수 있는가?', '내면적인 욕구에 의한 삶을 얼마만큼 살아가고 있는가?', '내 인생에 있어서 목적의 의미를 발견하려고 무엇을 하고 있는가?', '나는 인생을 살고 있는가 아니면 단지 존재하는 것에 만족하고 있는가?', '내가 되기를 원하는 사람과의 동일시를 위해 나는 무엇을 하는가?'이다. 이와 같이 실존주의 요법은 자유와 책임 그리고 자신 스스로 자각하여 선택하는 것으로써 인생을 재구조하는 인간의 능력을 강조하고 있다.

5) 5단계: 내담자의 새 생활화

인간은 내담자가 자기의 삶을 더 효과적으로 살 수 있게 만드는 충분한 자원을 자기 속에 갖고 있다고 신뢰한다. 내담자가 갖고 있는 자원들은 활용되지 못하고 있거나, 여러 가지 이유로 활용하는 데 장애를 받고 있을 것인데, 상담사의 임무는 장애로 억눌려 있는 내담자의 자원을 해방시키고 그 자원을 계발하도록 돕는 것이라고 한다. 상담사는 내담자가 자기의 인간성을 향상시키는 방법으로 스스로 결정하기를 기대한다.

우리가 어떤 것을 오랫동안 하게 될 때에 그것이 우리의 일부가 되는 것이다. 상담사들은 내담자들에게 습관이 갖는 힘(the dynamic of habit)을 알게 하여야 한다. 즉, 한 번 길든 습관은 여간해서 고치기 어렵다는 것이다. 그처럼 고치기 어렵게 된 까닭은 우리가 습관들에 익숙해져서 자기도 모르게 아주 편안하게 반응하기 때문이다.

2. 위기문제 접근방법

위기상담사는 자신의 편견을 버리고 문제의 핵심을 파악해야 한다.

1) 문제의 핵심을 파악하고 내담자의 느낌과 생각에 반응하고 초점을 맞춘다.

(1) 반응

반응이란 인간관계에 있어서 원활한 의사소통을 가능케 하는 요소이다.

상담사는 내담자의 세 가지 영역(비언어적인 육체적 행동, 느낌, 의미)에 반응해야 한다.

내담자는 자신의 위기에 대해 어떻게 느끼고 있는가?(내가 당사자라면 어떨까?)

내담자 자신이 겪고 있는 위기의 의미와 그 해석에 대해 상담사는 적절한 반응을 해야 한다.

(2) 초점 맞추기

초점 맞추기는 긴장의 성질, 관련된 상황과 갈등을 더욱 분명하게 드러내는 데 목적이 있다.

위기와 직접 관련성이 없는 지식이나 사실을 걸러내는 것도 포함된다. 그러므로 이 과정에서는 당면한 상황과 문제에 초점을 맞추는 것이다.

2) 문제에 대한 적극적 대응의 단계이다.

이 과정은 상담사가 내담자의 위기극복을 위해 적극적으로 돕는 단계이다.

(1) 목표 수립

내담자가 위기를 극복하고 새로운 삶을 시작할 수 있는 구체적이고 행동 가능한 목표 설정의 단계 위기상담의 목표로 징후의 제거, 위기 이전 수준의 상태로의 회복, 위기 이전보다 더 높은 수준의 기능 성취, 구체적이고 측정, 관찰 가능한 목표를 세워야 한다.

(2) 자원 조사

위기극복을 위해 동원 가능한 자원을 조사한다. 자원에는 내적 자원과 외적 자원이 있다.

내적 자원은 자신의 안에 있는 대처 방안(과거의 위기 처리 경험)이며, 외적 자원은 내담자의 친구들, 가족, 정신적 자원(신앙), 소속 단체, 재정 능력 등 내담자의 대인관계를 통해 동원 가능한 자원으로, 이 두 요인을 조사하도록 한다.

(3) 대안 확정

내담자 자신의 위기극복을 위한 대안을 강구하여 그 중에서 가장 최선의 대안을 선택하도록 격려한다.

(4) 행동 착수

대안 확정 후에는 내담자를 격려하고 지지하며 내담자의 행동을 촉구한다.

(5) 반성 및 재검토

선택한 대안과 행동이 과연 위기극복을 위해 효과적이었는가? 평가하는 단계이다.

만약, 그렇지 못했다면 새롭게 바꾸어 새로운 대응책을 모색해야 한다.

3) 상담과정 후 배려(추후지도-사후지도, follow-up)

사후지도는 점검이 아니라, 내담자의 계속적인 행복에 대한 상담사의 관심의 표현이다.

이 관심의 표현은 전화 혹은 방문으로 가능하다. 내담자의 지속적인 성장과 발달에 대한 상담사의 진실된 관심의 표현으로 이를 통해 상담사는 상담의 효과를 확인할 수도 있다.

4) 전문가에게 상담 의뢰

상담사가 만능의 문제 해결자가 아니다(자신의 전문성의 한계를 인식해야 한다).

다른 전문가나 기관에 의뢰해야 한다(의뢰는 상담의 실패가 아니다).

의뢰 시의 기본적 지침(Collins)

가) 상담사는 내담자의 최선의 행복을 염두에 두고 의뢰해야 한다.
나) 의뢰는 내담자가 거부당한다고 느끼지 않도록 해야 한다.
다) 의뢰 결정에 내담자도 참여해야 한다.
라) 상담사는 의뢰 후에도 내담자와 그의 문제에 지속적인 관심을 가져야 한다.

반드시 의뢰해야 할 경우

가) 상담 중 전혀 나아지는 기미가 보이지 않을 경우
나) 극심한 재정적 도움이 필요할 때
다) 몹시 우울하거나 자멸적일 경우
라) 극도의 공격적 행동을 보일 경우
마) 감정적으로 매우 혼란스러울 때
바) 상담사에 대한 강한 미움이나, 성적인 감정이 강할 때
사) 자신의 전문성을 벗어난 문제일 때

하워드 클라인벨(Howard J. Clinebell)의 ABCD 위기상담 방법

Jones & Stone의 ABC상담 방법에 D의 방법을 첨가하여 내놓은 상담방법론이다.

(A) 신뢰와 보살핌의 원만한 대인관계를 이루라
(achieving a relationship of trust and caring)
비판하지 않는 태도로, 상대방이 느끼고 경험하고 있는 것을 보살피는 마음으로 듣는다.
상담사인 내가 내담자와 똑같은 곤경과 위기에 처한다면 어떻게 할 것인가?

(B) 핵심적인 문제를 요약하라.
(boil down the problem to its major parts)
* 내담자의 위기에 대한 인식, 문제의 분류(해결 가능한 문제와 불가능한 문제)
* 우선적으로 해야 할 일 선정
* 과거의 위기극복 경험
* 문제 해결 방법 검토

(C) 어떤 문제에 대해 적극적인 행동을 취하도록 한다.
(challenge the individual to take constructive action on some part of the problem)
* 현실적이고 구체적인 행동 계획 수립
* 최선의 대안 확정
* 동원 가능한 자원 검토

(D) 성장을 지배할 수 있는 행동계획을 수립하라.
(develop an ongoing growth-action plan)
*위기에 처한 사람이 신앙적, 영적으로 성장하도록 돕는 위기상담의 최종적 단계이다.
*과거로의 회복이 아니라, 영적이고 전인적 성장을 이루도록 해야 한다.
*위기는 잠재적인 성장의 기회이다(성장상담).
*성장 = 돌봄 + 대면(confrontation) 또는 성장 = 사랑 + 정직
*인간은 무한한 잠재력을 가진 존재로 본다(영적 성장).
*과거가 아니라, 현재와 미래에 초점을 맞춘다(과거 상처 경험은 성장의 걸림돌이다).

3. 위기상담 단계별 적용

위기상담을 단계별 적용하려면 초기단계, 중기단계, 종결단계로 나누어 구조화된 상황에서 상담을 진행하여야 한다.

1) 초기단계

초기단계는 상담의 기틀 잡기이다.

(1) 내담자 문제의 이해

먼저 도움을 청하는 직접적인 이유를 확인한다. 내담자의 문제가 어떤 배경에서 나온 것인지를 확인하며 상담사가 일방적인 질문 공세를 하지 않도록 유의할 필요가 있다. 그리고 왜 지금 문제인지 촉발요인을 알아내는 것과 과거에 비슷한 문제가 없었는지를 확인하는 것이 필요하다. 내담자는 비자발적 내담자와 자발적 내담자로 나뉘는데, 내담자의 문제를 각각의 대상, 장면, 상황별로 일일이 확인하고 위기상황의 심각성 정도를 평가해야 한다.

그리고 문제 발생 배경의 탐색, 문제 해결 동기의 평가와 문제를 해결하고자 하는 의지와 동기를 확고히 하는 것이 필요하다.

(2) 상담의 목표 및 진행방식의 합의

일차적 목표는 위기상황 당면 문제의 해결이다. 위기의 증상 또는 문제해결적 목표로 삼는다. 이때 목표는 첫째, 구체적이고 명확한 목표이어야 한다. 둘째, 목표의 현실성이다. 셋째, 문제 축약이다. 그리고 이차적 목표는 인간적 발달과 성장, 성장 촉진적 목표이다. 목표 설정 시 고려할 사항은 상담기간 및 시간에 대한 합의와 위기상황을 극복해 가는 바람직한 내담자 행동 및 역할에 대한 안내와 자발적인 참여, 그리고 상담과 상담사에 대한 합리적인 기대이다.

(3) 촉진적 상담관계의 형성

특히 위기상담에서는 상담사와 내담자가 어떤 신뢰감의 관계를 형성하는지에 따라 상담의 진전과 성공에 영향을 미치기에 라포 형성을 통한 촉진적 상담이 중요하다.

① 상담관계의 형성
② 내담자의 이해와 평가
③ 상담의 구조화
④ 목표 설정
⑤ 사례예시

2) 중기단계

중기단계는 작업 또는 문제 해결 단계로 내담자를 변화시키기 위한 구체적 시도를 시행하는 문제 해결하기의 단계이다.

(1) 과정적 목표의 설정과 달성

설정된 상담 목표를 달성하기 위해 거치는 중간 지점의 목표가 과정적 목표이다.

상담은 일련의 과정적 목표를 순차적으로 달성해 가는 과정으로 과정적 목표는 초반에 설정한 최종 목표에 따라 달라진다.

(2) 저항의 출현과 해결

사람들은 저마다 습관적으로 행하는 사고, 감정, 행동 패턴이 있고, 이는 그대로 지속되려는 경향이 있다. 변화의 과정에는 저항이 있기 마련이며, 상담사는 이를 줄일 수 있는 상담 방법을 고안해야 한다.

① 내담자의 자기 탐색과 통찰

② 중기단계에서 상담사의 역할

③ 중기단계에서 나타날 수 있는 문제

④ 중기단계에서의 상담 방법

3) 종결단계

종결단계는 성과 다지기로 내담자가 실생활로 돌아가 문제를 재경험할 때 대처방법을 예방해준다.

(1) 종결의 다양한 의미

상담의 종결 시기를 결정하는 것은 다양한 의미가 있다.

첫째, 심리적 재탄생으로서의 종결이 있다. 상담을 통해 문제가 해결되고 삶에 대한 용기와 자유를 회복하게 된다.

둘째, 타협 형성으로서의 종결이 있다. 문제에서 완전히 자유로울 수 없는 인간으로서의 한계와 타협한다.

셋째, 성과 다지기로서의 종결이 있다. 점진적인 과정을 통해 실생활 적응을 훈련한다.

(2) 성공적인 상담 종결의 조건

첫째, 문제 증상의 완화이다.

둘째, 현실 적응력의 증진이다.

셋째, 성격 기능성의 증진이다.

넷째, 성공적인 상담 종결을 시사하는 내담자의 태도나 생각이다.

(3) 종결의 실제

종결의 준비 과정에서는 상담 목표가 어느 정도 달성되면 상담을 끝내는 문제를 미리 상의해야 한다. 종결에서 유의할 몇 가지가 있다.

첫째, 내담자의 불안 다루기이다.

이 과정에서 위기상황이 해소되고 변화되었으나 다시 재발할지도 모른다는 불안과 상담사의 지원과 이해를 받을 수 없다는 불안이 있기 때문에 종결 시에 내담자의 불안을 다루어 주어야 한다.

둘째, 상담사에 대한 의존성의 극복이다. 상담사와의 '심리적 이유'를 이루기 위해, 내담자의 자율적인 판단과 결정을 허용하고 격려하는 것이 필요하다.

셋째, 성과 다지기 및 면역력 쌓기이다. 위기상황의 어려움을 극복하기 위해 기울인 내담자의 노력을 격려하도록 한다. 문제를 해결하기 위해 시도했던 여러 가지 방법들을 재음미하며 종결 후 닥칠 상황을 예견하고 어떻게 대처할지 미리 의논하도록 한다.

넷째, 가능한 증상 재발에 대해 준비하기이다. 부가적인 도움이 필요할 경우 추가적 만남을 가질 수 있음을 내담자에게 미리 알려주도록 한다.

① 상담의 종결 시기 결정

② 상담의 종결단계에서 하는 일

③ 상담의 종결 시에 고려할 사항

④ 조기 종결 문제 다루기

4. 위기개입 단계 및 기술

1) 위기사정 및 위기개입 단계

위기에 처한 클라이언트를 신속하고 적절하게 사정하는 것이 개입에서 가장 중요한 요소이기 때문에 위기개입 모델에서는 사정에 최고의 가치를 둔다. 이는 위기개입 시에 중요한 개입 계획을 세우기 위한 필수적인 요소로 위기 사정을 통해 얻어진 정보는 개입 과정을 구성하고 개입 계획을 세우는 데 필요한 정보 토대를 만드는 중요한 기능을 한다. 예를 들면, 가정폭력 피해여성에 대한 위기개입 사정은 위기의 지속기간, 심각성 정도에 따라 폭력 피해여성에 대한 위기분류사정을 먼저 해야 하고, 이때 여성과 자녀의 안전을 최우선적으로 고려해야 한다. 또한, 위기사정에서 강조하는 것은 일차적으로 촉진적 사건의 본질과 여성의 인지와 그것에 대한 정서적 반응을 확인하는 것이다. 촉진적 사건의 사정은 클라이언트 위기의 명확한 기원을 밝히는 것으로, 잠정적 결정요인에 대한 규명의 실마리를 제공하며, 궁극적으로 위기개입과 해결과정을 규명하는 데 도움을 준다.

가정폭력 피해여성이 위기상황에서 도움을 요청하게 하는 세 가지 가장 공통적인 촉진적 사건은 ① 폭력 사건이 심각한 육체적 상처를 낳은 경우, ② 심각한 학대가 그들 자녀에게까지 고통을 입히는 경우, ③ 심각한 구타로 청각, 시각 또는 사고 과정에 일시적 장애를 입힌 경우 등으로 나타난다(Roberts, 1990). 이밖에도 현재의 대처반응에 대한 사정이 필요하다.

이는 클라이언트의 위기 이전 기능의 사정을 포함하며, 가정폭력 피해여성의 대처행동 내용과 특성, 이들의 정서적 유형과 커뮤니케이션 기술, 현존하는 사회지지체계와 지역사회자원에 대한 사정 등이 개입을 위해 필수적으로 요구된다. 그밖에도 임상면담을 통해 가족력을 파악하거나 구타, 위협, 통제, 물건의 파괴,

강요된 성관계, 알코올과 약물사용, 불면증, 클라이언트의 행동에 대한 내용 등을 포함한다(Jasinski & William, 1998).

특히 위기개입 사정에서 중요한 것은 개인과 환경의 상호작용과 이에 따라 발생되는 피해여성의 욕구를 명백히 하는 것이다. 즉, 이들에게 필요한 긴급한 서비스 욕구를 사정하는 것이다.

가정폭력 피해여성에 대한 위기개입은 위기사정으로부터 시작해 사후보호에 이르기까지 여러 단계를 거쳐 진행된다. 다른 전통적인 케이스워크 모델과는 달리 위기개입에서는 개입의 단계를 명확히 구별하지는 않지만, 클라이언트의 위기적 사건을 다룸에 있어서 어느 정도 인위적으로 구분하여 고찰할 필요가 있다(김기태, 1998).

위기상황의 치료모델에서 Golan(1978)은 위기개입의 단계를 초기단계, 중간단계, 종결단계로 분류하여 설명하고 있다. 즉, 초기단계에서는 접촉을 확립하고, 위기가 실존하고 있는지 없는지, 그리고 현재 상태가 어떠한지를 파악하며 워커와 클라이언트가 이행할 계약을 설정한다. 중간단계에서는 계약의 이행에 전념하게 되는데, 즉 현재 생활상황에서 구체적인 문제해결을 위하여 계획된 과업을 확인하고 이행하며, 과거의 부적절한 방법으로 기능한 것을 수정하고 새로운 대처유형을 습득하도록 한다. 마지막 단계에서는 개입상황을 검토하는 것을 포함한 종결과업을 수행한다.

Roberts(1998)는 위기개입 모델을 7단계로 구분한다. ① 치명성 사정단계, ② 라포 형성, ③ 주요 문제 확인, ④ 적극적 경청과 인정, ⑤ 대안의 탐색과 생성, ⑥ 활동 계획의 발전, ⑦ 사후관리 계획으로 이루어진다. Gilliland(1982)는 6단계의 위기개입 모델을 사용하는데(James & Gililland, 2001), 먼저 클라이언트의 관점에서 문제를 검토하고, 둘째 단계는 클라이언트의 안전을 확보하기 위해 신체적, 심리적 안전에 대한 치명성 등의 심각성을 사정하며, 내부적 사건과 클라이언트를 둘러싼 상황 모두를 사정한다. 셋째 단계는 지지를 제공하며, 넷째 단계는 대안 탐색하기로 이어지며, 다섯째 단계는 계획 세우기를 통해 자원을 명확히 하고 대처기제를 제공할 수 있는 현실적인 단기 계획을 세운다. 마지막으로 클라이언트가 행동단계에 참여하도록 돕는 것이다.

그러므로 위기개입에서 초기단계의 위기사정은 먼저 피해자를 안정시키는 것으로부터 시작하여 폭력으로 인한 신체적, 정신적 외상 정도를 파악하는 것이다. 즉, 피해여성의 문제에 대한 인식, 지지적 자원의 유무, 그 수준 등에 대해 평가하고, 과거의 경험에 대해서도 사정이 이루어진다. 이러한 사정을 바탕으로 계획단계에서는 기능손상의 정도, 회복의 가능성 등을 고려하여 잠재적 대안들의 활용계획을 수립한다. 이는 클라이언트의 복합적 서비스 욕구에 대응하는 것이어야 한다.

마지막 단계에서는 개입 상황을 면밀히 검토하여 지속적인 개입이 필요한 경우 이에 대한 재사정이 이루어지거나 사후관리로 이어진다. 이는 위기대비계획단계로 미래의 다른 위기에 대비하도록 돕는 과정이 된다.

2) 위기개입 기술 및 전략

위기개입이 클라이언트의 다차원적 욕구에 대응하기 위해 전생태체계를 통해 위기에 반응하려는 노력이 되려면 전문적 기술과 전략이 필요하다. Dixon(1979)은 위기개입의 기술을 세 가지 범주로 나누었다. 첫째는 심리적 지지인데, 여기에는 경청, 환기법, 재보증, 명료화, 직면, 설득, 충고 등이 있다. 둘째는 인지적 회복으로 여기에는 원인에 대한 설명, 해석 등의 기술이 포함되며, 셋째로는 환경수정이 있다(김기태, 1998). Hollis(1972)의 케이스워크 치료기술이 위기개입에도 적용될 수 있다고 설명하면서 Hollis의 치료기술, 즉 직접적 치료와 간접적 치료를 활용하여 위기개입의 기술을 고찰하였고, 여기에 위기상황에 적용되는 행동수정 기술과 효과적인 커뮤니케이션 방법을 위기개입 기술에 포함시켰다.

생태학적 관점을 바탕으로 한 위기개입 기술과 전략은 기본적으로 위기에 직면한 개인을 둘러싼 사회적 체계의 변화를 통해 위기를 해결하는 데 필요한 기술과 전략이다. 특히, 이러한 생태학적 관점의 위기개입 전략에 시사점을 주는 것이 바로 환경조정 전략이다. 환경조정 전략에는 가족 내적 관계의 증진과 가정환경 내의 자원의 보충, 지지체계의 개발과 강화, 클라이언트를 다른 환경으로 이동시키는 것, 지역사회 환경의 활용 그리고 새로운 자원개발 등이 여기에 속한다(Hepworth & Larsen, 1993).

한편, James & Gilliland(2001)는 위기개입 워커의 행동전략 12가지를 제시하였는데, 이들 중 생태학적 관점의 위기개입에 필요한 전략은 ① 가정폭력 피해여성의 독특성을 이해하고 적절히 반응해야 한다는 것, ② 가정폭력 피해여성에 대한 안전에 대한 배려가 우선되어야 한다는 것, ③ 가정폭력 피해여성들이 당면한 욕구에 관심을 가져야 한다는 것, ④ 가정폭력 피해여성들의 욕구에 맞는 서비스를 제공하기 위해 의뢰자원을 활용해야 한다는 것, ⑤ 의뢰를 위한 관계망을 개발하고 활용해야 한다는 점 등이 전략적 시사점을 준다.

이러한 전략에서 특히 의뢰는 위기개입의 핵심적인 부분인데, 가정폭력 피해여성에 대한 위기개입의 가장 중요한 부분도 의뢰자원의 사용일 것이다. 이를 위해서는 기본적으로 의뢰할 기관과 담당자의 목록이 있어야 하며, 다양한 연계기관들을 확보해야 한다. 의뢰자원을 개발하는 전략은 네트워크 개발을 통해 가능한데, 네트워크 형성이란 워커가 클라이언트에게 효과적, 효율적으로 서비스를 제공하는 능력에 직접적으로 영향을 미치는 다양한 기관 내에 개인적 접촉을 가지고 이를 활용하는 것이다(James & Gilliland, 2001). 또한 피해자가 직면한 중요한 욕구가 많기 때문에 위기개입 전문가는 어떤 욕구가 즉각적인 행동을 필요로 하는 것인지, 어떤 것은 연기해도 될 것인지를 현실적으로 판단하여 이에 대응해야 한다.

그밖에 위기개입 전문가의 개입 전략 중 중요한 요소 하나는 사후보호이다. 위기개입 전문가는 피해자가 장기적인 지지 자원과 잘 연결될 때까지 지지체계의 역할을 지속해야 한다. 가정폭력 피해여성에 대한 장기적 지지와 옹호가 이들 여성들에게 더욱 중요한데, 지지적 서비스는 자아존중감을 갖게 하고 통제력을 증가시키며, 스트레스를 감소시키고, 소속감과 지지감을 증가시킨다(Tutty, Bidgood & Rothery, 1993; James & Gilliland, 2001).

그러므로 위기개입 시 다양한 위기상황에 신속하게 대응함은 물론이고, 위기개입 전문가는 다양한 자원망을 활용하여 문제에 즉각적인 도움을 줄 수 있어야 한다. 효과적인 서비스를 제공하는 워커는 위기상황에 놓인 희생자가 이용할 수 있는 자원에 대한 지식을 풍부하게 가져야 하며, 이상적으로 각 지역사회는 "보호적 서비스 체계"를 제공하기 위해 함께 활동할 수 있는 기관의 네트워크를 가져야 한다(Handricks & McKean, 1995).

Chapter

5

위기상담 과정

Chapter 5

위기상담 과정

상담의 과정은 전체 회기 수, 진행방식, 상담사와 내담자 또는 상담여건에 따라 달라지기 때문에 정해진 틀은 없으나 상담사와 내담자가 만나 상담 관계를 맺고 당면문제를 다루며 목표를 달성하고 종결에 이르는 과정을 갖게 된다. 상담과정을 이해하는 것은 상담사의 길을 안내하는 지도를 지참하는 것과 같이 매우 중요하다. 같은 목적지라 해도 안내자에 따라 방향과 길이 달라질 수 있기 때문이다.

상담의 일반적인 과정은 첫째, 상담의 본질을 이해할 수 있도록 전체 그림을 그리는 것에서 시작하며 둘째, 상담목표를 이루기 위해 어떤 과정을 거쳐야 하는지 확인하고 셋째, 실제 상담 장면을 구체적으로 적용시키는 데 기본 지침이 된다. 실제 임상 장면에서 이와 같은 과정을 크게 초기, 중기, 종결기로 나누어 볼 수 있다.

상담의 초기과정은 상담사와 내담자가 만나 내담자의 호소내용을 듣고 내담자의 문제를 이해한 후 목표에 도달하기 위한 초기 계획을 수립하는 단계로 상담사와 내담자 간에 신뢰와 상호협력을 바탕으로 상담관계가 형성된다. 내담자는 있는 그대로 존중받는 경험을 통해 점차 자기개방에 대한 용기를 갖게 되며 통찰적 경험을 하게 된다.

상담의 중간과정은 상담사가 내담자의 자기개방과 사적인 비밀까지 공유하는 친숙한 관계인 동시에 상담목표를 향해 구조화된 관계로 발전하는 단계로 내담자는 상담 장면을 안전하게 느끼면서 많은 것을 개방하고 깊은 수준의 감정을 경험한다. 내담자는 자신의 문제에 대한 자기지각과 통찰을 얻기 위한 다양한 시도를 하게 되며 상담사는 내담자가 지금까지와는 다른 관점에서 자신과 외부세계를 보고 새로운 문제를 해결할 수 있도록 돕는다.

상담의 종결과정은 상담사가 초기 상담목표에 대한 평가에 기초하여 그간의 의미 있는 관계를 성숙하게 마무리 짓는 단계로 내담자는 자신의 변화를 인식하고 자신의 변화에 긍정적 가치를 갖게 된다. 종결을 앞두고 상담과정을 점검하며 내담자의 공헌과 함께 변화된 내용을 확인하며 종결 후 나타날 수 있는 잠재된 문제와 재발 가능성 및 대처전략에 대하여 논의한다.

1. 위기상담의 초기과정

1) 접수면접 및 내담자 평가

(1) 접수면접

접수면접은 내담자의 상담 신청 후 상담사 배정에 앞서 호소문제 및 배경정보, 현 상태, 위기 정도를 파악하는 것으로 내담자의 주 호소내용을 듣고 문제영역을 확인하며 기본정보를 수집하고 객관적 평가와 더불어 위험요인이 없는지 확인하는 것이다. 접수면접 과정을 통해 내담자에게 가장 적합한 상담사를 배정하거나 필요에 따라 외부 전문기관의 협력이 요구되는 경우 연결해 주는 중요한 과정이다. 접수면접은 내담자로 하여금 상담의 첫 장면에서 경험하게 되는 중요한 과정으로 기관에 대한 신뢰와 상담에 대한 기대를 갖게 하는 중요한 첫 키이므로 상담 경력이 많은 전문가가 실시하는 것이 바람직하다. 상담사는 접수면접을 통해 내담자의 기본적 정보를 수집하여 포괄적 평가를 한 후 심리평가 등을 연결할 수 있다.

접수면접 과정에서 내담자의 보고를 통해 기본적인 인적사항, 내방경위, 호소문제, 가족사항, 현 병력 및 건강상태에 대한 정보를 수집하게 된다. 이외에도 상담사는 내담자의 행동 및 태도의 특이사항을 기록해 두어 이후 내담자 평가의 중요 자료로 사용한다. 상담사가 살펴야 할 또 다른 중요사항으로 내담자의 동기수준을 파악하는 것으로 이는 이후 치료계획에 매우 중요하다. 단기해결중심치료 이론가인 드세이져는 내담자를 방문자, 불평자, 고객으로 구분하였다. 방문자형 내담자(visitor)는 자발적이기보다 내담자에게 문제가 있다고 생각하는 타인에 의해 내방한 경우로 이들은 대체로 자신의 문제를 인정하지 않는 경우가 많다. 불평자형 내담자(complainant)는 문제가 있음을 인정하지만, 문제해결의 책임은 자신이 아닌 다른 사람에게 있다고 생각하여 상담사가 그 사람을 변화시켜주길 기대한다. 고객형 내담자(customer)는 문제에 대한 인식과 함께 상담사와 협력하며 상담목표에 도달하기 위해 노력한다.

(2) 내담자 평가

상담의 주요한 목표는 내담자가 호소하는 문제의 해결을 돕는 것으로 현재 발생된 문제가 무엇이며 어떻게 발생되었고, 그로 인해 어떤 경험을 하고 있는지 등을 파악하는 것이다. 내담자의 문제를 파악한다는 것은 내용을 구체적으로 파악하는 것을 의미하므로 의학적 배경과 함께 다양한 내담자의 경험을 파악해야 한다. 이와 같은 다양한 정보를 수집하기 위해 인터뷰를 포함하여 심리검사를 하게 된다.

마이어와 멜처트는 생물심리사회적 접근에 속하는 25개의 평가목록을 분류하였으며 각 항목은 다음과 같다. 첫째, 생물학적 요소로는 일반적인 의학정보와 약물치료, 아동기 건강이 있으며 둘째, 심리학적 요소로는 현재문제, 정신의학적 문제, 자살사고, 약물남용, 아동기 학대, 정신상태검사, 심리적 외상, 성격양식과 특징, 행동관찰, 개인발달사가 있다. 셋째, 사회문화적 요소로는 고용상황, 법적 문제, 관계, 현 생활환경 및 주거형태, 교육배경, 종교, 가족상황, 다문화적 특징, 재원, 군복무 관련, 개인 취미활동, 영성 등이 있다.

내담자들 중 심리적 어려움을 호소하며 자살에 대한 생각을 내비치는 경우가 더러 있는데, 이 경우 모두 자살시도를 하는 것은 아니지만 자살위험에 대해 자세히 살펴보고 혹시라도 있을 수 있는 위험한 선택에 대비해야 한다. 자살평가결과 위험수준에 따라 내담자를 다음과 같은 범주로 구분한다.

- **저위험군:** 약간의 우울감을 호소하거나 자살에 대해 가끔 생각하지만, 자살에 대한 계획은 없는 상태로 자살에 대한 감정 및 생각을 비교적 솔직하게 표현한다.
- **중위험군:** 슬픔, 우울과 같은 감정변화가 있으며, 쉽게 짜증 내고 전반적으로 에너지가 저하되어 있는 상태이다. 반복적으로 자살 생각을 하며 구체적이진 않지만 스쳐 가는 형태로 자살계획을 생각해 보거나 경미한 자해 경험이 있다.
- **고위험군:** 절망, 분노와 같은 갑작스러운 감정변화를 보이는 상태로 자살에 대해 지속적이고 반복적으로 생각하며, 구체적으로 자살계획을 세우고 준비하는 등의 치밀함을 보인다.

2) 상담목표 및 계획 수립

(1) 사례개념화

내담자의 주 호소문제와 관련 있는 다양한 정보를 수집하고 그 원인을 파악하여 내담자의 문제와 관련된 다양한 요인 및 맥락을 파악하고 그에 따라 상담전략을 수립하는 일련의 과정을 갖는 것을 사례개념화라 한다. 사례개념화는 주로 초기에 진행되지만 상담을 진행하는 과정에서 연속적으로 수정, 보완할 수 있다. 스파리와 스파리에 의한 사례개념화의 구성요소는 다음과 같다.

- **호소문제:** 호소하는 문제, 촉발요인에 대한 특징적 반응
- **촉발요인:** 패턴을 활성화하여 호소문제를 일으키는 자극
- **부적응적 패턴:** 지각, 사고, 행동의 경직되고 효과 없는 방식
- **유발요인:** 적응 또는 부적응적 기능을 촉진하는 요인
- **유지요인:** 내담자의 패턴을 지속적으로 활성화하여 호소문제를 경험하게 하는 자극
- **문화적 정체성:** 특정 민족에 대한 소속감
- **문화:** 주류문화에 대한 적응수준
- **문화적 설명:** 고통, 질환, 장애의 원인에 대한 신념
- **문화 대 성격:** 문화와 성격역동 간의 상호작용 정도
- **적응적 패턴:** 지각, 사고, 행동의 유연하고 효과적인 방식
- **상담목표:** 단기-장기 상담의 성과
- **상담의 초점:** 적응적 패턴의 핵심이 되는 상담의 방향성을 제공하는 중요한 치료적 강조점
- **상담전략:** 보다 적응적인 패턴을 달성하기 위한 실행계획 및 방법
- **상담개입:** 상담목표와 패턴변화를 달성하기 위해 상담전략과 관련된 세부 변화기법 및 책략
- **상담의 장애물:** 부적응적 패턴으로 인해 상담과정에서 예상되는 도전
- **문화적 상담개입:** 문화적 개입, 문화적으로 민감한 상담, 개입의 구체화
- **상담의 예후:** 상담을 하지 않을 경우 정신건강 문제의 경과, 기간, 결과에 대한 예측

(2) 상담목표 정하기

상담을 항해로 비유한다면 상담이 도달해야 할 지점을 상담의 목표라 하는데, 이것은 분명할수록 순조롭게 진행되며 이를 통해 배가 표류되지 않도록 해야 한다. 상담의 최우선적 목표는 내담자가 호소하는 문제를 해결하는 것으로 내담자가 상담을 통해 자신의 문제를 성공적으로 해결하고 일상에서의 생활 적응을 돕는 것이 상담의 일차적 목표이다. 이처럼 직접적인 상담의 목표가 되는 것을 일차적 목표라 부르며 이를 넘어서서 내담자가 내면적 자유를 회복하고 자신이 가지고 있는 수많은 가능성과 잠재력을 드러낼 수 있도록 성격을 재구조화하여 인간적 발달과 인격적 성숙을 이루는 것을 이차적 목표라 한다. 상담목표 설정 시 고려해야 할 사항은 다음과 같다.

- 목표에 대하여 상담사와 내담자 모두 동의해야 한다.
- 목표는 구체적이고 명확해야 한다.
- 목표는 성취 지향적이어야 한다.
- 목표는 측정 가능해야 한다.
- 목표는 행동적이고 관찰 가능해야 한다.
- 목표는 내담자의 문제 축약이어야 한다.

(3) 상담의 진행방식 합의

상담은 일정한 방식으로 일관성 있게 구조화되는 특성을 지니므로 일반적 대화와 면접과는 다르다. 내담자가 만나고 싶다고 해서 아무 때나 찾아올 수도 없어야 하며 오고 싶지 않다고 아무런 연락 없이 오지 않는 것도 곤란하다. 따라서 상담사는 상담이 진행되는 방식이나 절차, 상담에서 바람직한 내담자의 행동과 태도 등을 안내하고 동의를 구하는 일련의 절차를 진행해야 한다.

상담이 효율적으로 진행될 수 있으려면 각 내담자의 특성에 따라 얼마나 오랫동안 어느 정도의 시간을 만날 것인지 일치하지 않기 때문에 내담자와 상담사의 사정에 따라 그 기간을 달리하며 상담기간 및 시간을 예측하여 내담자에게 미리 알려주고 그에 대한 동의를 구해야 한다. 또한 상담의 효과를 높이기 위해 내담자의 자발적 참여 및 상담과 상담사에 대한 합리적 기대를 갖도록 하는 것이 필요하다.

(4) 촉진적 상담관계 형성

상담사가 내담자와 촉진적 상담관계를 형성한다는 것은 상담목표를 달성하기 위해 매우 중요한 문제로 상담의 초기과정에서 매우 중요하다. 상담사는 내담자를 이해하기 위해 진지한 자세를 갖고 내담자의 입장에서 생각해 보려는 태도와 함께 비난과 비판이 아닌 수용과 존중의 자세를 가지고 진솔하게 내담자를 조력해야 하며 시종일관 일관된 태도와 행동으로 안정감을 주어야 한다.

상담사와 내담자의 치료적 관계 형성을 위해 그들의 사고와 문제를 주의 깊게 듣고 자유롭게 이야기할 수 있도록 독려해야 하며 자신이 존중받고 있다는 생각으로 상담에 대한 거부감을 없애고 자기인식, 자기탐색, 자기노출을 할 수 있도록 돕는다. 내담자의 불안정한 심리상태에서 상담사의 의도를 왜곡할 수 있으므로 보다 안전하고 수용적인 상담 분위기를 형성해 주는 것이 중요하다.

2. 위기상담의 중기과정

1) 중기과정의 이행

(1) 중기과정의 개념

상담의 과정을 초기와 중기로 명확히 구분하기는 어렵지만 대체로 초기의 내담자 평가와 상담목표 수립 이후 실제적 교류와 촉진이 다양하게 일어나는 과정이다. 이 시기 초기과정에서 설정한 상담목표를 달성하기 위해 상담전략이 필요해지며 상담사와 내담자가 합의한 목표를 달성하기 위한 작업이 시작된다. 상담의 중기는 내담자가 자신의 문제를 탐색하고 자각하며 변화시키는 과정으로 높은 수준의 공감, 요약, 정보제공 및 질문하기, 상담사의 자기노출과 직면 등이 이루어진다. 그러나 이 시기 내담자는 새로운 변화에 대한 기대와 더불어 대안적 행동의 실천에 따른 부담감과 실패에 대한 두려움으로 저항을 보이기도 하므로 상담사는 내담자의 이와 같은 불안을 알아차리고 심리적 지원과 실제적 안내를 제공하여야 한다.

중기과정에서는 내담자 자신의 문제에 대한 자각과 재구성 과정을 통해 인식의 변화가 일어나며 다른 방식으로 반응하는 변화의 과정을 경험하게 되는데, 문제에 대한 이해만으로 상담과정이 달성되었다고 보는 경우도 있지만 대부분 내담자가 행동으로 옮겨 문제를 해결할 것을 강조하게 된다.

(2) 중기과정의 목표

중기과정에서의 목표는 첫째, 탐색과 분석에 있다. 상담사의 이론적 배경에 따라 다양한 내용을 다루겠지만, 어떤 관점에서 상담을 진행하든 중기과정에서 중요한 상담목표는 내담자의 문제에 대한 심도 있는 탐색과 분석에 있다. 상담을 하면서 내담자는 자신의 관점이나 태도가 자신의 문제와 어떤 관계가 있는지 이해하게 된다.

둘째, 인식의 변화이다. 내담자는 자신의 생각과 욕구를 탐색하고 분석하는 과정을 통해 자신의 삶의 목표와 행동이 왜곡되어 있고, 역기능적임을 이해하게 되면서 통찰이 생기고 지금까지 자신의 행동양식과 사고, 감정이 왜곡되어 있었음을 알게 된다. 이처럼 자신의 문제에 대한 인식의 변화가 일어나면 문제상황에서의 행동이 달라지는 것이다.

내담자는 자신의 문제를 탐색하고 분석하며 현재 문제가 무엇 때문에 발생했는지를 확인하면서 긍정적 관점으로 자신을 다시 돌아보고 재구성하는 과정을 겪게 되면서 인식을 변화시킨다. 유능한 상담사는 내담자로 하여금 자신의 삶의 경험을 지속적으로 재구성하도록 돕는 역할을 하게 된다.

(3) 중기과정에서의 과제

중기과정이 진행되는 동안 상담사와 내담자는 보다 협력적이 되어 상담을 진행해 가며 문제해결 및 긍정적 변화를 이루어 가지만 동시에 변화가 쉽지 않은 부분에 봉착하면서 방어, 저항이 나타나 이를 극복해야 하는 도전적인 과정이다. 중기과정을 진행하며 내담자와 상담사의 경험 및 과제를 살펴보면 다음과 같다.

첫째, 내담자는 자신의 내면세계와 더 깊은 탐색을 하기 위해 보다 진솔한 태도로 임하며 새로운 통찰 경험을 갖게 된다. 초기에 비해 점점 더 개방적이 되고 내담자에게 도움이 되는 부분에 초점을 맞춰 깊은 탐색과 통찰을 촉진한다. 이러한 부분은 내담자가 지금까지 부인하고 회피해 왔던 부분일 수도 있기 때문에 방어나 저항이 나타나기도 하지만 상담사는 이를 알아차리고 개방하도록 용기를 주어 보다 깊은 탐색을 촉진시킨다. 따라서 중기과정에서 내담자는 더 깊은 탐색과 개방, 풍부한 감정의 해소 및 새로운 통찰을 경험하게 된다.

둘째, 상담사와 내담자는 변화의 필요성에 공감하고 이를 위한 새로운 대안을 발굴하고 실천하는 작업을 진행한다. 지금까지 사용해 오던 비효율적인 행동방식과 문제해결방법을 재점검하고 보다 효율적이며 현실적인 방법을 찾기 위해 모색하는 것이다. 발굴에 대한 공동의 노력을 통해 구체적인 장면과 방법이 의논되며 내담자를 연습시키고 도움이 되는 과제를 주는 등 상담실 밖에서의 실천을 구체화한다.

셋째, 상담사는 자신이 발견한 내담자의 감정과 사고, 행동 양식의 특징에 따라 필요한 부분에 개입기술을 활용하며, 이때 각 접근에서의 상담기술이 활용된다. 또한 내담자 각자가 갖고 있는 강점과 지금까지의 성공경험 및 효능감을 문제해결에 활용할 수 있도록 구체적인 계획을 세운다. 이 과정에서 상담사는 보다 적극적으로 내담자의 변화에 목적을 둔 개입을 하게 되며, 이러한 개입은 상담사의 전문성에 따라 각기 다른 방식으로 계획된다.

넷째, 내담자는 자신과 중요한 타인 및 환경에 보다 깊은 이해를 가지며 변화에 대한 동기와 자신감을 갖게 된다. 이때 상담사는 내담자가 자신의 선택과 결정을 책임지도록 자율적인 선택을 강조한다. 상담사는 초기보다 적극적이며 때로 도전적인 개입을 하지만 모든 선택과 결정은 내담자 자신의 것임을 잊지 않도록 주지시키며, 내담자의 자율성과 책임감을 중요하게 다룬다.

다섯째, 중기과정을 겪으며 내담자는 자신의 부적절한 감정을 해소시킴으로써 이해의 폭이 넓어지면서 사고나 감정의 경직성에서 벗어나 자기 지도력을 나타낸다. 이때 상담사는 내담자의 변화된 지점을 잘 격려하고 내담자의 변화를 촉진한다. 내담자는 상담사가 관심을 둔 문제를 넘어서 작지만 새로운 통찰과 행동시도를 경험하면서 이전에 가볍게 넘기던 일상의 경험에서 새로운 통찰을 경험하며 의미 있는 관계를 만들 수 있게 된다.

여섯째, 중기과정을 끝날 때쯤 내담자는 상담 초기 호소문제로 문제시되던 주제에서 벗어나 정서적 안정과 여유가 생겼음을 알게 되며 단순히 문제해결이나 완화가 아닌 자신의 관점과 태도의 변화에 기쁨을 갖게 된다. 이전에 해보지 못한 방법으로 문제를 해결할 수 있게 되었으며 상담 이전에 비해 정서적으로 안정되고 건강해진 자신을 발견하게 되는 것이다.

2) 중기과정의 주요기법

중기과정에서 상담사는 내담자의 자각 및 통찰을 돕기 위해 직면, 해석, 즉시성 등의 방법을 사용하거나 정서적 체험 및 해소를 위해 꿈 작업, 빈의자기법 등을 사용할 수 있다. 이러한 다양한 기법은 상당 부분 잘 적용되어 내담자의 문제해결에 도움을 주지만 때로 저항에 부딪혀 진척 없이 현 상태에 머물러 있도록 조정한다. 상담사는 이러한 도전적인 기법 사용에 신중해야 하며 내담자의 저항을 잘 다루어 해결해야 한다.

중기과정의 중요한 과제인 새로운 행동의 학습을 위해 역할연습이나 주장훈련, 이완법 등을 활용할 수 있으며 헤크니와 코미어(Hackney & Comier)는 내담자의 문제 및 증상과 관련하여 사용할 수 있는 기법을 다음과 같이 제시하였다.

(1) 정서적 접근

- **관련 이론:** 인간중심이론, 게슈탈트치료, 신체자각요법, 정신역동치료, 실존치료
- **관련 기법:** 경청, 공감, 긍정적 존중, 진솔성, 자각기법, 빈의자기법, 환상, 꿈 작업, 바이오에너지, 바이오피드백, 코어에너제틱스, 기치료, 자유연상, 전이분석, 꿈분석, 포커싱기법 등

(2) 인지적 접근

- **관련 이론:** 합리적정서치료, 인지치료, 교류분석, 현실치료
- **관련 기법:** ABCDE 분석, 과제 주기, 역조건화, 독서요법, 미디어활용, 브레인스토밍, 대안의 발굴, 재구성, 에고그램, 각본분석, 문제정의, 상호 작용적 귀결의 명료화, 코칭, 경계 짓기, 삼각측량패턴의 이동, 문제설명(역설기법) 등

(3) 행동적 접근

- **관련 이론:** 조작적 조건화, 역조건화, 사회학습, 중다양식치료
- **관련 기법:** 유도된 상상, 역할연습, 자기감시, 생리반응기록, 행동계약, 주장훈련, 사회적 기술훈련, 체계적 둔감화, 수반성 계약, 행동계획, 역조건화 등

3) 중기과정의 저항 다루기

사람은 누구나 현재까지 살아온 삶 속에 습관적으로 행하는 사고, 감정, 행동패턴이 있으며 지속시키려는 경향은 변화를 위한 상담에서 흔히 저항으로 일어나게 된다. 저항은 변화의 걸림돌이 되기 때문에 상담사는 내담자의 다양한 저항을 잘 알아차리고 이를 극복할 수 있도록 돕는 것이 필요하다.

상담사는 내담자의 저항이 확인되었다면 이를 방어하거나 맞서지 말고 상담과정에서 어떤 일이 일어났는지 또는 어떤 일이 진행되고 있는지 확인하며 문제가 있는 경우 이를 개선해야 한다. 이 과정에서 상담사의 진솔성은 내담자로 하여금 적극적으로 자신을 탐색하도록 하며 스스로 자신을 돌볼 수 있는 힘을 갖도록 독려한다.

내담자의 입장을 고려하지 않는 상담사의 일방적인 지시나 통제, 내담자를 배려하지 않는 비우호적인 상담 분위기, 미처 준비도 안 된 내담자에게 너무 급격한 변화의 압력을 가하는 상담사의 행위 등이 내담자에게 강한 저항을 불러일으키는 주요 요인으로 알려져 있다. 따라서 상담사는 서두르지 말고 내담자의 변화에의 동기를 고취시키며 문제해결에 노력해야 한다.

3. 위기상담의 종결과정

1) 종결과정의 이행

(1) 종결과정의 개념

종결은 상담과정을 마무리하는 것으로 상담 초기 설정된 목표가 어느 정도 도달되었다고 판단되면 내담자가 상담에서 경험된 것들을 자신의 삶 속에서 스스로 반영하여 적용하도록 돕는 과정이다. 상담의 종결은 상담 초기는 물론 상담이 진행되는 과정 모두에서 전반적으로 이루어지는 것이 바람직하므로 상담을 시작한 후에는 종결 시기에 대해 미리 언급해 두는 것이 좋다. 따라서 종결은 목표와 관련되어 미리 생각되어야 하며 목표가 달성되면 상담이 종결될 것을 서로 합의해 두는 것이 필요하다.

종결에 대해 상담사와 내담자가 서로 합의하에 상호 준비되어 있는 상태에서의 실행이 바람직한 이유는 종결에 대한 충분한 협의가 없을 때 내담자는 상담사로부터 버림받은 느낌을 가질 수 있으며 당혹스러움으로 인한 저항감이 올라올 수 있기 때문이다. 따라서 상담사는 상담의 종결이 상담 초기 접수면접에서의 첫 대면만큼이나 중요함을 인지하여 친밀함 또는 익숙함으로 인해 과정을 소홀히 하지 않도록 하여야 한다.

종결은 상담의 전체 과정 중 확실히 구분되는 단계로 그간 신뢰와 함께 자신의 모든 불편감을 내어놓고 의지하던 상담사와의 관계를 끝내는 것이 내담자에게는 상실과 좌절에 따른 불안으로 드러날 수 있다. 그와 같은 감정을 어떻게 다루며 극복하도록 돕는가 하는 것은 지금까지 진행되어 온 상담의 최종 결과에 영향을 주기 때문에 상담 종결을 잘 다루어야 한다. 인간에게 분리의 경험은 이후 개인이 자신의 삶에서 자신감을 획득하고 건강한 독립심을 갖는 데 큰 영향을 주므로 매우 중요하다. 따라서 전체 상담과정에서 과정별 중요도의 크기를 나눌 수는 없지만, 심리적 재탄생으로서의 종결의 의미를 잘 이해해야 한다.

(2) 종결과정의 과제

① 상담 성과 분석 및 내적 자원 확인

성공적인 상담 종결을 위해 내담자가 애초에 호소한 문제 증상이 얼마나 완화되었는가를 확인하여 목표와 비교, 평가한다. 목표를 중심으로 내담자가 현재 실생활에서 느끼는 감정, 사고, 행동에 어떠한 변화가 있었는지를 확인하여 긍정적 변화의 탐색을 돕는다. 특히 상담의 여러 과정 중 내담자의 긍정적 변화에 크게 기여했던 일화 등을 떠올리며 내담자 자신의 강점과 잠재력을 확인해 보는 것은 매우 중요하다.

그간의 상담과정은 실제 삶에서 내담자의 행동을 시연해 봄으로써 안전하게 새로운 기대가 학습되므로 이후의 삶에서 자원이 될 것이 분명하기 때문이다. 성공적으로 상담이 종결되었다면 문제 증상의 완화와 더불어 현실 적응력이 증진됨으로써 문제해결을 위한 내적 자원을 보유하게 된다.

② 재발방지를 위한 과제 및 각오 점검

상담을 종결한다는 것은 내담자의 호소문제가 완화되었거나 해소되었음을 의미하지만, 이 시점에서 모든 문제가 완벽하게 해결되었다고 할 수는 없다. 상담을 하다 보면 내담자의 호소문제 외에 상담사에 의해 파악된 주문제들이 있는데, 이는 내담자의 어린 시절부터 현재까지의 역사를 반영하며 반복적으로 행해 온 습관이므로 쉽게 바뀔 수 없는 것들이다.

현재의 상담성과에만 집중하기보다, 동일증상의 재발 및 타증상의 발현을 예측하고 그에 따른 행동목록을 작성하는 것이 필요하다. 상담 중 잘 통제되던 것들도 상담이 종결되면 통제할 수 없는 다양한 외적 변수로 인해 이전 상태로 회귀될 수 있기 때문이다. 따라서 이후 자신의 주도적 삶을 개발하기 위한 각오와 기대를 점검하고 그에 따른 대안이 모색되어야 할 것이다.

③ 종결에 대한 불안 및 의존성 다루기

대부분의 내담자들은 상담 종결을 앞두고 자신의 상태 및 앞으로의 건강한 삶에 대해 확신을 갖지 못하며 상담사에게 더 의존하고 싶은 마음을 갖는다. 현재는 변화된 것 같지만 상담이 종결되어 일상으로 복귀하면 다시 또 같은 문제가 발생하지 않을까? 하는 두려움을 갖게 되는 것이다. 상담에서 내담자가 갖는 의존성은 불가피한 요소이기 때문에 종결을 앞두고 이와 같은 심리적 이유를 잘 다루어야 한다.

상담관계는 영원히 지속될 관계가 아니기 때문에 내담자가 삶의 여러 문제에 직면하였을 때 올바른 판단과 결정으로 실행에 옮길 수 있는 독립성을 만들어 줌으로써 상담사의 도움 없이도 독자적으로 적응적인 삶을 영위할 수 있게 해 주는 것이 필요하다. 상담사는 종결을 앞둔 시점에서 자신의 감정을 솔직히 표현하고 성숙하게 받아들이는 모범을 보여야 하며 내담자 역시 허전하고 아쉽지만 이를 모델링 할 수 있도록 함으로써 분리에 대한 불안을 극복할 수 있도록 한다.

④ 추수상담 계획하기

충분히 준비하고 분석하여 종결을 했지만 이후 삶에서 통제할 수 없는 다양한 변인은 내담자의 상담효과를 유지시켜 주는 데 어려움이 되기도 한다. 따라서 내담자가 상담의 종결 이후 자신의 삶에서 상담을 통해 이룬 성과 및 변화를 꾸준히 유지하고 있는지 확인하기 위해 추수상담이 필요하다.

추수상담은 대개 상담종결 전 내담자와 일정을 정한 후 진행하는데, 보통은 3개월 후쯤 진행된다. 상담사례에 따라 종결은 하였지만 일정 시간 동안 정기적으로 간격을 넓혀 월 1회 또는 격월로 추수상담을 진행하기도 한다. 상담사는 내담자에게 추수상담에 대해 설명하고 내담자의 자발적 선택을 독려한다.

⑤ 상담의 재개 가능성 열어 두기

상담은 종결되어도 필요하다면 언제든지 다시 상담사에게 도움을 요청할 수 있음을 안내해야 한다. 상담 초기 내담자의 주 호소문제의 재발생과 더불어 다른 문제로 인해 어려움이 생겼을 때 효과적인 문제해결에 도움을 줄 수 있음에 대해 안전망을 구축하는 것은 이후 절망과 고통에 빠지는 순간 자신을 도와줄 희망의 기대로 반영되기 때문이다.

상담과정에서 상담사와 함께 어려운 문제들을 해결하고 자신의 가능성을 발견하였기에 이후 삶에서 자기 능력에 대한 효능감은 매우 긍정적으로 활용될 수 있다. 따라서 상담사는 언제든 내담자와의 만남의 가능성을 열어두고 이에 대해 내담자와 공유하여야 한다.

2) 종결과정의 유형

(1) 외부요인에 의한 종결

상담의 전 과정 중에 예기치 못한 외부요인으로 인해 상담이 조기종결되는 경우를 말한다. 상담의 진행을 위한 다양한 조건들 중 내담자의 원인으로는 학생의 경우 이사로 인한 전학 등이 될 수 있으며 성인의 경우 이직이나 해외발령 등 현재 자신의 생활권에서 벗어나 상담을 위한 이동이 불가할 경우가 이에 속하게 된다.

이와 같은 종결은 내담자 사정과 더불어 상담사 사정으로 인한 조기종결도 있을 수 있다. 대체로 상담사의 이직이나 이사 등으로 인한 이동이 고려될 때는 내담자를 다른 상담사에게 리퍼하기 위한 절차를 다루게 되는데, 충분히 준비하더라도 상담사와 이미 라포 형성이 된 상태에서 상담사에 대한 의존감을 내려놓기란 쉽지 않다. 따라서 상담사는 진행 중인 상담의 경우 매우 세심하게 배려하여야 하며 이직이 계획되어 있다면 새로운 내담자를 받지 않도록 하는 것이 바람직하다.

(2) 상담사에 의해 촉발된 조기종결

상담을 진행하며 적절한 종결시점을 예측하고 그에 따라 순차적으로 준비해야 하는 것은 상담사의 당연한 의무이기도 하다. 그러나 다양한 이유로 상담사는 시기를 앞당겨 조기종결하는 실수를 하게 되는데, 이에 대하여 헤크니와 코미어(Hackney & Comier)는 상담사가 부적절한 조기종결을 촉발하는 요인에 심리적 배경이 있음을 다음과 같이 설명하였다.

첫째, 상담사가 내담자와 친밀한 관계 형성에 두려움을 갖고 있거나 강렬한 상담관계에 대한 경험 부족으로 이에 대한 불편감을 해결하지 못해 종결을 서두르게 된다. 둘째, 내담자의 문제를 과소평가하여 잘못된 개념화로 인한 조기종결이 있을 수 있다. 셋째, 상담사는 내담자의 문제를 정확히 개념화했으나 내담자의 문제에 크게 압도당하여 종결을 서두르게 된다.

이러한 문제가 발생하는 것을 막기 위해 상담사는 성실하게 탄탄한 수련과정을 밟아 상담사로서의 역량을 갖추고 상담과정 중 일어나는 역전이를 극복할 수 있도록 해야 한다. 상담사는 자신의 문제가 무엇인지 자각하고 이를 극복하기 위한 기회를 적극적으로 찾아 나서야 하며 자기분석과 슈퍼비전에 게을리하지 않도록 해야 한다.

(3) 내담자에 의한 조기종결

내담자의 조기종결과 관련하여 스미스(Smith et al.) 등의 연구에서 내담자가 상담 중 심리적 변화단계를 경험하고 있음을 이야기하며 변화에 대한 숙고 전 단계에서 많은 내담자들이 조기종결했음을 확인하였다. 즉, 조기종결은 내담자의 준비도와 관련이 많음을 알 수 있다.

가장 빠른 조기종결은 첫 회기 상담을 받고 두 번째 회기에 나타나지 않는 경우일 것이다. 대체로 내담자는 상담이 별 도움이 되지 않는다고 판단되거나 상담사의 개입이 과하다고 느껴질 때, 또는 자신이 이해받지 못한다고 여겨질 때와 상담비가 부담될 때 등일 것이다. 상담사는 내담자의 조기종결 언급을 피하지 않고 다룸으로써 저항으로 인한 조기종결을 피해야 한다.

때로 아무런 이유 없이 내담자가 나타나지 않을 때 상담사는 매우 곤란한 마음으로 문제의 원인을 자신의 능력에 귀인하여 자괴감에 빠지기도 하는데 어떤 이유에서건 피하지 않고 논의할 기회를 갖는 것이 필요하다. 내담자의 개방이 이루어진다면 내담자를 존중하고 이해하려는 태도를 보임으로써 상담사에 대한 신뢰를 회복시키고 이와는 반대로 완강한 거부 의사를 보인다면 그 역시 수용함으로써 이후 재진입의 가능성을 열어두는 것이 좋다.

(4) 지연된 종결

상담을 진행하다 보면 다양한 이유로 상담이 조기종결되기도 하지만 때로 종결 지점에 도달했음에도 마무리를 지연시키는 경우가 있다. 종결을 지연시키는 원인으로는 내담자의 의존이 있는데 이는 그간의 든든한 지지자이며 버팀목이었던 상담사와의 분리가 두려워 나타난다. 이와 같은 두려움은 초기문제를 재발생시키거나 다른 문제를 양산시키기도 한다.

상담사의 경우 내담자로부터 인정과 애착에 대한 욕구를 극복하지 못한다거나 내담자의 의존에 따른 새로운 관계 형성의 신호를 놓쳐 그 경계를 허물게 됨에 따라 이중관계를 갖지 않도록 해야 한다. 내담자와 상담사의 상호의존적인 관계 형성은 상담목표와 관계없이 그 목적과 경계가 불분명하므로 비윤리적 행위임을 자각하고 상담 본연의 목적에 충실하도록 끊임없는 자기성찰이 요구된다.

(5) 합의에 의한 종결

접수면접을 시작으로 상담의 전반적 과정을 알맞게 수행하면 내담자의 주 호소문제를 해결하고 목표했던 지점에 도달하였으므로 내담자와 상담사는 서로 합의하에 종결을 준비한다. 종결을 위한 준비는 이후의 삶을 준비하는 매우 중요한 과정이므로 건설적인 삶을 설계하기 위해 신중하게 논의하여야 한다.

상담목표와 관련하여 성과를 점검하고 종결을 계획할 때 내담자의 세 가지 영역에서의 변화를 제안하였으며, 그 내용은 다음과 같다. 첫째, 내담자가 자신의 상태를 긍정적으로 보고하며 보다 적응적인 방법으로 반응하여야 한다. 둘째, 내담자가 상담사에 대해 부적응적인 관계 패턴을 사용하지 않고 현실적인 방식으로 반응하여야 한다. 셋째, 내담자가 의미 있는 타인에게 이전과는 다른 언급 또는 피드백을 할 수 있다.

일반적으로 종결은 즉각적인 것이 아니며 종결과정을 위한 회기가 진행될 것임을 미리 고지하여 내담자가 심리적으로 준비할 수 있도록 도와야 하며, 이를 위해 4~6회기 정도의 상담시간을 할애한다. 상담사는 내담자와 종결을 합의하면 종결을 결정하고 종결회기를 예고한다.

Chapter

6

발달단계적 위기의 이해

Chapter

6 발달단계적 위기의 이해

1. 위기 아동의 이해

아동은 부모와 가정 그리고 주변에 닥치는 위기 속에 그대로 노출되어 있으며 죽음, 이혼, 별거, 이사, 괴롭힘, 질병, 아픔, 사고 등을 경험하면서 많은 스트레스와 긴장, 의심, 두려움, 상실, 상처, 악몽 속에서 심각한 위기를 맞이하게 된다. 아동은 아무런 위기도 느끼지 못하며 또는 위기를 느낀다 하더라도 일시적일 것이라는 생각은 어른 중심의 잘못된 판단이다. 오히려 오늘날의 아동들은 과거와는 달리 가정, 학교, 지역사회로부터 새로운 위기에 노출되어 있으며, 더욱더 가중된 스트레스를 받고 있다. 이러한 위기 속에 노출되어 있는 아동을 돕기 위해서는 위기 아동의 특성을 이해할 필요가 있다. 왜냐하면 아동기 위기에 반응하고 대처하는 방법이 성인과 다르기 때문이다(장연집, 2001).

첫째, 아동은 참아낼 수 있는 능력에서 성인과 큰 차이가 난다. 시간이란 성인들에게도 매우 상대적인 것인데, 행복한 상황에서는 시간이 짧다고 느끼지만 기다림의 상황에서는 고통스러울 정도로 길고 지루하다고 느낀다.

이러한 차이는 아동에게도 나타난다. 아동이 주어진 상황에서 얼마나 참아낼 수 있는가 하는 연구에서 연령 변인은 매우 중요한 것으로 밝혀졌다. 예를 들어 2세의 아동에게 잠깐만 기다리라고 하는 것과 10세나 그 이상의 아동에게 잠깐 기다리라고 말하는 것에는 차이가 있다는 것이다. 지루한 기다림을 얼마나 이겨낼 수 있느냐의 여부는 통제력의 발달에 따른 것으로 이는 연령증가와 함께 발달해 나간다.

둘째, 삶의 공간이 성인의 삶의 공간에 비해 제한적이다. 아이가 엄마의 뱃속에서, 그리고 엄마 아빠의 품속에서, 그리고 또래와의 만남 등 점차적으로 만남의 폭이 확대되어 가면서 내적인 통제력을 갖게 되며 이를 토대로 사회적인 통제력과 전체적인 통제력을 갖게 된다. 아동은 점차적으로 생활공간에 어떤 시간에 조용히 해야 하며, 집중해야 되고, 지시를 따라야 하는지, 또래들과는 어떻게 지내야 하는지를 서서히 배워 나간다.

셋째, 아동은 강한 자아 중심성을 갖고 있다. 아동은 나의 엄마, 나의 집, 내 장난감, 내 친구 등 극단주의적인 개인적 성향을 보이며 세상은 자신이 바라는 대로 존재한다고 생각한다. 이것에서 벗어나기 위해서는 긴 시간과 고통이 수반되며, 어떤 경우는 성인이 될 때까지도 이를 해결하지 못한다.

넷째, 이해력의 제한상태에서 벗어나려면 시간이 걸린다. 아동은 현실을 인식할 때에는 원인과 결과를 제대로 연결시키지 못하여 엄청난 스트레스를 받게 된다. 예를 들어 할머니의 죽음은 자기가 말을 듣지 않았거나 인사를 하지 않았기 때문이라고 생각하게 되는 경우이다. 이처럼 엉뚱한 설명이나 잘못된 인과 개념이 아동기에는 자주 나타난다. 성인들은 이런 일이 아동의 탓이 아니라고 말해줄 수는 있으나 아동은 스스로가 설정해 놓은 인과관계로 인해 스트레스를 경험하게 되고, 고립되며, 성인들에게 도움을 청하지 않을 수도 있다. 그러므로 상처나 죽음에 대한 공포 또는 성(性)과 관련된 내용의 경우와 같이 부모와는 상의할 수 없다고 느끼는 사건들의 경우 종종 아동 나름의 잘못된 해석을 내리는 경우가 일어난다. 이러한 잘못된 인과 개념은 학습과 경험을 통해 점차적으로 극복해 나간다.

다섯째, 기성사회는 아동이 노골적으로 분노를 표현하는 것을 허용하지 않는다. 성인은 아동에게 화를 낼 수 있지만, 아동은 성인에게 화를 내는 똑같은 권리를 갖고 있지 못하다.

여섯째, 위기에 대처할 때 성인과 같은 종류의 대처방법을 선택할 자유가 허용되지 않는다. 결국 아동은 성인과 같은 종류의 대처방법을 사용할 경우 체벌을 받을 수도 있고 이러한 행동들은 아동에 관한 한 사회적으로 수용될 수 없는 것으로 간주될 수도 있다.

일곱째, 아동은 성인과 달리 자신의 고민이나 감정적 고통을 잘 인식하지 못하며 이를 개념화하려는 노력도 하지 않는다. 또한 언어가 충분히 발달되지 않아서 자신이 위기에 놓여 있다는 것을 어른들이 알 수 있도록 직접 전달하는 데 어려움이 있다(강문희 · 장연집 · 정정옥, 1998).

이러한 위기 아동의 특성 때문에 아동은 위기를 극복해 나가는 데 있어서 성인과는 달리 큰 어려움을 겪게 된다. 그러므로 위기에 처한 아동을 돕기 위해서는 부모를 비롯한 주변 어른들의 깊은 관심과 적극적인 자세가 필요하다.

1) 발달 단계에 따른 위기

위기에 처한 아동을 돕기 위해서는 발달단계에 따른 아동기의 위기를 이해할 필요가 있다. 정상적인 환경에서 성장하는 아동조차도 발달단계에 따른 과제를 적절히 수행하지 못했을 경우 위기에 직면하게 되기 때문이다.

인간은 주어진 환경(생득적 요인)과 선택된 환경(후천적 요인)과 역학적인 관계를 맺고, 이들과 계속적인 상호작용을 하면서 양적 · 질적 변화를 일으키게 된다. 이에 따라 인간에게 지적, 정서적, 사회적, 신체적 측면에서의 변화가 나타나게 되는데, 이를 일컬어 "발달"이라고 말한다(박성연 · 도현심, 1999).

이것을 체계화한 것이 발달이론이다. 발달이론 중에는 인지적 발달이론이 있다. 대표적인 학자는 Piaget와 Vygotsky이다. 그리고 심리 발달이론에는 Freud의 성격발달이론과 Erikson의 심리사회적 발달이론이 있다. 그 외에 Kohlberg의 도덕성 발달이론 등이 있다.

그 중에 발달이론 단계를 적용한 것은 심리발달이론 중에 에릭슨의 심리사회 발달이론이다. 에릭슨의 발달이론을 언급한 이유는 아동이 성장 발달하면서 심리적, 사회적으로 많은 스트레스와 위기를 만나기 때문이다.

에릭슨(Erik Erikson)은 그의 심리사회발달이론에서 인간발달을 8단계로 나누고 각 단계마다 겪어야 하는 발달적 위기를 서로 대립되는 양극의 개념으로 제시, 설명하였다. 발달단계마다 인간은 일련의 발달위기 혹은 핵심적인 갈등을 경험하게 되는데, 이 위기를 성공적으로 극복하면 좋은 성격특성의 발달이 이루어지고, 그렇지 못하면 바람직하지 못한 성격이 형성된다는 것이다.

에릭슨은 심리사회발달이론의 8단계 중에서 아동기를 '성취감 대 열등감'(6-12세)으로 규정하고 있다. 그는 이 단계가 아동이 정규 교육을 통해 읽기, 쓰기, 상호 협동 등과 같이 자신이 속한 문화의 기본 기술을 배우게 되는 시기로서 아동의 활동이 지적 호기심과 성취동기에 의해 유발된다고 보았다. 즉, 무엇인가를 스스로 알아내고 성취하는 데서 인정을 받고 싶어 하고, 자신의 능력과 가능성을 확인하려는 욕구가 강하게 나타난다는 것이다.

그는 이 시기의 어린이가 어떤 일을 성취하도록 성취의 기회를 부여받고, 성취한 과업에 대해 인정을 받으며, 다시 시도해 보도록 격려를 받고 자라면 성취감이 길러지지만 성취할 기회도 갖지 못하거나 기회가 주어지더라도 좌절감만 경험하고, 성인과 비교하여 낮은 평가만을 받게 될 때 심한 열등감을 형성하게 된다고 보았다(유안진, 1999).

아동이 발달단계에서 겪게 되는 위기를 살펴보면 다음과 같다.

(1) 분리

발달단계에서 '분리'는 중요한 주제인 만큼 아동들에게는 위기의 주된 요인이 된다. 아동이 독립적으로 성장하도록 부모로부터 내몰리거나 전적인 엄마의 보호 속에서 점점 독립심을 약화시킬 수도 있다. 이 두 가지는 모두 위험한 것으로 전자는 고립감을 느끼거나 외로워지며 사랑의 결핍을 느낄 수 있는 반면, 후자는 친밀감이 지나쳐 성장을 방해할 수도 있게 된다.

많은 아동들은 외부세계에서 처음으로 '분리'란 문제로 시험을 받게 된다.

발달이 잘 이루어지지 못한 아동은 분리를 엄마와 공유한 삶을 깨는 것으로 생각한다. 그러므로 어른들은 아동이 분리로 인한 충격과 스트레스를 잘 극복할 수 있도록 체계적으로 도움을 줄 수 있어야 한다. 이 시기의 아동들에게는 이해, 연민, 일관성, 독립성에 대한 현실적 격려가 필요하다.

'학교 공포증'은 분리문제의 심각한 예로 울음, 소리 지르기, 등교 거부, 갑작스런 두통이나 배앓이 등의 전형적인 반응들을 동반한다. 이는 엄마로부터 분리되어 학교에 가는 것을 피하려는 행동들로 아동들은 이런 참을 수 없는 상실감을 엄마로부터 버림받는 것이라고 느끼기 때문이다(장연집, 2001).

(2) 학교문제

초등학교에 입학한 아동은 새로운 친구들을 사귀고, 새로운 규율을 배우며, 새로운 것들을 시도해 본다. 때로는 어리둥절하고, 흥분하게 되는 이런 새로운 상황에는 많은 위기의 원인이 자리 잡고 있다. 이 시기의 위기의 원인은 새로운 지식을 배워야 한다는 것이다. 우선 학업적인 것을 배우기 전에 기초적으로 배워야 할 기술들을 습득해야 한다. 따라서 그리기, 모양인식, 문자인식, 또한 발음익히기, 물질의 양, 숫자와 수세기 등은 학습에 들어가기 전에 기초적으로 익혀야 할 기술들로 이러한 기초적인 기술의 습득은 발달에 적합한 정도로 이루어져야 한다. 하위 기술에는 말하기와 언어적 개념 능력뿐만 아니라, 눈과 손의 협응, 총체적인 운동조절 능력, 시각적 변별력 같은 것이 포함되며, 아동은 평균수준 정도를 획득하고 있어야 한다. 학교 상황에서 이러한 기초적 기술 습득에서의 발달지연이나 지체는 위기를 초래한다.

아동들은 초등학교 1학년 교육과정에서 학문적으로 관련된 행동을 수행하기 위해 반드시 필요한 기초적인 기술, 즉 정해진 좌석에 앉고, 조용히 해야 할 시간에 조용히 하고, 적절한 시간에 발표하는 것 같은 이미 갖고 태어난 능력이 아닌 것들을 익혀야 한다.

아동들이 이러한 발달적 주의 집중에서 실패를 겪거나 학교생활에 적응하지 못하게 되면 위기에 직면하게 된다.

이 시기의 아동은 사회적 기술과 관련된 행동을 발달시키는 것이 중요하다. 아동은 상호작용의 기술, 순서 정하기, 타인의 욕구 고려하기, 장난감 나누기, 활동과 게임 기술 익히기 등을 발달시켜야만 한다. 집에서나 주변에서 타인과의 관계 속에서 일찍이 어려움을 보였던 아동은 확장되고 저항할 수 없는 사회적 요구들로부터 더욱더 많은 스트레스를 받게 된다.

학습에 대한 문제가 대두될 수 있는데 유치원에서는 부모와 교사 모두가 어리다는 이유로 눈감아 주고 보류했던 학문적 요구가 초등학교 1-2학년이 되면 매우 증가되고, 학업문제로 일어나는 문제는 점차 뚜렷하게 부각된다. 따라서 부모를 비롯한 주위의 어른들은 발달과정에서 아동이 갖게 되는 학습문제에 더욱 민감해야 한다. 아동의 학습과정에서 불확실성, 의심, 협박 같은 것으로 억압을 주지 않도록 주의해야 하며 노력하는 아동을 격려하고 지지해 줄 수 있어야 한다.

아동이 실패를 다루는 것은 성인과 다르다. 성인들은 기능의 제한구역 안에서만 실패를 인정하기 때문에 자기 가치를 초월하는 부분에 대해서는 후회를 하지 않는다. 성인들은 어떤 일에 실패하였다면 그것을 단지 일에만 관련된 것으로 국한시키고, 여전히 그들 자신의 가치는 인정한다. 그러나 아동은 다르다. 예를 들어 읽기에 실패하였다면 아동은 자신의 전체가 관련된 실패로 취급한다. 이렇게 확대시켜 생각하는 아동의 특성은 매우 위험한 일이다.

이러한 위험성과 함께 위기에 대처하기 위한 아동의 노력이 비현실적이면서 대처행동은 문제를 더욱 악화시킬 것이다. 행동에 따른 문제는 곧 학습에 영향을 줄 것이고, 이것은 학교에서의 문제로 확장되는 원인이 될 것이다. 이런 악순환은 아동을 낙담시키고 절망하게 만든다. 따라서 어른들은 아동이 이러한 위험에 빠지지 않도록 세심한 주의를 기울여야 한다.

아동기의 발달단계에 따른 과제들은 아동이 성장할 수 있는 기회가 되기도 하지만 좌절과 두려움 그리고 실패, 즉 위기를 초래할 가능성도 포함하고 있다. 어른들은 아동기 발달단계에 대한 이해를 통해 이러한 발달 위기에 처한 아동을 적절하게 돌볼 수 있어야 한다(강문희 · 장연집 · 정정옥, 1998).

2) 위기 아동의 구체적인 사건

발달단계에 따른 위기와 마찬가지로 아동기에 가장 큰 위기를 초래할 수 있는 세 가지 사건을 살펴보고자 한다.

(1) 부모의 죽음

부모 중 한쪽이 죽었을 때 아동기의 많은 아동들은 부정을 한다. "아빠는 나를 보러 다시 오실 거야." 또는 "아니야, 아빠는 죽지 않았어." 이런 아동들은 자신의 상실은 인식하더라도 죽음의 결말은 인식하지 못하는 것이다.

부모가 병으로 죽었다면 아동은 신체에 대한 과도한 염려를 하게 될 수 있으며 사고로 죽었다면 유사한 상황에 대해 특별한 두려움을 가질 수 있다. 만일 부모가 자살했다면 죄의식을 발달시킬 수 있다. 또한 퇴행행동을 보여주기도 하는데, 특히 장례기간 동안 또는 장례식 날의 정신없는 일과들이 끝난 후 부모와 함께 자려고 하는 행동이다.

또한 성숙한 소년들은 종종 고인이 된 아버지의 역할을 떠맡고 싶어 한다. 아버지의 역할을 하는 것은 아버지의 현존을 유지하려는 한 방법이지만, 또한 무기력감과 의존욕구를 극복하기 위한 노력이기도 하다.

그리고 그 후에 닥치게 되는 다른 상실들에 대해 과장된 반응을 보이기도 하는데, 이는 상실이 죽은 부모에 대한 기억을 되살리게 하기 때문이다.

기회의 상실, 애완동물의 상실, 심지어 야구경기를 놓치는 것일지라도 극단적인 흥분과 울부짖음으로 인해 계획된 여행이나 활동들도 취소하게 된다.

고인을 회상하는 것은 종종 아동의 행동을 제약시킨다. 또한 회상은 나쁜 시절에 대한 기억도 포함되며, 과거에 잘못한 행동에 대한 아동기의 죄의식을 자극할 수 있다. 죄의식이 지나치게 강해지면 아동은 자신이 받을 필요가 있다고 느끼는 처벌을 유도하기 위해 나쁜 짓도 할 수 있는데, 이런 경우에는 전문적인 상담이 요구된다.

슬픔에 젖은 아동은 성인들처럼 외부활동을 꺼리게 되며 새로운 도전을 기피한다. 이러한 저항은 종종 게으름이나 반항으로 오해된다. 이러한 아동에게 상실을 어떻게 느껴야 하는지를 인식할 수 있도록 도와주어야 하며 뿐만 아니라, 일상적인 일과와 취미생활을 유지하여 슬플 때 의지할 수 있도록 도와주어야 한다.

호기심의 표현으로 아동이 죽음에 대해 질문을 하게 되면 가능한 한 죽음의 여러 측면에 관해 설명해 주는 것이 좋다. 그러한 질문들은 아동이 죽음과 이별에 대한 두려움에 익숙해지도록 돕기 때문이다. 또한 어린이가 상실의 감정을 억압 없이 표현하여 슬픔을 극복할 수 있도록 격려해 주어야 하며 더 많은 관심과 이해로 보살펴 주어야 한다(강문희 역, 1991).

(2) 부모의 이혼

부모들은 이혼을 그들의 갈등을 해결하는 해결책으로 보지만 아동은 다르다. 이혼은 가정 전체를 지키고자 하는 아이들의 바람과 상충되며 가족의 일체감이 가장 필요할 때 아동은 부모와 헤어지게 되는 것이다.

대부분의 아동은 이혼에 대한 준비가 되어 있지 않으며 이에 대한 충분한 설명도 듣지 못한다. 다른 위기 상황에서는 부모가 자녀를 지지하지만, 이혼의 경우에는 부모 자신이 바로 그 위기의 원인이 된다. 이 시기 동안 부모들은 자신들의 역할을 제대로 수행하지 못하게 되므로 주위의 사람들이 부모로 하여금 이 역할을 수행하도록 돕거나, 자녀들이 알아야 할 필요가 있는 것과 표현할 필요가 있는 것 모두를 자녀들에게 전달하는 책임을 지도록 도와야 한다.

아동들은 부모의 이혼에 대해 처음에는 충격과 우려 및 분노로 반응한다.

평소에 있었던 부모의 불화에 관한 이해가 이러한 충격을 줄이지 못한다.

아동들은 별거를 강력하게 반대하며 단 한 번의 이혼선언은 아동으로 하여금 믿지 못하게 하거나 지연된 반응을 보이게 한다.

부모 중 한 사람이 떠나고 다른 한 사람은 가버린 배우자에 대해 슬퍼하게 되면, 아동에게는 거의 관심을 갖지 못하게 된다. 결과적으로 아동들은 부모를 모두 잃었다는 느낌을 갖게 되며 버림받았다는 두려움이 구체화된다. 이러한 두려움은 아동의 또 다른 생활 상황에도 영향을 미치게 된다.

아동들은 자신 때문에 부모가 이혼했다고 생각하며 놀이와 친구 사귀기, 숙제하기에 써야 할 에너지를 부모가 다시 돌아와 함께 살기 위한 노력을 하는 데 쓰게 된다. 아동들은 자기가 통제할 수 없는 상황에 휘말리는 것에 분노를 느끼지만 직접적으로 표현하지 못하므로 다른 사람이나 상황이 분노의 표적이 된다. 그 외에도 아동들은 미래에 대한 불안, 부모의 생존과 안정에 대한 염려, 수면장애 등으로 고통을 겪게 된다.

아동들은 그들 부모의 슬픔을 걱정하게 되는데, 특히 아동들이 자기의 걱정을 표현한 후에 부모들이 이를 근심하게 되면 아동들은 자신의 느낌을 숨기게 된다. 아동들은 부모의 이혼에 대해 묻는 것을 거북하게 느끼고 부모가 이혼에 대한 이야기를 시작하기를 기다린다.

이혼한 가정의 아동들은 학교생활에서 크게 다음과 같은 두 범주로 분류될 수 있다. 한 범주는 공격적이며 미성숙한 방법으로 교사를 자극하고 또래를 괴롭힘으로써 성인의 비난을 감수하면서 인기를 얻으려는 부류의 아동들이고, 또 다른 한 범주는 지나치게 성숙하고 우울하고 고립되어 있으며 성인이 기뻐하는 행동을 함으로써 성인의 인정과 관심을 받으려고 하여 교사가 귀여워하게 된다. 그러나 또래들에게는 인정을 받지 못하는 부류의 아동들이다. 미성숙한 것과 지나치게 성숙한 것 모두는 그들에게 부여된 새로운 책임에 대한 반응이다.

이혼가정의 아동들은 갑작스런 생활의 변화를 경험한다. 어머니는 직업을 갖고 부모 모두 새로운 사회생활을 적극적으로 찾는다. 그러나 아동들은 혼자 빈

집에서 오랜 시간을 보내게 되고, 부모의 감독이 없으므로 무방비하게 노출되어 있다. 그러므로 다른 아동의 부모들은 자신의 아이가 함께 어울려 있는 것을 원치 않는다.

부모의 이혼으로 초래되는 이러한 위기들을 극복하기 위해 아동들은 많은 어려움을 겪게 된다. 그러나 가정문제에 간섭하기를 주저하거나 부모가 이혼한 아동을 대하는 것에 확신이 없고 거북해하는 어른들로 인해 도움을 받지 못하는 아동들이 많으므로 주위 사람들의 적극적인 관심과 도움이 필요하다(한국청소년연구원 역, 1991).

의료상황을 관찰해 온 전문가들은 입원이 아동에게 해로운 영향을 미친다는 사실을 강조해 왔다. 따라서 입원으로 인한 격리로부터 아동이 받게 될 심리적인 충격과 적대감을 적절하게 다루어 주는 것이 중요하다.

입원한 아동은 다음과 같은 두려움을 가질 수 있다.

- 벌을 받게 되는 것
- 죽을지도 모른다는 것
- 치료기간 동안 부모가 자신을 버릴 것이라는 두려움
- 수술 후 깨어났을 때 신체의 일부가 없어질 것이라는 두려움
- 정체감의 상실과 생소함

이러한 두려움과 함께 우울증, 섭식장애, 수면장애, 폭발적인 분노 및 극도의 공포 등을 나타내며 사소한 상처에도 스트레스를 받게 된다. 이러한 아동이 매우 경미한 상처에도 반창고를 붙여야 한다고 주장하는 것을 보면 아동이 알지 못하는 수술과 어머니와의 분리가 얼마나 많은 불안을 느끼게 하는지를 알 수 있다. 이와 같은 불안은 고통스럽고 공포스러운 치료절차에 의해 더욱 강화될 수 있다.

입원공포는 아동이 자신에게 일어날 일들에 친숙해지게 함으로써 감소될 수

있다. 아동이 입원하는 동안 경험하게 될 것을 묘사하는 꼭두각시 인형 쇼를 관람하거나 의료시설을 구경하는 것이 입원공포를 줄이는 데 도움이 될 수 있다. 수술실의 기본 소품들이 진열되는 작은 전시대는 수술기구의 기능을 토론하게 만들며, 미지의 것에 대한 아동의 공포를 없애는 데 도움이 된다. 보호자도 이러한 병원치료 절차를 알아야만 입원공포를 지닌 아동과 이야기를 나눌 수 있다. 그 외에도 아동의 입원공포를 줄이기 위해서는 부모나 형제자매와 같은 친밀한 사람들의 규칙적인 방문과 자상한 돌봄 그리고 치료자들과의 친밀한 관계 형성이 필요하며 무엇보다도 부모의 안정된 태도가 중요하다(장연집, 2001).

(3) 동생의 출생

동생의 출생은 아동에게 심각한 위기 중의 하나이다. 그 이유는 자신의 권리가 침해당하고 쫓겨난 느낌을 받기 때문이다. 따라서 동생으로 인해 부모로부터의 사랑을 빼앗겼다고 느껴 퇴행행동을 보일 수 있고, 어떤 아동은 동생이 새로 태어난 순간에는 심각한 반응을 보이지 않다가 그 동생이 기어 다니고 말하기 시작하면서 질투를 시작하기도 한다.

형이 동생의 출현을 짐범으로 느끼는 경우에는 그 아동을 보호할 필요가 있다. 즉, 부모는 여전히 아동을 좋아하고 있으며, 동생이 그의 소중한 것들을 다치게 하지 않으리라는 것을 알게 할 필요가 있다.

동생 출생 후 3개월 정도가 경과하면 부모와 첫째 아이의 행동은 점차 긍정적인 방향으로 변화하기 시작한다. 그러나 6개월이 되면 높은 수준의 스트레스를 다시 나타내는데, 이때 어머니는 부부관계의 갈등이나 신체적인 건강문제를 많이 호소한다. 따라서 부모와 그들의 자녀에게 이러한 생활의 변화로 야기되는 위기는 가족 내에서 부정적인 관계를 갖게 할 수 있으므로 동생의 출생에 의해 생기는 위기 극복을 위해 가족들이 노력할 수 있어야 할 것이다(강문희 · 장연집 · 정정옥, 1998).

2. 청소년의 위기

1) 청소년의 정의

청소년기는 삶에서 꼭 거쳐야 하는 시기이자 미묘하고 창조적인 시기로, 아동기와 성년기 사이에 걸쳐 있는 시기이다. 청소년이란 아동의 상태를 벗어나 고통스럽게 조금씩 성인이 되어 가는 소년과 소녀를 말한다. 화자는 청소년기를 세 가지 보완적 관점, 즉 생물학적, 사회적, 정신분석학적 관점에서 정의해 본다. 생물학적 관점에서 청소년기가 사춘기에 해당한다. 생물학적으로 본다면 청소년기는 성징을 갖춘, 출산이 가능한 성숙한 신체의 도래라고 말할 수 있다. 사회적인 관점에서 청소년기라는 단어는 아동기의 의존성에서 벗어나 청년기로 들어가는 이행의 시기를 포함한다. 문화에 따라서 청소년기라는 과도기는 매우 짧을 수도 있고 우리의 사회의 청년들처럼 장기화된 교육 기간과 대량 실업으로 인해 가족에게 오랫동안 의존하다가 뒤늦게 독립하는 문화도 있다. 청년기를 다시 한번 시기적으로 구분해 본다면 11~12세에 시작되는 사춘기에서 25세경에 이르는 시기에 걸쳐 있다.

정신분석적 관점에서 청소년기에 대해 한번 말하자면 청소년은 또래집단의 이상, 이런 이상이 항상 바람직한 건 아니지만 이런 이상들만 받아들인다. 청소년은 부모에게 자신이 실제로 느끼는 감정과 반대되는 감정을 표출하곤 한다. 부모를 멸시하고 증오에 찬 비명을 지르지만, 그들 마음속에는 아직 아기 때 가졌던 부모를 향한 부드러운 사랑이 남아 있다.

2) 청소년의 창조성

분명히 청소년은 고통당하는 존재이다. 이들은 주변사람을 힘들게 하고 또 가족들 때문에 본인 스스로 숨 막혀 한다. 그러나 청소년기는 무엇보다 자신만의 생각이 싹트고 새로운 에너지가 깨어나는 시기이다. 청소년기에 일깨워지는 이 새로운 에너지가 없이는 성인기에 들어가 어떤 일도 지속적으로 해낼 수 없게 될 것이다. 정신적으로는 대의명분을 향해 열광하고 추상적인 문제에 골몰할 수 있게 되고, 사태의 핵심을 파악할 줄 알게 되며 미래의 곤란을 예측하는 능력이 생기고, 미지의 분야를 탐구함으로써 자아가 신장되는 때이다. 청소년은 새로운 문화적 관심과 함께 지적 공간을 획득해 나간다. 정서적인 면에서는 이미 알고 있던 감정들을 새롭게 경험함으로써 감정들(사랑, 동경, 질투, 의무감, 외로움, 소외, 격노)을 발견하게 된다. 사회적인 면에서는 가족이나 학교를 넘어서 다양한 인간 세계를 발견함으로써 사회적 공간을 넓혀 나가게 된다. 자신의 인생에서 소속 집단의 중요성이 커지면서 청소년은 이제 혼자서는 아무것도 할 수 없다는 것을 깨닫게 된다. 생물학적으로, 정서적으로 또 사회적으로 얼마나 타인의 존재를 필요로 하는지, 자기 자신이 되는 데 우리가 얼마만큼 타인을 필요로 하는지 이것을 깨닫는 시기가 바로 청소년기이다.

3) 청소년의 무의식적인 고통

청소년은 자신이 무엇을 느끼는지 잘 모르기 때문에 느끼는 바를 말로 표현하지 못할 수 있다. 청소년이 입을 다물고 있는 것은 소통을 거부해서가 아니다. 자신의 내부에서 일어나고 있는 게 무언지 잘 모르기 때문이다. 청소년은 소통을 원할지도 모른다. 단지 내부에서 자신이 경험하고 있는 게 뭔지 모르고, 그것을 꼬집어서 말하기란 더욱 어려울 따름인 것이다. 바로 이런 이유 때문에 청소년은 말보다 행동이 앞서고 자신의 불편을 말로 표현하기보다 행동으로 먼저 표현하게 된다. 청소년은 무의식적인 고통을 의식적으로 경험하거나 말로 표현하기보다 행동으로 표현하는 수가 많다. 오늘날 우리 청소년들이 겪는 무의식적 고통의 파노라마이다. 이 파노라마는 고통의 강도에 따라 완만–강렬–극단의 형태로 다양하게 표출된다.

청소년의 무의식적 고통은 세 가지 범주로 나타난다. 신경증 증상, 위험행동, 정신장애 이와 같이 각각의 범주에서 우리는 급성 위기에 선 청소년과 만날 수 있다. 예를 들어, 성장 신경증의 범주에 해당하는 범주는 이미 불안한 상태에서 갑자기 침묵을 고집하는 소녀가 해당한다. 위험행동범주는 마리화나 공급책으로 구속돼 부모를 깜짝 놀라게 한 소년이 떠오른다. 정신장애 범주에 해당하는 것은 중증 강박증을 앓아오다 수일 내에 피해망상으로 진행한 16세 소년을 떠올릴 수 있다.

위기라는 단어가 두 가지 뜻으로 쓰일 수 있다. 위기는 다소 긴 붕괴와 변화의 기간을 뜻할 수 있다. 우리가 겪고 있는 경제 위기에서처럼 말이다. 다른 뜻으로 위기는 급성적이고 급작스러운 붕괴나 변화의 순간을 뜻하기도 한다. 사고 또는 만성적인 상태의 갑작스러운 악화 등이 그것이다. 그러므로 청소년기의 위기라는 말과 위기의 청소년이란 표현을 서로 구별할 필요가 있다. 전자에서는 위기가 아직 남아 있는 유아기와 아직 완전히 시작되지 않은 성인기 사이의 어떤 과도기적인 기간을 가리키는 데 반해 '위기에 선 청소년'에서의 위기는 벌써부터 공격적이고 중독성향을 보이던 청소년이 갑자기 가족이 통제할 수 없는 행동에 돌입하는 것을 뜻한다.

청소년은 엄습해 오는 욕동과 엄격한 초자아를 견디면서, 결국 이 둘을 조화시켜야 한다. 청소년들을 만나면서 흔히 애매하게 쓰이는 '청소년기 위기'라는 표현을, 건전한 성장 신경증 혹은 더 정확히는 건전한 성장 히스테리라고 볼 수 있다.

신경증을 앓는 청소년의 머릿속에서 휘몰아치는 천둥을 두 가지 방식으로 개념화할 수 있다. 즉, 충동적 행동으로 나타나는 사춘기 욕동과 이 욕동을 무자비하게 억압하는 초자아 간의 갈등이라는 측면에서 이것을 개념화할 수 있다. 청소년기의 머릿속에서 치는 천둥은 신경증적 갈등 모델이 아닌, 잃어버린 유아기에 대한 애도 모델로도 개념화할 수 있다. 청소년기는 요란스러운 히스테리 신경증을 겪을 뿐만 아니라, 유아기 세계로부터의 고통을 겪으며 서서히 침묵 가운데 벗어나는 과정이기도 하다.

청소년기란 도대체 무엇인가? 청소년기는 성인이 되는 데 필요한 히스테리이자 애도과정이라고 할 수 있다.

(1) 청소년기는 건전한 성장 히스테리 기간

히스테리 청소년의 자아 상태는 세 가지로 구분해 볼 수 있다. 불안 상태, 우울 상태, 반항 상태로 말이다. 반항 상태야말로 청소년기 히스테리의 가장 전형적 자아 상태이다. 불안 상태는 이를 테면 수동적인 상태로, 불안한 청소년은 행동하고 욕망하고 생각하는 것이 잘 안 된다고 느낀다.

또 다른 청소년의 자아 상태는 바로 우울한 자아이다. 이것은 무엇보다 여학생에게 흔한데, 자기 자신과 삶에 실망한 이들의 인격 안에는 우울한 분위기가 배어 있다. 의기소침해져서 다른 사람과 담을 쌓고 홀로 지낸다. 이들은 자신에게 비난과 경멸을 퍼붓는 경직된 초자아에 사로잡혀 지나치게 죄책감을 느낀 나머지 자살까지 생각하게 된다. 그러므로 청소년의 두 번째 자아 상태는 우울한 자아이다. 지나친 자기폄하, 다시 말해 가혹한 초자아의 비난에 노예가 되는 것이다.

청소년의 세 번째 자아상태는 히스테리성 자아와 유사한데 남학생들에게 흔히 나타난다. 이런 남학생은 예민하고 쉽게 짜증 내고 도발적이고 공격적이다. 예민하고 상처 입은 소년은 현재만을 살며, 과거를 무시하고 미래는 안중에도 없다.

마지막으로 편집증적 히스테리가 있다. 예민하고 반항적인 청소년에게서 가장 잘 나타난다. 편집증적 히스테리는 끝없는 불만이 특징이다. 부모에게 충분히 사랑받지 못했다는 원망의 감정을 갖는데, 실은 누구보다 귀여움과 과보호 속에서 자란 경우가 많다. 아주 사소한 반대에 부딪혀도 금세 거부당한 듯 과도한 예민성을 보인다. 결론적으로 지나친 나르시시즘 때문에 매우 취약해지는 것이다. 히스테리에서는 항상 사랑이 문제이다. 불안 히스테리건, 우울 혹은 편집증적 히스테리건, 결국 항상 문제가 되는 것은 자신이 사랑받지 못했다는 것이다. 히스테리 환자의 가슴 한복판을 차지하고 있는 게 바로 불행한 사랑이다.

(2) 청소년기는 유년기와 작별하는 시기

청소년은 유년기를 떠나보내는 동시에 유아적 감각과 감수성을 간직한 채 성인기에 들어가게 된다.

청소년기에 대한 정신분석적 접근의 두 번째 단계로 들어가자면 불안하고 우울하고 반항적인 행동들 뒤에서 청소년은 아동기를 떠나보내고 새로 성인기를 맞이하는 느리고도 고통스러운 내적 작업을 하고 있다. 여기서는 욕동과 초자아 간의 내적 갈등 속에서 동요된 청소년을 만나는 게 아니라 아동기를 떠나보내고 과거와 현재 사이를 오가며 스스로 새로워지고 커나가려는 청소년을 만나게 된다. 청소년은 상실, 유지, 획득을 동시에 해나가는 시기이다.

청소년도 힘들지만 천천히 자신의 아동기와 가족이라는 울타리에서 벗어나 차차 이것들을 어린 시절의 추억으로 간직해야 한다. 이전에 유아였을 때는 삶을 사랑하면서 당연히 자기 자신을 사랑한 것이다. 청소년이 되어서는 자신의 어린 시절을 추억하는 것만으로 기뻐하고 무엇보다 현재 강렬한 감정들을 느끼거나 감동의 몸짓을 해 보일 때 아동기에 느꼈던 초기의 감흥들을 의식하지 않은 채 되살릴 수 있어야 한다. 그런데 청소년이 자기 안에 있는 어린아이를 사랑하기란 쉽지 않다. 일반적으로 청소년은 부모로부터 어린애 취급받는 게 너무나 끔찍한 나머지, 자신의 아동기와 관련된 것이 올라오면 혐오스럽게 뿌리쳐 버린다. 이것이 바로 지금껏 말해 온 청소년의 히스테리인 것이다. 하지만 과거 아동기와 연결되는 것이 아무리 싫다 해도 청소년은 싫건 좋건 자신의 지난 아동기를 수용하지 않고서는 성장할 수 없다.

"성숙한다는 것, 그것은 고통스럽게 사랑에 대한 유연성을 갖게 됨을 뜻한다. 어린 아동의 자기애는 청소년기 말엽이 되면 결국 과거의 자기 자신인 그 아동에 대한 젊은 성인의 사랑으로 변화된다."

청소년이 자신의 애도과정을 한마디로 표현한다면 아마 이렇게 말할 것이다.

"청소년기에 완전히 변신하려면 난 아동기를 떠나보내야 해. 아동기에서 떨어져 나오기 위해선 내 아동기를 끊임없이 추억하고 그것들이 현재의 내 삶을 이루고 있는 말과 감정과 행동들 속에 되살아나도록 허용해야 해."

(3) 청소년기가 끝나고 성년이 시작됨을 알려주는 신호들

청소년이 사춘기를 지나 정서적으로 성인이 되고, 그가 가혹한 초자아의 압력에서 벗어나 자기 자신이나 세상과 좀 더 화해하고 있음을 다음의 두 가지로 알 수 있다.

첫째, 성인은 자신이 어린아이처럼 구는 것을 사치스러워하지 않는다.

둘째, 성인은 권위에 복종하는 자신을 불편하게 느끼지 않는다. 성인이 된다는 것은 아이처럼 구는 것을 두려워하지 않고 스스로 복종하는 모습에 수치를 느끼지 않는 것이다.

이외에도 세 가지 중요한 심리적 지표가 있는데 하나는 자신의 부족함을 인정하고 자신을 있는 그대로 받아들이는 것이다. 그리고 자기 자신을 편안하게 느끼고 타인에게 자신을 내어 줄 수 있어야 한다. 마지막으로 가까운 사람들을 사랑하고 아이였을 때와는 다른 방식으로 자기 자신을 사랑하는 법을 터득하는 것이다.

이들에게서는 삶의 어떤 시기에도 견줄 수 없는 천재성이 우러나온다. 바로 아이와 같은 마음을 간직한 채로 계속 성숙해 나가는 것이다. 위기와 갈등을 넘어서, 이제 청년은 결백함과 성숙함, 태평함과 진지함, 영혼의 신선함과 행동에서의 책임성 등을 조화시키게 된다. 하루는 맑았다, 하루는 흐렸다 하면서 찬란히 빛나는 청소년기는 우리에게 생명력을 보여주며 우리 성인들에게 아이였다가 다시 새로 태어나는 모습을 반복적으로 보여주는 존재들이다.

- 위기의 청소년, 어떻게 만날 것인가?
- 언제 청소년이 위기에 서 있다고 말할 수 있는가?

위기에 선 청소년 앞에서 부모나 전문가들은 어떤 태도를 취해야 할까? 언제 청소년이 위기에 처해 있다고 말할 수 있나? 청소년이 위기에 있음을 가장 뚜렷이 나타내 주는 징표들은 일상 행동이 급작스레 바뀌고, 특히 소년들의 경우 무조건 대들어서 부모나 학교에서 손을 쓸 수 없게 된다는 것이다. 때로는 이미 위험 행동으로 느껴졌던 행동이 급작스럽게 악화되는 것도 위기임을 말해준다. 평소 공격적이고 싸움꾼이던 청소년이 아버지를 구타한다거나, 약물 중독 청소년이 과량투여를 하거나, 내성적인 소녀가 자살을 시도한다든지 또는 아주 어린 소녀가 알코올성 혼수상태에 빠진다든지 하는 것이다. 우리는 이러한 청소년들을 주변에서 찾아볼 수 있으며 위기청소년들의 다양한 이야기를 들어주는 것이 중요할 것이다.

3. 중년의 위기

1) 중년기의 특성

중년기는 역할과 관계에서 다양한 변화를 경험하는 시기이며, 가족관계에서 중추적인 역할과 그에 따라 직면하게 되는 세대 간의 기대 사이에서 갈등을 겪게 되고 이를 통해 사회, 심리, 정서적으로 어려움을 가지게 되며(Jung, 1989; 김영애 · 김경신, 2011), 노화의 시작으로 인해 삶의 영향을 받게 되는 시기이다(박준희, 2004).

이러한 중년기의 경험과 변화로 인해 직면하게 되는 위기를 통해 중년기를 네 가지 특성으로 나눌 수 있다.

첫째, 신체기능의 급격한 쇠퇴와 노화가 본격화된다. 외모의 변화와 호르몬 분비 감소 등으로 심리적 위축과 노화 불안을 경험하게 될 수 있다(고효정, 2014). 둘째, 직업의 전환기를 맞게 되어 경제적인 스트레스가 늘어나며 이는 개인 생활과 자아 및 대인관계에도 영향을 주며 중년기 위기와 경제적 어려움을 경험할 수 있다. 셋째, 가족관계의 변화로 인한 정신적인 스트레스 증가를 경험할 수 있으며, 노부모 부양과 의존적인 자녀의 욕구 사이에서의 책임감과 역할 기대로 인하여 긴장감과 상실감을 가질 수 있다(Weller, 1983; Wise & Murry 1987). 넷째, 젊음과 활력이 감소하며 지금까지 중요하게 여겼던 것들에 대한 상실과 허무함 그리고 자신의 가치 체계의 흔들림으로 인한 불안을 경험하게 된다(박형숙 외, 2003).

이처럼 중년기는 노화의 시작으로 인생의 유한성을 느끼는 시기이며, 동시에 자아 성찰에 대한 관심을 가지는 시기이기도 하다. 또한, 사회생활과 직장생활, 대인관계 및 경제적 지위에서 성취를 경험하기도 하지만 은퇴와 더불어 가족관계에 대한 역할과 변화를 겪는 시기로(이혜숙, 2004), 인생의 전환점이면서 절정기이기도 하지만, 노화가 시작되어 신체적, 생리적 변화를 수용하고 적응해야 하는 시기이다(임선영, 2014).

중년기의 시기를 설정하는 방법은 세 가지로 정리할 수 있다.

첫째, 생활연령을 기준으로 구분하는 경우이며, 둘째는 생활연령과 관련 없이 막내 자녀의 독립이나 직장 은퇴 시기 등의 가족 생활주기만을 기준으로 구분하였고 이 시기 자녀 양육의 역할과 직업의 한계로 인한 변화 등을 경험하는 시기로 보았다. 셋째, 생활연령과 가족 생활주기를 같이 고려하는 방법을 이용하여 중년기를 구분하고 있다(김유중, 2017).

융(Jung, 1993)과 에릭슨(Erikson, 1956), 레빈슨(Levinson, 1978)은 중년기를 40세 이후로 정의하였으며(김명자, 1986에서 재인용), 우리나라 노인복지법 제26조에서 65세 이상을 노인, 경로 대상자로 표기하였고(법제처, 국가법령정보센터, 2018), 중년에 대한 연구에서 40세에서 64세를 대상으로 한 선행연구들을(박연화, 2011; 신순옥, 2013; 임재연, 2013; 김유진, 2017; 남경민, 2017) 참고하여 중년기로 정의한다.

2) 중년 위기감

중년위기에 대한 개념적 정의는 학자마다 다양한 의견을 제시하고 있지만, 중년이라는 전환기에 이르러 겪게 되는 사회적, 심리적, 신체적 변화와 혼란감을 중년 위기감이라 할 수 있을 것이다(Gould, 1978). '중년 위기감'에 대한 개념을 최초로 발전시킨 융(Jung, 1954)은 생애 발달과정에서 중년기가 성격발달의 정점이며 이 시기를 정서적 위기를 수반하는 발달적 위기로 보았다. 중년기가 되면 개인은 외부 지향적이던 관심이 내부 지향적이 되며 자아에 대한 수용과 자아정체감을 재정립을 하게 되는데, 이 과정에서 필연적으로 겪게 되는 좌절, 고통 등을 중년 위기감이라고 정의하였다.

에릭슨(Erikson, 1963)에 따르면 개인은 약 40세경에 생산성 대 침체기의 위기에 직면하게 되는데, 이때 생산적인 사람은 다음 세대에 관심을 기울이고 후세의 발달을 돕고 지도하는 성숙한 삶을 살아가지만, 반대로 이런 중년기의 요구에 부응하지 못하면 침체감에 빠지게 되고 심리적 성장의 지연을 초래하게 되어 위기감을 발생시키게 된다고 하였다. 이러한 '중년 위기'에 대한 개념은 Jaques(1965)에 의해 대중적인 개념이 되었고 그 후 중년 위기감에 대한 연구는 다양한 관점에서 이루어졌다. Gould(1972), Levinson(1978) 등의 임상 연구가들은 중년기에 이른 개인은 젊은 시절에 설정했던 목표가 결코 개인의 자아정체감에 적합한 목표가 아니었음을 인식하는 데서 위기감이 기인한다고 보며 중년기를 제2의 사춘기, 양쪽에서 협공받는 세대 등으로 묘사하였다. 국내 연구에서도 중년기는 신체적, 사회적인 영역에 있어서 다양한 변화가 일어나며 새로운 적응이 요구되는 시기로서, 중년기에 이르면 분노, 좌절감, 권태로움, 자기연민 등의 부정적인 정서로 중년 위기감을 경험하는 것으로 보고되고 있다(박준희, 2004).

특히 중년 여성은 신체적인 면에서 폐경으로 중년 위기감을 경험하는데(김명자 1989), 이로 인한 젊음의 상실감은 남성보다 여성에게 더 큰 갈등 요인으로 작용한다(강정희, 1996; 김정란, 1993). 우리나라의 경우 사회문화적으로 중년기 여성은 자녀들과의 신체적, 경제적 유대가 결혼 후까지 이어지기 때문에 중년기 어머니의 역할은 이중적 구조를 갖게 되고, 신체적 변화와 함께 중년기 적응에 어려움을 겪게 된다. 또한 여성은 정서적으로 남성보다 더 민감해서 중년기 위기감을 2~6배가량 더 많이 겪으며(김명자, 1989), 그 변화의 폭 또한 남성보다 여성이 더 크다 하겠다(김동호, 1997). 이와 같이 중년여성의 중년기는 인생의 유한성에 대한 자각을 하고 내적 혼란을 경험하는 전환기의 시기로 다양한 변인들과 중년기 위기감과의 역동적인 상호관계 속에서 관심을 갖고 논의되어야 한다.

3) 중년기 위기감의 개념 및 관련 변인

중년기에 겪게 되는 개인의 신체 변화, 사회와 관계적인 면에서의 혼란과 갈등을 중년기 위기감이라 하며(Jung, 1954; Levinson, 1978), 개별화라는 개념을 통해 중년기에 대한 개념을 발달시킨 융(1954)은 자아실현과 전 생애를 통한 성장과 발달을 강조했으며, 중년의 위기를 마주하는 중년기를 성격발달의 중요한 시기로 보았다(김유진, 2017). 인생의 중년에 이르러 자신과 자신의 삶에 대해 갖는 의문과 공허함으로 인해 혼란을 겪으면서 자신의 가치관 및 타인과의 관계에 대해 재평가하며 삶을 재조명하는 상태를 의미하고 이에 심리적 고통과 혼란이 따르는 상태로 이를 중년기 위기라 정의하였다(채경선 · 정윤주, 2016). 반면, 중년기의 위기감 경험은 중년기의 보편적인 경험이 아닌 개인의 특성이나 상황에 따라 위기감 경험 시기나 해결양상은 다양할 수 있다는 견해를 제시하였다(최경란, 2006). 이와 같은 견해들을 통해 인간의 발달단계에서 중년의 시기가 결정적인 시기이며, 개인적 · 환경적 다양한 변화와 요인에 영향을 받으며 여러 가지 문제들에 직면할 수 있음을 확인하였다.

중년기 위기감은 중년기의 초기인 40대보다 50대 이후에 이르러 위기감이 좀 더 고조되는 것으로 나타났으며(정윤주, 2016), 위기감과 관련된 변인들의 연구를 통해 개인 심리적 변인인 자아정체감을 확인한 박아청(2000)과 박영숙(2010)은 높은 자아정체감은 위기감을 낮추는 요인으로 보았고, 김명자, 박성연(1989)도 확고

한 정체감은 위기감을 낮추며 중년여성의 자아존중감이 높을수록 중년기의 위기감 수준이 낮게 나타났다(이애리, 2013).

김지현과 최희철(2007)은 바람직한 성역할과 태도가 중년의 위기극복에 도움을 준다고 하였으며, 중년남성의 성역할과 심리적 위기감과의 관계를 확인하였고(김수한, 2010; 모윤수 · 김지현, 2016), 중년남성의 심리적 안녕감과 위기감과의 부적 관계가 있으며(정성훈 · 천성문 · 심운경, 2016), 이러한 중년기 위기감은 중년의 삶의 의미 해석에 영향을 미친다고 하였다(홍미혜, 1999). 또한, 노화를 경험하는 중년의 노화 불안과 중년기 위기감 간의 정적관계가 있으며(김유진, 2016), 위기감과 우울과의 정적 상관관계를 확인하였다(이은영, 2015).

중년기의 특성상 자녀, 노부모의 중간세대로 이러한 가족관계에서 얻는 스트레스와 부모, 자녀 관계가 중년기의 위기감에 영향을 미치며, 김명자(1989)의 연구를 통해서 부모 자녀 간의 관계와 역할 만족도에 따른 중년기 위기감과 심리적 요인에 대한 영향을 확인하였고, 최경란(2006)도 결혼만족도와 가족의 지지가 중년의 정서적 위기감에 영향을 미치는 변인임을 확인하였다.

중년기에 겪는 가족관계에서의 스트레스가 높을수록 위기감이 높으며(이운경 외, 2018), 생활사건 스트레스가 중년기 위기감에 미치는 영향(채경선 · 정윤주, 2016)을 확인하였다. 또한, 중년기 위기감에 경제와 교육상태가 미치는 영향은 없었으나 높은 스트레스와 건강상태, 사회적 지지는 위기감에 영향을 미치는 중요 변인으로 나타났다(장혜경, 2018).

중년기 남성 대상 연구를 통해 자아정체감과 성 역할 태도 등의 개인적 변인과 가족관계에서의 스트레스나 부부만족도와 부부친밀감의 가족관계 변인도 중년기 위기감에 영향을 미치며(최화석, 2013) 긍정적인 부부관계와 결혼만족도가 위기감에 미치는 영향이 있고, 중년기 삶의 만족감과 위기감과도 부적 상관을 나타냈다(남경민, 2017).

4. 노년의 위기

1) 노년기 위기 요인

현대사회에서 노인들이 겪고 있는 문제는 여러 가지의 위기요인이 동시에 존재함으로써 발생되는 것으로 어떤 한 문제의 해결만으로는 전체적인 노인 삶의 생활을 개선하거나 긍정적인 효과를 가져오는데, 그다지 큰 도움을 주지 못하는 경우가 대부분이다.

의학기술의 발달과 생활수준의 향상으로 평균수명이 연장되었지만 노년기에는 이처럼 여러 어려운 문제에 직면할 수 있다. 인간의 문제는 욕구충족과 밀접한 관련이 있다. 따라서 다양한 기본적 욕구가 일상생활에서 충족되지 않으면, 삶에 욕구불만이 생기게 되고 불편함을 초래하게 된다. 즉, 노인문제란 노인의 기본적 욕구를 본인이나 가족의 노력으로 충족시키거나 해결하지 못해 삶에 대한 불만족스러운 상태가 지속되는 현상이다.

오늘날 우리사회에서 대체로 제기되는 노인에 관한 문제는 경제력 상실에 따른 빈곤문제와 건강 상실에 따른 질병문제, 그리고 고독과 소외의 문제와 역할상실에 따른 문제를 말한다.

노인의 경우, 이와 같은 문제를 모두 갖고 있거나 아니면 한 가지 정도의 문제는 갖고 있기 마련이다. 그러나 문제는 이러한 노년기 위기 요인을 개인적으로나 사회적으로 아무렇지도 않게 여기는 데에 있다. 이러한 노인에 대한 편견이나 경향은, 결국은 노인 스스로도 문제의 해결이나 개선을 위한 노력을 포기하게 함으로써 더 큰 사회적 위기를 불러올 수 있다.

노년기 위기를 불러오는 이러한 문제들과 더불어 실존적 불안과 절망에 빠지게 하는 죽음의 문제 등에 대해서도 살펴볼 수 있다.

(1) 경제력의 상실

기본적인 생계의 유지뿐만 아니라 적정수준의 삶의 만족도를 유지하기 위해서는 충분한 소득의 확보가 필수적이다. 그러나 노년기에 이르게 되면, 퇴직이나 질병 등으로 인해 소득은 급격하게 감소하게 된다. 그러나 개인의 노후소득 준비부족과 공적부조제도와 연금제도의 미흡으로 노년에 따른 소득감소는 보완되지 못한다. 이에 따라 노인들은 경제적 어려움에 처할 가능성이 커진다.

노년기에는 퇴직 등의 이유로 소득이 감소되거나 상실이 발생되지만 생계유지를 위한 생활비의 지출은 약간 감소한 선에서 유지된다. 반면에 질병 치료를 위한 의료비의 지출은 증가하므로 재정상태는 적자상태가 된다. 따라서 가계의 수지 균형을 유지하기 위해 축적해 놓은 재산이나 저축을 처분하여 충당하거나, 가족이나 자녀, 사회에 경제적으로 의존하게 된다. 전통사회에서는 자녀가 노부모의 경제적 부양을 책임지는 것이 일반적인 현상이었으나, 현대사회에서는 가족의 부양의식이 큰 폭으로 축소되었다. 따라서 노인 스스로 노후준비를 해야 한다는 의식과 가족과 정부 그리고 사회가 공동으로 책임져야 한다는 의식은 높아지고 있다. 그럼에도 노인 자신이 안락한 노후생활을 위한 적정 노후생활자금을 저축하지 못했을 경우에는 가족이나 사회에 의존할 수밖에 없다.

이와 같은 의존성의 증가는 노인에게 위기의식을 심어주며, 경제적 빈곤에 처할 경우, 이로 인한 좌절과 절망감을 맛보게 된다. 또한 경제적 빈곤 상태에서 찾아오는 건강 상실은 노인들을 더욱 심적으로 불안하게 만들고, 삶의 의미를 상실하게 하는 원인이 된다. 또한 경제적으로 빈곤한 자신을 돌보지 않거나 소홀히 대하는 가족과 자녀들을 보면서 서운함을 크게 느끼고, 자신의 살아온 삶에 대한 자책과 회의에 빠지게 된다. 이는 노인으로 하여금 가족들로부터 소외감을 느끼게 하며, 사회적 영향력과 활동을 축소시키기도 한다.

(2) 건강의 상실

노인들은 나이가 들어가고 노화가 진행됨에 따라 신체적, 심리적, 사회적 기능들이 떨어지게 되고, 이에 여러 가지 건강 문제들이 발생한다. 건강의 상실은 일상생활에 어려움을 초래하여 여러 면에서 다른 사람에 대한 의존성을 증가시킨다. 의존성의 증가는 노인생활 전체에 부정적인 영향을 미치며, 특히 장기적인 만성 질병을 갖고 있는 경우, 더욱 부양자에게 의존하게 되고 그로 인한 많은 갈등이 유발된다.

노인의 경우 만성질환을 앓고 있는 경우에도 의료비에 대한 부담과 질병상태에 대한 부적절한 주관적 판단 등으로 인하여 치료를 지연하거나 치료를 받지 않는 경향이 있다. 특히 은퇴나 퇴직 후에 연금과 같은 노후대책이 없는 상황에서 질병의 발생은 빈곤의 문제에 이은 이차적인 문제로 나타날 수 있다. 노인이 만성질환을 앓는 것은 생로병사의 과정이므로 피할 수 없는 현실이라고 하더라도 만성질환에 걸렸을 때 간병과 수발을 받지 못하게 되면 건강의 악화는 물론 일상생활에도 지장을 초래할 수 있다. 간병이나 수발을 담당하는 가족은 대부분이 여성 배우자나 며느리, 딸 등으로 거의 매일 하루 종일 또는 반나절 정도 수발을 드는 경우가 50% 정도인 것으로 나타났다.

노인들의 대한 가족들의 간병과 수발자로서의 역할과 경제적인 지원은 부양부담을 증가시키고 많은 문제를 수반하게 된다. 이에 노인들은 자신의 삶에 부정적인 인식을 갖고 회의를 느끼게 된다.

(3) 역할의 상실

역할 상실이란 이전의 과업 지향적인 관계에서 행해지던 역할들을 더 이상 수행할 수 없게 되는 상황을 의미한다. 많은 노인들은 직장을 그만두면서 직업 및 사회적인 역할, 생계유지자의 역할을 상실하게 되었다. 그리고 자녀들의 독립과 함께 양육자로서의 역할과 배우자나 주위 가까운 사람들과의 사별로 배우자 등의 역할을 상실하게 되었다. 이러한 역할의 상실은 상호작용의 기회를 줄어들게 함으로써, 자아상실과 우울, 외로움 그리고 성취감과 자부심의 상실과 같은 많은 문제들을 불러오게 된다.

사회적 변화가 거의 없었던 전통 사회에서 노인은 그 사회의 전통을 이어주는 사회적 지위와 역할을 지니고 있었다. 문화적으로 볼 때, 유교문화권에서는 노인을 존경하는 가치관이 있었기 때문에 전통적으로 노인들은 설 자리가 있었다.

그러나 급변하는 오늘의 산업사회에서 노인들은 은퇴라는 제도 때문에 일터에서 밀려나야 하고, 가정에서는 핵가족제도 때문에 밀려나야 하는 경우가 많아지게 되었다.

인간은 자기가 하는 일 속에서 보람과 기쁨을 느끼고 소속감과 자긍심을 느낀다. 동시에 삶의 기쁨과 행복, 만족감을 얻게 된다. 그러나 노인에게 있어 이것은 어려운 일이다.

은퇴는 긍정적인 자아상과 자신의 가치를 뒷받침해 주는 직장에서의 역할을 상실하게 되는 것이다. 따라서 심리 사회적 차원에서 노인에게 상처를 줄 수 있다.

여가 활동이나 뚜렷한 역할에 대한 활동이 없을 경우, 자아의 상실감은 더욱 커질 수밖에 없다. 노인들은 은퇴로 인하여 역할에 대한 부재의식을 갖게 된다. 역할의 대한 상실은 단순한 개인의 문제가 아니다. 즉, 노인과 관련되는 가족과 집단, 사회와 연결되는 문제이다.

인간은 자기가 하고 있는 일과 활동 가운데서 자기가 누구인가를 발견한다. 그리고 수십 년 동안 몸과 마음을 쏟아가면서 해온 일은 그 자신의 생의 일부분이 된다. 그들은 자기의 일 속에서 사명의식을 느끼며, 따라서 생의 의미를 일 속에서 발견하게 된다.

퇴직이나 어떤 다른 이유로 직업 활동을 하지 못하는 노인의 경우, 무기력에 빠지게 된다. 또한 생의 목적과 의미를 상실하게 되는데, 이러한 노인의 상태를 위기라고 규정할 수 있다. 대부분의 노인들은 이 위기에 잘 대처하지 못하고, 생의 목적과 방향성을 잃고 고독과 허전함을 느끼게 된다.

어떤 사람이나 관계를 유지하는 것은 매우 중요하다. 왜냐하면 깊은 인간관계를 통해서 자신의 희로애락을 나누고, 이와 같은 삶의 경험과 나눔을 통해 정서적으로 만족을 얻게 되기 때문이다. 노인들에게 있어 가정생활에 못지않게 교우

관계는 특히 중요하다. 그러나 경제적인 위축과 직장과 일터에서의 역할 상실로 노인들은 교우관계가 점점 줄어들게 된다.

또한 부부중심의 삶의 비중이 점차 높아지며, 직장 동료와는 점점 멀어지게 된다. 이러한 이유로, 같은 취미나 신앙을 가진 새로운 사람들과 친구 관계를 맺게 된다. 그러나 이러한 노인들의 관계는 오랫동안 지속되기가 힘들다. 왜냐하면 시간이 지남에 따라, 친구나 친지들의 사망소식을 접하게 되며, 배우자와의 사별도 경험하게 된다. 그리고 자녀들 또한 성장함에 따라 가정을 떠나가기도 한다. 이렇듯 오랜 세월을 두고 형성된 관계가 하나둘씩 단절된다는 것은 외롭게 남아있는 노인의 신체와 정서에 상처를 남기게 된다.

노인들은 이러한 관계의 단절과 상실로 심리적인 불안과 우울을 겪게 되며 노년기 위기를 경험하게 된다.

(4) 고독과 소외

노년기에 접어들면 여러 가지 면에서 정서적인 외로움을 경험하게 된다.

대부분의 많은 노인들은 직장과 일터에서의 은퇴나 퇴직 후에 그동안 삶을 지탱해 주었던 역할들과 관계를 상실하면서, 사회적으로 고립되어 심리적인 소외감 고독을 경험하게 된다.

현대인들은 급격한 사회 변화에 대한 적응문제를 안고 살아가고 있다. 베를린 노화연구소(1990)의 조사에 의하면, 70세 이상 노인들 가운데 24%는 정신적인 질병을 갖고 있고, 16%는 정신병으로 진단하기 어려운 정서장애를 갖고 있다고 한다. 그리고 정신적인 질병을 갖고 있지 않은 70세 이상 노인은 44%로 조사되었다.

한편 정신적인 질병은 사회적 신분이 낮은 계층에서 보다 많이 나타나며, 사회구조적 문제와도 연결되어 있다.

핵가족화와 산업화의 발달로 농촌에는 노인들만 남게 되었고, 도시의 노인들도 자녀들과의 가치관의 차이와 공간적 분리 등으로 만남의 기회와 대화가 단절

되게 되었다. 또한 고령 노인들의 경우, 배우자나 가족 그리고 친구 등이 세상을 떠남으로 홀로 살아감으로 과거의 노인들보다 고독감과 소외감을 더 느끼게 되었다. 이와 같은 사회구조의 변화는 집단적인 삶의 양식에서 개인적인 삶의 약식으로 변화시키고 있으며, 규범과 가치의 혼란을 가져오고 있다. "대중 속의 소외"는 남녀노소 누구나 경험할 수 있는 문제이지만, 노인들의 경우 일상생활의 어려움뿐만 아니라 장기간의 약물 투여로 인하여 우울증과 같은 정신적인 건강상태의 악화로 이어지게 된다.

사회적 역할상실과 관계의 단절은 외로움과 고독감을 가져오고 신체적인 노화와 심리적인 충격으로 노인들은 우울증에 시달리게 된다. 고독감이란 일반적으로 홀로라는 감정에서 오는 외로움을 의미하는데, 외로움이 깊어질 경우 사람들은 자신의 존재에 대한 무의미함과 허무함으로 인해 절망상태에 들어가게 된다.

가정과 사회로부터 고립된 상태에 놓인 노년기의 노인들은 이처럼 인생의 무의미함과 허무감을 느끼게 된다.

이처럼 노년기의 고독은 육체적 노화와 함께 경제적 및 사회적 역할상실, 인간관계의 상실, 배우자의 상실 등에서 기인한다. 배우자의 상실은 노인의 건강상실과 매우 밀접한 관련이 있으며, 정신적 질병과 신체적 아픔 그리고 자살 등과 밀접하게 연결되는 것으로 보고되고 있다.

노인들로 하여금 자신의 가치와 의미를 잃어버리게 하는 고독과 소외는 가정에서 자식들이 부모를 경시하거나 천대하는 데서도 비롯될 수 있다. 자녀들이 늙은 부모를 모시지 않으려는 태도는 노인들에게 극심한 불안감과 함께 깊은 좌절과 절망을 느끼게 한다.

세대 간에 나타나는 가치관의 차이는 부모 자녀 간의 대화의 기회를 줄이고, 노인으로 하여금 스스로 자신을 쓸모없는 존재로 느끼게 하여 노인으로 하여금 가족들로부터 오는 소외감과 고독을 느끼게 한다.

산업사회의 발달과 전통적인 가족 구조의 변화로, 노인은 과거와 같은 생활방식으로 가족으로부터의 돌봄과 부양을 받는 것은 어렵게 되었다. 우리사회의 노인들은 아직까지 가족주의적 삶을 지향하며 가족을 의존하는 경향이 강하다. 이와 같은 노인의 심리적 특성으로 볼 때, 노년기에 나타나는 고독과 소외의 문제는 필연적으로 나타날 수밖에 없는 현상으로 노년기 위기 요인으로 크게 작용하고 있다.

노년기의 고독은 청년기의 고독과는 차원이 다르다. 청년기의 고독은 미래에 대한 비전과 지위에 관련이 있는 반면에, 노년기의 고독은 과거의 삶에 대한 후회와 '새로 시작하기에는 너무 늦었다'라고 느끼는 데서 오는 절망감과 관련된다. 고독감이 심할 경우, 걱정이 많아지고 에너지가 자신에게로 향하게 되며, 대인관계에도 부정적인 영향을 미친다. 더 심각한 경우 우울증으로 발전되어 정신건강상 심각한 문제를 가져오기도 한다.

(5) 죽음의 문제

죽음은 인간이라면 누구나 직면해야만 하는 피할 수 없는 과정이지만, 노인들에게 있어 특히 가장 심각한 문제로 다가오는 것은 죽음의 문제이다. 노년기는 그 어떤 시기보다 죽음의 문제가 삶과 직접적으로 연관되어 있다. 그러므로 노년기에는 인생에 대한 재평가와 함께 죽음에 대한 대비를 해야 한다. 죽음에 대한 태도와 대처방안은 노년기의 삶 전체를 좌우할 수 있는 중요한 요인이다. 그럼에도 인간은 죽음의 문제를 회피하고 죽음에 대해서는 생각조차 하기 싫어하는 경향이 있다.

또한 사회적으로도 죽음에 대한 언급은 보통 금기시한다.

이처럼 죽음에 대해 말하는 것을 모두 꺼리고 두려워하지만 죽음은 엄연한 현실이며 실재이다. 죽음은 공포와 불안의 대상이요, 모든 것과의 단절이요, 이별이며, 절대적 부재이며 모든 것이 멈추는 것이다. 죽음은 인간에게 인간의 유한성과 허무성을 경고하고 한계와 사멸성을 일러주는 하나의 위협으로 현존한다.

죽음은 누구에게나 찾아온다. 특히 노인들에게 있어 죽음 불안은 중요한 노인문제로 노인의 삶에 부정적인 영향을 미친다.

인간은 죽음에 대한 공포와 불안을 느끼는 부정적인 태도와 죽음을 수용하려는 긍정적인 태도를 갖고 있다. 대부분의 사람들은 죽음을 부정적으로 받아들이고 죽음에 대한 공포로 괴로워한다. 여기서 부정적인 태도란, 자신이 죽는다는 사실을 인정하지 않으려는 태도와 죽음으로 진행되는 과정에서의 고통에 대한 불안감을 의미한다.

에릭슨(1982)의 생애주기이론에 따르면, 지금까지의 삶의 결과에 만족하지 못하는 노인은 절망에 빠지고 자신을 낮게 평가한다. 그리고 죽음을 미완성의 삶을 중단시키는 사건으로 인식한다. 반면에 자아통합을 이루어 자신의 삶에 대한 의미를 인식하고 인생을 긍정적으로 수용하는 경우에는 죽음불안도 줄어든다고 본다.

오랜 시간 동안 병을 앓고 있거나 죽음에 대해 오랫동안 생각하게 될 경우 노인들은 삶에 대해 그만큼 더 부정적이 될 수밖에 없다.

고통에 대한 불안감은 신체적 고통과 정신적 고통 그리고 사회적인 고통과 영적인 고통으로 구분할 수 있다. 이러한 고통이 심할수록 노인들은 절망에 빠지기 쉽다. 특히 사후세계에 대한 무지는 영적인 고통을 야기하는 것으로 알려져 있다.

Chapter

7

위기상담 매체활용기법

Chapter 7

위기상담 매체활용기법

1. 미술치료

미술은 개인의 심리적 상황과 실존적 물음에 답하며 카타르시스를 표현하고 심리적 에너지를 상승시켜 정서적 안정과 풍요로움을 전한다. 시각적 언어로서의 미술은 개인이 표현한 작품을 통해 의식적 방어 없이 생생하게 자신의 내면을 드러내면서 스스로를 이해하고 받아들이며 이후의 삶을 용기 있게 살아갈 동기를 만나게 한다.

미술이 개인의 심리적 내용을 투사하는 데 매우 유용하다는 것은 진단 도구로서의 활용 가능성을 높이는 것으로 대부분의 많은 사람들은 누군가가 그린 그림을 통해 그의 문제가 무엇인지를 찾고자 한다. 그러나 그림은 내담자가 가진 문제를 엑스레이처럼 찍어낸 것이 아니다. 작품에 표현된 상징적 의미와 내용을 분석하고 문제를 찾는 작업을 거치며 치료를 위한 매개가 되는 것이다.

1) 미술치료의 개념

미술치료는 미술과 치료의 합성어로 '미술적 활동'을 매개로 하여 내담자를 치료하는 일련의 행위를 말한다. 미술치료는 두 영역에서 통합된 관점을 갖게 되므로 이론적 관점과 임상적 관점에서 각자의 서로 다른 정의가 반영될 수 있으며 '미술치료'가 가장 일반적으로 통용되는 용어이지만 관점에 따라 '예술치료', '표현예술치료', '창의성 치료', '미술심리치료' 등으로 다양하게 사용된다.

미술치료는 내담자가 미술 작품을 만들고, 상담사는 치료 목표에 따라 내담자의 미술 과정에 개입하면서 미술을 매개로 내담자의 심리적 문제를 해결해 나가는 심리치료의 한 유형으로 언어로 자신을 표현하는 것에 어려움을 가진 대상에게 매우 유용하다.

2) 미술치료의 목표

미술치료는 다양하고 급격한 변화에 적극적으로 부응하는 창조적인 활동으로 이루어져야 한다. 미술치료 임상에서의 치료적인 과정은 미술치료사 각자의 이론적 접근과 임상 경험에 따라 창의적일 수 있으며, 이를 통해 내담자의 잠재적 가능성을 끌어 올릴 수 있을 것이다.

1949년 페신(Pessin J.)과 프리드만(Friedman I.)은 내담자의 심리치료를 위한 긍정적 자아 강화를 중요시하였으며 치료사의 중재 행위를 통해 사회적 통합에 도움을 주어야 함을 강조하였다. 또한 이 시기 무의식의 혼돈은 의식적 수준에서 자연스러운 언어표현이 어려울 수 있기에 자신이 열망하고 관심을 갖는 것이 무엇인지 알아차릴 수 있도록 도와야 한다고 말한다. 따라서 다양한 심리치료 활동을 통해 그동안 모르고 있던 자신의 새로운 능력을 발견함으로 긍정적 미래를 기대하며 건설적인 삶을 설계하도록 하는 것이다.

성인을 대상으로 하는 미술치료의 목표는 치료사의 일방적 기대가 아닌 내담자, 스스로가 원하는 방향으로 설정되어야 하며 이를 위해 미술치료사는 내담자가 보이는 행동과 태도에 민감하게 반응하고 진솔한 태도로 상호작용하며 공감과 지지를 반영해야 한다. 내담자를 위한 구체적인 미술치료의 목표는 다음과 같다.

(1) 자아정체감 확립과 긍정적 자아개념의 형성

자신의 자아정체감을 확립하지 못한 채 여러 위기에 봉착하게 되며 혼란과 갈등을 경험한다. 이와 같은 혼돈은 자신에 대한 긍정감 획득에 실패하면서 미래를 부정적 이미지로 형성하게 된다. 따라서 미술치료 활동에서 내담자의 자신의 실존적 가치를 인식하고 자기 존재를 명확히 수용하여 건설적인 자아 형성을 도모할 수 있도록 다양한 매체와 방법을 통해 탐색하도록 독려해야 한다.

(2) 건전하고 투철한 가치관의 정립

가치관은 개인의 행동양식, 수단, 목적 등에 있어 선택에 영향을 미치는 한 집단의 독특성을 규정짓는 개념으로 개인의 사고와 행동의 기준이 된다. 내담자의 가치관 혼란은 모호한 기준으로 인해 부적절한 행동의 가능성을 높이고 이상적 가치와 현실적 가치의 불일치를 통해 심각한 갈등을 양산한다. 따라서 미술치료 활동에서 개인의 행동양식을 살펴 적응과 부적응의 단서를 확인하고 이를 수정하여 올바른 가치관을 확립할 수 있도록 도와야 한다.

(3) 적절한 의사표현 및 의사결정 기술의 함양

내담자의 의사결정은 때때로 불안정한 정서로 인해 매우 충동적이며 비합리적이기도 하다. 이들의 성급한 의사결정은 불만족스러운 결과로 반영되어 지속적인 좌절로 드러나거나 반대로 자신의 생각을 적절히 표현하지 못하여 그릇된 피드백과 오해를 받기도 한다. 따라서 내담자의 적절한 의사표현 및 결정을 돕기 위해 미술치료 활동을 통해 자신의 심상을 투사하여 적절한 자기표현이 이루어지도록 도와야 한다.

(4) 진로에 대한 능동적 의사결정 능력 증진

내담자는 자아정체성의 혼란으로 자신의 미래를 매우 불안정하게 인식하며 어려움을 경험한다. 실제로 많은 내담자는 자신이 무엇을 하고 싶은지, 무엇을 해야 하는지를 스스로 탐색하지 못하며 매우 수동적인 자세를 갖거나 무기력한 상태에 있다. 따라서 내담자를 대상으로 미술치료를 할 때에는 이들의 흥미와 강점을 탐색하는 데 주력하며 그에 따른 효능감으로 진로와 관련하여 능동적 자기결정권을 갖도록 도와야 한다.

(5) 자신의 잠재력 개발

상담의 목표를 달성하기 위해 중요한 것이 개인의 잠재력을 개발하는 것이다. 현재의 심리적 불편감이나 미숙함은 아직 자신의 능력을 발견하지 못했거나 왜곡된 지각으로 인해 드러났을 가능성이 크다. 내·외부의 다양한 원인으로 인해 자신을 잘못 인식하고 있는 경우 미술치료 활동을 통해 강점을 확인하고 긍정적 미래를 전망하며 건설적 목표를 세우고 실행할 수 있도록 하는 것이 필요하다.

3) 미술치료의 장점

미술치료는 다른 심리치료 분야와 마찬가지로 여러 가지 제한점과 함께 앞으로의 연구과제를 많이 가지고 있지만 미술이 갖는 독특한 가치는 심리치료에서 매우 의미 있게 다루어진다. 특히나 자신의 감정을 표현하기 어려운 어린이나 노인의 경우 미술을 통한 작품 활동은 자기방어를 줄여 상담의 효과성을 높이는 데 큰 도움을 준다. 웨이슨(Wadeson)이 언급한 미술치료의 장점을 중심으로 미술치료의 가치에 대해 살펴보면 다음과 같다.

(1) 미술은 심상(Image)의 표현이다.

우리는 언어로 표현하기 전에 먼저 심상으로 사고하며 떠올린다. 예를 들어, 어머니라는 주제가 주어지면 언어적 표현 이전에 어머니의 심상이 먼저 떠오른다는 것이다. 이와 같은 심상의 형성은 삶의 초기 경험을 통해 만들어지고 성격 형성에 중요한 역할을 한다. 미술치료에서는 꿈, 환상, 경험에 대해 언어적 수단이 아닌 미술의 다양한 매체들을 통해 표현하게 되며 이는 언어적 개입에 비해 창조적 과정을 많이 담고 있다고 볼 수 있다.

(2) 미술은 언어적 수단에 비해 방어가 감소된다.

방어는 심상과 밀접한 관련이 있다. 우리는 어떤 다른 의사소통 양식보다 언어화하는 작업에 숙달되어 있는데, 미술은 이성적으로 생각하는 과정이 생략되어 있어 언어에 비해 방어가 감소되며 자신의 심상을 보다 생생하게 표현할 수 있다. 이와 같은 의도치 않은 표현은 탐색과 인식을 통해 통찰, 학습, 성장으로 나아가는 촉매가 되기도 한다.

(3) 미술은 구체적인 유형의 대상이 형성된다.

미술치료는 작품이라는 눈으로 볼 수 있고 만질 수 있는 구체적인 자료를 생산한다. 이는 치료사와 내담자 사이를 연결하는 다리 역할을 하면서 치료적 개입을 위해 매우 중요한 의미를 갖는다. 특히 저항이 강한 내담자들은 자신의 작품을 통해 스스로 내성할 수 있는 좋은 기회가 제공되며 자신이 만든 작품을 통해 실존의 가치를 깨닫고 자신의 감정을 느끼며 알아차리는 계기가 된다.

(4) 미술은 자료의 영속성이 있다.

미술치료 활동을 통해 생성된 작품은 보관이 가능하기 때문에 이후 회상에 도움을 주며 기억의 왜곡을 방지하고 새로운 통찰을 얻을 수 있도록 돕는다. 때때로 내담자들은 자신의 작품을 만들 당시에는 느끼지 못했던 것을 이후 다시 확인하며 알아차리기도 하고, 새롭게 느껴지는 무언가를 찾기도 한다. 또한 필요한 때에 과거의 작업물을 통해 치료과정 전체를 검토하며 치료 효과를 높이는 데 도움을 줄 수 있다.

(5) 미술은 공간성을 지닌다.

1차원적 의사소통방식인 언어표현과 달리 미술표현은 그 어떤 규칙을 따를 필요가 없다. 즉, 본질적으로 미술은 공간적인 것이며 시간적인 요소도 없다. 미술치료 안에서는 가깝고 먼 것, 결합과 분리 등 각 대상 간 역동을 표현할 수 있으며 인물상의 표현과 상황, 감정, 장소 등이 한 공간에서 표현되는 특성을 통해 이해를 돕는다.

(6) 미술은 창조성과 신체적 에너지를 유발한다.

미술치료에서의 활동은 무에서 유를 만들어 내는 창조적 과정으로 신체적 에너지가 고갈되어 있는 내담자의 방전된 에너지를 충전해 주는 역할을 한다. 실제로 처음 올 때 에너지가 많이 떨어져 있던 내담자들이 미술치료 활동을 하면서 활기찬 모습으로 변하는 경우가 자주 있다. 이와 같은 에너지 수준의 변화는 자존감을 향상시켜 삶의 질을 높이는 데 긍정적 영향을 주게 된다.

2. 음악치료

음악은 우리의 삶에 매우 친숙하면서 없어서는 안 될 중요한 매체로 일상을 즐겁게 해주고 스트레스를 완화시키며 활력의 에너지를 전해 준다. 음악이 없는 세상은 상상도 안 될 정도로 우리는 다양한 상업 음악에 묻혀 살고 있다. 우리는 음악을 들으며 아픔을 달래기도 하고 음악을 들으며 기쁨을 나누기도 한다. 이처럼 음악은 정서를 자극하고 치유하며 삶을 풍요롭게 만든다.

치료도구로써의 음악은 고대시대, 질병 치유를 위해 사용되었으며 현대사회에서는 행동과학을 바탕으로 과학적으로 사용되어 음악치료의 개념화를 가능하게 하였다. 음악은 남녀노소 할 것 없이 모두 좋아하는 매체로 부작용 없이 내담자의 심리적 문제를 해결하기 위한 도구로 매우 큰 장점을 가지고 있다. 따라서 유아에서 노인까지 특수아동 및 장애인과 비장애인 등 많은 대상에게 쉽게 활용할 수 있어 그들의 다양한 심리적 문제해결에 적용되고 있다.

1) 음악치료의 개념

음악치료는 학자의 치료철학에 따라 서로 다른 정의로 발전해 왔으며 그 범위가 방대하다. 브루시아(Bruscia)는 음악치료에 대하여 클라이언트의 건강을 회복시키기 위해 음악적 경험과 관계들을 통해 역동적인 변화를 이끌어 내는 체계적인 치료과정이라고 정의하였다. 미국 음악치료 학회는 음악치료에 대하여 정신과 신체 건강을 복원, 유지 및 향상시키기 위한 치료적 목적으로 음악을 사용하는 과정으로 정의하였다. 음악치료는 승인된 음악치료 과정을 완수하여 자격을 갖춘 전문가에 의해 치료적 관계 안에서 개별적 목적을 달성하기 위해 음악적 개입을 임상적, 근거 중심적으로 사용하는 것이다.

음악치료 활동을 통해 치료자는 내담자에게 치료적 환경을 제공해 주며, 비경쟁적인 성취를 허용하는 과정을 통해 자신에 대한 바람직한 자화상을 가지도록 돕는다. 또한 집단 내에서의 음악활동은 개인을 다른 사람과 관련시켜 하나의 그룹으로 통합시키는 역할을 하여 공통된 활동으로 이끌고, 안전하고 지지적인 상호작용 내에서 감정 이입을 경험하면서 친밀한 관계형성을 이루도록 돕게 된다. 음악치료 활동으로 주로 쓰이는 기법으로는 노래 부르기, 치료적 노래 만들기, 악기연주, 음악 감상, 음악과 신체 활동, 즉흥연주 등이 있다.

2) 음악치료의 목표

음악치료는 받고자 하는 대상이 가지고 있는 과제 및 장, 단점에 따라 그에 맞는 치료 목표를 설정하고 세션을 구성하여 실시하게 된다. 이 과정에서 중요한 것은 논리적인 근거와 합리적 사고에 바탕하여 목표를 설정해야 한다는 것이다. Hanser가 목표 설정에 있어 제안한 고려점에 대해 살펴보면 다음과 같다.

첫째, 목표로 설정된 행동이나 영역에 대하여 변화를 위한 객관적 증거와 자료를 제시하여야 한다. 또한 논리적 근거에 따라 설정된 목표가 성취되었을 때, 문제 행동과 관련된 다른 영역의 기능에 긍정적 변화를 가져올 수 있음에 대하여도 검토해야 한다.

둘째, 호소문제에 따른 설정 목표가 내담자의 기능을 충분히 고려한 것인지를 검토하여야 한다. 설정된 목표에 따른 치료적 개입이 내담자에게 성취적으로 반영되려면 현재 내담자의 기능을 충분히 고려하여 지나치게 도전적이거나 실현 불가능한 부분이 없는지를 검토한다.

셋째, 설정된 목표에 따라 수행한 결과의 변화를 객관적으로 증명할 수 있는 측정 가능한 행동을 규명하여야 한다. 이와 같이 관찰 가능하고 측정 가능한 행동을 기록하는 것은 변화를 증명하는 데 매우 필수적이다.

넷째, 음악치료를 통해 무엇이 제공되며 제공되는 것의 장점이 무엇인지를 분명히 해야 한다. 특히 매개가 되는 음악의 어떤 특성이 치료적 개입을 시도하게 되는지가 구체적으로 설명되고 그로 인해 치료 목표를 성취하는 데 효율성이 증가되어야 한다.

음악치료 활동은 음악치료 이론을 바탕으로 치료사의 역할을 구분하고 치료의 목적과 기대에 따라 달리 진행될 것이다. 다양한 이론을 토대로 중심이 되는 행동목표는 달라질 수 있으나 내담자 개인의 역량을 강화해야 한다는 입장에서는 서로 간 입장이 일치한다. 내담자의 역량 강화를 위한 목표는 다음과 같다.

(1) 회복탄력성의 회복

회복탄력성은 스트레스와 일상적 도전들을 회피하지 않고 효과적으로 대처하여 실수나 역경으로부터 긍정적으로 되돌아올 수 있는 능력으로 현실적인 목표를 개발할 수 있을 뿐 아니라 타인과 편안하게 상호작용할 수 있는 능력을 말한다. 음악은 매우 가까운 매개체로 선호에 따라 자신의 내면 상태를 반영시키며 스스로 공감하고 탄력적으로 다른 사람과 의사소통하도록 돕는다. 이처럼 음악은 일상생활에서 긍정적인 경험을 하는 데 도움을 줌으로써 회복탄력성을 회복시키는 데 도움을 줄 수 있다.

(2) 정체성의 확립

정체성 형성의 결정적 시기로 주체적 자아(I)와 객체적 자아(Me)의 조화를 통해 실존의식을 갖게 된다. 이 시기, 나와 타인을 구분할 수 있는 독자성, 일관성, 통일성은 새로운 가치관을 형성하여 혼돈에서 균형을 찾게 된다. 내담자의 음악 선호 경향은 그의 가치, 태도, 의견을 표현하고 의사소통의 기능을 하면서 정체성을 보여준다.

(3) 잠재력의 발견

성인은 지식, 경험, 지혜 등의 다양한 정보를 통해 지적인 능력을 향상시키며 합리적 추론을 발달시킨다. 이와 같은 인지 발달은 자신의 경험 이상의 잠재성을 생각하며 주어진 환경의 다양한 결과를 상상할 수 있는 능력으로 확장된다. 음악은 인지영역에서 신경발달을 촉진하는 역할을 하기 때문에 음악치료 활동에 참여하는 것만으로도 관련된 기능을 향상시킨다. 음악은 감상, 연주, 창작 등 여러 형태로 다양하게 제시되면서 개인의 흥미와 기대를 반영하고 필요한 잠재적 능력을 발견하여 이를 개발하도록 돕는다.

(4) 유대감의 강화

삶에서 매우 중요한 것은 자신을 지지적으로 경험하며 친사회적 태도를 보이는 사람들에 대한 기대에 있다. 내담자에게 타인과의 유대감은 자신을 둘러싼 가정, 학교, 더 나아가 문화적 연결을 유지할 수 있어야 한다. 성장기에 형성된 유대감은 사회적 유대감을 포함하여 심리적 유대감으로 반영되어 이에 따른 안정감은 소속감을 강화시키며 올바른 대인관계 형성에 기여한다. 음악은 이들의 소속감과 일체감을 갖는 중요한 매개체로써 또래집단에서 자신의 역할과 위치에 대한 개념을 형성하며 사회적 역할을 배우도록 한다.

3) 음악치료의 장점

음악은 정서 · 사회성 발달의 토대를 이룬다. 이러한 음악을 통하여 자신감, 성취감, 자부심 등과 더불어 자긍심, 독창성, 자율성, 안정감 등을 키우고 적개심, 증오심 등 부정적인 감정 및 정서를 해소할 수 있다. 또한 긍정적인 자아개념을 신장시켜 자신의 감정을 건설적으로 표현하는 방법을 배운다.

음악치료에서의 활동은 타인과의 상호작용을 통해 관련된 기술을 익히도록 하며 관계 속에서 자신의 내적 욕구나 통제 능력을 발달시킬 수 있도록 돕고 타인의 권리를 존중하는 태도를 배우도록 한다. 또한 타인과의 조화를 통해 협동심, 책임감, 단결심, 인내심, 절제, 융화능력, 도덕성 등 공동체 의식을 높이면서 자신의 느낌과 타인의 경험을 독려하도록 한다. 음악치료사가 인식해야 할 음악의 다섯 가지 장점은 다음과 같다.

(1) 음악성은 선천적으로 내재되어 있다.

인간은 엄마의 뱃속에서부터 엄마의 심박동 소리를 들으며 엄마가 사용하는 언어의 음색, 높낮이, 강도, 빠르기 등을 통해 엄마의 정서상태에 대한 메시지를 전달받는다. 이렇게 인간은 태아인 상태부터 긍정적인 정서를 표현하는 소리와 그렇지 않은 소리를 구별할 수 있는 능력을 가지고 태어난다. 소리와 리듬은 인간의 정상적인 성장과 발달에 반드시 필요하며 만족되어야 하는 본능적인 욕구 중 하나인 것이다. 따라서 음악치료의 목적 중 하나는 특정 장애가 있건 없건 내재된 '음악아'를 어떠한 형식으로든 즐길 수 있는 본능을 일깨워 타고난 잠재력을 개발시켜 주고 음악적 경험 내에서 성장하도록 돕는다.

(2) 음악적 환경에서 보인 행동은 외적 환경에 전이된다.

음악치료 활동에서 보여주는 행동은 내담자의 외부환경을 예측하는 중요한 사인이 되듯이 외부환경에서 하는 행동은 음악적 활동에서 다양한 형태로 드러나게 된다. 이와 같은 행동 양상으로 인해 내담자의 내재된 에너지를 음악을 통해 승화시키기 위한 노력이 의미 있는 것이며 대부분의 음악활동은 실재로 행동 변화에 영향을 준다. 따라서 음악치료사의 역할은 음악치료활동을 통해 내담자가 갖은 잠재력을 끌어내어 개발시켜 주고 이와 같은 성장 요인을 외부환경에 전이시켜 확장시킴으로써 보다 건설적인 미래를 설계하도록 돕는다.

(3) 음악에는 기본 욕구를 다루는 힘이 있다.

음악을 감상하거나 악기로 자신의 심정을 표현하는 것은 사전에 받은 음악교육과 무관하며 있는 그대로 자신이 드러나도록 독려한다. 전문 음악가가 자신의 영역을 넓히고 깊이를 다지기 위해 끊임없이 수련받은 경우 그에 맞는 소양으로서 고도의 기술적, 예술적 수준을 보유하고 있지만, 정상적인 발달 과정을 거친 사람이라면 누구나 할 것 없이 자신에게 맞는 음악적 소양을 갖추고 있다는 뜻이다. 음악적 접근에는 노래, 악기 연주, 움직임 등 다양한 활동이 있는데 특별히 음악이 치료적인 까닭은 청각 자극을 감정과 연관 짓는 것에서 볼 수 있다. 즉, 감정을 음악을 통해 표현하며 경험되는 카타르시스가 음악치료의 효과로 반영되는 것이다.

(4) 음악적 활동에는 인간의 모든 측면이 관련된다.

음악은 인간이 할 수 있는 총체적 체험으로 이해될 수 있다. 노래를 부르기 위해 자신의 정서와 맞는 음률이 있는 노래를 선택하고 가사를 읽고 외워야 하며 박자를 기억하고 조절한다. 각 단어의 발음을 적절히 하고 호흡하며 단어들 간 협응감을 가질 수 있도록 조절해야 한다. 이처럼 노래 하나를 부르기 위해서도 자신의 정서를 인식하고 그에 맞는 노래를 선택하며 노래의 가사를 읽고 외우고 부르는 과정까지 동기에서부터 의욕적 실행까지 총체적 능력이 필요한 것이다.

(5) 음악적 작업은 내재된 동기를 바탕으로 한 인식의 연속성을 유도한다.

음악적 경험은 개별적 동작이 아닌 연속적으로 일어나는 현상을 기본으로 하기에 음악치료에서의 음악적 감각은 인식의 주기로 시작되어 에너지를 동원시키고 심리적, 신체적 감각을 경험하도록 한다. 그로 인해 대상과의 통합과 자아 인식 등 내재된 욕구나 필요가 충족되도록 이끌게 된다. 음악적 작업에서 보이는 인식의 연속성을 내재적 동기와 보상으로 설명하는 플로우 이론은 음악에 몰입되는 과정에서 몸과 마음의 전체적인 경험이 결국 내담자에게 자신감 및 존재의식을 강화시켜 주는 유의미한 시간으로 경험됨을 말하였다. 이처럼 음악치료는 내재된 동기를 자극하여 음악적 작업 내에서 인식의 주기를 경험하도록 하는 데 그 목적이 있다.

3. 모래놀이치료

모래놀이치료는 자연물을 바탕으로 무의식과 의식 사이에서 치료자의 에너지 변용이 내담자가 놀이를 할 때 영향을 받아 서로 역동을 갖는 것이다. 모래놀이치료의 기본 가정은 안정된 공간 안에서 자신의 치유적 잠재력을 경험하며 손상된 모성 이미지를 치유할 수 있도록 조건을 제공하는 것으로 창조적 퇴행을 장려하여 치유를 돕는다. 와인리브(Weinrib)에 의하면 모래놀이치료는 인간 정신의 통합성을 도모하는 표현예술치료활동으로는 자기(Self)가 배열되고 치유해 가는 활성화되도록 돕는다고 하였으며, 상처받은 자아를 치유하고 심리적 재탄생을 도와 내면의 아이가 회복된다고 보았다. 즉, 인간은 적절한 조건이 주어지면 스스로를 치유해 가는 자율적인 경향성이 있다는 것이다. 이 자율성은 발달적 요구를 충족시키고 정서적 삶에 참여하도록 도와주는 표현의 미학이다.

1) 모래놀이치료의 개념

모래놀이치료는 무의식으로부터 갈등을 끌어와 정신적 내용을 건강하게 재정리하도록 치유와 변형을 촉진하는 일련의 과정이다. 모래놀이치료는 자신의 내적 마음의 흐름을 모래상자 안에 옮겨놓는 순수예술로 치유를 위한 창조성의 역할이며 인간의 타고난 예술적 능력의 회복이라 할 수 있다. 모래놀이치료는 내담자에게 언어로 표현되기 어려운 감정적 문제에 대해 자연스러운 접근을 유도하며 치료과정이 자신의 경험을 온전히 드러낼 수 있도록 돕는다. 모래놀이치료는 일상에서 경험한 사건이나 감정 중 수용하기 어려운 것들 또는 고통스러운 것들을 모래판 위에 다양한 상징물을 이용하여 투사적으로 표현할 수 있기 때문에 저항감을 낮추면서 자발적 치료행위를 돕는다.

모래놀이치료는 어린아이부터 성인까지 연령과 성별에 상관없이 마음의 깊은 수준까지 도달할 수 있으며 비언어적이며 정서적인 치료형식이다. 자신의 내면세계를 모래상자에 충분히 표현하고 표현된 상징들을 재탐색하며 스스로의 문제를 찾아내어 수용하고 극복할 수 있는 자아의 성장을 도모한다. 모래놀이치료는 마음을 찍어내는 엑스레이가 되어 보이지 않는 내면을 다루기 위한 마중물 역할을 하는 것이다.

2) 모래놀이치료의 목표

모래놀이치료는 내담자가 자신의 경험을 포함한 내면세계의 이미지를 구체적으로 재현하는 작품놀이 활동으로 개인의 문제를 훈습하고 극복할 수 있도록 돕고 현실 원리를 자연스럽게 관찰하여 균형적 성장과 통합을 추구하도록 돕는다. 모래놀이치료를 위한 구체적인 목표는 다음과 같다.

(1) 자기인식 및 통찰

모래놀이치료는 내담자가 자신의 내면에 가장 깊은 감정과 정신에 접근할 수 있도록 함으로써 자신의 내면세계와 외부세계에서 일어나는 것을 이미지로 보여준다. 이는 내담자의 내면의 소리가 모래판 위에서 구체화하여 드러난 것으로 외부 현실을 자기 자신과 연결시켜 보여주는 것이다. 이처럼 모래놀이치료는 개인의 잠재의식 속에 있는 내용을 구체적, 관찰 가능한 형태로 드러냄으로써 내면의 억압된 부분들을 의식화할 수 있게 된다.

(2) 무의식의 탐색을 통한 통합

모래놀이치료에서 창조과정을 통해 미지의 것을 볼 수 있게 되면 자신의 무의식적 과정을 더 많이 알게 되어 스스로를 이해하는 데 도움을 준다. 내담자는 이와 같은 과정 안에서 자신이 부정했던 에너지를 확인하고 통찰을 얻는다. 모래놀이치료는 무의식적 삶과 의식적 삶의 협력을 통해 인간 내면에 더 큰 조화와 힘을 만들어 협력의 틀을 제공한다.

(3) 퇴행을 통한 변화

모래놀이치료는 내담자가 모래와 자연스럽게 연결되면서 자신의 중심을 향하도록 돕고 필요한 곳으로 퇴행할 수 있도록 한다. 우리는 모두 어린 시절 모래와 흙에서 놀아 본 경험으로 과거 어린 시절로 퇴행할 수 있다. 퇴행을 통해 누릴 수 있는 무언가가 모래판 위에서 어려움 없이 실행에 옮기는 것을 돕는다.

(4) 개성화의 촉진

우리는 정신이 치유와 온전함을 향해 움직인다는 융의 전제에 동의한다. 무의식이 의식화되면서 내담자가 무의식적으로 추구하고 있을지도 모를 온전함을 향한 열망은 점진적으로 실현된다. 내담자는 그간 자신의 치유와 성장을 방해해 온 상처와 장애물 그리고 성격의 다른 측면들과 화해하고 더 잘 인식한다. 모래놀이치료는 내담자가 현실에서 보지 못한 것을 의식화할 수 있다는 점에서 꿈과 비슷하다.

3) 모래놀이치료의 장점

모래놀이치료는 개인마다의 치유와 성장에 창조적 표현을 사용하는 데 반영되며 여기서 창조적 표현능력은 건강의 기본적 측면이다. 그러므로 모래놀이치료를 하는 창조적 과정에서 흔히 도달되지 않는 감정과 경험 그리고 통찰력에 접근하게 되며 몰입함으로써 치유와 자기성장이 가능할 수 있다. 모래놀이치료는 무의식적 소재에 대한 강력한 접근법으로 심오한 감정, 직관, 통합, 창조성, 인간 경험의 총체성을 다루며 이를 위한 모래놀이치료의 장점은 다음과 같다.

첫째, 모래놀이치료에서 표현된 것들은 개성화 과정을 촉진하고 성인세계를 학습하는 데 도움을 준다. 모래놀이치료에서 환상은 내부세계와 외부세계를 결합할 가능성을 제공하는 근원이 되며, 모래와 물은 개인의 환상을 표현하기에 매우 강력한 도구로 이 두 세계를 중재하고 연결한다.

둘째, 모래놀이치료에서 표현된 여러 주제들은 내담자가 자신의 내면 생각과 감정을 구체적으로 드러낼 수 있는 세계를 만드는 것이며, 삶의 외상과 회피된 경험을 상징물을 통해 외현화하고 객관화하는 작업은 매우 중요하다. 모래놀이치료에서 표현된 상징은 무의식이 객관화되어 현실과 통합되는 것이며, 정신적 영역을 신체적으로 느낄 수 있도록 한다.

셋째, 모래놀이치료는 비위협적이고 흥미로운 성질을 가지므로 비자발적인 내담자나 말하고 싶어 하지 않는 내담자를 이끌어 들이는 데 적절하다. 모래놀이치료에서 사용되는 모래상자는 누구나 할 것 없이 개인의 독자성을 가지며 작업 후 다양한 도구를 이용하여 영속적 보존을 할 수 있으므로 회상에 따른 통찰을 돕는다.

넷째, 모래놀이치료는 모래라는 자연의 매체로 하여 작품을 만드는 과정에서 모래를 만지는 행위를 독려하며 신체적 감각과 정신을 연결 짓는다. 이는 신체와 마음의 상호작용을 통해 방어수단을 감소시키며 깊은 내면의 문제에 빨리 접근하도록 돕는다.

4. 독서치료

인간의 심리적 문제를 해결하고자 하는 노력은 미술, 음악, 놀이를 넘어 연극, 영화, 동작, 문학, 독서 등 여러 다양한 방법을 통해 연구되어졌다. 그 중 책을 이용한 독서치료는 문학치료와 함께 효과적인 심리치료로 자리매김되고 있다. 처음 독서치료의 시작은 예술치료 내 보조 수단으로 사용되었으나 이제는 하나의 독립된 치료 영역으로 발전해 가고 있으며, 다양한 연령층에서 심리적 문제를 해결하는 데 도움을 주고 있다.

독서치료는 20세기 초 미국에서 처음으로 환자를 치료하기 위해 병원에서 독서를 권장하는 것에서 시작되었으며 20세기 중반 이후에는 본격적으로 그 치료 방법과 효과에 대한 연구가 활발히 진행되었다. 현재 독서치료는 자기개념 및 인간관계 증진 등 발달적 관심에서 필요와 기대를 충족시키면서 문제에 대한 해결 중심적 접근과 더불어 예방적 접근의 가용성은 넓어지고 있는 추세이다.

1) 독서치료의 개념

독서치료는 그리스어 'biblion(책, 문학)'과 'therapeia(도움이 되다, 의학적으로 돕다, 병을 고쳐 주다)'라는 두 단어에서 유래되었다. 이는 독서치료가 문학의 치료적 특성을 지니고 있음을 말해 주는 것이다. 독서치료는 응용 분야 및 적용 범위가 넓어 그 개념을 하나로 규정하기가 어렵지만, Doll & Doll에 의하면 독서치료는 인간의 전반적인 발달을 위해 사용하며 독자의 성격을 측정하고 적응과 성장, 정신적 건강을 위해 책과 독자 사이의 상호작용 과정을 다루는 것으로 정의하였으며 선택된 독서 자료에 내재된 생각이 독자의 정신적 또는 심리적 질병에 영향을 줄 수 있음을 말하였다. 또한 내담자에 의해 선택된 독서 자료는 내재된 심리적 근거로 정신적 또는 심리적 질병을 다루는 데 중요하다고 하였다.

상호작용을 강조한 Hynes & Berry는 내담자의 감정과 인지적 반응을 통합하도록 돕기 위해 내담자 스스로가 선택한 문학작품이나 글, 시청각 자료 등을 통해 창의적 글쓰기를 시도하고 작품에 대한 토론을 진행하며 상호작용을 돕는다고 하였다. 이와 같은 내용을 종합해 볼 때 독서치료는 발달적 문제나 적응상의 문제를 가지고 있는 내담자에게 문학작품을 매개로 하여 토론, 글쓰기, 그림 그리기 및 역할극 등의 상호작용을 통해 자신의 문제를 해결하도록 돕는다. 이처럼 독서치료는 시에서부터 단편소설, 자서전, 개인의 일기, 생활사 등등에 이르기까지 가능한 모든 문학적 형태를 포함하는 문학작품을 가지고 내담자를 이해하고 나누는 것이다. 현재 독서치료는 독서교육, 독서심리, 독서상담, 문학치료 등의 용어로 혼용되고 있으나 독서요법과 독서치료가 동일한 의미로 가장 많이 사용되고 있다.

2) 독서치료의 목표

독서치료를 하는 현장의 전문가들은 독서치료의 자료를 통해 내담자 문제와 관련된 정보가 제공되며 문제에 대한 통찰을 얻을 수 있음을 말한다. 또한 집단에서 독서치료를 진행하는 경우 각 집단원의 문제를 토론의 형식으로 자극하여 새로운 가치와 태도를 나누게 되고 동일한 문제로 갈등을 경험하는 사람들에게 지지와 희망을 줄 수 있음을 이야기한다. 이를 통해 문제에 대한 해결책이 제시되는 것이다. Doll & Doll이 이야기한 독서치료의 목표는 다음과 같다.

- 통찰력을 향상시킨다.
- 정서적 카타르시스를 경험하도록 한다.
- 일상 속 문제를 해결하도록 돕는다.
- 상호작용능력을 향상시켜 행동과 태도를 변화시킨다.
- 안전한 대인관계를 촉진시킨다.

- 다양한 상황에서의 대처 능력을 향상시킨다.
- 독서의 즐거움을 제공한다.

3) 독서치료의 장점

독서치료는 다양한 외상 및 심리적 불편감에 대해 직접적 언급이 어려운 내담자들에게 책 또는 관련 정보를 통해 투사하도록 독려함으로써 불안과 저항감을 줄이도록 돕는다. 따라서 자신의 사고와 경험을 표현하는 것에 어려움이 있는 여러 대상에게 독서치료는 매우 효과적이다. 특히나 충격적인 사건을 갖은 아동에게 그림책은 등장인물을 통해 자신의 경험을 표현하게 하거나 심정을 투사하도록 하는 매개로 매우 적절하며 저항감을 낮추도록 돕는다. 아동뿐 아니라, 청소년 및 성인의 경우에도 일상에서의 태도를 탐색하거나, 대리적 보상 경험을 통해 치료적 개입이 가능하다.

독서는 치료와 교육적 목적에서 두루 사용되며 자신이 경험하지 못한 어떠한 상황에 대한 정보를 제공하므로 문제해결에 도움을 주며 대처능력을 높여준다. 또한 독서는 읽는 이에게 즐거움과 흥미를 줄 뿐 아니라 책 속의 주인공이 문제를 해결해 나가는 과정을 통해 용기를 얻고 기대와 희망을 통해 스스로를 돌아보게 하는 힘을 준다. 이와 같은 긍정적 인식과 보편성은 협소한 인식의 폭을 넓혀 삶을 유연하게 하며 기회를 제공한다. 독서치료의 장점을 살펴보면 다음과 같다.

- 독서치료는 책 속 등장인물 중 누군가와 자신을 동일시하면서 감정이입을 통해 자신을 공감하며 지지감을 경험한다.
- 독서치료는 책 속 등장인물의 감정, 사고, 성격, 태도를 통해 다양한 표현으로 억압된 감정을 발산할 수 있도록 돕는다.
- 독서치료는 일련의 과정을 통해 스스로 자신을 알아차리도록 하며 문제에 대한 통찰을 얻어 건강한 목표를 설정하도록 돕는다.

Chapter

8

심리측정 및 평가

Chapter 8

심리측정 및 평가

철학과 생리학으로부터 독립하여 독자적인 학문으로 발전한 현대 심리학은 1879년 Wundt가 라이프치히에 실험실을 개설한 1879년을 그 시작으로 보고 있으며 심리검사의 역사 역시 때를 같이 한다. 이처럼 심리검사의 역사는 오래되지 않았으나 인간의 심리적 부적응과 장애를 치유하며 개인을 총체적으로 이해하기 위한 노력이 지속됨에 따라 심리학의 중요한 일부로 발전하였다.

아동·청소년의 경우 심리검사에 따른 정보는 임상적 치료를 포함하여 전인적 발달과 문제예방에 큰 도움을 주며 결과로 드러난 인지적 수준과 성격 및 정서 상태는 청소년 개인의 자기이해를 포함하여 건전한 적응을 도움으로써 자아실현을 위한 긍정적 수단이 된다. 따라서 아동과 청소년을 대상으로 심리검사를 한 후 적절한 평가를 하기 위해 현재 발달이 진행 중인 특성을 충분히 이해하고 그에 따른 발달심리학과 발달정신병리에 대한 지식을 통합적으로 반영할 수 있어야 한다.

대부분의 아동·청소년의 경우 보호자에 의해 의뢰되는 경우가 대부분이므로 낯선 환경에 대한 두려움과 함께 심리적 저항감이 클 수 있어 편안한 환경이 조성되어야 하며 아동·청소년의 눈높이에 맞추어 라포 형성을 하는 것이 중요하다 할 수 있다. 특히 일탈 행동을 보이는 등 자신의 일상에서 부적응을 보이는 청소년 피검자의 경우라면 비자발적 동기로 인해 부정적 태도를 보이는 경우가 있으므로 피검자가 속해 있는 또래문화를 이해함으로써 친숙함을 갖도록 해야 한다.

1. 심리평가의 이해

1) 심리평가란 무엇인가?

심리평가(psychological evaluation)는 개인의 지능과 성격, 적성, 태도, 가치관 등의 심리적 속성을 이해하고자 하는 목적을 가지고 다양한 도구를 사용하여 양적 · 질적으로 측정(measurement) 및 평가(evaluation)하는 일련의 절차를 말한다. 이와 같은 과정에는 개인의 특성을 측정할 수 있도록 개발된 검사도구 및 내담자의 주 호소 문제와 증상, 개인 및 사회적 영역 내에서의 발달사 등 정신 상태에 대한 평가를 포함한 면담과 함께 면밀히 관찰된 행동적 특성이 포함된다. 또한 수집된 정보를 통합적으로 이해하기 위해 성격이론과 정신병리 등의 전문적 지식이 필요하다.

심리평가를 하는 검사자는 주로 정신건강 관련 영역에서 전문성이 요구되며 건강한 태도와 철학을 갖고 있어야 한다. 심리평가의 전 과정이 이를 지키지 않고 오남용된다면 내담자에 대한 잘못된 정보를 왜곡되게 제공할 것이며 이는 심리평가의 목적을 크게 훼손하게 되는 것이다. 따라서 객관적 측면에서 피검자에 대한 정확한 정보를 제공할 수 있도록 검사의 실시, 채점 및 해석 과정이 전문가에 의해 전문적으로 이루어져야 한다.

심리평가는 피검자의 현재 상태를 매우 잘 보여주기 때문에 다각적인 측면에서 심층적으로 피검자를 이해하고 분석할 수 있는 지식은 물론 검사자의 편견이나 주관적 견해가 편파로 작용하지 않도록 스스로를 내성할 수 있어야 한다. 따라서 검사자는 자신의 가설을 스스로 검증하고 전문적인 수련을 꾸준히 받도록 하여 최신 지견과 연구 동향을 살피는 것에도 게을리하면 안 될 것이다.

2) 심리평가의 목적

심리평가는 다양한 목적으로 시행되며 일반적으로 개인행동을 예측하고 분류하며 진단을 통해 개인의 자기이해를 증진시킴으로써 건강한 일상의 적응을 돕는 데 있다고 할 수 있다. 따라서 심리평가는 심리적 장애의 해결을 위한 치료개입과 전략을 계획하고 수행하는 기초과정으로 그에 따른 목적을 구체적으로 설명하면 다음과 같다.

- 피검자의 증상과 문제의 심각성을 확인 후 분류한다.
- 피검자의 실행 기능에 따른 수준을 측정하여 평가한다.
- 피검자의 주의력, 기억력 등의 인지능력 및 지적능력을 평가한다.
- 피검자의 성격 구조 및 패턴, 대인관계 양상에 대해 평가한다.
- 피검자의 심리적 증상과 문제에 따른 적절한 치료적 개입유형을 확인한다.
- 피검자의 현재 상태를 고려하여 행동 및 치료결과를 예측한다.
- 피검자를 치료적 관계로 유도하며 자기인식 및 이해를 증진시킨다.
- 교육, 임상, 상담, 의학 등 다양한 분야에서 유용한 자료로 활용된다.

3) 심리평가의 과정

심리평가는 진단을 통해 원인을 찾고 그에 따른 예후를 예측하며 일상적 삶에서 개인의 강점 및 적응적 패턴이 어떻게 사용될 수 있는지를 알 수 있게 하는 것이다. 따라서 검사결과를 통해 개인 경험에 대한 상황과 특성이 얼마나 많이 확산되어 있는지를 확인할 수 있다. 이를 위한 심리평가의 네 단계로 설명된다.

(1) 문제설정

임상 장면에서 심리평가를 위한 문제설정은 증상과 행동 간의 관계를 통해 원인을 찾고 치료적 개입을 어떻게 할 것인지? 그와 같은 상태는 일상에서 어떠한 영향을 주는지?에 대한 답을 줄 수 있을 것이다. 이를 위해 다음의 여섯 가지 항목을 확인하는 단계이다.

- 현재 행동패턴에 대한 개념화
- 관찰된 행동의 원인 분석
- 현재 행동으로 예측되는 결과
- 현재 행동에 대한 치료기법
- 개인의 자산 및 강점
- 개인의 패턴과 약점

(2) 심리검사 도구 선택 및 실시

심리평가는 피검자가 현재 보이는 행동의 표본을 추출하기 위해 표준화된 심리검사 도구를 활용하여 실제 경험하는 환경을 구조화한다. 따라서 외부 세계의 관련 환경을 일반화하기 위해 검사환경의 요구특성에 존재하는 변산은 피검자 일상의 주요 측면과 유사하며 반응 특성은 일상에서 나타날 가능성이 높은 행동의 축소판이 될 것이다.

검사자는 검사환경 안에서 구조화된 검사와 비구조화된 검사를 통해 피검자의 추상적이며 논리적인 인지 자원을 활용해 개인의 경험을 통합하여 그에 따른 정보를 추론하며 피검자의 내·외적인 경험 탐색을 통해 대처양식 및 정서적 특성을 파악할 수 있다. 이를 통해 진단을 위한 정보와 함께 치료에 대한 적합성을 확인한다. 또한 피검자에게 의도적으로 스트레스를 부과하여 적절한 방어기제의 사용이 가능, 스트레스에 대한 인내 및 저항 가능성, 충동 통제에 관한 정보 등을 추론할 수 있다.

(3) 정보 통합

심리검사를 통해 확인된 피검자의 정보는 모이검사환경이라는 조작된 장면 안에서 상황적 속성을 통제하고 개인의 특성에 가장 적절한 평가도구를 활용하여 그에 따른 변산을 관찰한 결과이다. 이와 같은 객관적 정보는 피검자의 행동관찰 및 면담을 통해 수집된 정보와 함께 검사자의 전문지식을 통해 개인의 총체적·심리적 특성이 고려된 진단으로 드러난다.

이러한 심리검사 및 평가에서의 해석은 기존의 지식을 토대로 둔 하나의 가설일 뿐이므로 그와 관련된 타당성은 임상 현장에서 끊임없이 확인되고 다루어져야 할 것이나 심리평가가 피검자의 치료개입에 도움을 주며 변화 양상 및 성과 유지의 확인에 매우 유용하다 할 것이다.

(4) 심리평가 결과 및 소견 보고

심리평가를 위한 여러 자료를 통합하여 결과 및 소견을 보고서로 작성하게 되는데 심리학적 보고서는 피검자에게 유의미한 영향을 주기 때문에 매우 신중히 작성되어야 하며 가독성을 높일 수 있어야 한다. 그러나 실제 임상장면에서 심리평가 보고서는 부정적으로 인식되기 쉬운 것이 현실이다. 그 이유는 첫째로 보고서에 전문용어의 사용이 많거나 알아들을 수 없는 말로 기술되어 피검자와 보호자가 읽기 어렵다는 것이며 이는 때때로 전문가들 사이에도 공유되지 않는다는 것이다. 둘째는 보고서를 읽고 나서 그래서 어쩌라는 거지?라는 의문점만 갖게 된다는 점이다. 상태에 대한 기술은 장황하지만, 그래서 내가 뭘 어찌해야 하는지를 알 수 없다는 것이다. 셋째는 보고서상에 기술된 판단의 근거가 때로 빈약하여 추론에 대한 신뢰감이 낮아진다는 것이다.

따라서 심리평가 결과를 작성하는 보고서의 경우 목적을 분명하게 진술하여야 하며 피검자 및 읽는 의뢰자가 충분히 이해할 수 있는 어휘를 사용하는 것이 필요하다. 또한 가독성 높은 글쓰기 반영과 함께 추론과 판단의 근거가 되는 행동의 예나 데이터를 제공하여야 한다.

4) 심리평가를 위한 자료

(1) 평가면담

심리평가를 위한 면담(interview)은 피검자의 의식적 관심과 느낌을 포함하여 심리 사회적 문제를 직접 탐색하는 중요한 임상수단으로 정신장애를 진단하는데 매우 중요하다. 면담을 통해 수집된 정보는 심리검사 결과의 타당성을 뒷받침하며 피검자의 행동 특성 및 현재 상황에 대한 기능 수준과 심리적 반응의 내용을 확인해 준다.

면담을 통해 수집된 중요한 정보는 때에 따라 신뢰할 수 없는 경우가 있으므로 그 정보는 제한적일 수 있다. 예를 들어 품행장애 청소년 등이 개인의 유익을 위해 자신의 정보를 있는 그대로 보고하지 못하는 경우, 정신증 환자의 경우 환청 경험을 그대로 표현하지 못하는 경우, 인지적 기능의 손상으로 자신의 상태를 명확히 보고하지 못하는 경우 등이 그러하다. 따라서 보고된 내용 이면의 감추어진 진실을 찾도록 다양한 검사자료와 통합 해석함으로써 전체 모습을 확인할 수 있어야 한다. 일반적으로 면담은 구조화의 정도에 따라 비구조화된 면담과 구조화된 면담으로 구분된다.

① 비구조화된 면담

비구조화된 면담은 개방적 면담으로 미리 정해진 질문이나 순서 없이 피검자의 반응에 따라 검사자가 유연하게 진행하는 면담절차로 일정한 구조와 틀이 없기 때문에 융통성이 있으며 특정 부분에 초점을 맞추어 중요 정보를 집중탐색할 수 있는 장점을 가진다. 그러나 관찰과 진단에 있어 검사자의 주관적 추론의 개입 여지가 높을 수 있어 검사자의 전문성이 요구된다. 또한 체계화된 방식이 아니므로 신뢰도가 낮고 수집된 자료를 객관적으로 수량화할 수 없다는 단점이 있기 때문에 구조적 면담과 함께 사용하는 것이 바람직하다.

② 구조화된 면담

구조화된 면담은 체계적인 정보 수집에 유리하며 검사자의 개입을 최소화시킴으로써 검사자 간의 개인차를 좁혀 일치도를 높이므로 신뢰할 만한 해석적 정보를 제공한다. 1970년대 정신장애 진단을 두고 진단의 신뢰도를 높이기 위한 필요로 구조적 면담 도구가 활발히 제작되었다. 이러한 표준화된 실시는 신뢰도를 높이며 면담자 간 일치도를 높여 해석에 도움이 되는 규준 값을 제공한다. 구조적 면담은 진단적 정보를 제공하기 위한 것과 증상의 심각도를 평가하는 것으로 구분되며 비구조화된 면담에 비해 비교적 덜 숙련된 면담자의 경우에도 훈련을 거쳐 실시할 수 있다는 장점이 있다.

③ 반구조화된 면담

현재 임상장면에서는 높은 수준의 전문성을 요구하면서도 면담 과정에서 유연성이 발휘될 수 있도록 반구조화된 면담을 이용하여 각 면담의 장점을 살린 반구조화된 면담을 이용한다. 반구조화된 면담은 면담가의 판단에 따라 내용과 절차가 수정될 수 있으며 상황에 따라 취약한 부분을 구조적 면담으로 보완할 수 있다.

(2) 행동평가

행동은 개인이 내 · 외부 환경을 어떻게 경험하고 있는지를 확인시켜 주기 때문에 각 환경이 피검자에게 주는 영향을 이해할 수 있으며 일상에서의 태도를 가장 근접하게 보여주기 때문에 실제 면담자료와 검사자료에 의존하게 되는 검사자 입장에서 매우 중요한 자료가 된다. 또한 행동평가는 객관적으로 관찰할 수 있는 행동과 더불어 피검자의 감각, 인지, 관계양상, 심리상태, 생리적 기능 등의 다양한 측면을 확인할 수 있다.

행동평가는 피검자가 면담 과정에서 진술하는 내용의 의미를 확인하게 하며 치료를 위해 어떠한 기법을 선택할 것인지를 알게 하고 검사장면에서 드러난 행동을 통해 지각의 형태 및 인지수준 등을 판단하여 사후 전략을 세우도록 돕는다. 검사자는 가능한 피검자의 행동을 있는 그대로 간단, 명료하게 기술하여야 한다. 행동의 특정 영역을 측정하기 위한 구체적 전략으로 이야기식 기록, 시간 간격별 기록, 사건기록, 평정기록의 방법이 있다.

(3) 정신상태 평가

정신상태 검사(mental status examination)는 피검자의 심리사회적, 인지적, 정서적 기능을 포함하여 시 · 공간 정보에 대한 적응 기능을 진단하기 위해 면접 과정에서 검사자에 의해 실행되는 매우 유용한 평가방법이다. 이는 피검자 평가를 위해 매우 기초적이며, 중요한 부분을 다루는 구조적 접근방법으로 임상 현장에서는 간이 정신상태 검사(mini mental status examination, MMSE)를 사용하기도 한다.

정신상태를 확인하기 위한 11개 항목으로는 외모, 태도, 행동, 기분 및 정서, 말하기, 사고진행, 사고내용, 지각, 인지, 병식, 종합평가 등이 있다. 치매를 선별하는 검사로 많이 알려져 있는 간이정신상태 검사는 지남력, 기억등록, 주의집중 및 계산, 기억회상, 시공간 구성능력, 언어 관련 능력 등과 관련된 문항으로 구성되어 있다.

5) 심리검사의 분류

(1) 객관적 검사

객관적 검사(Objective test)는 과제가 구조화되어 있고 채점과정이 표준화되어 있으며 해석의 규준이 제시되어 있는 검사를 말한다. 즉, 검사에서 평가하고자 하는 내용이 목적에 따라 준비되어 있으며 일정한 형식에 따라 반응하도록 되어 있어 각각의 특성을 측정하기에 매우 적합하다. 그로 인해 객관적 검사는 개인 고유의 특성이 아닌 개인마다 공통적으로 지니고 있는 특성과 차원을 기준으로 개인들 간의 상대적 위치를 비교하거나 평가하는 검사이다.

객관적 검사는 검사 실시와 해석이 간단하며 검사의 신뢰도와 타당도가 검증되어 있어 검사자 변인이나 검사 상황 변인에 영향을 덜 받으므로 개인 간 비교가 객관적으로 제시되며 많은 대상을 한꺼번에 실시할 수 있는 장점으로 인해 시간적 경제성이 높고 결과에 따른 프로파일이 제공되어 해석이 용이하다. 반면 피검자는 사회적 바람직성을 갖게 되어 개인의 질적 독특성이 무시된다는 한계점을 갖는다.

대표적인 객관적 검사로는 지능검사인 WISC, WAIS, WPPSI와 성격검사인 MMPI, MBTI가 있으며 기타로 직업흥미검사, 학습흥미검사, 적성검사 등이 있다.

(2) 투사적 검사

투사적 검사(Projective test)는 모호한 검사자극을 통해 개인 고유의 욕구, 갈등, 성격과 같은 심리적 특성을 끌어내도록 하기 위해 비구조적 검사 과제를 제시하여 다양한 반응을 허용하는 것을 말한다. 즉, 투사의 과정을 통해 비의도적, 자기노출적 반응을 유도하여 피검자의 방어를 어느 정도 차단하므로 내면을 외부로 자연스럽게 드러나도록 돕는다.

투사적 검사는 평소 의식화되지 않던 사고나 감정을 자극함으로써 전의식, 무의식적인 심리적 특성이 반응될 수 있다는 장점을 가지며 객관적 검사에 비해

허위반응의 가능성을 적게 한다. 그러나 투사적 검사는 신뢰도와 타당도가 부족하다는 많은 연구결과를 통해 객관성이 검증되기 어렵다는 비판이 있다.

대표적인 투사적 검사로는 로르샤흐 검사(Rorschach Test), TAT, CAT, DAP, HTP, KFD, BGT, SCT 등이 있다.

2. 지능 및 인지 평가

1) 지능검사

(1) 지능의 이해

지능은 성격, 정서, 가치, 동기와 같은 여러 특성들과 함께 한 개인의 총체적인 모습을 구성하는 중요한 요소이다. 지능의 측정은 다른 심리학적 구성개념들의 측정과 마찬가지로 지능이 무엇이며 어떤 요소들로 구성되어 있는가에 대한 정의에서부터 시작할 수 있다.

지능(intelligence)이라는 용어는 라틴어 'intelligentia'에서 유래된 것으로 'inter'란 '내부에서'를 뜻하며, 'leger'란 '모이고, 선택하고, 분별하다'는 뜻을 지닌 용어이다. 지능이란 어떤 것인지에 대하여 우리는 막연하게 알고 있지만 합의된 하나의 정의를 내린다는 것은 매우 어렵기에 학자들은 저마다의 정의를 내놓음으로써 많은 이견들이 있어 왔다. 많은 학자들의 지능에 대한 조작적 정의는 임상적 입장과 이론적 입장으로 구분하여 설명되며 이에 따라 지능이라는 구성개념을 규명하고자 하는 시도가 이루어졌다.

임상적 입장의 대표학자인 Binet, Terman, Wechsiler 등은 지능에 대한 이론적 배경이나 경험적 증거가 충분치 않더라도 지능이라는 구성개념에 대한 가설을 토대로 지능검사를 제작하고 검사를 통해 개인의 총체적 능력을 측정하고자 하였다. Binet과 Simon은 지능이란 분별력과 독창성을 의미하며 환경과의 상호작용에서 적응하는 능력으로 개인이 접하게 되는 자극 환경에 대한 판단력과 이해력 및 추진력이라고 정의하였다. Wechsler의 경우 지능의 개념을 결단력 있게 행동하고 합리적으로 생각하며 환경에 대해 효율적으로 대처하는 전체적인 능력이라고 말하였다. 이는 지능검사가 개인의 인지적 요소를 측정하는 것에 국한되는 것이 아닌 다양한 요소, 즉 흥미와 동기 등의 전체 성격 특성을 포함하고 있음을 주장한 것이다.

이에 반하여 이론적 입장의 대표학자인 Cattell, Guilford, Spearman과 Thurstone의 경우 지능의 개념을 보다 과학적으로 규명하고자 애썼으며 개인의 다양한 변인이 집단을 통해 얻은 검사결과와의 상관관계를 분석하여 소검사에 대한 요인분석을 통해 지능의 개념을 밝혀내고자 하였다. Spearman의 상관관계 연구는 지능을 일반요인과 특수요인으로 구분하여 영역별 기능을 2요인으로 구분하였으며 Thurstone은 지능을 7개의 요인구조로 추출한 다요인론을 주장하였다. Guilford는 Thurstone의 이론을 확장하여 3차원의 보다 정교한 지능구조모형을 제안하였으며 이를 통해 내용, 조작, 결과 차원을 구분하였다. Cattell은 생물학적 접근에 기여하면서 지능을 선천적으로 타고나는 유동적 지능과 후천적으로 습득되고 계발되는 결정성 지능으로 구분하였다.

(2) 지능검사의 목적

지능검사는 발달장애 아동을 진단하는 등, 보다 인지적인 수준 및 병리적인 상태를 확인하기 위한 목적으로 사용되기도 하지만 상담 및 학교 장면에서 다양한 이유로 매우 유용하게 사용되고 있다. 따라서 피검자에게 유용한 정보를 제공할 수 있도록 목적에 맞는 검사를 선정하고 다각적 측면에서 보다 전문적 정보를 제시할 수 있도록 하는 것이 필요하다. 지능검사의 실시목적은 다음과 같다.

- 개인의 전반적인 지적능력 평가
- 개인의 인지적 강점과 약점 평가
- 지능검사 결과를 통한 임상적 진단의 명료화
- 신경학적 손상과 관련된 인지 기능 확인
- 치료 및 예방과 관련된 현실적 목표 수립

(3) 한국판 아동용 Wechsler 지능검사: K-WISC-Ⅴ

아동용 Wechsler 지능검사는 아동의 지능 및 전반적인 인지 기능 평가를 위해 가장 많이 사용되는 검사로 만 6세 0개월부터 만 16세 11개월까지의 아동 및 청소년의 지능을 평가하기 위한 임상도구이다. 현재 우리나라에서 사용되고 있는 아동용 Wechsler 지능검사는 K-WISC-V이며 K-WISC-Ⅳ와 함께 살펴보기로 한다.

K-WISC-IV는 도구의 이론적 토대를 업데이트하여 발달적 적합성을 증가시켰으며 심리 측정적 속성을 향상시켜 검사자의 편의성을 증대시켜 개발되었다. 이전의 Wechsler 지능검사에 비해 큰 폭으로 개정이 이루어졌으며 K-WISC-IV에서의 주요 변화와 특징은 다음과 같다.

- 언어성 IQ와 동작성 IQ 폐지
- 전체 IQ와 4개의 지표점수(언어이해, 지각추론, 작업기억, 처리속도) 산출
- 과정 점수(Process scores) 산출
- 15개의 소검사 구성(핵심 소검사 10개, 보충 소검사 5개)
  - 상식, 산수, 빠진 곳 찾기는 보충 소검사로 수정
  - 숫자, 동형 찾기는 핵심 소검사로 수정
  - 단어 추리, 행렬추론, 순서화, 선택 소검사가 새롭게 추가
  - 미로, 차례 맞추기, 모양 맞추기 제외

K-WISC-Ⅴ는 지능이론은 물론, 인지발달, 신경발달, 인지신경과학, 학습과정에

대한 최근 심리학 연구들에 기초하고 있다. K-WISC-Ⅳ에 비해 유동적 추론의 측정을 강화하였으며 아동의 수행을 보다 세분화하여 인지능력을 제공하였다. K-WISC-Ⅴ에서의 주요 변화와 특징은 다음과 같다.

- 전체 IQ와 5개의 지표점수(언어이해, 시공간, 유동추론, 작업기억, 처리속도)
- 5가지 추가지표점수(양적추론, 청각작업기억, 비언어, 일반능력, 인지효율)
- 16개의 소검사 구성
  - 빠진 곳 찾기와 단어 추리 삭제
  - 무게 비교, 퍼즐, 그림 기억 추가

2) Rorschach 검사

(1) Rorschach 검사의 이해

Rorschach 검사는 현재 임상 실제에서 가장 널리 사용되고 있는 대표적인 투사적 검사로 개인 성격의 인지, 정서, 자기상, 대인관계 등에 대한 종합적이고 다각적인 정보를 준다. 그러나 어떤 투사검사나 마찬가지의 문제를 가지고 있지만, 특히 Rorschach 검사는 다양하고 복잡한 정보를 주면서 그 중요도가 높게 평가되고 있는 만큼, 신뢰도나 타당도에 관하여 많은 논의와 이의가 있다. 즉, 실시나 해석 과정에서 임상가의 주관이나 편향이 개입되어 결과가 달라지거나 오도될 가능성이 많으며 해석자 간 의사소통이나 의견일치가 되지 않을 수 있다는 문제점이 지적되어 왔다.

이와 같은 문제를 해결하기 위해 1921년 Hermann Rorschach에 의해 성격 분석의 도구로서 그 유용성이 인식되어 연구 발표된 이후 줄곧, 임상가들은 실시 및 해석에 표준화된 틀을 마련하고자 노력해 왔다. Exner는 다섯 가지 체계를 연구하는 과정에서 연구 자체가 제대로 이루어지기 어려운 이유로 연구 자료들이 어떤 한 체계에 충실하기보다는 나름대로의 채점 방식과 틀을 발달시킨 경우가 많았다는 점을 들었다. 결국 Rorschach 검사가 제대로 연구되기 위해 검사의 분석에 타당성 있게 객관적으로 접근하기 위해서 모든 체계의 특징을 통합한 하나의 체계를 만드는 작업이 필요해졌으며 Exner는 Rorschach 종합체계를 내놓게 되었다.

Exner에 의한 종합체계가 가진 장점은 기존의 각 방식들에서 경험적인 근거를 바탕으로 실증적으로 입증된 부분과 연구 결과들만을 채택, 종합함으로써 과학적인 근거를 갖게 됨과 동시에 풍부한 해석 틀을 가지게 되었다는 것이다. 또한 그간의 체계들에서 서로 달리 쓰이던 채점 방식을 하나의 명백한 기준을 제시함으로써, 채점자 간 신뢰도를 높여 연구자 간의 의사소통에 도움을 주었다. 이는 구조적으로 체계화되어 있기 때문에 질적 분석방식에 비해 임상가들이 보다 용이하게 접근할 수 있다는 장점을 갖도록 하였다.

(2) Rorschach 검사의 실시

Rorschach 검사는 총 10장의 카드로 Ⅰ, Ⅳ, Ⅴ, Ⅵ, Ⅶ 5장의 흑백카드와 Ⅱ, Ⅲ, Ⅷ, Ⅸ, Ⅹ 컬러가 혼합되어 있는 5장의 카드로 구성되어 있다. 이 카드들은 명확한 형태를 가지고 있지 않다는 특징으로 인해 보는 사람에 따라 다양한 보고를 함으로써 개인의 반응양식, 정서상태, 인지적 조작, 동기, 대인 간 환경 간 지각 양식 등을 확인할 수 있다.

- **좌석 배치:** 옆에 나란히 앉거나 90도 방향
- 검사의 소개
- **지시 내용:** "이것은 무엇처럼 보이나요?"
- **반응 단계:** 피검자의 말과 표현의 기록
- **질문 단계:** 반응의 위치, 결정 요인, 내용 등 확인

(3) Rorschach 검사의 채점

Rorschach 검사를 통해 피검자가 표현한 반응을 기호화하는 것으로 각 기호의 빈도, 백분율, 비율, 특수 점수의 산출 등 이를 수치적으로 요약하는 '구조적 요약(Structural Summary)' 과정을 거치게 된다. 이를 토대로 피검자의 성격 특성 및 병리 상태에 대한 해석이 이루어지므로 채점이 정확해야만 해석의 타당성이 보장된다. 따라서 정확한 채점방법을 익히는 것이 중요하다.

Exner 종합체계에서의 채점은 기본적으로 다음과 같은 항목들로 이루어지게 된다.

- **반응의 위치**(location): 피검자가 반점의 어느 부분에 반응하였는가
- **반응 위치의 발달질**(developmental quality): 그 위치 반응은 어떤 발달 수준을 나타내는가
- **반응의 결정인**(determinant): 반응을 결정하는 데 영향을 준 반점의 특징은 무엇인가
- **형태질**(form quality): 반응한 내용이 자극의 특징에 적절한가
- **반응내용**(content): 반응한 내용은 어떤 내용 범주에 드는가
- **평범반응**(popular): 일반적으로 흔히 하는 반응인가
- **조직화 활동**(organizational activity): 자극을 어느 정도 조직화하여 응답했는가
- **특수점수**(special score): 특이한 언어반응을 하고 있는가
- **쌍반응**(pair response): 사물을 대칭적으로 지각하였는가

채점의 핵심 원칙을 살펴보면 다음과 같다.

- 반응 단계에서 응답할 당시에 일어난 인지적 작용에 대해 이루어져야 하므로 질문 단계에서 검사자의 질문을 받고 유도된 반응은 원칙적으로 채

점하지 않는다.
- 반응 단계에서 나타난 모든 요소들이 채점에 포함되어야 하며 질문 단계에서 나온 답변일지라도 피검자가 자발적으로 응답한 것이라면 채점에 포함시킨다.
- 여러 개의 결정인이 복합적으로 사용된 경우, 각 요인들을 모두 개별적으로 채점한다.

이러한 원칙하에 반응을 기호화한 뒤 각 반응을 카드 순서에 따라 '반응 기록지'에 기록하며 이를 바탕으로 변인의 빈도, 총점수, 비율 등을 계산하여 '구조적 요약지(structural summary sheet)'의 상단과 하단에 적는다.

(4) Rorschach 검사의 해석

Rorschach 채점을 통해 구조적 요약(structural summary)을 함으로써 피검자의 심리적 특성과 기능에 대한 해석적 가치를 상정할 수 있으며 구조적 요약은 세 단계를 거쳐 완성한다. 첫째, 각 반응의 기호나 점수계열을 기록하고 둘째, 각 변인의 빈도를 기록하며 셋째, 여러 가지 비율, 백분율, 산출한 점수 등을 기록하여 구조적 요약의 상단부와 하단부를 구성, 아래의 내용을 군집별로 해석한다.

- **특수지표:** PTI, DEPI, CDI
- 통제와 스트레스 인내력
- **세 가지 인지적 요소:** 조정(Mediation), 사고(Ideation), 과정(Processing)
- 정서, 자기지각, 대인지각

3. 성격 및 정서 평가

1) MMPI-A

(1) MMPI-A 검사의 이해

청소년용 다면적 인성검사(MMPI-A)는 기존 MMPI에서 청소년의 가족 및 학교 문제, 또래관계 문제 등과 관련된 문항을 포함하여 청소년에게 적용하기 위해 개발되었다. 청소년이 MMPI를 사용할 경우 성인에 비해 증상의 호소가 더 많기 때문에 F척도가 상승하는 결과가 빈번한 것도 개발 배경으로 중요하다 할 수 있다.

MMPI-A는 14~18세의 청소년을 대상으로 실시하며, 총 478문항으로 구성되어 있다. 척도 구성을 살펴보면 타당도 척도 6개, 임상척도 10개, 내용척도 15개, 보충 척도 6개와 성격병리 5요인 척도로 이루어져 있다.

(2) MMPI-A 검사의 타당도 척도

- 무응답(?) 척도
- 무선반응 비일관성(VRIN) 척도
- 고정반응 비일관성(TRIN) 척도
- 비전형(F) 척도
- 부인(L) 척도
- 교정(K) 척도

(3) MMPI-A 검사의 임상 척도

- 척도 1 건강염려증(Hs)
- 척도 2 우울증(D)
- 척도 3 히스테리(Hy)
- 척도 4 반사회성(Pd)
- 척도 5 남성성-여성성(Mf)
- 척도 6 편집증(Pa)
- 척도 7 강박증(Pt)
- 척도 8 정신분열증(Sc)
- 척도 9 경조증(Ma)
- 척도10 내향성(Si)

(4) MMPI-A 검사의 내용 척도

- MMPI-A의 내용 척도는 총 15개로 아래와 같다.
- 불안 척도, 강박성 척도, 우울 척도, 건강염려 척도, 기태적 정신상태 척도, 분노 척도, 냉소적 태도 척도, 소외 척도, 품행문제 척도, 낮은 자존감 척도, 낮은 포부 척도, 사회적 불편감 척도, 가정 문제 척도, 학교 문제 척도, 부정적 치료지표 척도

(5) MMPI-A 검사의 보충 척도

- MMPI-A의 보충 척도는 MMPI-2의 3개 척도와 청소년을 위해 개발된 3개의 척도가 포함되어 있다.
- 불안 척도, 억압 척도, MAC-R 척도, 알코올/약물문제 인정 척도, 알코올/약물문제 가능성 척도, 미성숙 척도

(6) MMPI-A 검사의 성격병리 5요인 척도

- 공격성 척도
- 정신증 척도
- 통제결여 척도
- 부정적 정서성/신경증 척도
- 내향성/낮은 긍정적 정서 척도

2) HTP

(1) HTP 검사의 이해

집-나무-사람 검사(House-Tree-Person Test)는 집, 나무, 사람이라는 누구에게나 친숙한 대상을 통해 개인의 성격발달과 정서적, 표상적 경험을 드러나게 함으로써 자신에 대한 관점과 환경에 대한 내부적 관점을 보여준다. 따라서 피검자 스스로는 알 수 없었던 성격 발달과 관련된 정서적인 면과 역동을 확인할 수 있다.

HTP 검사는 Buck의 시도 이후, Buck과 Hammer에 의해 개발하였다. 초기에는 정신분석학적 관점에서 해석하는 경향이 많았으나 Burn은 인본주의적 관점이나 Jung의 입장을 더욱 강조하였다. HTP 검사는 표준화된 검사는 아니지만 내담자의 현재 모습과 내면의 욕구가 그대로 투사되어 직관적이며 상호작용적이다.

HTP 검사에서 사용되는 집, 나무, 사람은 연령을 제한하지 않고 받아들이기 쉽고 솔직하고 자유롭게 피검자의 무의식과 관련하여 풍부한 상징을 드러낸다.

- **집**(House): 피검자의 자기-지각, 가정생활의 질, 가족 내 자신에 대한 지각 등의 반영
- **나무**(Tree): 자신에 대한 무의식적, 원시적 성격을 투사하는 자아개념의

반영

- **사람**(Person): 직접적 자기상으로 이상적 자아나 중요한 타인 혹은 인간에 대한 표상 반영

(2) HTP 검사의 실시

HTP 검사는 16절지 백지 4장과 HB 연필, 지우개를 사용하여 다음의 지시에 따라 각 대상을 그리는 것이다. 집−나무−사람의 순서대로 그림을 그리도록 하며 집은 16절지를 가로로 제시하고 나머지, 나무와 2장의 사람 그림은 16절지를 세로로 제시한다. 만화처럼 그리거나 막대형으로 그리지 않도록 '온전한 사람'을 그리도록 지시하는 것이 필요하다. 검사 수행 시 피검자의 말과 행동 등을 관찰, 기록해 두어야 하며 그림을 다 그린 후 질문 단계를 통해 피검자가 나타낸 그림의 개인적 의미와 현상적 욕구, 압박 등을 확인한다.

(3) HTP 검사의 해석

HTP 그림을 그린 후 질문, 피검자의 면접 외의 행동관찰과 검사 시 태도 등으로부터 얻어진 임상소견을 고려하여 해석한다. 표현된 그림의 구조만을 통해 성격의 단면을 추론하는 해석을 지양해야 하며 적절한 해석을 위해 피검자의 상태를 충분히 확인해야 한다.

- **전체적 평가**: 전체적 인상, 조화, 적응수준, 성숙도, 혼란 정도 등
- **형식적 분석**: 그림의 순서, 위치, 크기, 필압, 선의 농담, 음영, 생략, 지우기 등
- **내용적 분석**
  - 집: 지붕, 벽, 문, 창문, 굴뚝, 진입로와 계단, 기타 부속물 등
  - 나무: 둥치, 가지, 수관, 뿌리, 잎, 나무 껍데기 등
  - 사람: 머리, 얼굴, 사지, 몸통, 가슴, 어깨, 정면 or 측면 or 뒷면, 의상 등

3) SCT

(1) SCT 검사의 이해

문장완성검사(sentence completion test, SCT)는 다수의 미완성 문장을 생각대로 완성하도록 한 검사로 단어연상검사를 변형하여 발전시킨 것이다. Cattell은 Galton의 자유연상검사(free association test)로부터 단어연상검사(word association test)를 발전시켰으며 이 단어연상검사는 Kreapelin, Jung의 임상적 연구를 거쳐 Rapaport와 그의 동료들에 의해 성격 진단을 위한 유용한 투사법으로 확립되었다.

이후 여러 학자들이 미완성 문장을 통해 성격, 지능, 정서, 욕구와 갈등을 파악하는 연구를 지속적으로 발전시켰으며 Rohde는 청년기 문제 및 욕구, 내적 갈등, 환상, 감정, 태도, 야망, 적응상의 어려움 등에 대해 파악하고자 할 때 문장완성검사가 유용함을 말하였다. 현재 임상현장에서는 Sacks의 문장완성검사가 가장 널리 사용되고 있다.

(2) SSCT 검사의 영역

SSCT(The Sacks Sentence Completion Test)의 네 가지 대표적인 영역－가족, 성, 대인관계, 자기개념이 의미하는 바를 살펴보면 다음과 같다.

- **가족 영역:** 어머니, 아버지 및 가족 전체에 대한 태도 측정
- **성적 영역:** 사회적인 개인으로서의 여성과 남성, 결혼, 성적 관계에 대한 태도 측정
- **대인관계 영역:** 타인에 대한 감정, 타인이 자신을 어떻게 느낀다고 생각하는지를 측정
- **자기개념 영역:** 자신의 능력, 과거, 미래, 두려움, 죄책감, 목표 등에 대한 태도 측정

(3) SSCT 검사의 해석

SSCT의 평점 기록지는 각 태도에 대한 네 개의 자극 문항들과 그것에 대한 피검자의 반응들을 종합하도록 구성되어 있으며 평점을 통해 해당 영역의 손상 정도를 측정하게 된다. 심한 정도의 손상으로 정서적 갈등을 다루기 위해 치료적 도움이 필요하면 2점, 경미한 정도의 손상으로 정서적 갈등이 있는 것으로 보이지만 치료적 도움 없이 다룰 수 있을 때 1점, 유의한 손상이 발견되지 않으면 0점을 부여한다. 문장완성검사를 통해 성격 구조에 대한 추론을 하고 이 추론을 근거로 다른 검사들로부터 얻어진 결론들과 종합하여 통합적 해석을 할 수 있으며 다음의 사항에 주의하는 것이 도움이 될 것이다.

- 내적인 충동에 주로 반응하는가? 외부환경 자극에 주로 반응하는가?
- 스트레스 상황에서 정서적 반응이 충동적인가? 잘 통제되는가?
- 자신의 책임과 타인의 관심을 적절히 고려하는가? 사고가 성숙한가? 미숙하거나 자기중심적인가?
- 사고가 현실적인가? 자폐적인가? 공상적인가?

4. 신경심리평가

신경심리학적 손상에 대한 선별과 평가는 단순히 기질적 손상에 의한 신경학적 문제를 보이는 환자를 진단하기 위한 목적만이 아닌 환자의 관리와 치료 계획에 대한 제언과 재활, 효과의 예후를 예측하는 중요한 자료이다. 신경심리학적 평가는 뇌 관련 질환의 경과와 치료 효과를 확인하는 것을 비롯하여 지적장애나 학습장애, ADHD를 비롯한 행동장애아의 연구에 도움을 주면서 아동 신경심리학의 발전에 크게 기여하였다.

1) 신경심리평가의 평가 절차

신경심리평가는 의뢰, 면담 및 행동 관찰, 검사 실시, 해석의 절차로 이루어진다.

(1) 의뢰

신경심리평가는 보통 뇌기능의 손상이 있거나 손상 가능성이 의심되는 환자를 진료하는 의료진에 의해 의뢰되는 경우가 대부분이며 법정 장면이나 보험사에서 의뢰하는 경우도 있다. 신경심리평가를 위해 환자의 협조를 얻는 것이 중요하며 어떤 방식으로 의뢰되었는지에 따라 환자의 태도가 달라지므로 다음을 고려하여야 한다.

첫째, 의뢰된 환자의 현재 상태가 급성 발병으로 인한 혼란감이 큰 경우 불안정한 상태이기 때문에 증상이 호전되거나 안정기에 접어든 후 시행하는 것이 바람직하므로 신경심리평가 시행이 적합한지를 우선 확인하는 것이 필요하다. 둘째, 의뢰된 환자를 평가하기 전 신경심리평가의 목적 및 절차, 검사의 종류와 유용성, 평가 관련 위험요소 등을 충분히 설명함으로써 평가받을 권한을 스스로 부여하도록 하여야 한다. 그렇지 않을 경우 평가에 대한 불신으로 인해 협조적 관계를 유지하는 것이 어렵게 된다. 셋째, 평가를 의뢰할 때 의뢰 목적과 사유, 신경심리평가 결과를 통해 얻고자 하는 정보에 대해 구체적으로 명시함으로써 신경심리평가의 방향을 결정하고 구체적으로 공식화함으로써 보다 유용한 정보를 제공할 수 있어야 한다.

(2) 면담 및 행동 관찰

신경심리평가에서 면담은 개인력을 조사하는 것을 비롯하여 가설을 도출해 낼 수 있는 가장 중요한 방법으로 환자와의 직접적 만남을 통해 이루어지는 절차의 시작이다. 신경심리평가에서 면담은 심리평가와 마찬가지로 증상의 시작 시기, 병전과 병후의 기능 수준, 발달력, 학력, 개인력, 가족력, 기존의 병력 등을 수집하는 것이다.

검사결과의 신뢰성을 판단하고 보고되지 않은 증상을 파악하기 위해서는 검사 시의 행동을 면밀히 관찰하는 것이 중요하며 이처럼 환자의 상태를 파악하는 것은 검사결과의 해석에 매우 중요하다. 또한 인지 기능에 영향을 미칠 수 있는 일반적인 의학적 상태, 신경학적·정신의학적 질환 병력 청취도 신경 써야 할 부분이다. 한편, 복용하고 있는 약물에 대한 투약 정도와 가족의 내과적·신경과적·정신과적 질환에 대한 병력도 파악해야 한다.

신경심리학적 손상은 시청각 기능, 운동 기능을 비롯한 다양한 신체 기능상의 문제를 야기하기 때문에 행동 관찰을 통해 신체적 특징과 자세, 걸음걸이, 시력, 청력 등과 같은 신체 기능 및 감각 기능을 평가해야 한다. 행동 관찰은 평가 상황에서 보이는 환자의 행동 관찰을 통해 이루어지지만, 평가 상황이 비교적 구조화되어 있어 제한적이므로 보호자 면담 등을 통해 환자의 행동에 대한 정보를 수집하는 것이 필요하다.

(3) 검사실시

신경심리평가의 실시는 의뢰 목적과 면담 및 행동 관찰에서 얻은 정보를 토대로 잠정적 가설을 세운 후 환자에게 필요한 검사를 선정하여 실시한다. 배터리형 검사를 통해 병전 기능과 손상된 기능 모두를 다각적으로 평가할 수도 있으며 뇌기능의 손상 정도에 따라 심각성에 따른 간편형 검사를 사용할 수도 있다.

신경심리평가에서는 환자의 실제적인 인지 기능을 정확하게 평가하는 것이 중요하기 때문에 환자로 하여금 최상의 능력을 발휘하도록 환자의 상태를 살피면서 검사 진행 과정을 조절해야 한다. 또한 과제 수행에 연속적으로 실패할 경우 이후 과제 수행에 영향을 미칠 수 있기 때문에 격려와 지지가 필요하다.

(4) 해석

신경심리평가에서 해석은 실시한 검사 결과와 면담, 행동관찰을 통해 수집한 정보를 통합하여 의뢰 목적에 따라 분석 및 설명하는 과정이다. 환자의 검사 점수가 규준 자료와 어느 정도의 편차를 보이는지 파악하여 기능 손상 정도를 확인한다. 신경심리평가에서는 개인 간 비교뿐 아니라 개인 내 비교를 통해 환자의 현재 기능 상태와 병전 기능 상태의 비교에 큰 비중을 두기 때문에 반복 측정을 통해 환자의 인지 기능 변화를 파악할 수 있다.

신경심리평가에서 해석에 유념해야 할 사항은 개별검사 점수의 낮음과 기능 손상이 비례하지 않다는 것이다. 즉, 점수가 낮다고 반드시 뇌기능 손상을 확언할 수 없다는 것이므로 환자의 인지 기능에 대한 가설을 세우고 이를 검증해 나가는 것이 필요하다. 따라서 환자의 일상적 기능 수준, 임상적 양상 등을 충분히 검토하여야 한다.

2) 신경심리평가의 평가영역과 주요 검사

신경심리평가에는 다섯 가지의 전통적 영역과 치매, 성격, 정서 및 행동평가가 있다.

(1) 주의력

- WAIS-Ⅳ와 WISC-Ⅴ의 작업 기억 지표 소검사
- 선로 잇기 검사(Trail Making Test)

- 스트룹 검사(Stroop Test)

(2) 언어능력

- Boston 진단용 실어증 검사(Boston Diagnostic Aphasia Examination)
- Boston 이름 대기 검사(Boston Naming Test)
- 웨스턴 실어증 검사(Western Aphasia Battery)
- 언어 유창성 검사(Verbal Fluency Test)

(3) 기억력

- Wechsler 기억검사(Wechsler Memory Scale-Ⅳ)
- 기억 평가 검사(Memory Assessment Scales)
- Rey-Kim 기억검사
- 숫자 외우기(Digit Span)
- Corsi 토막 두드리기 검사(Corsi Block Tapping Test)
- Rey 청각 언어 학습 검사(Rey Auditory Verbal Learning Test)
- California 언어 학습 검사(California Verbal Learning Test)
- Bender-Gestalt 검사(Bender Gestalt Test)
- Rey 복합 도형 검사(Rey-Osterrieth Complex Figure Test)

(4) 시공간 능력

- Bender-Gestalt 검사
- Rey 복합 도형 검사
- 토막 짜기
- 자유 그림 검사

(5) 실행 능력

- Wisconsin 카드 분류 검사(Wisconsin Card Sorting Test)
- Kims 전두엽 관리기능 신경심리검사
- 언어 유창성 검사, 선로 잇기 검사, 스트룹 검사, Rey 복합 도형 검사 등

(6) 치매 평가

- 서울신경심리검사
- 한국판 치매 평가 검사(Korean Dementia Rating Scale)
- CERAD-K(The Korean Version of CERAD)

(7) 성격, 정서 및 행동 평가

- 다면적 인성검사(Minesota Multiphasis Inventory-2)
- Beck 우울 평가 척도
- CES-D(Center for Epidemioligic studies Depression Scale)
- 노인 우울 척도(Geriatric Depression Scale)
- Hamilton 우울 평정 척도(Hamilton Depression Rating Scale)

Chapter

9

위기유형 및 외상스트레스

Chapter

9 위기유형 및 외상스트레스

1. 절망과 자기상실

키르케고어가 말하는 '절망'은 엄밀한 의미에서는 '죽음에 이르는 병'이지만 보통 사람이 죽는다는 의미에서 보면 '죽음에 이르는 병'이 아니다. 왜냐하면 이 병은 육체의 죽음으로 끝나지 않기 때문이다. 오히려 괴로워서 죽고 싶어도 죽을 수 없다는 데 이 절망의 고통이 있다. 죽도록 앓고 있으면서도 죽지도 않고, 그렇다고 살아날 가망성도 없고 최후의 희망인 죽음마저 없어진 것이 절망이다. 여기에서 죽음이 희망이라 함은 죽음보다 더 심한 것이 있음을 의미한다. 병으로 죽는 것은 한번 죽는 것으로 끝나지만 절망으로 인하여 죽는 것은 항상 삶으로 옮겨진다. 다시 말해서 사람이 육체의 병으로 인하여 죽을 때는 죽는다는 두려움과 고통이 한 번으로 족하지만, 절망이라는 정신의 병으로 인해서 죽을 때는 영원성을 가지고 있는 정신이 죽지 않고 육체가 죽을 때의 그 두려움과 고통이 영원히 계속된다는 의미다.

만일 자기가 자기 자신이 되지 못하게 되면 절망에 빠져 자기를 상실하게 된다. 마찬가지로 필연성이나 가능성 중 한쪽으로 치우쳐 균형을 상실하게 되면 역시 자기를 상실하게 된다. 이제 변증법적으로 절망과 자기 상실과의 관계를 더 구체적으로 살펴보면 다음과 같다.

인간의 절망 여부는 자기를 생성하는 주체가 누구냐에 따라 결정된다. 만일 인간이 신과의 관계를 떠나 자기 자신이 주체가 되어 스스로 자기를 정립했을 경우에는 인간적인 자기가 자신의 주인으로서 지상적인 것 가운데서 영원성을 추구하게 되나 그것은 모래 위에 세운 성과 같이 언제나 무너지고 절망할 수 있는 태생적 한계를 지닐 수밖에 없게 된다. 인간이 무한성에서 절망할 때는 먼저 공상을 통해서 무한한 세계로 이끌려 가게 된다. "일반적으로 공상적인 것은 인간을 무한한 것으로 인도하며, 그리하여 인간을 자기로부터 멀리하고 인간이 자기 자신에게 돌아가는 것을 방해하는 것이다." 이렇게 감정을 공상적으로 갖게 되면 인간은 자기 자신이 되는 길에서 점점 멀어지게 되고, 결국 자기를 상실하게 되어 자신은 단독인이 아니라 인류라는 추상체 의한 부속물로 생각하게 된다.

진정한 자기가 되기 위하여 인간적인 자기를 상실한다면 가장 이상적인 것이 되겠지만 인간은 자기의 자유로 영원한 것을 멀리하고 추상적인 인류가 됨으로써 무한성을 결핍하게 되므로 실존인 자기를 상실한다.

원래 실존인 자기는 개개의 인간이 본질적으로 모서리가 있는 상태에서 자기 자신이도록 만들어진 존재다. 다시 말하여 "인간은 그 본질적인 우연성 때문에 자기 자신에 대하여 바로 자기일 수 있는 것이다." 그러나 인간은 스스로 우연성인 모서리를 없앰으로써 자기이기를 포기하고 있다. 그 모서리는 자기가 자기 자신이 되는 데 꼭 필요한 것이다. 그 모서리를 없애는 순간 인간은 신 앞에 혼자 선 단독자가 되지 못하고 군중이라는 추상물이 된다. 이와 같이 무한성이 결핍된 인간은 영원성인 자기를 받아들이지 않고 자기 자신을 상실하게 된다. 그런 자는 영원한 것을 상실하는 것은 문제가 되지 않으며 세상에서는 그를 절망하는 인간으로 보지 않고, 오히려 지혜로운 자로 여기게 되며 행복을 향한 처세라고 보고 있다.

유한성에 절망하고 있는 사람은 무한성이 결핍되어 있는 사람이다. 유한성에 절망하고 있는 사람은 모험을 하려고 하지 않는다. 모험이란 무엇인가를 상실할 수 있는 위험성을 내포하고 있는 말이다. 이런 사람은 영원과 관계되는 절망을 두려워하기보다 기분 좋게 생각한다. 그들은 "정말 두려워해야 할 것에 대하여 알지 못하고 있다. 생활에 있어서 불쾌함을 가져오지도 않을 뿐만 아니라 생활을 안락하고 유쾌하게 해주는 그러한 절망이 절망이라고 보이지 않기"(KT, 58) 때문이다.

자기가 자기 자신으로 생성되기 위해서는 "가능성과 필연성이 동시에 본질적이다. 자기에게는 유한성과 무한성이 속해 있듯이, 가능성과 필연성이 속해 있다. 아무런 가능성을 갖고 있지 않은 자기는 절망하고 있다. 아무런 필연성을 갖고 있지 않은 자기도 똑같이 절망하고 있다."(KT, 60) 인간은 무한성과 유한성의 종합이다. 무한성이 유한성에 의해서 제한을 받지 않으면 절망하게 된다. 무한성이 필연성에 의하여 제한받지 않고 가능성만 추구하게 되면 유한성이 결핍하게 되어 절망을 하게 된다. 즉, 공상적인 반성에 의하여 무한한 가능성만으로 무한성을 추구하던 자가 자기로 생성되기 위해서는 종합으로서의 자기가 자기 자신이 되는 점에서 필연성에 의해서 제한을 받아야 한다. 왜냐하면 "자기는 그 자신이며 자기 자신이 되어야 하는 것이다. 그 자신이 되어야 할 자기로서 그것은 생성의 자유로운 가능성 안에 있으면서, 그것이 그 자신이 되어야 한다는 필연성이다. 자기는 가능성인 동시에 필연성"이기 때문이다.

자기에게는 유한성과 무한성, 필연성과 가능성이 속해 있기 때문에 이것들이 변증법적으로 자기 자신이 되는 점에서 균형을 이루지 못하면 자기를 상실하고 절망하게 된다. 자기 자신이 된다는 것은 자기가 생성된다는 것이고, 자기의 생성은 무한과 유한, 필연과 가능성이 타자의 힘을 빌려 균형을 이루고 자기 자신을 회복하는 것을 말한다. 만일 가능성이 필연성을 결핍하게 되면 현실성이 없는 추상적인 가능성이 되므로 "최후에는 모두가 가능한 것처럼 여겨진다. 그리고 마침내는 심연이 자기를 삼켜버린다."(KT, 61) 왜냐하면 자기 자신으로 생성될 가능성이 현실성이 되기 위해서는 시간이 필요하나 필연성의 결핍으로 가능성이 무한히 확대되게 되어 자기 자신의 한계를 자각하지 못하고 순간적으로 처리할 수 있다는 망상에 의해 가능성의 절망으로 자기를 상실하게 되는 것이다. 따라서 자기 자신이 되기 위해서는 자기를 구성하고 있는 필연성을 잊어버리거나 버리지 말고 다시 되돌아와야만 한다. 그렇지 않으면 그는 영원히 진리를 발견할 수 없다. 왜냐하면 진리는 자기가 생성될 때, 즉 자기를 회복할 때 발견할 수 있는 것이며 자기는 필연성과 가능성으로 구성되어 있기 때문이다.

만일 인간이 덕(德) 혹은 선(善)을 통하여 구원을 받는다면 구원받을 사람은 한 사람도 없다. 왜냐하면 죄인이 구원받는다는 것은 모순이기 때문이다. 여기에서 모순은 인간적인 기준에서 보면 “믿는 자는 자신이 파멸하지 않을 수 없음을 알고 있다. 그러나 그는 믿고 있다. 그래서 그는 파멸하지 않는다.” 자기가 자유로 자기 자신이 되지 않으려 하여 무한성과 유한성, 필연성과 가능성이라는 변증법적인 관계에서 균형을 이루지 못하면 절망이 오게 된다. 그런 자는 자기를 상실하게 되지만 자기를 알지 못하고 있고, 자기가 된 적도 없기 때문에 그런 것에 마음을 두지 않게 된다. 오히려 자기를 상실하고 절망 상태에 있지만 아무렇지도 않게 일상생활을 하면서 지상적인 것의 성취, 즉 부나 명예, 지위, 성공에 모든 가치와 목표를 삼으면서 살아가게 된다. 그 결과 절망하는 인간은 자기 자신이 되는 것이 가장 큰 목표가 되어야 하고 그것은 무엇과도 바꿀 수 없는 가장 가치 있는 일임을 깨닫지 못하게 된다. 따라서 그들은 자기를 상실하는 가장 큰 손실을 입고 절망하면서도 자신이 불행하다는 것을 자각하지 못하므로 지상적인 것에 일체의 목표를 두며 안연히 살아갈 수 있는 것이다.

2. 관계상실

상실(loss)이란 “인간이 가치 있게 생각하는 어떤 대상에 가까이할 수 없게 되거나 더 이상의 가치나 목적을 달성할 가능성이 없어지는 실제적 혹은 잠재적인 상황"으로 정의된다(Carlson, 1978). 일반적으로 한 개인이 가지고 있는 가치 있다고 생각하는 것을 박탈당함을 뜻한다(육성필 등, 2019). 상실 경험은 여러 유형으로 나눌 수 있는데 대표적으로 죽음 관련 상실(사별), 관계단절 상실, 물리적·심리적 상실을 포함하는 기타 상실, 역사적 사건에 의한 상실의 네 가지 유형으로 구분된다.

사별로 일컬어지는 죽음 관련 상실은 친밀하거나 사랑하는 사람을 죽음으로 잃는 것이며, 관계단절 상실은 이혼, 실연과 같이 중요한 사람과 신체적, 정신적으로 관계를 맺을 수 없게 되는 것이다. 기타 상실은 애착을 느끼는 사물을 잃어버리거나 익숙한 환경에서 떠나는 물질적 상실과 추상적·정서적 심상을 잃는 것과 같은 심리적 상실을 포함한다. 마지막으로 역사적 사건에 의한 상실은 전쟁이나 학살 사건 등으로 겪는 상실이다(Sofka, 1997).

이런 상실 중에 사람들에게 가장 고통스러운 상실 중 하나는 사별, 이혼, 실연과 같은 관계상실 경험이다(Kendler et al., 2003). 관계상실은 사별과 관계단절로 구성되는데, 이들은 외상 경험이 되기도 한다. 친밀한 관계의 사별은 대표적 외상 경험의 하나로 이로 인한 외상에 관한 연구가 축적되어 오고 있다(윤명숙, 김남희, 2013; Taku et al., 2008; Tedeschi & Calhoun, 1996). 사별이 관계단절보다 더 외상적이리라 일반적으로 생각하기 쉬우나, 사별과 관계단절로 인한 외상 후 스트레스 증상에는 차이가 없다는 보고가 있고(Frazier et al., 2007; Lopez, 2011), 오히려 사별보다 관계단절이 더 스트레스를 유발한다는 연구도 있다(장휘숙, 최영임, 2007; Deits, 2017; Frazier et al., 2007). 특히, 선행연구에 의하면 관계단절은 청소년들에게 있어서 주요 우울장애를 일으키는 가장 설명력이 큰 예측변수였다(Monroe et al., 1999). 따라서 사별과 관계단절을 관계상실이라는 범주의 외상 경험으로 묶어 그 영향을 연구하는 것은 의미가 있다.

관계상실 경험은 전 생애 발달 관점(life-span developmental perspective)에서 보면 보편적 경험이다. Frazier 등(2009)은 학생들에게 어떤 외상 사건들을 경험했는지를 조사한 결과 사별과 관계단절(이혼, 실연, 절교)이 가장 많이 보고되었고, 그 외에 성인 여성들을 대상으로 한 연구와 중년 성인을 대상으로 한 연구에서도 외상경험 중 사별과 관계단절이 가장 많이 보고되었다(남옥남, 2018; 노미애 등, 2021; Frazier & Hurliman, 1998). 가까운 사람과 사별로 인한 상실을 경험하면 슬픔, 분노, 불안, 외로움, 죄책감, 무감각함 등의 부정적 증상을 경험한다(육성필 등, 2019).

이런 관계상실 경험은 적절한 애도가 이루어지지 않을 경우, 우울, 불안, 복합애도(Complicated Grief), 외상 후 스트레스 장애(PTSD) 등 다양한 부정적 영향을 미칠 수 있다(육성필 등, 2019). 특히, 자살유가족처럼 외상적 상실을 경험한 경우는 더 많은 부정적 증상을 경험하기에 생존자(survivor)로 부르기도 한다(육성필, 2007).

Elizabeth Kubler-Ross & David Kessler(2005)는 죽음 직전의 사람들 수백 명을 인터뷰한 그들의 저서에서 '만일 당신이 상실을 경험한다면, 그리고 만일 당신이 머리를 모래에 묻는 것이 아니라 그 고통을 아주 특별한 목적으로 당신에게 주려는 선물로 여긴다면 당신은 성장할 것이다.'라는 글을 남겼다. 상실은 삶의 위기를 가져오는 외상 경험일 수 있지만, 그 긍정적 방향의 인지적 과정을 지속하면 성장의 기회가 될 수 있다. 따라서 관계상실 경험 이후에 영향을 미치는 변인들과 그 영향을 조절하는 변인들에 대한 탐색과 연구가 이루어진다면 관계상실 경험자의 사건충격이 부정적 결과로 이어지지 않고 외상 후 성장으로 이행되는 데 도움이 될 것이다.

3. 사건충격

관계상실의 충격은 비교적 적은 고통으로부터 강한 고통과 충격까지 그 스펙트럼이 넓다. Tedeschi & Calhoun(1996, 2004)에 의하면, 외상 사건이 인지 도식의 붕괴를 가져올 정도의 충격이 있기에 성숙한 도식을 재건하기 위한 과정에서 성장이 일어난다고 설명하였다. 따라서 그들의 모델에 따르면 '사건충격' 자체가 외상 후 성장에 영향을 미친다고 할 수 있다. 또한, Giillies & Neimeyer(2006)도 상실의 사건이 기존의 의미구조와 부합하는지 여부에 따라 충격으로 이어지고 이로 인해 의미 찾기 과정이 시작된다고 하였으므로 '사건충격'이 상실 이후의 변화에 중요한 영향을 미치는 것으로 해석할 수 있다. 관계상실 경험자의 사건충격과 관계가 있을 것으로 생각되는 변인은 관계의 중요도, 친밀도, 상실 예상 정도를 생각할 수 있다.

임선영(2013)은 관계상실 경험자의 사건충격은 중요도 및 친밀도와 정적 상관이 있고, 상실예상 정도와는 부적 상관이 있음을 보고했다.

관계를 상실하는 사건충격은 극도의 스트레스 반응을 일으킨다. Selye(1950)에 의하면, 스트레스는 기본적으로 환경에 대해 반응하는 각성상태이다. 따라서 극도의 스트레스는 과도한 각성을 불러일으키기에, 관계상실 후에는 슬픔, 분노, 불안, 외로움, 죄책감 등의 일반적인 부정적 정서 반응과 함께, 사건충격으로 인한 과각성 반응이 올 수 있다(육성필 등, 2019). 이러한 각성상태는 침습과 함께 회피증상을 가져와 외상성 심리 문제를 일으키기도 하는데, 그 문제는 생존자(survivor)가 된 관계상실 경험자에게 노년기까지 지속적인 부정적 영향을 끼치기도 한다(Krause, Shaw, & Cairney, 2004). 그러나 사건충격을 경험하는 모든 사람들이 심리적 문제를 경험하거나 외상 후 스트레스 장애(PTSD)로 발전하는 것은 아니다. 대부분은 초기에 증상이 나타났다가 자발적으로 내적 조절체계에 의해 회복되며, 일부만이 증상이 지속되어 PTSD로 진단된다. 구체적 진단 기준을 보면, 침습, 회피, 과각성, 인지의 부정적 변화 등의 증상이 1개월 이상 지속되어야 한다(DSM-5). 이에 상실경험 후에 나타나는 적응적 스트레스와 심리적 장애로 이어질 수 있는 외상 후 스트레스 장애는 구별될 필요가 있다. 이에 상실경험 후에 나타나는 사건충격을 적응적 스트레스로 보고, 관계상실의 외상 사건으로 인해 1개월 내의 자연 발생적 스트레스 반응을 '사건충격'으로 조작적으로 정의하고, 외상 후 스트레스 진단에 광범위하게 활용되는 사건충격 척도 수정판(Impact of Event Scale Revised; IES-R)으로 측정하려 한다.

사건충격 척도 수정판은 외상 사건 노출에 따른 PTSD 증상을 측정하기 위해 개발되었다. 원척도는 Horowiz(1979) 등이 침습과 회피증상을 기초로 개발했으며, Weiss과 Marmar(1997)가 과각성 관련 문항을 추가하여 수정한 척도이다. 은헌정 등(2005)의 한국판 사건충격 척도 수정판의 타당도에 따르면 척도의 요인은 4가지로 과각성, 침습, 회피, 수면장애 및 정서적 마비 해리 증상이다. 그들에 따르면, 과각성이 전체 변량의 24.36%를 설명하여 하위 요인 중 사건충격에 대한 가장 높은 설명량을 가졌다. 또한, 사건충격 척도 개정판(IES-R)은 전 세계적 연구에서는 과각성, 회피, 침습의 3요인으로 분류된 반면, 한국판 타당화연구에서는 과각성으로 포함된 2번 문항이 수면 관련으로 포함되고, 정서적 마비와 수면에 관련 내용이 4번째 요인으로 나뉘어 수면장애 및 정서적 마비가 사건충격과 관련된 한국적 요인으로 나타났다.

4. 외상과 스트레스

일반적으로 외상(trauma)이란 정신에 지속적인 영향을 주는 심리적 충격을 말한다(Wilson & Keane, 2004). 육체적 외상(physical trauma)과 구분하기 위해 정신적 외상(mental trauma)이라고도 하나, 정신적 외상 등을 모두 외상(trauma)으로 통칭한다. 외상을 일으키는 외상 사건은 '자신 및 타인의 생명과 신체적 안전을 위협하고, 자기개념 및 관계 패턴, 대응 기제 및 대처 능력 등의 위협으로 인식되는 단일 또는 반복적이고 지속적인 사건'으로 정의된다(APA, 2013). 초기 외상 연구에서는 외상 사건을 전쟁 등으로 한정했으나, 이후 요즘은 홍수, 지진, 해일 등의 자연재해로부터 교통사고, 산업 재해 등의 인적 재난, 학대, 고문, 폭행, 성폭력 등의 대인외상과 가까운 타인의 외상을 목격하는 간접 외상도 외상 사건으로 인한 경험으로 포함하고 있다(남옥남, 2019). 또한, 외상 후 성장 모델에서 제시하는 외상의 개념은 '지각된 삶의 위기'로 정의된바 심각한 스트레스 사건 등과 유사한 개념이며, 외상경험은 이런 사건들을 직접 또는 간접적으로 경험하는 것으로 DSM-5의 개념보다 조금 더 넓고 덜 엄격한 개념이다(Tedeschi & Calhoun, 2004).

극심한 외상 사건을 경험한 개인은 심리 생리적 변화를 경험한다. 교감 신경계, 내분비계, 인지, 정서, 성격 등이 영향을 받아 외상 사건 이전에는 경험하지 않았던 증상들이 나타난다. 이러한 외상 후 스트레스 증상(Posttraumatic stress symptoms)은 크게 네 가지 증상 군으로 나뉘어 있다. 첫째, 침투증상(intrusion symptom)이다. 이는 원하지 않는 외상 사건에 대한 기억, 생각, 이미지, 감각 등이 의식세계에 침투해 들어와 지속적으로 반추하게 하거나 외상을 재경험하게 하는 것이다. 침투증상은 일상생활 속에서 불쑥 나타나기도 하고, 악몽 형태로 나타나 수면을 방해하기도 한다. 둘째, 회피(avoidance)이다. 이는 외상 사건과 관련된 자극을 가까이하면 심리적 고통을 느끼기에 그에 관한 생각이나 대화를 피하거나 사건과 관련된 사람, 물건, 장소 등의 환경, 상황 등을 피하는 것이다. 셋째, 인지와 감정의 부정적 변화이다. 이것은 외상 사건의 중요한 부분을 기억하지 못하거나 자신과 타인 및 세계에 대해 지속적이고 과도한 부정적 신념을 갖거나, 외상 사건의 원인과 결과에 대해 왜곡된 인지를 함으로써 자신이나 타인을 비난하고, 분노, 죄책감 등의 부정적인 정서 상태에 계속 빠지게 되는 것이다. 넷째, 과각성(hyperarousal)이다. 이는 외상 경험 이후 각성 반응이 이어져 주의집중이 어렵고, 과장되게 놀라거나, 수면장애가 지속되는 등 과경계와 과반응성을 나타내는 것이다(남옥남, 2019).

외상 사건을 경험한 직후에 나타나는 이런 반응들은 정상적인 반응일 수 있으며(Van der Kolk, 1996), 이들의 대부분은 1개월 이내 자연적으로 점차 회복된다. 한편, 이 중 일부는 이런 증상이 3개월 이상에서 수년간 지속되면서 심리 사회적 장애를 경험하고 외상 후 스트레스 장애(PTSD)로 발전하기도 한다. PTSD는 과거 'war neurosis', 'combat fatigue' 등의 다양한 명칭으로 불렸고, 정식 진단명으로 소개된 것은 정신장애의 진단 및 통계 편람 제3판(Diagnostic and Statistical Manual of Mental Disorders the 3rd.; DSM-3; American Psychiatric Association, 1980)에서 처음 소개되었고, 그 정의와 내용이 계속 수정되었다. 현재는 DSM-5의 진단기준에 따르고 있으며, 외상 후 스트레스 증상이 1개월 이상 지속되는 경우 진단을 고려한다.

외상 후 스트레스 장애의 진단은 임상적 면담과 자기 보고식 측정 도구를 통해 이루어진다. 보통 임상적 면담이 우선시되는데, 연구의 용이성과 경제성을 위해 자기 보고식 측정 도구인 외상 후 진단 척도(Post traumatic Diagnostic Scale, PDS)를 사용하여, 관계상실 충격의 외상 후에 나타나는 심각한 증상들과 일반적 스트레스를 함께 측정한다.

5. 사건충격과 외상 후 스트레스

사건충격으로 인한 외상은 심리 생리적인 변화를 일으킨다. Erikson(1976)에 의하면, 외상 사건의 충격은 극도로 갑작스러운 방어기제를 일으켜 효과적인 반응을 할 수 없게 만든다고 한다. 이런 상태는 교감 신경계, 내분비계, 정서, 인지, 성격 등에 영향을 주어 외상 사건의 경험 이전에는 경험하지 못했던 극심한 스트레스 반응을 일으킨다. 이것들은 공포, 불안, 소진, 무기력, 침습, 회피, 과각성, 대인관계 및 애착관계의 변화 등의 반응이다(Wilson & Keane, 2004). DSM 진단체계에서는 외상 사건이 발생한 이후에 외상 후 스트레스 장애가 발병한다는 것, 즉 외상 사건에 노출된 경험이 심리적 충격이 되어 그 영향으로 외상 후 스트레스 장애가 발병한다는 것을 강조한다.

스트레스는 환경의 자극에 대해 반응하는 각성상태이며(Selye, 1950), 대부분의 경우 인간의 내적 조절 시스템에 의해 자연적으로 회복된다. 그러나 극심한 스트레스의 경우는 이와는 조금 다른 양상을 보이는데 일반적 스트레스처럼 내적 조절 시스템에 의해 회복되기도 하지만, 때로는 회복의 차원을 넘어 긍정적이거나 반대로 부정적인 변화가 생기기도 한다. 이는 생존의 위협과 충격의 지속성, 그 외 보호요인과 위험요인 등에 따라 달라진다. 그러나 생존의 위협은 사람에 따라 충격의 심각성이나 지각도가 다르기에 상대적인 개념일 수 있다. 외상 사건충격의 스트레스는 정상적, 자동적 반응이지만, 위협이 사라진 뒤에도 계속 이어진다면 '외상 후 스트레스 관련 장애'가 생길 가능성이 크다. 지금까지 보고된 PTSD의 위험요인으로는 아동기 외상 경험, 편집성, 의존성, 경계성, 반사회적 성격장애, 부족한 사회적 지지, 유전적 취약성, 여성, 통제 소재의 외부인식, 과도한 생활 스트레스, 과도한 알코올섭취 등 다양한 요인들이 있다. 치료에 영향을 미치는 요인으로는 사건 심각도, 병전 기능 수준, 증상 발병 시 양상, 증상 기간, 사회적 지지, 다른 정신장애 유무, 신체 질환 및 물질 관련 질환의 여부가 있다 (Fainbank, Ebert, & Costello, 2000).

외상 후 스트레스 장애는 외상 사건을 경험한 개인이 그와 관련하여 극단적이며 극심한 외상 후 스트레스 증상들을 지속적으로 보이는 상태로 우울장애 및 불안장애와 공병률이 높다. 일반인의 평생 유병률은 1~14%로 보고되었고(APA, 1994), 고위험군(예를 들면, 참전군인, 사고 피해자 및 범죄 피해자 등)에서는 3~58%로 보고되었다(Fainbank, Ebert, & Costello, 2000). 한편, 한국인의 외상 후 스트레스 장애 평생 유병률은 최근 연구에 의하면 1.6%(남 1.0%, 여 2.1%)로 나타났으나(조맹제 외, 2009), 외상 후 스트레스 장애의 진단이 복잡하고 어렵기 때문에 이 장애의 유병률은 실제 알려진 것보다 더 높을 것이라는 의견이 꾸준히 제시되고 있다 (Stein, McQuaid, Pedrelli, Lenox, & McCahill, 2000). 이와 같이 PTSD는 외상 사건을 경험한 모든 사람에게 발병하지는 않는다. PTSD의 발병에는 외상 사건 이전 또는 이후의 생물학적, 심리적, 사회적 요인 등이 관련되는 것으로 생각되며, 외상 사건을 어느 정도로 충격적으로 여기는지를 해석하는 주관적 의미가 매우 중요한 요인일 수 있다. Brewin, Andrew & Valentine(2000)은 외상 사건으로 인한 외상의 심각성을 더 많이 느낄수록 외상 후 스트레스는 더 심해질 수 있다고 했고, Janoff-Bulman(2010)은 세상이 의미 있고 자비로우며, 자신이 가치로운 존재라고 여기는 가정이 외상을 경험하며 산산 조각날 때, 외상 후 스트레스의 고통을 더 느낀다고 했다.

사건충격은 극심한 스트레스 반응을 일으키지만, 그런 반응이 어떤 과정을 거치는가에 따라 회복되거나 회복을 넘어 외상 후 성장에 이를 수도 있고, 부정적 결과로 남을 수도 있다. 사건충격의 하위 요인 중 하나인 침투증상이 침투적 반추로 지속되어 정서적 고통을 심화시키며, 낮은 자기노출이 자기노출의 순기능을 하지 않게 하고 부적응적 완벽성향이 불일치로 인한 정서적 고통의 과정을 강화시켜 외상 후 스트레스 증상을 지속하고 심화하려고 가정한다.

6. 반추

사람들은 충격적이거나 고통스러운 사건을 경험하면, 그 사건이 왜 일어났는지를 인지적으로 이해하고 해결방법을 찾기 위해 사건에 대해 반복적으로 떠올리고 생각하는 경향이 있다(Greenberg, 1995). 이렇게 어떤 일을 반복적으로 떠올리고 계속해서 생각하는 것을 넓은 의미에서 '반추'라고 하는데, 이는 지금까지 대체로 부정적인 개념으로 여겨져 왔다. Nolen-Hoeksema(1991)의 우울의 반응에 관한 연구를 보면, '반추는 우울한 증상과 그 이유에 대해 계속 초점을 맞추는 사고'로 정의하며 우울한 기분은 생각을 부정적인 방향으로 편향시키기에 반추 반응은 우울증을 지속시킨다고 하였다. 또, Joseph, Williams & Yule(1993)은 재난에 관한 연구에서 '반추는 외상의 여파로 나타나는 주된 증상으로 심리적 고통에 대한 부정적, 자기 초점적 사고'라고 하였다.

그러나 이후 반추에 대한 개인차의 존재와 대안적 관점이 제시되고 외상 후 성장의 개념이 정립되면서(Conway, Csank, Holm, & Blake, 2000; Martin & Tesser, 1996;

Tedeschi & Calhoun, 2004), 반추의 긍정적, 기능적 측면에 관심을 두고 연구가 확대되고 있다(김미리 · 김은하, 2018; 김은성 · 배성만, 2019; Calhoun, Cann, Tedeschi, & McMillan, 2000; Cyder, Kilmer, Tedeschi, & Calhoun, 2006). 특히, Martin & Tesser(1996)는 '사건과 관련된 반복적 사고의 일부는 의미부여, 문제해결, 회상, 예상을 포함한다.'라고 하여 반추의 긍정적 측면을 강조하였다. 반추의 내용은 미래의 불확실성, 과거의 외상 등 부정적 생각을 반복할 수도 있지만, 긍정적 경험, 문제해결 방안 등 무엇을 반복적으로 생각하는가에 따라 그 결과가 적응적일 수도 있고, 부적응적일 수도 있다. 따라서 반추의 측정을 위해서는 반추의 역기능과 순기능을 모두 측정해야 하나, 반추에 관한 선행연구들은 반추의 부정적 개념을 기반으로 했기 때문에 반추의 부정적 측면을 측정하는 척도가 주를 이루었다(Garnefski, kraaij, & Spinhoven, 2002; Nolen-Hoeksema & Morrow, 1991). 이러한 반추의 순기능을 통합적으로 측정하기 위해 Cann, Calhoun, Tedeschi, Triplett, Vishnevsky, & Lindstrom(2011)은 사건 관련 반추 척도(Event Related Rumination Inventory, ERRI)를 개발하고, 반추의 여러 기능을 통합적으로 제시했다. Tedeschi & Calhoun(2004)의 외상 후 성장의 모형에 의하면, 외상 후 성장의 핵심은 외상 사건 충격으로 인해 붕괴된 인지의 재건과정에서 일어나는 인지의 질적 긍정적 변화이기에 이 과정에 관여하는 외상 사건과 관련한 반추의 의미를 명료화하고 그 내부과정을 밝히는 것이 중요하다. 이에 그들은 인지 변화에 기여하는 사고를 '사건 관련 반추'라 명하고, 2개의 하위 요인을 제시하였다.

구체적으로 살펴보면, 첫째는 침투적 반추(intrusive rumination)이다. 이는 외상 사건 자체에 대해 생각하고 싶지 않아도 침습적, 반복적, 자동적으로 떠오르는 불수의적 사고이다. 둘째는 의도적 반추(intentional rumination)이다. 이는 침투적 반추와는 달리 외상 사건의 원인을 이해하기 위한 목적적, 반복적, 의도적 사고로 외상 사건을 심층적으로 이해하여 적극적으로 고통을 감소시키고, 무너진 인지 도식을 새로운 상황에 맞게 재구조화하려는 사고이다.

외상 후 성장의 핵심인 인지 과정을 구성하는 두 가지 반추는 시간의 흐름을 동반한다. 외상 사건을 경험한 생존자들은 초기에는 전형적으로 침투적 반추를 보고하고 이는 극심한 고통을 동반한다(Tedeschi & Calhoun, 1995). 그들은 외상 사건을 이해하고 수용하기 위한 시도로 지속적·의도적 반추를 하는데, 이 과정에서 외상경험 이전과는 질적으로 구별되는 이해력을 가지고 새로운 의미를 만들어 낸다. 즉, 침투적 반추가 외상 후 성장으로 변화하기 위해서는 의도적 반추를 거쳐야 하고, 그 결과는 삶의 만족 증가와 관계가 있다(Triplett, Tedeschi, Cann, Calhoun, & Reeve, 2012). 침투적 반추는 외상 후 성장과 공존한다는 보고가 있다(최승미, 2008; Calhoun & Tedeschi, 2004). 이는 침투적 반추가 심리적 고통을 일으키는데, 외상경험 이후 겪는 심리적 고통이 성장과 공존하기 때문이다(Taku, Calhoun, Cann, & Tedeschi, 2008). 또한, 침투적 반추가 클수록 외상 사건과 기존 인지 도식 사이의 불일치로 심리적 분투가 심해지고, 이것을 인지적으로 처리하려 동기가 유발되면서 의도적 반추로 이어지기에 반추는 성장과 밀접한 관계가 있다(Calhoun et al., 2000). 따라서 외상 사건의 충격을 경험한 개인이 삶의 인지 도식을 재건하기 위해 반추는 매우 핵심적 요소이다.

1) 사건충격과 반추의 관계

일반적으로 외상 사건의 충격을 경험한 개인은 불안과 우울 및 PTSD 등 다양한 부정적 증상을 경험한다(Vieweg, Julius, Fernandez, Beatty-Brooks, Hettema, & Pandurangi, 2006). 그러나 외상 사건의 충격을 경험한 모든 사람이 이런 증상을 경험하는 것은 아니며, 대부분은 시간이 지나면서 자연적으로 회복된다. Breslau, Davis, Andreski, & Peterson(1991)에 의하면, 외상 사건에 노출된 사람들 중 약 10~30% 정도가 증상이 지속되는데, 이런 PTSD 증상을 지속시키는 대처방식에는 알코올 남용(Volpicelli, Balaraman, Hahn, Wallace, & Bux, 1999), 생각 억제 및 반복 생각(박준호, 2007) 등이 있다. 이 중 생각을 반복적으로 하는 '반추(rumination)'는 PTSD 증상을 지속시키는 중요한 변인의 하나로 보고되었다(이동훈 등, 2017).

이렇게 외상 사건의 충격을 경험하면 사건에 관련된 생각을 반복적으로 하게 되는 '반추'를 경험하는데, 이러한 반추는 심리적 고통을 일으키고 지속시키며 때로는 강화시켜 부정적 영향을 초래하기도 한다. 그래서 과거 반추는 우울한 증상을 가져오는 반응으로 여겨졌다(Nolen-Hoeksema, 1991). 그러나 이후 반추의 부정적 측면과 아울러, 긍정적 기능적 측면들이 제시되면서 반추는 사건 초기에 발생하는 부정적, 침투적 반추와 문제해결과 인지 재구조화를 위해 자기 목적적으로 지속하는 의도적 반추로 구분하고 있다(Calhoun et al., 2000). 외상 사건충격은 인지의 변화를 가져오는 반추를 일으킨다. Carver(1998)의 재난 모델(a catastrophe model)에 의하면, 개인이 외상 사건을 경험할 때 개인이 가진 사건 대처에 대한 자신감과 사건의 중요도에 따라 사건을 이해하고 대처할지 또는 포기할지를 결정하게 되는데, 사건충격이 매우 크면 개인의 낙관적 기능과 부정적 환경 사이의 불일치가 생겨 인지적으로 저항하게 된다. 저항의 결과 기존의 인지를 포기함과 동시에 그 자리에 새로운 인지 도식과 의미구조를 만들기 시작하는데, 재난에 대처하는 과정이 이러한 인지 과정을 겪는다고 하였다. Tedeschi & Calhoun(2004)은 이러한 인지 과정이 외상 후 성장의 반추 과정과 유사하고, 인지의 저항과 포기 및 재건의 과정이 외상 후 성장과 연관되어 있다고 했다.

이와 같이 외상 후 성장 모델에 따르면, 외상 사건충격으로 인한 침투적 반추의 크기가 크면 클수록 인지 재건을 위한 의도적 반추도 증가한다고 한다. 최종환(2018)의 연구에 의하면, 간접 외상에 노출된 중년 성인은 침투적 반추가 높을수록 의도적 반추를 적게 활용할 수 있고, 의도적 반추를 적게 활용할수록 외상 후 스트레스가 증가한다고 했다. 즉, 침투적 반추의 크기가 클수록 모두 의도적 반추로 이어지는 것은 아니며, 사건충격과 침투적 반추 및 의도적 반추의 관계는 이 과정을 조절하는 다른 변인이 존재할 가능성을 가정해 볼 수 있다.

2) 침투적, 의도적 반추와 외상 후 성장, 외상 후 스트레스의 관계

반추는 침투적 반추와 의도적 반추로 나뉜다. 그러나 Tedeschi & Calhoun(2004)은 침투적 반추가 외상 후 스트레스에 영향을 미치고 의도적 반추는 외상 후 성장에 영향을 미치는 것에서 더 나아가 두 가지 반추는 일련의 연속과정이라고 제시했으며, 이는 여러 후속 연구에 의해 지지가 되고 있다(곽아름 · 박기환, 2018; 김시형 · 권은비 · 이동훈, 2019; 양귀화 · 김종남, 2014; 이동훈 등, 2017; Taku et al., 2008). '외상 후 성장 모델'에 따르면, 삶의 위기를 가져오는 외상 사건의 충격을 경험한 개인은 사건 직후 사건 관련 생각이 반복적으로 떠오르는 침투적 반추를 경험하게 된다. 이런 침투적 반추는 자동적이고 부정적이며 불수의적 특징을 갖고 있다. 그러나 시간이 흐름에 따라 외상 생존자는 글쓰기나 타인과의 대화와 같은 자기노출을 통해 사회적 지지를 얻으면서 외상 사건의 의미를 이해하려는 의도적이고 자기 목적적인 사고를 지속하는데 이것이 의도적 반추이다. 의도적 반추는 사건을 이해하고 의미를 재구조화함과 동시에 문제해결을 하려는 사고 과정으로 이런 과정을 겪는 사람은 높은 외상 후 성장을 보인다(신선영 · 정남운, 2012). 즉, 외상 사건에 대한 침투적 반추가 인지적 각성을 높이면서 사건을 이해하고 의미를 재구조화하려는 의도적인 노력을 높여, 의도적 반추를 통해 사건을 새로운 측면에서 보게 되면서 긍정적 질적 변화인 외상 후 성장이 이루어지는 것이다(이동훈 외, 2017).

의도적 반추는 외상 후 성장에 있어서 인지변화의 핵심요소이다. 의도적 반추는 외상 사건을 이해하기 위해 사건을 의도적으로 생각하고, 삶의 의미와 목적에 대해 고찰하며(Yalom & Lieberman, 1991), 그 경험을 통해 얻을 수 있는 유익을 찾아보는 과정이 들어 있다. 따라서 사건충격 이후 의도적 반추를 많이 할수록 성장으로 이어질 가능성이 높다. Calhoun, Tedeschi, Fulmer, & Harlan(2000)은 자녀를 잃은 부모를 대상으로 한 연구에서 사건 관련 생각을 침투적으로 떠오르는 것만을 생각하는 것이 아니라 의도적으로 사건의 의미를 찾고, 사건을 재해석하고, 긍정적 측면을 생각해 내기 위한 반추를 진행하는 시도가 외상 후 성장과 관계가 있음을 밝혔다. 김미리와 이은하(2018)는 외상 후 고통이 외상 후 성장에 영향을 미치는 관계에서 침투적 반추와 의도적 반추가 이중 매개효과가 있고, 침투적 반추와 외상 후 성장은 상관관계가 유의하지 않음을 밝혔다. 이는 침투적 반추만으로는 외상 후 성장으로 이어지지 않으며, 침투적 반추가 의도적 반추를 거치며 인지가 변화할 때 외상 후 성장으로 이어진다는 외상 후 성장모델을 지지하는 결과이다. 한편, 외상 후 스트레스는 외상 경험의 부정적 결과물이고 외상 후 성장이 긍정적 결과물이며 침투적 반추는 외상 후 스트레스에 영향을 미치기에 침투적 반추를 줄이는 것이 성장에 도움이 되는 것도 가정해 볼 수 있다. 엄미선과 조성호(2016)에 의하면, 침투적 반추와 외상 후 성장이 부적 영향이 있음을 보고해 침투적 반추가 줄어들면 성장에 도움이 됨을 밝혔다. 따라서 관계상실 경험자를 대상으로 침투적 반추가 외상 후 성장에 부적 영향을 미치는 것도 가정해 볼 수 있다. 또한, 의도적 반추는 외상 후 성장에 기여하는 핵심과정으로 알려져 있으나, 의도적 반추 역시 외상 후 스트레스에 정적 영향을 미치는 것을 가정해 볼 수 있다. 의도적 반추를 하더라도 외상 후 스트레스 증상을 나타낼 수 있다. 최근 이와 관련된 여러 연구결과가 보고되면서 이런 가정을 뒷받침하고 있다(신용찬 · 김영근, 2019; 이동훈 외, 2017). 이런 결과에 대해 Triplett, Tedeschi, Cann, Calhoun, & Reeve(2012)는 외상 경험을 통해 긍정적 변화를 이루는 방법을 깨닫게 되더라도 외상 사건 자체가 갖는 고통을 처리하는 것이 남아 있기 때문이라고 설명하였다.

한편, 침투적 반추는 PTSD의 위험요인들로 알려진 아동기의 외상 경험, 부적절하고 적은 사회적 지지, 정신과 질환에 대한 유전적 취약성, 알코올 남용 등의 영향을 받는 경우, 외상 후 스트레스 장애로 이어진다(송승훈, 2007). 이는 높은 침투적 반추가 외상 후 스트레스와 이어진다는 연구들과 맥락을 같이한다(김시형 등, 2019). 또한, 최종환(2018)의 연구에 의하면, 간접외상에 노출된 중년 성인은 침투적 반추가 높을수록 의도적 반추를 적게 활용할 수 있고, 의도적 반추를 적게 활용할수록 외상 후 스트레스가 증가한다고 했다. 이는 침투적 반추가 높을수록 의도적 반추로 이어질 가능성이 크다는 선행연구와 대조적 결과이기도 하다. 따라서 침투적 반추는 어떤 요인의 영향을 받는지에 따라 의도적 반추를 거쳐 성장으로 진행되지 않고, 외상 후 스트레스로 발전될 수 있다. 침투적 반추가 외상 후 스트레스를 심화시키는 과정을 조절하는 요인으로 부적응적 완벽성향의 효과를 가정한다. 또, 자기노출과 관련해서 낮은 자기노출이 자기노출의 순기능을 하지 않음으로 인해 침투적 반추가 의도적 반추로 이어지지 않고 침투적 반추가 지속되는 경우 외상 후 스트레스로 이어진다고 가정하였다. 정리하면, 관계상실 경험자의 사건충격은 침투적 반추와 의도적 반추를 이중 매개로 외상 후 성장에 영향을 줄 뿐만 아니라, 침투적 반추와 의도적 반추가 외상 후 스트레스와 외상 후 성장에도 영향을 줄 것이라 가정할 수 있다.

Chapter

10

자살과 자해위기

Chapter

10 자살과 자해위기

1. 자살

자살을 간단히 정의하는 것은 매우 어려운 일이다. 브리태니커 백과사전은 "자살은 자발적 또는 의도적으로 스스로 목숨을 끊는 행위"로 간단히 정의하고 있고 사회학적인 측면에서 Durkheim(1897)은 "자살은 희생자 자신이 일어날 결과를 알고 행하는 적극적 혹은 소극적 행위에서 비롯되는 직접적 혹은 간접적 결과로 일어나는 모든 죽음의 사례들에 적용된다(김충선 역, 1994)."라고 하였다. 또 심리학자인 Shneidman(1985)은 "서구 세계에서 현재 자살은 자기를 소멸시키기 위한 의식적 행위이며 자살이 문제의 가장 좋은 해결책이라고 인식한 도움이 필요한 사람의 다면적인 불쾌감으로 가장 잘 이해될 수 있다(Maris, Berman, & Silverman, 2000)."라고 하였다. 법의학적으로는 죽음을 자연사, 사고사, 자살 그리고 타살의 네 가지로 기본적으로 구분하며 두 가지 이상의 혼합형태가 있다고 본다.

Maris et al.(2000)에 의하면 이러한 자살의 정의에서 첫 번째 측면은 자살이 죽음을 말하는 것이며 따라서 사망진단서가 기록되어야 하는 것이다. 그러나 많은 학문적 논의나 서적에서 자살생각과 자살시도와 같이 사망에 이르지 않은 경우도 자살의 범주에 포함하여 설명하고 있다. 두 번째 측면은 자살은 의도된 것이어야 한다는 것이며, 세 번째 측면은 자살은 자신에 의해서 자신에게 가해진 행위여야 하며, 네 번째 측면은 자살은 간접적이거나 수동적일 수 있다는 것이다.

사회학자 뒤르켐(Emil Durkheim)의 이론이다. 그는 자살에는 이기적(egoistic), 이타적(altruistic), 붕괴적(anomic) 자살이 있다고 하였다.

프로이트는 외부 대상으로 향했던 사랑이 공격성으로 변해 자신을 향해 일어나는 것이 자살이라고 해석했다. 밖을 향해 쏘려던 총구를 자신을 향해 돌린 셈이다. 여기에는 여러 가지 환상이 기여한다.

첫째, 복수 환상이다. 자신이 죽으면 다른 사람들이 미안해할 것이라고 생각하고 자존심에 입은 상처를 자기 파괴적인 복수로 보상받으려는 것이다.

둘째, 징벌 환상이다. 복수 환상과는 정반대로 자신이 너무나 나쁜 짓을 저질렀다고 자책한 나머지 살아 있을 가치가 없다고 여기고 스스로에게 사형을 선고한다.

셋째, 재결합 환상으로 노인들에게 흔한데, 배우자나 사랑하는 사람이 죽고 나면 더 이상 살아갈 이유를 찾지 못하고 사후세계에서 그들과 재결합하려 시도한다.

넷째, 리셋 환상이다. 컴퓨터가 잘 돌아가지 않으면 리셋 버튼을 눌러 새로 시작하면 되듯이, 마찬가지로 인생이 너무 꼬였다고 여기면 자살을 일종의 리셋 버튼으로 여기는 경우가 있다. 컴퓨터 게임을 하다가 마음에 안 들면 새로 캐릭터를 만들어 시작하면 된다는 생각과 비슷하다. 그러나 이런 환상들은 삶의 의미를 부정하고, 현재 겪는 스트레스에서 도망치거나 자신의 행동을 합리화하는 것일 뿐이다. 결국 실제로 왜 그랬는지는 아무도 모를 만큼 복합적인 이유가 작용한다.

1명의 자살은 당사자만의 문제가 아니다. 한 사람의 자살은 주변의 6명에게 심각한 영향을 미친다고 알려져 있다. 모 탤런트가 자살한 후에 동생마저 자살한 사건을 봐도 그렇다. 이렇듯 연쇄적인 비극의 도미노를 막으려면 자살 시도자와 자살 성공자의 주변인을 잘 돌보아야 한다. 특히 자살 시도자의 30%가 1년 내로 또다시 자살을 시도한다.

가장 흔한 자살의 원인은 치료되지 않은 우울증이다. 우울증이 있는 경우 자살에 대한 생각이 건강한 사람의 4~5배로 증가하고 생활상의 스트레스나 음주 문제 등이 겹치면 그 위험도는 급상승한다. 한 연구에서는 자살한 사람을 대상으로 심리적 부검(psychological autopsy) 결과 75%가 우울증이라 할 수 있고 더 나아가 자살 시도자의 우울증을 발견해서 적극적으로 치료하면 자살을 재시도하는 비율을 80%나 줄일 수 있다고 한다. 그러므로 자살과 우울증은 떼려야 뗄 수 없을 만큼 밀접히 관련되어 있다는 사실을 알 수 있다.

자살은 인간이 스스로 명백한 의지와 힘으로 자신의 생명을 끊으려는 모든 행위를 말하며, 여기에는 자살 생각(suicidal ideation), 자살 시도(suicide attempted), 자살 행위(suicide behavior)에 이르는 연속적인 개념으로 정의할 수 있다(Horwood & Jacob, 2000). 자살 생각은 자살을 행하는 것에 관한 계획이나 사고로써 누구나 한 번쯤 일시적으로 갖게 되는 생각으로 보편적인 현상에서부터 죽으려고 계획을 세우는 것까지 포함되며, 이는 죽는 방법과 시간에 관한 생각 등을 포함한 자살 계획을 세우지만, 실행으로 옮기지는 않는 경우를 말한다. 반면 자살 시도는 자살 생각이 자살에 관한 생각이나 계획 등과 같이 사고적인 측면에 초점을 두는 것과는 달리 구체적인 행동으로 표현된다.

자살 시도는 자해하고자 하는 의도를 포함하고 있으며, 고의로 자기에게 해를 입히는 행동을 뜻하는데, 다만 죽음이 실제로 발생하지 않는 경우이다. 이는 죽으려고 시도하였으나 다른 사람의 개입으로 그 목적을 이루지 못한 경우와 죽음에 관한 진정한 의도를 가지지 않고 자살 행동을 통해 다른 목적을 이루려는 경우를 포함한다(김항아, 2015). 반면 자살행위는 자기 스스로의 의사에 의해 죽음에 이르는 것으로 자살 완수(completed suicide)를 의미한다.

자살 행위는 행위 결과가 명백한 죽음으로 나타나는 데 비해 자살 시도는 결과가 드러나지 않기 때문에 정확한 수치를 파악하기가 어렵다. 그러나 자살행위보다는 훨씬 높은 비율로 발생한다고 보고 있다(대한신경정신의학회, 2005).

자살에 관한 이론적 접근은 크게 사회학적, 심리학적, 유전 생물학적, 스트레스-취약성과 같은 모델 등으로 제안하고 있는데 이를 살펴보면 다음과 같다.

첫째, 사회학적 모델이다. 뒤르켐(1897)은 자살이라는 개인 현상을 사회학적으로 분석하여 그 이면에 내재되어 있는 사회적 의미를 분석해 내는 작업은 Durkheim의 자살론을 통해 최초로 이루어졌다. 자살유형은 사회적 구속성과 연대성이라고 하는 통합성 정도에 따라서 4가지로 분류하고 있다.

이기적 자살(egoistic suicide)은 사회집단에 강력하게 융화되지 않는 사람들의 자살로서 사회적 연대성이 낮고, 사회적 유대가 끊김으로 사회적으로 격리되고 사회적 지지를 잃음으로써 고립감, 소외감에 빠져 나타난다고 보고 있다.

이타적 자살(altruistic suicide)은 사회집단과 지나치게 융화되어 높은 사회적 연대성과 사회를 위해 자살하는 경우로 의무감으로 자신을 희생시키는 것이 여기에 해당한다.

아노미적 자살(anomic suicide)은 사회에 적응 혹은 유화되는 것이 차단되거나 와해됨으로써 행동의 일상적인 기준을 상실한 경우 개인적 요구와 사회 집단적 양심이 일치되지 않는 경우에 나타나는 자살 형태이다.

숙명적 자살(fatalistic suicide)은 사회적 구속성이 높은 사회에서 발생하며 구성원들에 관한 사회의 통제력이 너무 강하여 구성원들이 더 이상의 삶에 관한 희망을 발견할 수 없게 되었을 때 유일하게 탈출구로 선택하는 것으로서 자살을 시도하게 된다.

둘째, 심리학적 모델이다. 자살의 심리학적 기제에 따른 정의를 보면, Freud는 죽음의 본능(Thanatos)과 삶의 본능(Eros) 사이의 갈등에서 죽음의 본능이 우세할 때 자살이 발생한다고 하였고, 내적으로 현실적인 기대나 기준에 미치지 못할 때 인지적으로 경직해지고 관심 자체가 협소해지며 자신의 감정으로부터 도피하고자 자살이라는 자기 파괴적인 선택을 한다고 보았다. 이와 함께 자살에 이르는 도피 과정에 관하여 구체적인 5가지 단계를 제시하였는데 개인이 이루고 싶어 하는 기대치의 수준은 높지만, 현실적으로는 기대치에 미치지 못할 때 기대와 현실 사이에 괴리가 생기게 된다. 개인은 이런 부정적인 정서인 고통스러운 생각과 감정을 없애 줄 수 있는 수단을 찾게 되는데, 이 과정에서 인지적 몰락(cognitive deconstruction) 상태가 발생된다(Baumeister, 1990).

이와 함께, 정신분석학적으로 Freud(1917)는 자신의 연구 '애도와 우울증, Mourning and Melancholia'에서 자살을 '자신이 동일시한 대상에 관한 무의식적인 공격'이라고 기술하고, 이를 개인의 우울이 자신이 만든 상징적 대상 상실로부터 발생하는 것처럼, 자살도 자기도취적 대상의 상실 및 결여가 내면화될 때 발생한다고 보았다. 또한 정신역동적인 측면으로 Menninger(1966)는 그의 저서 '자신에 대항하는 사람, Man Against Himself'에서 자살의 동기를 세 가지 측면으로 제시하였다.

- 죽이고 싶은 의도
- 죽임을 당하고 싶은 의도
- 죽고 싶은 의도

이를 구체적으로 살펴보면 다음과 같다.

죽이고 싶은 의도(the wish to kill)는 적개심, 복수, 파멸, 공격성, 규탄 등으로 이루어진 동기를 말한다.

죽임을 당하고 싶은 의도(the wish to be killed)는 복종, 피가학성, 자기규탄 등이 포함된다. 또한 죽고 싶은 소망을 피곤, 낙망, 절망, 고통, 공포 등의 동기로 보았다.

죽고 싶은 의도(the wish to die)는 절망, 공포, 피곤, 낙망, 고통, 질병 등에 의해 촉발되는 동기이다. Menninger는 앞서 말한 3가지 동기들이 촉발되었을 때 "사람의 성격과 환경에 따라 자살에 이르게 하다"고 말하였다.

셋째, 유전 생물학적 모델이다. 이는 자살과 관련하여 취약한 유전적, 생물학적 특징이 있다고 보았다. 대표적인 학자 Baechler(1979)에 의하면 일반적으로 자살유가족들이 그렇지 않은 사람들에 비해 자살이나 자살 시도율이 현저하게 높다고 하였다.

이는 유전되는 특질 가운데에서 자살을 일으킬 수 있는 특질이 존재하며, 이와 같은 특질이 유전되어 자살에 부정적인 영향을 미친다고 보는 것이다. 또한 Roy(1991)는 자살 성향 자체가 유전인자를 통하여 후대에 전달된다는 가설로서 '자살 성향의 배후에는 정신질환에 약한 유전인자가 있으며 이 인자가 계속 유전된다'라고 주장하였다.

마지막, 스트레스-취약성 모델로서 자살과 관련하여 개인과 사회 환경과의 상호작용을 충분히 설명할 수 없는 문제를 보완하기 위해 제시된 것으로, Moscicki(1995)에 의하면 사람들에게서 나타나는 유전적 또는 사회 심리적 요인과 개인이 속해 있는 환경과의 상호작용 경험이 심리장애의 원인이 된다는 관점으로 이는 자살배경이 되는 촉발사건(precipitating events)과 취약성 요인(risk factors, predisposing factors)과의 상호작용을 이해하는 것이 중요하다고 주장하였다. 스트레스의 경우도 스트레스가 발생하게 되는 모든 상황이 스트레스원이 되는 것은 아니고 스트레스원이 되기 위해서는 스트레스가 발생할 수 있는 상황이 일정 기간 이상 계속 지속되며, 문제가 심각하여야 하고, 예측이 불가능과 함께 통제 불가능하다고 지각하여야 한다. 또한, 자신감이 결여되어 있고 마지막으로 사건이 우발적으로 발생되어야 한다는 것이다. 지금까지 알려진 스트레스원은 주요 생활의 변화나 우발적 사건, 일상생활에서의 잔일 거리 등이다(안경석, 2015).

2. 자살생존자

자살생존자(suicide survivor)는 자살로 주변의 사람이 사망한 사건이 있었던 경우를 의미하며, 개인이 관계하고 있는 가족, 친척, 친구, 동료, 이웃 등이 자살로 사망하여 자살에 비자발적으로 노출된 사람을 뜻하며, 친밀한 사람을 자살로 잃고 남겨진 사람이란 의미에서 자살생존자라는 개념을 폭넓게 사용하기도 한다(Cerel et al., 2013, 2014). 아직 우리나라에서는 익숙하지 않은 개념으로 우리나라에서는 자살유가족지원센터, 자살예방센터 등 정신보건 실천현장에서는 '자살생존자'라는 용어보다는 자살한 사람의 가족을 의미하는 '자살유가족'이란 용어가 보편적으로 사용되고 있다. 하지만 최근 들어 가까운 가족, 먼 친척, 친구, 동료 등 대인관계의 친밀도에 따라 자살과 관련된 사별을 경험하기 때문에 좀 더 넓은 의미의 자살생존자라는 개념을 더 많이 사용하고 있다. Jordan & Macintosh(2011)에 의하면 자살생존자를 '타인의 자살에 노출된 이후 부정적인 사회적 · 심리적 · 신체적 스트레스를 상당한 기간 높은 수준으로 경하는 사람'이라고 정의하며, 자살에 노출된 사람이 받게 되는 다양한 차원의 부정적인 영향에 주목하기 시작하였다.

죽음으로 인해 의미 있는 사람을 상실한 상황으로 인생에서 많은 사람이 경험하는 생활 사건을 사별(bereavement)이라고 한다.

하지만, 사별이란 일반적인 생활 사건에서 발생하는 어려움과는 차원이 다른 특수한 상황의 고통이라고 할 수 있다. 사별에 따른 고통은 상실로 인한 슬픔이 핵심으로 나타난다(Strobe et al., 2009).

이를 애착 이론에서는 분리 불안의 연속선상의 사건으로써 개인이 의지하는 대상과 헤어져야 하는 분리에 관한 불안 반응으로 보았다(Bowlby, 1980). 사별 초기에는 분리 불안이 심하게 나타나며 그 이후에는 개인이 안정적으로 의지했던 대상이 더 이상 존재하지 않는다는 자각으로 인하여 혼란이 뒤따른다는 것이다. 이를 이명훈(2014)의 연구에서는 애착 이론을 근거로 하여 자살생존자의 관점으로 볼 때 이들은 자신들의 애착의 대상으로 삼고 사랑하던 사람이 이 세상에서 갑자기 사라지는 사별로 인해서 극심한 상실의 고통과 갑작스러운 분리의 경험을 하게 되는데, 그러한 상실이 다름 아닌 그토록 사랑하던 사람의 선택에 의해 발생하였다는 사실이 상실과 분리의 고통을 경험하는 자살생존자들에게 더욱 강렬한 버림받음의 경험과 상실의 고통을 안겨준다고 설명하였다.

자살생존자는 다른 원인에 의해서 발생하는 사별과는 달리 외상적이고 폭력적인 경험을 하게 된다. 많은 경우 자살자들이 자신이 거주하고 있는 집에서 자살이 발생하여 자살 장면이나 자살한 시신을 목격한 사람에게 자살 현장은 충격적인 경험이 된다. 이로 인해 자살생존자들은 꿈과 현실에서 자살한 사람이나 시신을 보는 등 침입적인 이미지를 경험한다(Callahan, 2000). 또한, 어느 날 문득 발생한 자살 사건은 자살생존자들에게 개인의 심리적 균형을 파괴하여 급격한 위기상황을 촉발한다. 이로 인하여 자살생존자들은 상실 후 정서적 고통 혹은 정신 불안을 경험한다. 전형적인 정서적 고통은 죄책감, 무력감, 슬픔, 두려움, 외로움, 그리움, 허망함을 포함한다(Berman, Jobes, & Silverman, 2006). 이와 함께 시간이 경과되면서 자살생존자들은 자살을 막지 못했다는 것에 대해 스스로를 비난할 뿐만 아니라 다른 사람의 비난을 받게 되며 혹은 다른 사람에게 죽음의 책임을 투사한다. 이것은 자살을 예방하지 못한 자살생존자의 무력감이나 죄책감으로 일어난다. 자살생존자들은 자신의 흠이 노출되면서 외부로부터 경험되는 부정적인 평가를 통해 수치심을 내면화한다. 이들 자살생존자는 일반적인 사별자들에 비교해서 평생 치유될 수 없는 충격과 죄책감, 자신을 버리고 떠난 자살자에 관한 배신감과 분노로 고통받으며 살아가면서도, 자살에 관한 부정적 사회 인식으로 인해 자신의 고통을 그대로 드러내지 못하고 수치감, 슬픔, 분노, 무력감을 내면화하는 심리적 특징을 가지고 있다(이명훈, 2015). 이처럼 자살에 대해 사회가 지닌 편견과 이들이 애도 과정에서 겪게 되는 복합비애(complicated grief)는 이들로 하여금 사랑하는 사람을 잃은 고통으로부터 살아남은 생존자가 되게 하였다(김재순, 2019).

3. 자살행동

많은 상담사와 교육자들은 여러 관점에서 성인의 자살행동(suicidal behavior)을 이해하기 위하여 노력해 왔다(Garbarino, 1985). 자살행동과 관련한 선행 연구에 따르면 자살행동의 하위차원(dimension)을 이해하는 데에 차이를 보인다. 구체적으로 살펴보면, 자살행동을 생각(ideation), 의도(intent), 시도(attempt) 및 실행(completion)으로 구분하였다(Reynolds, 1988). Reynolds(1988)는 자살생각은 죽음에 대한 생각, 죽었으면 하는 바람 및 죽는 방법과 시간 등에 대한 생각을 포함하고, 자살의도는 유서 작성이나 소지품 처분, 사소한 자해적 행동 등을 포함한다고 하였다. 또한 자살시도는 명백하거나 매우 적은 실패 가능성을 수반하는 공공연한 위협과 다양한 정도의 자해로 끝나는 실제적인 자살시도(또는 준자살, parasuicide)로 구분하였다. 다른 연구에서는 자살 시도자에 관한 연구에서 자살행동을 단지 자살 생각과 자살시도로 구분하여 사용하고 있다(Levy, Jurkovic, & Spirito, 1995). 또 다른 연구에서는 자살행동을 자살생각, 자살계획, 자살시도 및 자살실행 등 4개의 차원을 가진 것으로 이해하고, 그 각각을 다음과 같이 정의하였다. 먼저 자살생각(suicidal ideation)은 죽음에 대한 일반적인 생각으로부터 자살을 하는 수단에 대한 생각까지를 포함하였다. 그리고 자살계획(suicidal plan)은 자살생각을 넘어서는 행동적 차원을 포함하지만 자해적 행동에는 이르지 않은 유서 작성, 소지품 정리 및 서적이나 인터넷 등을 통한 자살정보수집 등을 포함하였다(홍영수, 2004). 자살시도(suicidal attempt)는 고의적이고 실제적인 자해 등을 포함하며, 실행(completion)은 실제적인 자살로 구분하였다. 이를 행동적 차원에서 보면, 자살생각은 행동으로는 표출되지 않은 심리적 증상을 말하고, 자살계획은 자살에 관련된 행동의 표현은 있으나 자해에는 이르지 않은 것이며, 자살시도는 표출된 자해행동을 말한다(홍영수, 2004).

이상의 자살행동 관련 연구에서 자살실행에 대한 의견은 동일하지만, 자살생각, 자살의사표현, 자살의도 및 자살시도 등은 학자들에 따라 약간씩 다르게 사용되어 왔다(Reifman, Windle, 1995).

홍영수(2004)의 주장에 따라 자살행동을 자살사고, 자살계획 및 충동, 자살시도, 자살실행으로 간주하고, 4개의 차원을 모두 포함하였다. 자살행동에 관한 심리학적 관점, 그리고 내담자의 자살행동과 관련하여 상담적 관점에서 살펴볼 수 있다. 먼저 심리학적 관점에서 자살행동을 살펴보면, Neuringer는 자살하려는 사람의 사고는 이분법적인 사고, 인지적인 경직성, 손상된 문제해결이 특징이라는 경험적인 증거를 제시하였으며 심각하게 자살하려는 사람은 그렇지 않은 사람에 비해 삶과 죽음을 더 극단적으로 평가할 뿐만 아니라 죽음을 삶보다 더 긍정적으로 간주한다고 하였다(Ellis, 2006). 또한, 자살 관련 인지왜곡이나 역기능적 인지를 수정하여 적응적인 생활을 영위하도록 해야 한다고 보았다(Ellis & Ratliff, 1986). 특히 Beck(1979)은 장래의 삶이 더 나아질 것이 없다는 부정적 신념과 인지 왜곡이 자살의 주요 원인이라고 하였다. 절망(hopelessness)을 자살의 중요한 심리적 구인(psychological construct)으로 보고하며 절망이란 미래에 대한 부정적인 생각, 즉 자신이나 다른 누구도 불행이나 고통을 변화시키기 위하여 아무것도 할 수 없고 아무것도 이루어지지 않을 것이라는 신념을 말한다고 하였으며, 우울증의 정서적인 증상보다는 인지적인 증상인 절망이 자살과 가장 관련이 있다고 하였다.

자살을 인지적 몰락(cognitive deconstruction)이라는 개념으로 Beck의 절망이론에서 설명하지 못한 자살의 심리적 기제를 체계화하였다. 인지적 몰락은 "모든 사건에 대해 의미부여를 거부함으로써 모든 것을 무가치한 것으로 인지하고 해석하는 정신 상태"라고 정의했다(박명실, 2005).

결국 자살행위를 막아주는 내적 억제력이 약화되면 부정적 감정과 인식으로부터 도피하기 위해 자살을 선택한다고 보게 되었다(Baumeister, 1991). 그는 자살을 '자기로부터의 도피'로 개념 정리했다. 즉, '자기와 연관된 힘든 감정과 생각으로부터 도피를 위한 방법'으로 본 것이다. 인지 과정으로는 첫째, 기대와 현실 사이의 괴리가 발생하고, 둘째, 이 괴리를 자기 탓으로 돌려 자기를 비난해버리며, 셋째, 주위의 초점을 자신에게 돌려 비난받고 부정적으로 평가한다. 넷째, 그 결과 자신에 대한 부정적 정서 상태가 유발되고, 다섯째, 인지적 몰락이 일어난다고 하였다.

자살을 좌절된 심리적 욕구(thwarted psychological needs)로 설명한 경우(Shneidman, 1984)에도 극심한 심리적 혹은 정서적 고통으로 정의되는 'psychache'라는 심리적 고통(psychological pain) 때문이라고 설명하기도 했다. 그는 이해, 도움, 수치의 회피, 감각, 거절, 놀이, 과시, 우월, 존경, 의존, 훼방, 자율성, 공격성, 소속감, 성취, 굴복, 해로움의 회피, 불침범, 돌봄, 질서라는 좌절된 욕구의 목록을 작성하였다. 그는 좌절된 사랑, 관계의 불화, 공격받은 자아상, 통제력 손상, 과도한 분노라는 심리적 욕구의 다섯 가지가 좌절될 때 고통을 겪으며 더 심해지면 자살한다고 주장하였다. Shneidman의 다섯 가지의 심리적 욕구 중 공격받은 자아상, 통제력 손상, 과도한 분노를 부담이 되는 느낌으로, 나머지 두 가지인 좌절된 사랑, 관계의 불화는 좌절된 소속감으로 재분류하였다(Joiner, 2005). Joiner의 이론에서 기존의 이론들과 다른 점은 습득된 자살실행력이다. 자살생각을 할 수 있지만 실제로 자살을 시도한다는 것은 습득된 자살실행력 때문이라고 보았다(Silverman, Berman, Sanddal, O'Carroll, & Joiner, 2007). 한편, 자살은 정신건강 문제, 육체적 건강 문제, 알코올, 도박 중독 등의 문제행동과 같은 개인적 요인과 가족관계 문제, 경제적 문제 등의 가정환경 요인 그리고 직업, 대인관계 등의 사회적 요인 등 매우 다양한 원인에 의해서 발생한다(김효창, 2006, 2010). 이러한 여러 원인에 대한 설명은 주로 사회학적 차원, 심리학적 차원, 생물학적 차원으로 구분되어 이론적 모델로 정리되곤 하는데(강준혁 · 이근무 · 이혁구, 2015), 일례로 세로토닌 등의 신경전달물질과 자살이 관련되어 있다는 가설(Fergusson, et al., 2005), 사회적 통합 정도와 자살을 연관시키는 Durkheim의 사회학적 이론(Durkheim, 2005) 등이 여기에 속한다.

그러나 자살은 타고난 신체적 조건, 성격적 기질, 성장 과정에서의 경험 등의 개별적 특성으로 인해 발현된 부정적인 감정 또는 자살에 대한 긍정성이 특정 촉발사건, 알코올과 같은 매개물질과 결합될 때 등 너무나 복잡한 상황 속에서 발생하기 때문에 그 어느 하나의 관점에서 이해되어서는 안 되며 종합적인 관점에서 이해될 필요가 있다(강준혁 외, 2015). 그런데도 상대적으로 자살의 직접적인 원인에 대한 연구들이 많지 않은 실정이다. 이는 자살이 매우 복잡하고 다차원적인 행동일 뿐 아니라 이미 고인이 되어버린 자에게 직접 그 원인을 확인하기 어렵기 때문이다(강준혁 · 이근무 · 이혁구, 2015; 이혜선 외, 2012). 이에 상대적으로 주를 이루고 있는 것은 자살 관련 생각과 행동에 영향을 미치는 요인들에 대한 연구들로서(이혜선 외, 2012), 자살로 이르게 하는 위험요인과 이를 예방하는 보호요인으로 크게 나누어 볼 수 있다. 선행연구에서 정리하고 있는 위험요인에는 가족, 정신건강, 개인적, 사회 · 경제적 요인들(김다예, 2016)이 있다. 특히 우울은 자살과 관련하여 많이 언급되는 요인으로 모든 연령층에서 보이는 자살생각 및 자살시도와 밀접한 관련이 있는 것으로 보고되고 있다(김순규, 2008). 그리고 오랫동안 지속되어 온 절망감(김성혜, 2015), 문제해결 능력 부족(강상경, 2010), 자기 자신에 대한 부정적인 인식과 낮은 자존감(정신영, 2012), 중요한 타자와의 관계에서 발생하는 문제들로 인한 상실감(김성혜, 2015) 등이 정리될 수 있다. 반대로, 자살의 보호요인으로는 가족 및 사회적 지지(주석진, 2012), 삶의 이유(이유리, 2008), 낙관성(안현진, 2009), 사회적 서비스 자원과 이용(윤명숙 · 이희정, 2013), 주변 사람들과의 소통을 통한 지지체계(김성혜, 2015), 긍정적 치료체계(Paulson & Worth, 2002) 등이 보고되고 있다. 이 중에서 특히 긍정적 치료체계, 즉 자살을 시도하는 사람들이 도움을 요청한 대상과 주고받는 관계(예: 상담사가 나를 이해한다고 느낌)가 강력한 보호요인(정신영, 2012)이라는 점은 시사하는 바가 크다. 그만큼 보호요인의 주체라 할 수 있는 상담사가 자살위험성이 있는 내담자를 어떻게 대하고 긍정적인 상담 관계를 형성하느냐에 내담자의 안정화가 좌우된다는 것이다. 따라서 내담자의 자살생각 및 시도, 혹은 행동을 겪게 된 상담사의 내적 과정, 그가 겪는 갈등과 극복과정 등을 구체적으로 살펴본 연구에서 이후 유사한 경험에 노출될 수 있는 상담사들이 내담자와의 긍정적 치료체계 형성에 대한 고민의 실마리를 제공해 줄 수 있을 것이다. 자살행동 내담자에 대한 상담적 관점에서 살펴보면, 상담은 상담사와 내담자 간의 상호작용으로 이뤄지는 것으로, 상담에서 내담자의 긍정적인 변화에 가장 강력한 영향을 미치는 요인은 이론이나 기법이 아니라 바로 상담사 자신이다(윤은주, 2009). 즉, 건강한 상담사가 내담자를 조력할 수 있다(이셈 · 최한나, 2012). 특히 상담은 내담자에게 일방적인 배려와 보살핌을 제공할 수 있어야 한다는 점에서(Corey, 2003), 상담사 자신을 몹시 지치게 하면서, 요구되는 것이 많은 직업으로 간주하기도 한다(Norcross, 2000). 관련하여 Corey(2003)는 상담사가 자신의 활력을 소진하거나 무력하게 할 위험이 있는 요인들에 대해서는 잘 처리해 두어야 하며, 스스로가 잘 보살펴 활기찬 생활을 해야 한다고 주장하였다. 그만큼 상담사는 자신의 존재 방식과 행동을 통해 내담자에게 영향을 주고 변화를 촉진하게 된다는 것이다(이미정 · 박승민, 2015). 상담 성과를 가져오는 데 있어 상담사가 차지하는 비중은 오랫동안 주목받아 온 관심 주제 중의 하나로(Gurman, 1977), 그동안 상담사의 스트레스 및 소진에 영향을 미치는 요인들에 대한 연구들이 활발하게 진행되어 왔다. 최근 국내외에서 주로 밝히고 있는 소진의 원인으로는 개인 내적인 요인(결혼 여부, 성격, 상담사 발달수준 등)과 환경적 요인(직무 환경 및 스트레스, 사회적 지지 등) 등이 검토되고 있다(최혜윤, 2015). 특히 박성호(2001)는 상담사 소진을 가속화하는 위험요인으로 역경, 외상성 생활사건 등을 주목하였는데, 이 중에서도 상담사의 상실 경험은 향후 다른 사람과의 애착 형성에도 어려움을 유발한다는 점에서(Skovholt, 유성경 역, 2003) 그 여파가 매우 큰 요인이라 지적하였다. 이러한 측면에서 볼 때, 내담자의 자살은 상담사로서 '할 수 있다면 피하고 싶은' 가장 고통스러운 상실 경험이다(윤성근, 2015). 상담장면에서 내담자가 특정 신호를 보이지 않았음에도, 그들이 혹시라도 자해나 자살을 하지 않을까 하는 두려움을 가지고 있다고 응답한 상담 전문가가 무려 97%에 달한다는 연구결과(Pope & Tabachnick, 1994)는, 내담자의 자살이라는 경험이 상담사에게 얼마나 큰 영향을 초래하는지를 극명하게 보여주는 결과라 하겠다. 특히 현대에는 내담자의 심리적 문제가 다양하고 복잡해지며, 지지기반이 되어 줄 가족관계나 지역사회가 제 역할을 하지 못하게 되면서 상담 전문가가 내담자의 자살이라는 부정적 상담결과를 경험할 가능성이 갈수록 높아지는 추세이다(McAdams & Foster, 2000). 국내외 연구들을 살펴보면, 내담자의 자살을 경험한 정신건강 전문가의 비율은 상당히 높은 편(McAdams & Foster, 2000; Wurst, et al., 2013)으로, 우리나라 역시 최근 정신건강 관련 서비스에 대한 수요와 접근성이 갈수록 높아지고 있다는 점에서 앞으로 내담자의 자살을 경험하는 상담사의 수 역시 늘어날 것으로 예상된다(윤성근, 2015). 이렇게 상담을 받던 내담자가 자살할 경우 전문가는 전문적, 개인적 자기개념에 있어 매우 큰 타격을 받게 된다(McAdams &

Foster, 2000). 이러한 가운데 상담기관에서는 상담사에게 다른 무엇보다 사건 · 사고 예방(조해연 외, 2013)이라는 측면에 대한 기대감이 높은 실정이다. 따라서 내담자의 자살은 상담사에게 전문적인 자기 개념에 있어 손상감을 경험하게 하는 것은 물론, 자신을 고용한 기관으로부터 압박감이 가중되어 이중으로 고통스러운 경험이 될 가능성이 크다. 이러한 측면에서 상담사가 실제 상담장면에서 내담자의 자살행동에 맞닥뜨렸을 때 어떠한 내적 과정을 거치느냐를 밝히는 것은, 위기상황에 처했을 때 대응하는 초심상담사의 독특성을 드러낼 수 있을 뿐 아니라, 추후 유사 경험에 노출될 수 있는 초심상담사들에게 간접 경험의 기회가 된다는 점에서 의의가 크다. 내담자의 자살행동은 상담사에게 있어 매우 큰 부정적 경험이자 좌절 경험이 될 수 있다. 이미 많은 선행연구에서 상당수의 정신건강 전문가들이 내담자를 돕고자 하는 그들의 열의와 노력에도 불구하고 내담자의 자살을 경험하고 있음이 입증되었다(Alexander et al., 2000; Wurst et al., 2013). 이는 사회가 복잡해지고 자살이라는 문제가 심각해짐에 따라 더욱 증가하고 있는 추세였다. 국내 역시 자살사고 및 자살 충동을 경험한 학생의 비율이 신입생의 경우 15.36%, 일반 대학생의 경우 41%~72%에 달하는 등 상담사들이 내담자 자살의 경험에 노출될 가능성이 증대되고 있는 실정이다. 상황이 이렇다 보니 다수의 상담사가 부담감과 불안감을 강하게 느끼면서, 일부는 상담 시 자살사고 탐색을 회피하거나, 거꾸로 여러 번 내담자를 만나는 식의 '지나친 개입'을 하는 등 어려움을 겪고 있는 것으로 나타났다(김은하 외, 2015).

이와 같이 상담사들이 내담자의 자살행동을 통해 경험하는 어려움은 크게 개인적 측면과 직업적 측면으로 나뉘는바, 개인적 측면으로는 스트레스 충격, 부인, 슬픔, 우울, 불안, 죄책감, 분노, 상실감, 배신감, 수치심, 무력감 등의 정서들과 대인관계의 손상과 사회적 철수, 개인의 자존감과 전문가로서의 자신감 상실 등이, 직업적인 측면들로는 법적 소송과 유가족 반응에 대한 두려움, 자살위험 내담자를 타 기관으로 의뢰(refer)하는 경향성의 증가, 내담자의 자살사고나 주제에 대한 민감함의 증가, 철저한 치료기록 및 보관, 슈퍼비전과 학문적 자문, 동료자문 활동의 증가, 이직 및 조기 은퇴의 고려 등이 보고되고 있다(윤성근, 2015).

그만큼 내담자의 자살행동은 상담사가 통제할 수 없는 여러 상담 외적인 상황으로 인해 일어날 수 있는 결과임에도 불구하고 상담사는 이에 대해 필요 이상의 과도한 책임감과 고통감을 겪을 수 있는 부정적인 경험임이 분명하다. 해외연구를 살펴보면, 전문가가 경험하는 내담자의 자살은 그들의 가족이나 친구의 죽음을 겪었을 때와 거의 다르지 않으며(Grad & Michel, 2004; Hendin et al., 2004), 이들 중 49%는 부모의 죽음을 경험한 정도의 큰 충격을 받았다(Chemtob et al., 1988). 전문가의 내담자 자살행동에 대한 경험을 연구한 결과들을 종합하면 크게 개인적인 경험과 직업적인 경험으로 나누어 볼 수 있다. 개인적인 경험들을 살펴보면 높은 스트레스와 충격, 부인(denial), 슬픔, 우울, 불안, 죄책감, 분노, 상실감, 배신감, 수치심, 무력감, 고립감, 소외감, 부적절감(inadequacy) 등의 정서들과 대인관계의 손상과 사회적 철수, 개인의 자존감과 전문가로서의 자신감 상실 등의 경험들이었다(Alexander et al., 2000; Wurst et al., 2013; Yousaf et al., 2002). 또한 병리적 애도반응 증상으로서 우울증(melancholia)이나 죄책감(atonement), 자기애적 회피(narcissistic avoidance) 등의 경험과(Maltsberger, 1992), 정서마비(numbness)나 이인화(depersonalization) 등의 급성 스트레스 장애 증상, 침습, 회피, 과잉경계(hypervigilance), 악몽 등의 외상 후 스트레스 장애 증상들도 포함되었다(Ruskin et al., 2004). 충격과 슬픔, 죄책감, 분노 등의 정서들은 내담자의 자살 이후 6개월이 지난 뒤에도 유의미한 수준으로 지속되었으며(Wurst et al., 2013), 20~30년이 지나도록 자살한 내담자의 이름과 구체적인 사건 정황에 대해서 생생하게 기억해 낼 수 있었다(Brown, 1987). 그리고 호주의 심리학자 178명을 대상으로 내담자 자살의 빈도와 영향을 평가한 결과, 참가자 56명(31.5%)이 한 명 이상의 내담자를 잃은 것으로 보고하였다. 뿐만 아니라 더 많은 수의 심리학자들은 더 많은 내담자 자살이 있었다고 보고하였다. 내담자 자살행동을 경험한 참가자들은 직업적인 영향뿐 아니라 감정적, 인지적, 행동적 반응의 범위에 제한을 받는 것으로 보고하였다(Finlayson & Graetz Simmonds, 2018). 지금까지 내담자의 자살행동을 경험한 정신건강 전문가들에 대한 연구는 해외에서 이루어진 것으로, 이러한 결과를 국내 정신건강 전문가들에게 적용하는 데는 한계가 있다(윤성근, 2015).

윤성근(2015)의 연구에 따르면, 내담자의 자살행동으로 인해 국내 정신건강 전문가가 겪은 정서적인 경험으로 충격, 애도, 후회, 죄책감 불안, 무능감, 우울의 순으로 나타났다. 그동안 국외연구에서는 정신건강 전문가들이 겪는 슬픔과 죄책감, 분노와 충격, 우울, 부적절감, 불안, 수치심, 배신감 순서(Hendin et al., 2004)와는 차이가 있는 것으로 나타났다. 특히 개인의 선택과 자유, 독립성을 강조하는 개인주의 문화인 서구권과 달리 국내는 개인이 처한 사회적, 관계적 맥락 내에서 개인의 상호의존성을 강조하는 집단주의 문화의 영향으로 상담사와 내담자의 역할 방식에도 영향을 준다(윤성근, 2015). 실제 국내 사회에서는 내담자들이 어려움에 처하거나 답답함을 느낄 때 상담사를 찾아와 당면한 문제에 대해 구체적인 도움이나 조언을 구하는 편이다. 이때 상담사가 부모와 같은 어른으로서 적극적으로 개입하여 돕는 '상담사의 어른 역할'이 강조된다(조긍호, 2006). 따라서 상담의 목표를 내담자의 자율성과 독립성에 두는 서양과 달리, 국내 사회에서는 상담사에게 상담사의 역할뿐만 아니라 양육자나 교육자의 역할 수행도 기대하고 있는 것이다. 그만큼 상담사의 개입과 책임의 범위가 더 크다고 할 수 있다. 그렇지만 현재 내담자의 자살과 관련된 국내 연구들은 내담자 관점의 연구가 이루어지면서 그들의 자살행동과 관련된 위험 및 보호 요인을 단면적으로 탐색하고 있는 수준에 그치고 있다(권호인 외, 2014). 그래서 자살행동 내담자에 대한 국내 상담사들의 구체적인 경험과 극복과정에 관한 연구가 필요하다(변시영, 2017).

국내에서 내담자의 자살행동과 관련하여 상담사의 관점에서 본 연구로 기업상담사와 대학상담센터 상담사를 대상으로 한 연구가 있다. 먼저, 기업상담사를 대상으로 변시영(2017)은 기업상담사들이 내담자의 자살행동에 대한 경험과 극복과정을 시간의 흐름에 따라 충격 단계, 혼란 단계, 노력 단계, 성찰 단계, 정체성 재확립 단계로 제시하였다. 그리고 그는 내담자의 자살행동을 경험한 상담사들 간에 겪게 되는 주요 감정이 죄책감과 불안감이라고 하였으며, 해외연구와 다른 점으로 '충격' 반응과 '내담자에 대한 분노와 배신감' 정서를 확인하였다. 이 연구에서는 내담자 자살에 대한 국내 상담사 경험 연구의 확장과 함께 동서양 간 문화 차로 인해 발생할 수 있는 경험의 다양성을 확인하였다는 데 그 의의가 있다.

그러나 기업이라는 특정한 장면에서 활동하는 이들을 대상으로 제한하였다. 따라서 다양한 장면에서 자살행동 내담자를 상담하는 상담사를 대상으로 한 연구가 확대될 필요가 있다.

대학상담센터 상담사들의 자살예방과 자살위기개입과 경험 연구(김은하 외, 2015)에서는 상담사들이 지각하는 어려운 점과 대학 및 상담센터의 요인을 4가지 요인('대학 및 상담센터 요인', '자살위기개입 시스템', '사회적 인식', '상담사 요인')과 11개의 범주로 제시하였다. 특히 '상담사 요인'에서 상담사들은 자살위험 수준 평가와 자살위기 개입의 모호성과 심각성으로 인해 부담감과 불안감을 경험하는 것으로 나타났다. 또한 자살위기개입 매뉴얼 및 협력할 수 있는 외부 기관이 부족하여 자살위기개입 시 혼자 '모든 문제를 해결해야 한다'는 점이 이들의 부담감과 불안감을 가중시키는 것으로 나타났다. 이로 인해 일부 참여자들은 상담 시 자살사고 탐색을 회피하거나, 일주일에 여러 번 내담자를 만나거나 내담자에게 자주 연락하여 내담자의 상태를 확인하는 등 지나친 개입을 하는 것으로 드러났다. 뿐만 아니라 참여자들은 대학원 수업이나 슈퍼비전에서 자살사고 탐색 및 자살위기개입에 대한 체계적인 교육을 받지 못했다고 보고하였다. 참여자들은 학회 워크숍을 통해 자살 예방 교육을 받기도 하지만 학회 워크숍에서 다루는 내용이 너무 일반적이거나 대학상담센터 상황에 맞지 않아 어려움이 있다고 보고하였다. 그리고 과중한 업무로 자살행동 상담 개입 시 경험하는 부담감과 불안감으로 인해 소진을 경험하고 이로 인해 내담자들의 고통에 공감하기 어려웠다고 보고하였다.

또 다른 대학상담기관의 상담사를 대상으로 한, 대학상담기관 자살위기개입의 문제점과 개선방안 연구(권호인 · 윤경선 · 김소라, 2015)에서는 대학상담기관 자살위기개입의 문제점을 위기개입에 대한 지침 부재, 대학상담기관의 체계 및 관리 부족, 연계과정의 어려움으로 나타났다. 이와 함께 상담사들이 효과적인 자살위기개입을 위해서는 학교 전반의 자살문제에 대한 인식 변화, 위기학생에 대한 관리체계, 문서화된 지침마련과 구체적 훈련, 사후 개입이 필요하다고 하였다. 특히 전일제 상담사가 적거나 전무한 상황에서 자살행동에 일관된 대응을 할 수 있는 담당 인력이 부족하다고 하였다. 더욱이 대학상담기관에서 근무하는 상담사 대부분이 석사과정을 바로 마친 초심상담사가 많아서 자살위험성이 있는 내담자를 상담하기에는 어려운 것으로 보고하였다. 또한 상담사가 자살행동 이슈에 관해 잘 인지하지 못하여 실제 상담에서 자살문제에 대한 접근이 이루어지지 않거나 효과적으로 다루지 않는 등의 문제가 있다고 하였다.

4. 자해 및 자해행동

1) 자해

자해, 특히 자살 의도가 없는 자해행동은 죽고자 하는 명백한 의도 없이 주로 부적 정서를 다루는 방법의 일환으로 자신의 신체에 고의로 해를 가하는 행동이다. 자해를 야기하는 원인이나 종류 등은 다양하며, 자해를 보이는 사람들 간의 이질성도 있다. 청소년부터 초기 성인기 집단의 자해 유병률이 높고, 경계선 성격장애나 우울, 불안, 외상 후 스트레스 장애, 섭식장애 등의 정신건강 문제가 있는 집단의 유병률이 높은 것으로 보고된다.

자해행동은 크게 두 유형으로 나누어진다. 첫째, 알코올 및 약물 중독, 이식증, 자기유인적 발작상태로 특징지어진 간접 자기상해 유형이 있다. 둘째, 자신의 신체에 직접적인 상해를 입히는 경우로 벽에 머리 부딪치기, 물어뜯기, 자르기, 할퀴기, 때리기 등으로 나타난다. 자해행동 형태는 한 가지 형태에서 갖가지 결합된 형태 등 다양하며, 자해행동의 미스터리 중 하나는 자해행동이 주는 상처와 고통에도 불구하고 계속해서 자신을 상해한다는 점이다. 흔히 어떤 증후의 고통도 없이 발생하며, 중도 이상의 지적장애인으로서 언어결함, 시각장애 등을 수반했을 때 자해행동이 심한 것으로 보고된 경우도 있다.

자해행동은 언제나 심각한 안전문제를 일으키고 상처 부위의 감염이나 2차적 병을 야기하기 때문에 자해행동을 보이는 아동뿐만 아니라 가족이나 교사, 주위 사람들에게 불안감, 좌절감, 무력감을 갖게 하는 등 큰 문제로 부각되며, 따라서 치료 및 교정교육이 절실한 부분이다. 자해행동의 원인으로는 각성을 권장하는 뇌 체계가 어떤 장애인에게는 비정상적이어서 자살행동과 같은 자기자극행동을 초래한다고 보는 생리학적 이론, 자기상해가 자극박탈이나 자극결핍에 대한 반응이라는 심리학적 이론, 주위 사람들의 반응에 따라 강화된 행동으로 보는 행동주의적 이론 등 세 가지로 설명되고 있다.

자해행동의 치료전략으로는 환경관리방법, 약물치료, 행동치료 등이 있다.

첫째는 환경관리방법인데, 자해행동을 억제할 수 없는 심한 정신적인 긴장상태나 흥분된 감정상태의 외부적 표현으로 보고 있다. 따라서 자기통제력이 부족한 자폐 아동은 자신이 극복하지 못한 좌절감이나 스트레스를 느낄 때 자신의 감정표현을 자해행동으로 나타낸다. 자해행동을 보이는 아동이 가정보다는 학교에서, 식사시간이나 여가시간보다는 학습시간에 더 많이 나타낸다는 점이 이를 잘 말해 주고 있다. 따라서 아동의 자제력과 아동에게 스트레스를 주는 일과 환경을 잘 관찰한 다음 스트레스를 경감시키는 환경을 조성해 주는 환경관리방법이 자해행동을 줄이는 데 도움이 될 수 있다. 아동의 주위에 풍부한 자극을 주기 위해 장남감도 많이 놓아 주고 놀이기구 등을 설치하여 다양한 놀이를 유도한다.

둘째는 약물치료인데, 일반적으로 엔도르핀의 분비가 인체에 좋은 것으로 알려져 있지만 지나치게 많은 양의 분비는 오히려 행동장애를 유발하는 원인을 제공하는 것으로 보고되고 있다. 인체 내에서 엔도르핀의 주요 역할 중 하나가 마취작용을 하기 때문에 자폐 아동이 자해행동을 할 때 인체 내에서 분비된 많은 양의 엔도르핀이 오히려 고통을 느끼지 않게 도와주어 자폐 아동이 자해행동에 대한 감각을 더욱 잃게 만든다. 이에 날트렉손(naltrexone, 뇌 진정제 수용체를 억제하는 약)이라는 약물치료를 하면 큰 도움이 될 수 있다. 이 약을 복용하면 인체 내에서 엔도르핀의 주요 역할인 마취작용을 둔화시키고 고통을 촉진하여 자해행동과 같은 부적절한 행동을 자연스럽게 감소시킬 수 있다.

셋째는 행동치료인데, 자해행동을 후천적으로 배우고 익힌 행동으로 보고 자해행동을 강화하는 특정 상황이나 조건을 제거해야 한다고 행동주의 심리학자들은 보고 있다. 이들은 아동이 경미한 자해행동을 할 때 지나치게 관심을 기울이거나 신경을 곤두세우면 오히려 아동의 자해행동을 강화하는 결과를 낳는다고 하였다. 응벌적 자극요법의 행동수정방법은 어떤 아동에게는 효과가 있지만, 또 다른 아동에게는 역효과를 낼 수 있으므로 아동의 특성에 맞게 신중하게 선택해야 한다. 과거에는 약한 전기충격방법이나 물 뿌리기 방법, 신체적 제지 등의 방법이 있었지만, 인격적인 문제가 야기되어 요즈음은 아동이 불유쾌하게 생각하는 방법을 쓰기도 한다. 예를 들면, 신맛을 불유쾌하게 생각한다면 레몬주스의 신맛으로 자해행동을 줄이기도 하고, 신맛을 좋아하는 아동에게는 암모니아 냄새를 맡게 하는 방법 등이 있다.

2) 자해행동의 분류

자살 의도가 없는 자해의 분류로 현재 가장 많이 인용되는 기준은 4개의 큰 범주로 구분한 분류 체계이다(Simeon & Favazza, 2001).

자해는 상동형(stereotype), 유력형(major), 강박형(compulsive) 그리고 충동형(impulsive)이 있다. 상동형(주기적, 내용 없음), 유력형(거세[castration] 또는 절단[amputation])의 자기 손상 행동은 대개 정신증 및 정신지체 증후군의 한 요소이다. 그러므로 이러한 자기 손상 행동의 유병률은 낮은 편이다. 강박형 자해는 고조된 불안을 경감시키고자 도저히 참을 수 없고 수행할 수밖에 없는 반복적이고 자아 이질적인 자해행동(예: 머리카락 뽑기, 손톱 물어뜯기, 팔뚝이나 등, 목, 허벅지 등을 할퀴기, 피부 뜯기)을 하는 것이다. 충동적인 자해는 자신에게 상처를 입히고자 하는 일화적 욕구, 손상 행동을 하기 전의 통제력 상실, 손상 행동 직후의 만족감

등의 특징으로 설명된다. 아마 가장 널리 인식된 고의적인 자해행동의 형태는 칼로 긋기, 불로 지지기, 뾰족한 것으로 찌르기 등을 포함한 충동적인 자기 손상 행동일 것이다(Simeon & Favazza, 2001).

젊은 여성을 대상으로 한 대규모 지역사회 표본 연구에서는 충동형 자해행동과 강박형 자해행동이 모두 24%의 높은 평생 유병률을 보였다(Favaro, Ferrara, & Santonastaso, 2007). 자해로 입원한 환자 중 충동형 자해행동(주로 자신을 칼로 긋기, 불로 지지기, 자기 구타)에 해당하는 경우는 5%였으나, 그들은 강박적 자해행동에 관련된 환자보다 아동기 학대와 물질 남용 및 낮은 사회경제적 지위와 관련된 경우가 훨씬 더 많았다(Favaro et al., 2007). 자해행동의 동기가 되는 요소로 일관되게 부정적 정서상태에 대한 조절이 확인되고 있는데, 이는 충동형 자해에서 특히 그러하다(Kumar, Pepe & Steer, 2004). 자살 의도가 없는 자해행동에 대한 이러한 4개 범주를 도입하고 있기는 하지만 이 역시 한계점이 있다. 이러한 구분은 자해의 동기나 처음 이유를 설명해 주지는 못한다.

한편, 자해행동의 종류를 구분하기보다는 자해행동의 요소나 차원을 제안한 접근도 있다(Claes & Vandereycken, 2007).

- 자기 손상을 가한 방법(예: 칼로 긋기, 불로 지지기, 끈으로 묶기)
- 손상을 가한 신체 부위(예: 머리, 팔)
- 일정 기간 동안 자살 의도가 없는 자해를 저지른 빈도(예: 하루, 일주일 또는 한 달 동안 자해행동을 한 빈도)
- 자살 의도가 없는 자해로 야기된 손상의 정도(예: 손상 유형, 손상 부위 수, 손상 심각도 등의 측정)
- 자살 의도가 없는 자해를 저지른 당시 개인의 심리 상태(예: 지적장애, 기질성 질환, 정신과적 장애)
- 자살 의도가 없는 자해의 용도나 기능(예: 주목을 받기 위해, 책임을 회피하기 위해, 스트레스 대처의 일환)
- 자살 의도가 없는 자해가 사회적으로 용인되는(또는 용인되지 않는) 정도(예: 사

회적으로 용인되는 경우는 자해행동에서 제외함)

- 손상으로 인한 실제 또는 잠재적인 치명성
- 손상의 직간접성(예: 칼로 긋는 것과 같은 즉각적인 손상이 있는지, 또는 약물 남용과 같이 시간이 경과한 후에야 효과가 있는지)

특히 손상의 치명성은 제대로 평가하기가 쉽지 않다. 잠재적인 치명성은 종종 손상의 심각도로 알아보는데, 손상의 정도가 사망의 잠재성을 충분히 반영하지 못할 수 있다. 예를 들어 목에 끈을 맬 때 그 행동을 완수하는 경우는 잠재적인 치명성이 높겠지만, 어떤 방해로 인해 그 행동을 제대로 하지 못하면 신체적 손상이 없는 것이다. 치명성을 가늠하는 데에 더 도움이 되는 기준으로, 의학적 심각성(손상의 심각도와 사망 위험), 의도의 심각성(죽고 싶어 하는 정도가 얼마나 강했는가)을 고려할 수 있다(Lohner & Konrad, 2006).

자해행동과 관련된 요인에는 충동성, 분노, 공격 또는 이것들의 증후군인 경계선 성격장애와 같은 특성적 요인이나 외상 경험이나 역기능적 가정환경과 같은 환경적 요인, 외상 후 스트레스 장애나 우울, 불안 등의 정서적 문제, 약물 남용이나 섭식 문제와 같은 중독 문제가 제기된다. 자해행동을 하는 동기로는 다양한 이유가 제시되나, 대부분 부적 정서를 다루는 대처 기술의 일환으로 자해를 한다는 관점이 많다(Gladstone, Parker, Mitchell, Malhi, Wilgelm, Austin, 2004). 자해행동을 다루는 개입들이 시도되고 있지만 경험적으로 증명된 접근은 부족한 실정이다. 자해행동 자체만을 위해 개입하기보다는 경계선 성격장애나 기분장애, 불안장애, 섭식장애 등 다른 정신건강 문제에서 자해행동이 있을 때 집중적인 관리나 대처기술 훈련을 돕는 방식으로 개입이 이루어진다.

5. 대리외상과 상담

대리외상이 상담사들에게 적용되기 시작한 것은 McCann과 Pearlman(1990)의 연구에서 대리외상이 외상을 경험한 내담자와의 치료과정에서 치료자에게 일어나는 부정적 영향을 설명하는 용어로 등장한 이후이다. 따라서 직접 외상피해를 당하지는 않았지만 지속적으로 외상화된 사람을 상담하거나 연구하는 정신보건 분야 전문가들을 예로 들어 이들이 근친 강간이나 강간, 외상적 폭력의 피해자들이 보이는 심리적 후유증과 유사한 증상, 즉 악몽이나 두려운 생각, 침습적 이미지, 타인의 동기에 관한 의심을 겪는다고 밝혔다(이미혜 · 성승연, 2014). 이들은 치료자가 내담자가 받은 외상의 영향을 치료자 자신에게 일어난 것처럼 경험할 수 있다는 인식에서 '대리(vicarious)'라는 말을 적용했다(Rothschild, 2006).

초기 대리외상이라는 개념은 구성주의 자기발달이론(constructive self development theory, CSDT)에서 발전되었는데, 이는 외상에 관한 직접 피해를 설명하기 위하여 적용된 이론이었다.

CSDT는 자신의 경험을 해석하기 위하여 사용한 인지적 도식을 근거로 자신의 현실을 구성해 간다는 발달이론을 말하며, 여기서 말하는 인지적 도식은 자신과 타인 및 세상에 관한 개인의 기대, 신념, 가정을 포함한다. 내담자의 외상 사건을 접한 상담사는 자신의 새로운 경험을 해석하기 위해 기존의 신념과 가치관 같은 인지적 구조를 변화시키게 되는데, 이때 인지적 구조는 준거의 틀(frame of reference), 자아 자원(ego resources), 자기 능력(self capacity), 심리적 욕구와 관련된 인지 도식(psychological needs and associated schema), 기억과 지각(memory and perception)의 영역 등을 다양하게 포함한다.

이후 '심리적 욕구와 관련된 인지 도식의 변화'를 구성 개념으로 하여 외상 경험에 따른 인지적 왜곡을 측정하는 도구들(TSI-BS, TABS)이 개발되었다(McCann & Pearlman, 1990).

Pearlman과 Saakvine(1995)은 이러한 내적 경험의 변형으로서 대리외상은 자신의 정체감, 세계관, 영성적 측면, 자기－능력 그리고 친밀감과 통제에 이르기까지 총체적인 변화를 불러일으킨다고 말하였다.

상담사의 대리외상은 소진(burn out), 역전이(counter transference), 이차적 외상스트레스(secondary traumatic stress), 공감 피로(compassion fatigue)의 개념에 관한 이해가 필요하며, 이러한 개념들에 관한 이해는 상담사가 경험하는 대리외상의 복잡한 문제들을 이해하는 데 도움을 줄 수 있다(Kostouros, 1995). 그렇기 때문에 이러한 개념들에 관한 구체적인 경계를 살펴볼 필요가 있다.

먼저, 소진(burn out)은 외상에 대하여 지속적으로 노출되면서 일반적으로 나타나는 마지막 반응으로서, 동화되지 않거나 일을 지속할 수 없는 것과 유사하게 나타난다(McCann & Pearlman, 1990).

다시 말해 소진이란 내담자와 지속적인 상담과정의 결과로 만성적으로 지치는 것을 의미하며, 우울, 좌절, 열정의 상실, 지루함, 좌절 등이 증상으로 나타난다. 한편, 조력 전문가들의 일과 관련하여 정신적, 정서적 고갈 상태를 설명하기 위하여 개발된 용어이기도 하다. 정서적 고갈, 부정적인 업무 환경 내담자가 무능함, 가치절하, 사생활 악화의 5개 하위 개념으로 구성된 상담사의 소진은 내담자와의 작업을 통해 지속적으로 쌓여가는 심리적 영향이라는 부분에서 대리외상 개념과 유사한 측면이 있다. 반면, 소진은 조직 혹은 동료와의 관계 등과도 관련이 있고, 이에 반해 대리외상은 외상 생존자들과 상호작용을 한 경우에 나타난다는 점에서 차이가 있다(McCann & Pearlman, 1990).

다음에 살펴볼 것은 역전이(counter transference)이다. 역전이 또한 심리치료에서 오랫동안 논의되어 온 주제이기도 하다. 치료자의 해결하지 못한 문제나 알아차리지 못한 갈등 또는 염려와 관련되어 설명된다(McCann & Pearlman, 1990). 또한, 내담자가 표현하는 외상 사건의 생생한 이미지와 내담자가 표출하는 증상, 그리고 외상 관련 재현(reenactment) 등은 상담사에게 강렬한 역전이를 촉진하는 데 기여한다(Arvay & Uhlemann, 1996).

특히 상담사는 내담자의 외상과 관련된 공포, 두려움, 분노, 거부감 등과 같은 강렬한 감정뿐 아니라 내담자들이 상담과정에서 상담사에게 학대 관계를 재현하는 역동을 야기하고, 그 결과 상담사가 가해자, 피해자, 무력한 목격자를 포함한 다양한 역할을 반영하는 역전이 반응을 경험하게 되기도 한다(Herman, 2007). 소진이 만성적인 내담자로 인해 상담사가 이차적 부담을 느끼게 되는 것이라면 역전이는 상담 개인적 삶에서의 경험과 결과로 인해 내담자에게 나타나는 상담사의 정서적 반응이며, 대리외상은 상담과정뿐만 아니라 상담사의 신념체계를 포함하여 상담사 개인의 삶에 전반적인 영향을 미칠 수 있으며 이는 외상 경험이 있는 사람의 외상 과거가 상담사에게 미치는 영향이라고 할 수 있다(권해수 · 김소라, 2006).

마지막으로 살펴볼 것은 이차적 외상스트레스(secondary traumatic stress), 공감 피로(compassion fatigue)이다. 이차적 외상스트레스(STS)는 외상 후 스트레스(Post traumatic stress) 이론에 토대를 두고 고안된 개념이며, 외상으로부터 고통받는 내담자를 조력하는 과정에서 조력자가 겪게 되는 외상 후 스트레스 반응으로 설명(Bride et al., 2004)되고 있고, 외상을 입은 피해자뿐만 아니라 외상피해를 목격하거나 아는 것만으로 외상을 경험할 수 있다(Figley, 1995).

이때 나타나는 반응은 일차적 외상을 경험한 내담자의 반응과 유사하며, 회피, 침습, 각성 반응을 포함한다. 일부 학자는 이차적 외상스트레스 증상은 외상과 관련된 일을 하는 많은 실무자들이 경험하는 정상적인 반응으로 고려된다(O'Halloran & Lintonm, 2000)고도 하였다.

이영선 외(2012) 연구에서는 이차적 외상스트레스는 '이차적 외상' 또는 '대리외상' 등의 용어로 설명된다고 하며 이는 이차적 외상이 가족과 같은 가까운 외상의 생존자를 돕는 과정에서 나타나는 급작스러운 반응을 의미한다고 하였으나, PTSD의 진단 기준에 근거를 두고 있는 이차적 외상스트레스는 한 번의 간접외상 노출 혹은 비교적 갑작스럽게 나타나는 증상이라는 점에서 외상에 지속적인 노출로 인한 내적 경험의 변화로 설명되는 대리외상의 개념과 차이가 있다(Baird & Jenkins, 2003).

Canfield(2005)에 의하면 뚜렷한 증상을 체크하는 척도를 통한 연구는 이차적 외상을 중심으로 선택하는 경향이 있는 반면, 바깥으로 확인하기 어렵지만, 업무 기간 동안 서서히 일어나는 원조자 삶 전체의 변화를 이해하고자 하는 연구는 대리적 외상개념을 기초로 질적 방법론으로 사용하는 경우가 많다고 설명하였다(강방글, 2013). 이후 이차적 외상스트레스라는 개념은 치료자에게 좀 더 친근하고 긍정적으로 인식될 수 있는 공감 피로(CF)라는 용어로 대체되었고, 지금까지 두 용어는 같은 개념을 설명해 오고 있다(Figley, 2002). 따라서 자살생존자를 상담하고 그 과정에 겪는 상담사의 내면적 변화를 중심으로 상담사의 주관적 인식을 파악하고 특성을 살펴보기 위한 연구로 '대리외상'의 개념을 사용하는 것이 적절하다.

Chapter

11

죽음과 가족위기

Chapter 11

죽음과 가족위기

1. 죽음준비

죽음의 준비란 덜 중요한 많은 것을 제쳐두고 정말로 중요한 것, 덧없이 사라질 것이 아닌 영원한 가치를 지닌 것, 무의미한 것이 아니라 참으로 의미 있는 것을 추구하는 것이다. 교육학 백과사전은 죽음준비교육을 죽음교육(death education)과 죽음상담(death counseling)의 두 영역을 포괄하는 개념으로 정의한다. 죽음의 참된 의미를 가르치고 죽음에 대한 바른 태도를 갖게 함으로써 삶을 더욱 건전하게 살아가도록 돕는 교육이다. 죽음과 삶이 연결되어 있기에 죽음의 실재를 알고 자신의 인생에 통합해야 한다는 것을 깨우쳐 주는 과정이다.

죽음교육(death education)은 죽음과 관련한 다양한 지식을 유용하게 하며 죽음에 대한 가치와 태도가 인간행동에 어떻게 영향을 미치는지에 대해 생각할 기회를 제공하는 사회적 활동이다. 죽음상담(death counseling)은 자신의 죽음이자 유의미한 타인의 임종 시에 겪게 되는 심각한 상실감의 위기에서 개인이나 집단이 회복할 수 있도록 도와주는 일련의 상호 인격적 과정이다(Kurlychek, 1997; 박형규, 2008).

죽음준비교육은 실제 죽음이나 죽음이 일어날 가능성이 있는 상황에 대처해야 하는 사람을 교육하는 것으로, 죽음과 슬픔의 의미 · 슬픔에 대한 태도 · 슬픔에 대처하는 방식 등에 초점을 둔 프로그램이나 강좌를 의미하기도 한다(홍숙자, 1999). 죽음, 죽음의 과정, 사별과 관련된 모든 측면의 교육을 포함하며, 죽음과 관련한 지식과 태도 등을 학습하는 과정이다. 또 죽음의 참된 의미를 가르치고 죽음에 대한 바른 태도를 갖게 함으로써, 단순히 죽음을 인식하게 하는 것뿐 아니라 죽음불안을 낮추는 것과 삶의 연장선에서 죽음을 생각하게 한다. 삶과 죽음이 하나라는 것을 교육하므로 삶과 죽음을 바르게 이해하도록 돕는다. 좋은 죽음을 위해서는 좋은 삶을 살아야 하는 것을 교육하므로 삶을 더욱 건전하게 살아가도록 하는 교육활동이다. 결국 현재의 삶이 소중하다는 것과 미래에 대해 적극적인 삶을 살 수 있도록 희망을 갖게 하는 교육이다. 따라서 죽음준비교육은 인간의 모든 발달단계에서 필요한 삶의 교육과정과도 같다.

한편 죽음준비교육은 죽음에 대비를 하는 교육으로서 죽음과 관련된 정보와 지식을 유용하게 한다. 죽음에 대한 대비는 인지적으로 죽음을 이해하는 것에서 그치는 것이 아니라 사전에 준비해야 하는 법적인 절차, 남아 있는 자들을 위한 슬픔 극복, 장례 방법의 선택 등 실제적인 도움을 포함한다.

Corr(2000)는 죽음준비교육과 관련하여 인지적, 정서적, 행동적, 가치적 차원으로 설명하고 있다. 첫째, 인지적 차원은 인지적 · 지적 활동으로 죽음과 관련한 경험과 대처방식 등에 대한 정보를 제공하고 그러한 경험들을 이해하도록 도와준다. 즉, 죽음 · 비탄 · 사별의 다양한 측면을 설명하고 정보를 제공한다. 둘째, 정서적 차원은 죽음에 관한 감정, 정서와 관련되어 있다. 비탄 반응을 공유하고 논의하는 것은 삶의 건강한 과정으로 죽음준비교육의 정서적 차원에서 중요한 부분이다. 셋째, 행동적 차원은 죽음과 관련한 상황에서 어떻게 행동해야 하고 행동할 수 있는지 등을 탐색하는 것이다. 넷째, 가치적 차원은 인간의 삶을 지배하는 기본적 가치들을 확인하며 표현하고 지지하도록 돕는다. 결국 죽음준비교육은 죽음도 함께 해야 할 삶의 일부분으로 받아들이게 하고, 자신의 삶을 소중히 여기게 하며, 의미 있게 살도록 하는 것이 궁극적인 목적이다. 삶의 위기와 문제를 재조명하게 해 남은 삶을 긍정적인 태도로 살아가게 하려는 사회학습 및 교육활동이라고 정의할 수 있다.

1) 죽음준비교육의 필요성 및 목적

죽음준비교육은 프로그램을 구성하여 죽음에 대한 이해, 죽음교육의 필요성, 임종을 앞둔 사람들을 어떻게 대할 것인가, 생명의 존중과 자살방지프로그램, 호스피스, 남은 자와의 화해 · 용서, 죽음과 관련한 법률, 장례, 자원봉사자 교육 등을 실시한다. 따라서 죽음에 직면하여 죽음을 의식하고 준비하는 것은 이미 늦고, 많은 아쉬움을 남길 수 있으므로 죽음에 대한 교육 및 준비는 전 생애를 통하여 이루어질 필요가 있다. 나아가 존엄하고 품위 있는 죽음문화 정착을 위해서 무엇보다 죽음준비교육이 필요하다(오진탁 · 김춘길, 2009).

구체적으로 죽음준비교육이 필요한 이유는 첫째, 죽음불안을 낮추기 위해 필요하다. 김영규(1999)의 연구에 의하면 죽음준비교육을 받은 후 죽음에 대한 두려움이 크게 줄었다. 둘째, 인간의 존엄성 회복을 위해 필요하다. 현대는 병원에서 죽는 죽음이 만연하고 있는데, 의료기기에 의존하여 임종하게 되는 죽음과정에 인간의 존엄성은 배제되어 있으므로 죽음의 방식을 주체적으로 선택할 수 있어야 한다(오진탁, 2002). 셋째, 삶의 가치를 재인식하고 새로운 삶을 준비하기 위해 필요하다. 이이정(2003)의 연구에 의하면 죽음과 관련한 학습경험에서 '현재의 삶의 중요함을 인식했다'는 결과가 있었다. 넷째, 우리사회의 높은 자살을 막기 위해 교육이 필요하다.

오진탁(2007)은 죽음에 대해 아무것도 모른 채 자살을 감행하는 불행을 막기 위해 죽음준비교육이 시급히 시행되어야 함을 강조하고 있다. 다섯째, 삶을 보다 의미 있게 살도록 하기 위해 필요하다. 죽음준비교육은 죽음을 바르게 이해함으로써 죽음을 편안히 수용할 수 있도록 돕는 삶의 준비교육이다(오진탁, 2007). 이와 함께 죽음을 앞둔 이에게 적절한 도움을 주기 위해 죽음준비교육의 대상은 가족에게까지 확대될 필요가 있다.

죽음준비교육의 목적은 장래 다가올 죽음에 대비하는 것에 그치지 않고, 죽음을 생각하고 죽음을 인식하여 현재의 삶을 보다 활기차고 보람된 삶으로 계획함으로써 행복을 성취할 수 있도록 하는 데 있다. 따라서 수동적인 수용보다 긍정적으로 대처해야 할 필요성이 있다(Albom, 공경희 역, 1998). 학자에 따라 죽음준비교육의 목적을 다양하게 설명하고 있다. Corr(2000)는 죽음 관련 지식의 제공, 개인적 가치체계의 탐색, 죽음에 대처하는 능력 향상 등 주로 개인의 발달에 초점을 두어 설명했다. 그러나 개인과 사회로 나누어서 제시하기도 한다. 개인을 위한 죽음준비교육의 목적은 죽음불안, 말기환자를 다루는 능력, 삶과 죽음의 관계 이해, 비탄의 역동성 이해 등을 다루어야 하지만, 사회를 위한 목적으로는 죽음 금기 양상을 개선하고 장례 산업에 대한 소비자 교육, 전쟁과 대량 학살에 대한 경고 등 사회 계몽을 위한 내용을 다루어야 한다(박형규, 2008).

Deeken(1986)은 죽음, 죽음의 과정, 사별 등 죽음학의 주요 이슈들을 광범위하게 다룰 것을 제시하고 있다. 특히 죽음준비교육을 삶과 죽음의 고찰, 죽음에 대한 금기의 제거 등 자기 자신의 죽음을 성숙하게 직면할 수 있도록 하기 위한 것으로 설명하며, 죽음에 대하여 교육받아야 할 필요성을 강조하고 있다. 즉, 자신의 죽음을 삶의 부분으로 받아들여야 하는 운명으로 수용할 수 있도록 교육하고 교육받아야 함을 강조한다(전성권 역, 2008). Wass(1980)는 죽음준비교육의 목적을 죽음과 임종, 사별 등 죽음의 모든 영역(심리적 · 신체적 · 사회적)을 균형 있게 다루고, 죽음과 임종에 대한 태도, 죽어가는 사람과 사별한 사람 돕기, 상실과 사별을 극복하는 것을 학습하는 것이라고 했다. 또 마음의 준비뿐만 아니라 죽음의 문제를 다루고 처리하는 데 필요한 실제적인 준비의 중요성도 강조하고 있다.

여러 학자들이 제시한 죽음준비교육의 목적을 통해 알 수 있듯이 죽음준비교육은 죽음에 대한 공포나 불안을 감소시키는 것이 목적이다.

개인적 측면에서는 효과적으로 자신의 삶의 마지막 단계를 마무리할 수 있도록 도와주는 기능을 하는 것이다. 사회적인 측면에서는 죽음 관련 문화를 개선하고 전쟁 방지 등 사회 개선을 목적으로 한다.

2) 죽음준비교육의 실태와 국내외 현황

죽음준비교육은 외국의 경우 오래전부터 진행되고 있다. 서구와 일본에서는 초등학생부터 대학생까지 교육기관을 통해 죽음준비교육을 실시하고 있으며, 일반인에게 평생교육의 차원으로, 더 나아가 전문가를 위한 교육의 필요성을 제시하고 있다(강경아, 2010).

일본의 경우 Deeken 교수가 1975년 '죽음의 철학' 강좌를 동경의 조치대학에서 개설하였다(오진탁, 2005). 당시 미국과 유럽에서 생사학의 연구가 활발했으나 일본은 아직 죽음을 터부시하는 경향이 많을 때였다. Deeken 교수는 1982년 '삶과 죽음을 생각하는 세미나'를 열었고, 1985년 '삶과 죽음을 생각하는 회'를 결성하여 활동하였다. 그 후 일본 전역에서 지속적으로 진행되고 있다(오진탁, 2008). 가톨릭 신부이기도 한 Deeken 교수는 죽음준비교육의 단계를 4개로 구분하였다. 1단계는 죽음정보를 전달하고, 2단계는 정서적 · 감정적 차원의 접근을 하며, 3단계는 삶과 죽음의 가치를 강조한다. 마지막은 교수법 단계로 죽음준비교육과 연관하여 교육방법을 가르치는 것이다(알폰스 데켄, 오진탁 역, 2002).

1993년에는 새로운 시대에 부합하는 교육 프로그램의 요구가 있었고, 2000년 12월 '인간으로서 살아가야 할 기본적인 삶이 무엇인지에 대한 연구'를 제안하는 제안서에 죽음과 삶의 순환구조에 대한 경험의 중요성과 죽음 교육의 필요성을 제시하였다. 그러나 사회적인 터부로 교사들이 죽음교육에 적극적인 의욕을 갖지는 않았다(윤찬중, 2002). 이후 죽음교육을 받은 학생들이 자기 성찰적이며 정서적으로 안정된 모습을 보이기 시작했다는 보고들이 나타나면서 죽음교육에 대한 효과성을 인정받기 시작했다. 학생들은 죽음교육을 통해 자신의 삶에 대한 중요성과 의미를 발견하게 되었고 부모 자녀 간, 교사 학생 간의 의사소통이 한결 원활해졌다.

일본의 죽음교육은 정보를 얻고 의사소통하는 지식의 단계, 감정과 느낌을 다스리는 정서적 단계, 가치관을 명확히 하는 가치의 단계, 병원이나 케어센터에서 실습을 하는 구체적인 기술교육단계를 거친다. 특히 지식을 습득하는 것만으로는 충분하지 않고 가치관을 재평가하는 것이 죽음교육에서 중요하다. 또한 일본에서는 상실을 경험하게 될 어린이들과 중년여성들에 대한 죽음준비교육이 활발하다(차미영, 2006).

미국의 경우 많은 주의 초 · 중 · 고등학교에서 죽음준비교육을 다양한 교과목 안에 포함시키고 있다. 1959년 '죽음의 의미'가 발간되어 죽음교육 코스 개발이 학술적인 연구로 인정되었다. 1963년 로버트 폴턴 교수가 미네소타 대학에 '죽음의 준비과정' 과목을 개설하였고, 연구센터에서는 의학, 간호학, 교육학, 사회학, 신학 등의 전문가들이 공동으로 죽음에 대한 연구를 하여 보급하고 있다. 1967년에는 『On death and Dying』이 출간되었고 이를 계기로 여러 대학에서 죽음에 관한 과정이나 학과가 개설되었다(모선희, 2001). 또한 NCDE(National Center for Death Education), ADEC(Association for Death Education and Counselling) 등에서 죽음준비교육 전문가를 양성해 내고 있다(오진탁 · 김춘길, 2009).

미국은 처음에 성인을 대상으로 교육하였으나 점차 초등학교부터 대학에 이르기까지 정규 교과과정에 포함되었으며, 평생교육 차원에서 성인 후기의 개인에게까지 적극적으로 시행하고 있다(조유향, 1994; 송미순 외, 1997).

교육내용은 첫째, 노화과정의 이해로 노년기에 나타나는 여러 가지 생리적 변화를 식별하고 토론한다. 둘째, 죽음의 준비과정으로 죽음에 직면하여 해야 할 필수적인 일들을 훈련한다. 호흡이 정지하는 죽음과 뇌사를 구별하는 법, 장례식을 준비하는 일, 유언장 쓰기 등을 한다. 셋째, 임종의 상태로 가족이나 주변 사람이 죽어갈 때 좀 더 성숙한 마음과 태도로 임할 수 있도록 도와준다. 넷째, 유가족을 위한 교육으로 사별을 다루고 사별 후에도 삶의 의미를 다시 발견하여 사회에 복귀할 수 있도록 교육한다. 미국의 이러한 교육은 죽음을 미리 생각해 봄으로써 현재의 삶과 미래를 더욱 질 높은 삶으로 발전시킬 수 있도록 도와주는 역할을 한다. 또 '행복한 죽음운동'으로 죽음에 대한 금기를 변화시키려는 움직임이 활발하다(송미순 외, 1997).

독일의 경우 죽음을 준비하는 교육을 오래전부터 시행했다. 학교에서 교육과정에 포함되어 있으며 사회 전반적인 분위기인 종교교육과 함께 이루어져 있어서 생소함이 적고 쉽게 접근할 수 있게 되어 있다(조유향, 1994). 고등학교에서는 5단계의 죽음준비교육 프로그램을 시행하고 있으며 내용은 첫째, 죽음과 장례, 둘째, 청소년의 자살, 셋째, 인간다운 죽음, 넷째, 생명의 위험, 다섯째, 죽음의 해석으로 구성된다(차미영, 2006). 고등학교에서 시행되는 죽음교육은 인간은 늙을 수밖에 없고 결국은 죽는다는 것을 알려준다. 또 현대 병원에 대해 소개하며 오늘날 사람들이 어떻게 죽음을 맞이하는지, 사후에 가족들이 어떠한 문제를 경험하는지 소개한다(오진탁, 2005).

한국죽음학회가 2005년 6월 4일 이화여자대학교에서 창립학술대회를 개최하고 활발한 활동을 하고 있다. 한국죽음학회는 매월 학술 포럼 개최, 연 2회 학술대회 개최, 강연회 개최, 학회지 '죽음연구' 발간 등의 활동을 한다(한국죽음학회 홈페이지).

종교 및 복지시설에서 주로 노인을 대상으로 죽음준비교육을 진행하고 있다. 명동성당에서 죽음체험 강연회를 매년 2회씩 실시하고, 불교의 수선회에서도 실시하고 있다. 기독교는 교회별로 실시하는 곳이 있다. 각당복지재단은 '삶과 죽음을 생각하는 회'에서 죽음준비교육 및 교육의 필요성에 대한 공개강좌 및 세미나, 워크숍 등을 개최하고 있다. 이처럼 한국에서도 죽음준비교육이 시행되고 있지만 아직까지는 시작단계에 불과한 상태이며 심층적인 내용과 체계적인 교육은 부족한 실정이다(오진탁, 2008).

2. 사별이론

1917년 프로이트의 『Mourning and Melancholia』가 출판되면서부터 사별에 대한 이론적인 역사가 시작되어 그 후 Lindemann이나 Parkes 등이 체계적으로 개인의 슬픔 증상 기간과 슬픔 반응에 관심을 둔 연구와 저술을 발표하였다.

1944년에 Erich Lindmann은 슬픔의 관한 다섯 가지 증상으로 신체적 장애(somatic disturbance), 고인에 대한 몰두(preoccupation with the image of the deceased), 죄책감(guilt), 적대감(hostility), 혼란된 행동(disorganized behaviour)을 기초로 하여 슬픔의 임상적 과정을 기술하였다(Lindmann, 1944).

초기 1960년대 Colin Murray Parkes는 남편을 사별한 부인들의 슬픔에 대한 그의 연구를 통하여(Bereavement: Studies of Grief in Adult Life, 1972, 1986) 그는 놀람, 검토, 진정(depression), 분노, 죄책감, 새로운 정체감을 사별의 주요한 요소로 제시하면서, 슬픔모델을 묘사하기 위해 애착이론을 사용하였다. Parkes는 사별을 한 인간의 생애에서 심리사회적 전환이며, 인간의 '가설적인 세계(assumptive world)'를 도전하고 변화시키는 전환으로 보았다. 사랑하는 사람이 죽을 때, 사별인은 새로운 일상생활에 적합한 새로운 가설들(assumptions)을 개발하는 것이 필요하며 내면세계는 '밖에서(out there)' 잃은 것이 무엇인지를 내적으로 발견함으로써 다시 정립되어야 한다고 하였다(Parkes, 1986).

1977년 Beverley Raphael는 'Anatomy of Bereavement'에서 슬픔모델을 기술하였다. 그는 사랑하는 사람이 죽을 때 초기 반응으로서, 쇼크, 무감각과 불신이 있게 되고 분리 고통이 뒤따른다고 묘사하였다. 심리적 애도 과정은 관계성의 전체 역사(history)에 대한 강렬한 재경험이 뒤따르며 애착의 끈이 서서히 완화된다고 하였다. 결국 연대(bond)는 풀어지고 세상과 다시 통합하는 느낌이 있고 정서는 다시 한번 인생에 재투자하기 위해 자유롭게 된다는 것이다(Raphael, 1977).

그 후 William Worden은 그의 책 'Grief Counseling and Grief Therapy(1991)'에서 실무전문가들이 사람들과 협상해 나가면서 도울 수 있는 네 가지 애도과업에 대해 기술하였다. 그는 단계적 접근의 어려움 중의 하나는 사람들이 단계들을 순서대로 거치는 것은 아니라는 점이라고 하였다.

또한 단계들이 너무 형식적으로 받아들여지는 경향이 있어서 의례적이 될 수 있다는 것이다. 슬픔을 잘 겪기 위한 애도의 네 가지 과업은 첫째, 슬퍼하는 사람은 상실이라는 현실, 즉 죽음의 결과를 받아들여야 한다는 것이다. 죽음을 거절하는 것, 또는 죽음의 의미조차 거절하는 것, 죽음의 불가역성을 거절하는 것이 오래 지속되면 때로는 병리적인 슬픔으로 이끌어 갈 수 있기 때문이다. 둘째, 슬퍼하는 사람은 슬픔이 고통스럽다는 것을 받아들여야 한다. 알코올이나 신경안정제와 같은 약물의 사용, 분노의 감정을 회피하거나 죄책감과 슬픔의 감정을 회피하는 것, 일이나 성(性)에 지나치게 깊이 빠지는 것 등으로 슬픔에서 오는 고통을 피하기보다는 받아들이도록 해야 한다. 셋째, 슬퍼하는 사람은 죽은 사람이 더 이상 존재하지 않는 현실에 적응하도록 노력하여 새로운 일을 시작하거나 고인이 된 사람에게 의존했던 상황에서 독립해야 한다. 넷째, 슬퍼하는 사람은 시간이 지나면 고인에게 쏟았던 많은 감정적인 에너지를 철회하고, 그 에너지를 다른 관계에 쏟기 시작할 수 있어야 한다(노유자 외, 1998에 재인용).

1990년대 Klass, Silverman, Nickman(1996)과 Balk(1996)는 사별자가 고인과의 관계를 반드시 끊어야 할 필요성이 없다고 주장하여 기존의 사별이론모델의 이론에 이의를 제기하였다. 전통적인 사별이론모델의 이론에서는 고인과의 관계를 철회하고 분리함으로 사별로부터 회복되고 새로운 관계를 발전시킬 수 있다고 보았다. 그러나 이들은 사별자들은 계속적으로 그들의 일상생활 가운데서 고인과의 관계를 반추하고 그 기억들과 생각들을 내재화해 간다고 하였다. 내면화는 고인과의 유대를 맺어가는 심리적 변화로 정의할 수 있다. 즉, 고인과의 내면화를 통한 내적대화는 사별자들의 생각을 정리하고 고인과 미처 끝내지 못하고 정리되지 못한 관계들을 정리할 수 있는 기회와 미래를 준비할 수 있는 기회를 제공해 주는 등 긍정적인 영향을 미친다. 사별자들은 강하게 고인과 연관성을 맺고 있다는 것을 보여주고 있다. 이러한 계속적인 유대관계가 사별자들이 새로운 삶을 시작하는 것을 촉진시키는 작용을 하며 이러한 유대관계는 건강하고 자연스러운 애도 반응이고 사별과정을 건강하게 끝내기 위해 사별자들은 그들의 추억들을 고인과 나누기를 원한다는 것이다(Marwit, Klass, 1996).

여러 이론과 모델들은 서로 보완적이고 서로 중복되는 경향이 있다. 이에 Strobe & Schut(1999)가 이중과정 모형(dual process model, DPM)을 개발하였는데 이는 새로운 모델이라기보다 기존 아이디어를 통합 시도한 것이라고 할 수 있다.

이 모델은 사별에는 두 가지 주요 스트레스원이 있는데, 첫째는 상실측면이며, 두 번째는 회복측면이다. 상실측면(loss orientation)은 상실 자체의 경험에 대한 사별가족의 집중을 말하며, 잃어버린 관계의 특성에 초점을 둔 애착이론과 슬픔과업의 통합하여 표현하고 있다. 회복측면(restoration orientation)은 사별에 따른 이차적인 스트레스원으로 사별로 인한 결과들이다. 즉, 사별생활의 적응과 관련된 것으로써 고인이 수행하던 역할이나 과제, 생활방식에 한 적응, 새로운 자아정체성 확립, 일상적인 생활에 적응하기 등을 포함한다. 이 두 가지 측면에서 모두 스트레스 근원이 되며 부담감, 고통과 불안을 야기한다. 둘 다 개인과 문화에 따라 다양하게 대처과정을 보이며, 슬픔의 과업이 앞서 논의되었던 것보다 더 광범위하다. 사별인은 이러한 두 스트레스원에 직면과 회피를 반복하게 되는데, 이는 역동적으로 변화되고 시간에 따라 변한다. 그동안 사별연구에서 상실경험과 비탄과정을 개인의 성장과 성숙의 관점에서 긍정적으로 바라볼 필요성이 제기되고 있다(Watanabe & Okamoto, 2005). 즉, 사별 후의 적응이 사별 전 상태로의 회복 차원을 넘어선 개인의 내적 성장까지를 포함해야 한다. 따라서 사별 후 성장은 사별이라는 고통스러운 경험을 통해 사별 전의 삶의 태도나 적응 수준을 넘어선 긍정적인 변화를 경험하게 되는 것을 의미하며, 사별 후 적응 과정의 일부로 볼 수 있다.

많은 학자들의 연구를 종합해 보면 학자에 따라 사별의 슬픔의 단계는 다양하게 구분하고 있다. Engel(1962)은 슬픔의 단계를 충격(shock), 믿어지지 않음(disbelief), 고통(pain), 해결(resolution)의 네 단계로 구분하였고, Averill(1968)은 슬픔의 단계를 충격(shock), 절망(despair), 회복(recovery)으로, Collin, Parkers(1972)는 충격으로 감각을 잃음(numbness), 초기반응(primary), 우울(depression), 회복(recovery)으로 구분하였다. 또한 William(1978)은 슬픔의 단계를 저항(protest), 절망(despair), 분리(detachment)로 구분하였고, Bailey(1988)는 슬픔의 단계를 상실(loss), 방어(Protest), 몸에 스며듦(Searching), 절망(Despair), 다시 세우기/재조직(reorganization), 재투자하기(reinvestment)의 단계로, Rando(1993)는 회피(avoidance), 직면(confrontation), 적응(accommodation)으로 슬픔의 단계를 설명했다.

그러나 이러한 단계들은 유동적이며 반드시 그대로 과정을 겪는 것은 아니라는 것이 공통적이다. 사별을 경험하는 사람들은 이전의 건강과 안녕상태로 회복하기 위한 과업들, 즉 상실이라는 현실을 받아들이고 슬픔으로 인한 아픔을 경험하고 상실의 결과를 이해하며 사별 후의 환경에 적응하는 단계를 거치게 된다(Amenta & Bohnet, 1986).

그 중 Bowlby(1980)와 Parkes(1972)에 따르면 애도과정은 상실의 발견으로부터 시작하여 정상적인 삶으로 돌아가는 마지막으로 정의하면서 Bowlby의 주요 단계는 망연자실한 상태(numbing)와 그리워함(yearning) 그리고 탐색함(searching), 분열(disorganization), 절망(despair)과 다시 세우기/재조직(reorganization)이며 Parkes는 그것을 충격으로 감각을 잃음(numbing), 탐색함(searching), 애타게 그리워함(pining), 우울함(depression) 그리고 회복(recovery)이다. 각 단계는 고정되는 것이 아니라 애도과정 중에 슬픔을 풀어가는 것을 통해서 애도의 과정은 작용하는 것이다.

첫 번째 애도의 단계는 충격(shock), 충격으로 감각을 잃음(numbness)과 믿을 수 없음(disbelief)이다. 충격으로 감각을 잃음(numbness)과 믿을 수 없음(disbelief)은 일반적으로 사별의 초기 반응이다. 충격으로 감각을 잃음(numbness)은 일시적인 신체증상이 즉각적으로 혹은 지연되어 나타날 수도 있고 즉시 사라지거나 오래 지속될 수도 있다. 그것은 적응과정이라고 하며 심리적 · 신체적 방어와 같은 것이 나타나는 적응과정이다. 이때 임시적인 통증으로 인하여 일상생활을 수행하지 못하는 장애가 나타나기도 한다. 두 번째 애도과정은 그리워함(yearning), 찾아 헤맴(searching)과 화가 남(anger)이다. 애도과정의 두 번째 단계는 잃어버린 사람에 대한 그리워함(pinning)과 탐색함(searching)으로 구성되어 있다. 이것은 수개월 혹은 수년 동안 지속될 수 있다. 그래서 불안한 과잉행동을 보이기도 한다.

실망(disappointment)과 울음을 터트림(weeping), 분노(anger), 비난(accusation), 배신감(ingratitude)은 모두 세 번째 단계인 과잉 탐색 단계에 해당한다(Bowlby, 1980). 분노는 이 단계에서 나타나는 일반적인 현상으로 때때로 분노는 감소되어 나타나기도 하고, 특별히 갑작스럽게 예상치 못하게 죽음을 맞이한 사람에게 나타난다(Stroebe and Stroebe, 1987). 분노와 우울 그리고 폭력적 행동은 종종 죽음으로 인한 슬픔으로부터 기인하며 문화마다 차이가 있다고 하며 사별한 사람들은 종종 그들의 지난 관계를 돌아보며 죄책감을 느끼기도 한다는 것이다(Rosenblatt et al., 1976). 마지막 네 번째 단계는 회복(recovery)이다. 사회적인 활동에 적응할수록 애착대상이 아닌 삶의 현실감에 적응하게 된다. 차차 사람들은 더욱 효과적으로 적응해 나가게 된다. 첫 번째, 현실감을 가지게 되는 느낌은 해방된(release) 느낌으로부터 시작된다. 두 번째 현상은 새롭게 힘이 생긴다는 느낌이다. 세 번째는 판단력을 회복하고 마지막으로는 안정적으로 먹고 자는 습관이 돌아온다. 그들이 회복되었다고 할지라도 사별한 사람들은 여전히 현실감이 줄어들어 죽음에 대한 기일이나 결혼기념일, 생일, 휴일 등과 같은 실제적인 날이 돌아오면 십여 년 정도는 강한 감정에 휩싸이게 된다. 이러한 현상은 기념일 반응으로서 알려져 있다(Stroebe & Stroebe, 1987).

회복의 시기에 있을 때, 슬퍼하는 것은 결국 건강한 결과로서 사별한 사람과 죽은 사람 사이에 애착 관계의 단절을 이 일어나야만 한다(Noppe, 2000). 즉, 사별에 대한 자연적이고 정상적인 반응은 슬픔이다.

슬픔은 사별에 대한 효과적인 대응을 위하여 필수적이며, 만일 정상적인 슬픔이 취해지지 않는다면 심각한 정서적, 사회적 문제와 신체적 문제까지도 초래될 수 있다(Cooley, 1992). 정상적인 슬픔이 취해지지 않은 '비정상적인 슬픔'이란 사별을 겪은 개인이 슬픔이 예기되는 과정에서 벗어난 상태로 사별로 인한 신체적, 정서적, 사회적, 정신적, 영적 반응들이 과도하거나 지연되어 현실에 적응하지 못하는 상태를 말한다. 지연된 슬픔(delayed grief), 슬픔의 부재(absent grief), 만성적 슬픔(chronic grief), 억제된 슬픔(unresolved grief)이 있다. 그 중 만성적 슬픔(chronic grief)은 슬픔으로 인하여 강한 압박을 받는 인상을 주면서 항상 증가된다. 이것은 가장 병리적 슬픔의 일반적인 형태이다(Parkes, 1965). 또한 사별한 사람에게 오랜 시간 동안 슬픔이 나타나지 않은 슬픔의 부재(absent grief) 행동이 나타난다. 이는 슬픔의 여러 가지 표현들이 지연되어 상실을 깨닫지 못했을 때 발생한다. 억제된 슬픔(unresolved grief)은 사별한 사람이 손실에 명백한 반작용을 거의 표현하지 않을 때 발견되는데 사별에 성공적으로 적응하고 있다고 보이지만 사실은 전혀 그렇지 않다는 것을 알 수 있는 경우가 있다(Bowlby, 1980).

3. 가족사별

지금까지 사별과 상실에 대한 많은 이론은 가족사별의 모델이나 가족의 과정에 대한 연구보다는 개인적인 수준에 초점이 맞추어져 있었다(Walsh & McGoldrick, 1995; Moos, 1995; Nadeau, 1998). 그러나 가족은 각각의 가족 구성원 서로에게 영향을 준다는 점을 상고해 보면 가족관계의 역동성에 관한 본질적인 영향력을 이해하는 것이 필요하다는 것을 인식할 수 있다.

가족체계이론(family system theory)은 가족관계의 역동성에 관한 본질적인 영향력을 이해하는 것을 위해 뼈대를 제공하며, 사별을 보는 관점은 하나의 방향을 제공한다. 가족체계이론은 가족의 맥락에서 사별한 사람들에 대한 이해를 매우 효과적으로 제공한다(Walsh & McGoldrick, 1998; Roper-Hall; 1998; Nadeau; 1998).

가족체계이론의 관점은 가족 구성원 간의 상호 교류를 강조한다. 가족 구성원은 개개인의 사람들의 합이 아니라 그 이상이다. 가족 구성원의 죽음은 가족의 평형(equilibrium)을 위협한다. 이것은 가족에게 죽음이 발생했을 때 가족들의 전체적인 네트워크를 통해서 관계들이 시험당하게 된다(Walsh & McGoldrick, 1998).

Bowen(1976; 1995)은 중요한 가족 구성원의 죽음 앞에서 '사후 충격(after shock)'에 의한 네트워크의 영향과 가족의 기능적인 평형성이 위협당할 수 있는 '감정적인 충격의 파장'으로서의 상실을 설명하였다. 그러므로 가족들이 불가피하게 살아왔던 이전의 가족의 역할이나 경계, 평형성을 유지하는 의사소통의 형태와 같은 방법들은 많은 영역에서 인정되었었다. 가족체계이론은 가족의 사별에 대한 적응에 따르는 변화를 필요로 하는 가족의 요소인 가족의 구조와 관계 그리고 의사소통의 형태를 포함한다.

모든 가족 구성원들은 가족 구성원 내에서 가족의 안에서나 밖에서 그들의 역할을 다 한다. 그리고 그들의 역할의 융통성은 죽음을 이해하는 데 있어 매우 중요하다(Moos, 1995).

각각의 구성원들이 적절한 기능을 할 때 가족이라는 단위는 균형을 이룬다. 그러나 가족 구성원의 죽음은 평형이 깨지는 사례의 결과이다. 그들이 역할기능의 재배치를 할 때 가족들은 기능의 위기에 처하게 된다. 가족들이 대신 재구성을 즉각적으로 바꾸거나 중요한 가족 구성원의 중요성을 부정함으로써 상실의 고통을 회피하려는 태도를 취할 수도 있다(Walsh & McGoldrick, 1995).

Minuchin(1974)은 건강한 가족의 체계와 불건강한 가족의 체계 그리고 가족관계 간에 하부 체계의 경계를 서술하였다. 건강한 가족 시스템은 개인적 경험과 가족 외 사람들과 공유한 경험이 있음을 받아들인다.

불건강한 가족은 단단한 경계선을 치고, 가족 내부와 외부로부터 비밀을 간직하거나 그 경계가 매우 느슨해서 가족 전체 또는 개인의 프라이버시를 존중하지 않게 된다. 제대로 기능을 하는 가정은 가족 외부로부터의 도움을 받아들이며 공급원이 되거나 지지자가 될 수 있다고 정의된다.

Walsh & Mcgoldrick(1995)은 '공유된 죽음에 대한 인식과 공유된 상실의 경험'을 가족을 잃은 남은 가족들이 성공적으로 적응하는 데 주요한 과제로 제시했다. Weber & Fournier(1986)는 '가족 구성원들 간에 대화의 창을 열어놓는 것은 슬픔을 다루는 데 있어서 가장 효과적인 방법들 가운데 하나다'라고 지적했다. 가족들은 내부의 생각, 감정 그리고 자유로운 상상을 열린 시스템 속에서 대화할 기회를 가질 것이다. 더욱이 열린 내부 대화 시스템은 죽음 주변의 사회적 금기사항에 저항할 수 있을 것이고 가족들은 대화하고 가족 내에서 다음에 있을 죽음에 대한 현실적 계획을 세울 수 있게 된다.

반대로 몇몇 가족 구성원들은 깊은 속내를 공유하는 데 주저할 것이고 특히 분노나 두려움 따위의 감정들을 나타낼 것이다. 그들은 서로 격려해서 그들의 경험과 감정을 공유할 필요가 있다. 특별히 만약 부모 중 살아남은 한 부모가 죽은 다른 한 부모에 대해 그들의 아이들과 대화하거나 감정을 교류하길 꺼린다면, 자녀들은 죽음과 천국과 같은 개념의 이해에 있어서 한계를 가질 것이다. 결과적으로, 가족과 사별한 구성원들은 그들의 세계관을 정확하게 재구성할 기회가 거의 없을 것이다. 그러므로 가족 구성원들과 다른 사람들 간에 그들의 슬픔, 두려움 그리고 분노를 공유하는 열린 가족은 건강하고 성공적으로 그 과정을 극복해 나갈 것이다. 반대로 단단한 경계선 안에서 가족 간에 또는 외부 사람들과 죽음에 대해 이야기하기를 꺼리는 폐쇄된 가족들은 죽음이 금기 사항이나 비밀로 다루어지고 생각이나 감정의 교류가 거의 이루어지지 않음으로 인해 그들의 슬픔을 잘 극복하지 못하게 된다.

최근 일반적 사별에 대한 반응으로 지속되는 고인과의 결속에 대한 새로운 반향에 대해서 종종 토의되고 전통적 사별이론에 분리된 가설로 대두되고 있다. 새로운 접근은 비판에 대한 응답으로 발전되고 있다. 전통적 모델은 심리적이고 감정적 측면의 유가족 삶에 초점을 맞추고 있다. 이중 과정(dual process model)과 생물학적 모델은 더욱 다양한 사회적·문화적인 조망을 제시하고 있다. Stroebe & Schut(1999)의 사별을 극복하기 위한 이중 과정 모델과 Walter의 생물학적 모델을 포함하고 있다. 사별에 대한 전통적인 모델은 새로운 관계 개발과 사별로부터 회복되기 위해 고인으로부터 분리됨을 기본으로 하는 경향이 있다. 이러한 관점에 따라, 죽은 사람이 '떠나도록' 하지 못할 때 결속을 깨거나 다른 이들에 대한 직접적 연결을 깨는 데 있어서 슬픔에 곤란한 문제들이 생긴다. '떠나도록' 하는 데 실패하는 것은 '병리학적 슬픔'으로 진단되고 불건강한 의존성의 형태로 해석된다.

그러나 Klass, Silverman, Nickman, & Balk(1996)는 성공적으로 슬픔으로부터 회복되기 위해서는 애정 결합을 깰 필요가 없다고 제안하고 있다. 그 증거로 사별한 사람들은 그들의 관계를 회상하고 그들의 매일의 삶에 고인을 내재화함으로써 고인과 계속 연락을 하려고 노력하는 것을 볼 수 있다. 내재화는 고인과의 결속이며 일종의 심리적 변형이다. 심리분석 그룹은 슬픔의 한 부분으로 내재화 개념을 건강하게 표출하기보다 병리학적으로 발전시켰다. Tahka(1984)는 고인에 대한 애착의 내부 표현을 '기억 형성'으로 나타내고 이는 잃은 사람을 표현화 수준의 내재화 능력에 따라 이해된다.

Rosenblatt & Meyer(1986) 그리고 Stroebe(1987)에 따라 '고인과 내적 대화는 유가족들이 생각을 정리하고, 끝나지 않은 사업과 제기되는 관계를 다루고, 미래를 준비하는 것을 돕는 긍정적 작용을 한다'고 제안한다. Marwit & Klass(1996)에 따르면 고인들은 살아남은 이들의 삶에 네 가지 다른 역할을 한다. '역할 모델'로써 '상황 특별 안내의 제공자', '가치 판단 제공자', '기억 형성에 도움이 되는 자' 이 모든 요소는 고인들과 유족 간에 긍정적 관계를 성립시킨다. 그럼에도 불구하고 Stroebe(1987)의 고인을 '떠나보내기'로써의 성공적인 애도의 개념이 몇몇 실험적 연구를 통해 지지되었다. Shucher & Zisook(1988)은 350명의 과부와 홀아비를 사별 후 첫 두 달 동안 인터뷰했다. 그들의 대답의 많은 부분이 그들의 죽은 배우자들과 지속적인 관계가 있음을 발견했다. 과부와 홀아비의 71%는 그들의 배우자가 여전히 때때로 그들과 함께 있다고 느꼈으며, 61%는 그들의 죽은 배우자가 그들을 지켜보고 있다고 느낀다는 것을 발견하였다. 추가적인 샘플의 39%는 그들이 규칙적으로 그들의 죽은 배우자와 이야기하고 그들 중 42%는 그들의 죽은 배우자의 사진에 이야기한다고 보고했다. Silverman & Worden(1993)은 한 부모를 잃은 아이가 그들의 최근 삶에서 고인의 감각을 유지하려고 이야기하므로 부모와 연락을 취하고 지속적으로 기억하고 묘지를 방문하고 그 부모에 대해 생각하는 유사한 시도를 기록하고 있다. 이러한 증거는 사별한 사람들이 고인들과 강력한 연결을 갖고 결과적으로 이러한 연결이 유가족들이 새로운 삶을 시작하는 새로운 에너지를 만들거나 자극한다는 것이다. 이 접촉은 건강하고 자연적인 상중 유가족의 반응이다. 그러므로 그들은 그들의 고인에 관한 기억을 건강한 상 과정을 완성시키기 위해 공유하길 원할 것이다.

Stroebe & Schut의 이중 과정 모델(dual Process model)에서 슬픔을 이해하는 데 있어서 최근 두드러진 발전은 인식 스트레스 이론과 애착이론에 기초한 이중 과정 모델에 의해 제시된다. 이 이론은 손실된 관계의 특성에 초점을 맞추고 전체적이고 특수한 스트레스 요인으로, 스트레스를 극복하는 이론 또는 역동적 과정과 함께 나타내고 있다. 이 이론은 사별의 두 가지 측면의 적응에 관여하고 있다. 상실 지향성은 죽은 사람과의 관계와 연결의 전통적 이론의 개념을 포함하고 소리 지르고, 바라고 절망함을 포함한다. 이는 연속된 상태 가운데 한 상태의 모델이 아니라 시간에 따른 지속적인 유연성이다. 더욱이 그 모델은 상중에 있는 사람이 그 삶을 재구성하는데 고인과 관련된 생각과 감정에 절대적으로 맞서는 슬픔을 해결하기보다는 대안적 과정을 제시하고 있다. 회복은 단순히 상중에 있는 사람의 매일 삶에 관련된 스트레스를 극복하는 적응에 새로운 기술 향상을 습득하거나 새로운 정체성 확립 또는 아이들을 혼자 키운다거나 하는 방법을 언급한다. 사별한 사람들은 그들의 매일 삶 속에서 이 두 과정을 오가게 된다. 이 모델은 사회적·개인 간 문맥에 더 비중을 둔다. Stroebe & Schut(1999)는 다음을 인식했다. "죽음과 관련되어서 오는 이 과정은 고립되어서 일어나지 않는다. 유가족들은 다른 사람들에 둘러싸여 있고, 그들 중 몇몇은 이와 같이 고인을 위해 슬퍼하고 있다." 그러므로 위의 모델은 심리분석과 가족형태 이론이 적용되어 형성되었으며 개개인들은 한국에서 상중에 그들의 슬픔을 표현하는 것이 가능하게 되었다. 이는 더 큰 다양성과 연합할 수 있고 사별을 이해하는 데 있어서 사회적 불평등을 고려할 수 있게 한다.

유가족들은 상실 지향성 행동과 회복 지향성 사이를 오가게 된다. 다른 사람들은 개인적 정신 상태, 개성, 성별, 사별의 상황과 그들의 문화적 배경에 대해 둘 사이에 다른 균형을 가질 수 있다. 여기에 여전히 몇 가지 제한이 있다. 그것은 이 모델은 이 이론을 충분히 뒷받침할 만한 충분한 실험적 연구를 기초로 하지 못하였다는 것이다. 또 비록 이 모델이 사회적·개인 간의 요소를 포함하고 있지만 사별을 극복하는 데 있어서 사람 간의 관계적 역할을 나타내기보다 심리적 슬픔을 더 강조하였다. 그럼에도 불구하고 사별 치료에 몇몇 안내를 제공할 것이다.

Parkes(1972)는 배우자를 사별한 여성들에서 사별 초기에 병원 방문횟수가 증가됨을 보고하여, 슬픔이 건강에 가장 심각한 영향을 준다고 밝힌바 있다. 사별은 병리적인 상태가 아니며 가족 구성원의 죽음은 정서적으로 충격적인 사건이고 치유의 시간이 필요하므로 이때 가족들은 정상적인 슬픔의 과정을 거치고 사별 이전의 상태로 돌아가게 된다.

사별에 대한 초기 연구들은 배우자 사별 직후 경험하게 되는 슬픔이나 우울과 같은 개인의 심리, 정서적인 측면에 관심을 두고 사별과정(bereavement process)에서 나타나는 반응을 살펴보았다. 이 사별과정은 개개인의 독특한 경험이지만 특정 단계를 거쳐 개인의 삶의 전 영역에 다양한 영향을 미치는 것으로 나타난다.

Parkes(1972)는 사별 적응과정을 두 단계로 나누어 보았다. 첫 번째 단계인 위기 상실단계(crisis loss phase)에서 사별자는 혼동된 세계에 있으며, 자신들에게 가장 중요한 것은 사라지고 남아 있는 모든 것은 의미가 없으며 귀찮은 것으로 느껴져 현실로부터 도피하려는 경향을 보인다고 하였다. 이때 사별자들의 반응은 슬픔과 분노, 적대감으로 표출된다. 두 번째 단계인 전이단계(transition phase)에서는 슬픔의 강도가 감소하고 사회적 관계의 재조직화와 재형성이 발생하며 기혼자가 아닌 혼자로서 새로운 정체감과 생활을 이루려는 직면이 이루어진다고 하였다. 이러한 적응과정의 단계에서 사별자들의 개인적 자원이나 적절한 사회적 관계망의 활용은 특히 배우자 사별의 부정적인 영향을 최소화하고 긍정적인 심리사회적 적응을 촉진시키는 것으로 나타난다(Bankoff, 1983에 재인용).

또한 Worden(1982)은 슬픔을 잘 겪기 위한 네 가지 과업을 제시하였다. 첫째, 슬퍼하는 사람은 상실이라는 현실, 즉 죽음의 결과를 받아들여야 한다. 왜냐하면 죽음을 거절하는 것, 또는 죽음의 의미조차 거절하는 것, 죽음의 불가역성을 거절하는 것이 오래 지속되면 때로는 병리적인 슬픔으로 이끌어 갈 수 있기 때문이다. 둘째, 슬퍼하는 사람은 슬픔이 고통스럽다는 것을 받아들여야 한다. 알코올이나 신경 안정제와 같은 약물의 사용, 분노의 감정을 회피하거나 죄책감과 슬픔의 감정을 회피하는 것, 일이나 성(性)에 지나치게 깊이 빠지는 것 등으로 슬픔에서 오는 고통을 피하기보다는 받아들이도록 해야 한다. 셋째, 슬퍼하는 사람은 죽은 사람이 더 이상 존재하지 않는 현실에 적응하도록 노력하여 새로운 일을 시작하거나 고인이 된 사람에게 의존했던 상황에서 독립해야 한다. 넷째, 슬퍼하는 사람은 시간이 지나면 고인에게 쏟았던 많은 감정적인 에너지를 철회하고, 그 에너지를 다른 관계에 쏟기 시작할 수 있어야 한다(노유자 외, 1998).

Chapter

12

위기개입과 사이버 상담

Chapter

12 위기개입과 사이버 상담

1. 위기개입접근

위기란 개인의 현재 자원과 대처기제로는 감당하기 어려운 사건이나 상황을 지각하거나 경험하는 것으로, 만일 개인의 고통이 사라지지 않으면 심각한 정서적, 행동적, 인지적 역기능을 일으키는 것이다(James & Gilliand, 2001). 또한 이러한 위기로 인한 불균형상태를 회복하기 위하여 일정한 원조 수단을 개인과 가족 및 집단 그리고 지역사회 등에 적용하는 과정을 위기개입이라고 한다(김기태, 1984). 자살은 대표적 위기로 볼 수 있으며, 자살의 치명성으로부터 개인을 보호하는 데에 있어 위기개입은 주요한 방법일 수 있다. 위기개입은 자살 위기자들에게 적극적인 약물치료나 심리치료를 하기 전에 상담요원이 할 수 있는 응급처치기법으로, 적절한 시기에 개입을 하면 자살 충동을 크게 완화시킬 수 있다(박성칠 · 조용범, 1998).

Morley, Messick, & Aguilera(1967)는 위기개입을 사정단계, 계획단계, 개입단계, 위기대비 계획단계의 4단계로 구분하였다. 1단계는 사정단계로 내담자와 문제에 대해 평가한다. 위기 촉발 사건과 그 결과로 야기된 위기를 정확하게 평가하고,

내담자가 자기 자신이나 다른 사람들을 해칠 위험성이 없는지 알아본 후 위기상황과 직접적으로 관련 있는 내담자의 생활 여건을 평가하게 된다. 2단계는 계획단계로 내담자가 위기 이전의 기능 수준을 회복할 수 있도록 구체적인 상담개입계획을 수립한다. 3단계는 개입단계로 전 단계에서 수립한 계획들을 실행에 옮기고, 4단계는 위기대비 계획단계로 위기의 해결과 예기되는 상황에 대한 계획을 수립한다. 이때 긴장과 불안을 감소시키기 위해 내담자가 성공적으로 사용해 온 건설적인 대처기제를 강화하도록 하며, 미래를 위해 현실적 계획을 세우고 현재의 경험이 앞으로의 위기상황을 예방하는 데 도움이 될 수 있도록 현재 경험에 대해 토의하는 과정을 거친다.

McGee(1974)는 다음의 네 단계를 제시했다. 1단계는 시작단계로 의사소통의 확립과 내담자 상태에 대한 평가와 행동 계획의 수립 등이 이루어지며, 2단계는 위기상담 사례의 취급으로 이전 단계에서 수립된 행동계획을 실행에 옮긴다. 3단계는 위기상담 사례의 종결로 행동계획이 완전히 실행되고 위기상담 사례의 취급이 끝나면 상담은 종결된다. 혹은 내담자를 다른 기관으로 의뢰하는 것으로 상담이 종결되기도 한다. 4단계는 위기상담 사례의 후속처리로 위기상담이 종결된 후 내담자가 기능을 잘 하고 있는지 확인하는 절차로 마무리한다.

Patterson & Welfel(1999)은 개인의 즉각적인 위기를 심리적으로 해결하고 위기 이전에 존재하던 정상적인 기능을 회복, 위기와 직접적인 관계가 없는 성격이나 삶의 전반적인 문제에 초점을 두지 않는다는 목표에 근거하여 위기개입의 단계를 6단계로 제시하였다. 1단계에서는 위기 구성의 기초 형태를 명확하게 이해하고 그 영향을 파악하고, 2단계에서는 내담자의 안전을 확보하고 적절한 지원과 자문을 하며, 3단계에서는 내담자의 위기에 대한 정확한 사정을 위해 정보를 수집하여 위기에 빠뜨린 사건, 영향, 지지체계, 위기 이전의 기능을 파악함으로써 내담자를 도울 수 있는 방법을 결정한다. 4단계에서는 지지를 제공함으로써 내담자의 자기존중감 향상을 꾀한다. 5단계에서는 위기 이전상태 회복을 위한 실천 가능한 행동을 선택하도록 격려함으로써 대처능력을 향상시킨다. 6단계에서는 내담자의 위기해결 점검을 위한 추수상담을 계획한다.

Gilliland & James(2001)는 절충주의 입장에서 6단계의 위기개입방법을 제시하였다. 1단계는 내담자의 관점에서 문제를 규정하고 이해하는 것이다. 이때 공감과 경청, 진솔성, 수용, 긍정적 존중의 기술이 사용된다. 2단계는 내담자의 안전을 확보하는 단계로 내담자 자신과 주변 사람들이 알게 될지도 모르는 심리적, 신체적 손상을 최소화한다. 3단계에서는 상담사가 내담자를 진심으로 염려하고 있고, 내담자가 위기를 극복하도록 도와주고 싶어 한다는 것을 내담자에게 분명하게 전달함으로써 지지를 제공하는 단계이다. 4단계에서는 내담자가 택할 수 있는 다양한 대안들을 모색하여 새로운 대처기제를 익히고 긍정적이고 건설적인 사고방식을 가질 수 있도록 도와주며, 5단계에서는 이를 바탕으로 내담자가 심리적 평형상태를 되찾는 데 도움이 되는 실제적인 행동을 계획할 수 있도록 한다. 이때 상담사와 내담자가 협력해서 계획을 세우면 자발성과 동기가 높아지기 때문에 계획수립 과정에 내담자를 적극적으로 개입시켜야 한다. 마지막 단계는 계획수립이 효과적으로 이루어질 수 있도록 내담자의 다짐을 얻어내는 단계로 이루어진다.

정정숙(1999)은 자살위기상담의 단계로 개입단계, 치료단계, 유지전략단계의 3단계를 제시하였다. 개입단계에서는 문제를 정의하고 내담자의 안전보증, 지원의 제공, 대안의 조사, 계획 수립, 구속력 확보 등으로 그 절차를 명확하게 제시하였다. 치료단계에서는 개인 심리치료와 그룹치료, 가족치료, 생의학적 치료가 이루어져야 하며, 마지막 유지단계에서는 지속적인 관심과 유대 형성을 통한 사후예방 상담과 사후관리가 이루어져야 한다고 보았다.

수원시자살예방센터(2005)에서는 탐색단계, 이해단계, 행동단계 3단계의 자살위기 개입 모델을 제시하였다. 상황파악과 초기면접이 이루어지는 탐색단계에서는 내담자의 관점에서 상황을 파악하고 진지한 자세로 대화하며, 자살생각 여부를 확인하는 것이 필요하다. 이해단계에서는 내담자가 자살위험에 처한 이유를 알아보고, 도움을 받을 수 있는 자원이 있는지 알아보며, 위기에 대한 위험 정도를 측정하는 것이 필요하다.

2. 사이버 상담의 이해

상담 또는 심리치료는 사람들이 보다 자신의 상황, 감정 그리고 인지를 잘 이해하고 대처하도록 돕기 위한 대인관계적이며 개인적인 과정이라고 정의할 수 있으며 그 핵심은 의사소통과 대화의 과정이다(Kraus, 2004). 따라서 인터넷을 통해서 이러한 과정이 이루어지는 경우도 상담이라고 할 수 있을 것이다. 인터넷을 통해서 이루어지는 상담을 일컫는 용어로는 온라인 상담, 인터넷상담, 웹 상담 또는 사이버 상담이라는 용어가 혼용되어 사용되고 있으며, 외국에서는 e-therapy, e-counseling, online counseling, online therapy, coaching과 같은 용어들이 사용되고 있다.

먼저, 이영은(2000)은 사이버 상담을 'PC통신과 인터넷을 주요 매체로 하여 이루어지는 상담'으로 정의하였으며, 임은미(2006)는 '가상공간에서 컴퓨터를 사용하여 실시하는 상담활동'으로 정의하였다. 또한 최연선(2002)은 보다 구체적으로 컴퓨터를 사용하여 문자로서 상담사와 내담자의 상호작용을 통해 내담자의 긴장된 정서, 감정을 표출하게 됨은 물론, 자신의 문제를 구체적으로 인식하게 하는 것이다. 뿐만 아니라 문제해결과정 및 해결을 위하여 '상담사가 축적된 정보를 이용하여 조언을 하거나 내담자의 정서, 사고 및 행동상의 변화과정에 도움을 주는 전문 상담의 한 형태'라고 정의하였다.

인터넷을 이용한 사이버 상담의 첫 시도는 1972년 컴퓨터 커뮤니케이션에 대한 국제회의에서 스탠퍼드 대학의 컴퓨터와 LA 캘리포니아 주립대학교의 컴퓨터 간의 상담 시뮬레이션이었다(Derrig-Palumbo & Zeine, 2005). 그 이후로 사이버 상담은 꾸준히 관심을 받아왔으며 사이버 치료자의 수가 점점 증가하여 1995년에 약 12개의 사이버 상담 사이트가 존재하였지만 2005년에 5,000명 이상의 사이버 치료자들이 활동하고 있었다(Derrig-Palumbo & Zeine, 2005). 영국에서는 면대면 상담의 대안으로 학생들에 대한 사이버 상담이 증가하고 있으며 2002년 자살 예방을 기본 목적으로 하는 Samaritans Service가 email 서비스를 시작하여 많은 이용률을 보이고 있으며 미국에서는 1986년에 Cornell대학에서 가장 처음으로 조직적인 온라인 상담서비스가 제공된 것으로 생각된다(Jones & Stokes, 2009). 이스라엘에서는 SAHAR라고 하는 사이버 프로젝트가 2001년에 시작되어 매일 200개가 넘는 메시지가 게시되고 있으며 호주에서는 사이버 정신건강 서비스인 Reach Out이 1998년에 운용되기 시작하여 많은 자살위기에 처한 사람들의 이야기를 들어주고 그들이 기댈 편안한 어깨가 되어주고 있다. 미국에서는 911펜타곤 테러나 이라크 전쟁으로 인한 PTSD 클라이언트들에 대한 사이버 자기관리 인지행동 치료 프로그램과 지지상담 프로그램을 실시하였다(Sher, 2009). 특히 캐나다의 경우 사회복지분야에서 온라인 상담 서비스의 제공과 이용이 폭발적으로 증가하고 있어서 심지어는 '사회복지 서비스의 혁명'이라고까지 불리고 있을 정도로 사이버 상담은 전 세계적으로 증가추세에 있다(Smith, 2005).

심지어 인터넷상의 건강관리를 뜻하는 'e-health'라는 용어가 등장할 정도로, 사이버 상담 또한 e-health의 한 분야라고 이해할 수 있을 것이며 갈수록 그 인기가 높아지고 있다(Sarchiapone et al., 2009). Jones & Stokes(2009)에 의하면 사이버 상담이 면대면 상담보다 더 나으냐 더 못하냐는 식으로 이야기할 것이 아니라 사이버 상담은 단지 면대면 상담과 다르다는 점이 강조되어야 한다고 주장한다. 또한 그들에 의하면 어떤 사람들은 직접적인 대인관계를 맺을 능력이 없는 사람들만 사이버 상담을 한다고 생각하며 심지어는 사이버 상담이 클라이언트를 돕는 것이 아니라 오히려 더 클라이언트를 고립시켜 문제를 심화시킨다고 하지만 이것은 그들의 편견일 뿐이다. 사이버 상담은 서로 다른 사람들에게 다른 형태의 서비스를 제공하는 것을 의미하며 어떤 사람들에게는 부적절한 것이 그와 다른 환경에 놓여 있는 사람들에게는 적절한 것이 된다(Derrig-Palumbo & Zeine, 2005). 상담을 받기 어려운 지역적 여건, 예를 들면 거리가 멀거나 교통이 불편하거나 상담을 받을 수 있는 전문가가 많지 않은 경우가 있을 수 있다(Jones & Stokes, 2009). 또한 클라이언트가 아동이나 노인 또는 병자를 돌보고 있어서 집을 떠나기 어렵거나 청각 장애와 같은 장애가 있어 고립되어 있거나 여행 중인 경우도 있을 수 있으며 수치심 때문에 직접적으로 만나서 상담을 하는 것을 어려워하는 경우에는 사이버 상담을 더 편안하게 느낄 수 있다(Fenichel, 2004, Jones & Stokes, 2009). 컴퓨터가 보급되고 우리의 생활 속에서 친숙해지면서 점차 많은 클라이언트들이 사이버 상담을 우선적으로 선택하고 있다. 사이버 상담이 전통적인 심리치료를 대신할 수는 없지만 심리치료의 보조적 지지원이나 전통적 심리치료가 이루어지기 어려운 경우, 그 대안적인 방법으로 이용될 수 있다. 또한 어떤 사람들에게는 사이버 상담이 전문적 치료를 받을 수 있는 유일한 기회가 되기도 하므로, 정신장애를 앓는 클라이언트에게 많이 발생하는 치료에의 간극을 메우는 역할을 할 수 있을 것이다(Sarchiapone et al., 2009).

이러한 사이버 상담의 구조는 단회적 접촉에서 장기간의 심리치료에 이르기까지 다양하며 그 개입의 수준은 사정과 의뢰 혹은 단순한 문제해결로 그치는 정도로부터 전의와 역전이가 치료의 중요한 요소가 되는 치료적 동맹관계가 형성되는 깊은 정도에 이르는 다양하게 이루어지지만 인터넷의 속성과 사용자의 기대 모두는 단기적인 방식을 요구하는 경우가 많다(Zelvin & Speyer, 2004).

3. 사이버 상담의 구조

Derrig-Palumbo & Zeine(2005)는 일반적인 사이버 상담의 구조를 초기단계(접촉-첫 회기-치료적 동맹단계-문제확인단계), 중기단계, 종결단계로 총 6단계로 구분하였으나 다양한 사이버 상담의 구조들 중에서 가장 일반적인 형태로 여겨지는 이메일 상담과 주로 단회로 이루어지는 게시판 상담에 이용되는 모델을 중심으로 살펴볼 수 있다. 이메일 상담이나 게시판 상담의 구조를 살펴보면 Egan(1994)은 탐구-이해-실행으로(Jones & Stokes, 2009), 그리고 Evans(2009)는 시작-중간-

종결로 모두 세 단계로 구분하였다. 반면 Zelvin & Speyer(2004)는 4회 이메일 교환 사이버 상담모델을 소개하였다.

1) Egan의 모델

(1) 탐구단계

Egan의 탐구단계는 클라이언트의 글에 대한 이해를 반영한다. 이것은 클라이언트의 감정과 상담사의 감정을 괄호를 사용하며 잠정적으로 표현하면서 상담의 주요 내용을 간략히 요약하면서 시작하는 경우가 많다. 클라이언트는 이러한 요약을 통해서 자신의 글을 타당화하고 오해를 바로 잡을 기회를 가질 수 있다.

(2) 이해단계

Egan의 이해단계에서 상담사는 글의 내용뿐 아니라 클라이언트의 글 속에 직접적으로 드러나지 않은 보다 깊은 이슈와 감정까지도 공감적으로 이해하며 보다 넓은 관점과 재구성의 기회를 갖는다. 어떠한 상담 접근법을 사용하는가에 상관없이 충분한 이해의 과정을 통해서 클라이언트는 자신의 소리가 경청되고 이해받고 있다고 느끼게 된다. 또한 이 과정에서도 의문기호를 사용하여 상담사의 생각을 잠정적으로 표현하여 가능한 오해를 수정할 수 있게 한다.

(3) 실행단계

이 단계에서는 치료가 어떻게 진행될 것인지에 대한 언급이 이루어지며 주로 클라이언트가 생각해 보거나 수행할 과제나 아이디어가 제시된다. 이러한 과정에서 클라이언트가 만약 비난을 받았거나 오해받고 있다고 느껴지는 경우에 클라이언트는 상담을 그만두게 되므로 클라이언트가 언제든지 상담을 그만둘 수 있는 사이버 상담의 경우에 특별한 주의가 필요할 것이다(Jones & Stokes, 2009).

2) Evans의 모델

(1) 시작단계

이 단계는 Egan의 탐구단계와 비교될 수 있으며 여기에서 상담사는 인사로 상담의 문을 열며 클라이언트의 상담에 대한 두려움이나 걱정거리에 대하여 명확한 의사소통을 통하여 해소하며 전반적으로 공감기법을 많이 사용한다.

(2) 중간단계

이 단계는 Egan의 이해와 실행의 단계를 합친 것과 비교될 수 있으며 여기서 주로 사용되는 기법들로는 질문, 공감적 반응, 명료화, 정보제공, 피드백, 안내, 요약, 클라이언트가 이전에 언급한 것에 대한 반영, 제안 등이 있다.

(3) 종결단계

그동안의 상담이 어떠한 영향을 미쳤는지 확인하고 클라이언트에 대한 격려와 마지막 인사로 마무리한다.

3) 4회 이메일 교환 사이버 상담모델

Zelvin & Speyer(2004)에 의하면 이 모델은 동기부여 면접과 단기 해결중심치료, 그리고 내러티브 접근법의 원리를 사용하여 고용지원 프로그램(EAP)에서의 사용을 목적으로 개발되었다.

(1) 첫 번째 이메일

치료자는 연결감, 안전감 그리고 클라이언트가 자신을 압박하고 있는 제시문제에 대처할 수 있도록 돕기 위한 방안 등을 전달한다. 클라이언트 내면의 강점에 초점을 맞추거나 보다 객관적이고 긍정적인 관점으로 그 문제를 바라보면서 클라이언트가 자신의 문제를 극복하는 과정 중에 있는 것으로 재구성하여 언급하면서 클라이언트가 심리적 고통, 갈등, 또는 위기를 다루는 방식을 정상화한다. 클라이언트의 글의 내용을 읽고 동시에 자세히 살펴보면서 클라이언트가 자신의 어려움에 대처하는 능력을 칭찬한다.

(2) 두 번째 이메일

클라이언트의 삶 속의 힘들고 고통스러운 상황이 핵심문제로 다시 언급된다. 그 문제와 관련된 규칙, 신화, 양상 또는 감정적 습관 등이 클라이언트에게 밝혀지고 클라이언트 자신에게 선택권이 있다는 것을 인식하도록 격려된다. 짐스러운 느낌, 비난으로부터 클라이언트의 강점과 재능 그리고 축복과 같은 것으로 강조점이 옮겨진다. 상담사는 그 문제를 가지고 있는 사람에게 사례관리의 측면에서 강화, 다리 놓기, 과업부여 등을 지도할 수 있다. 클라이언트는 독서와 여러 자료들, 과제, 또는 행동 코칭 등을 통해서 자기 스스로를 도울 수 있도록 동기가 부여되며 임파워된다. 만일 클라이언트가 자신이 문제 또는 책임으로 인식하고 있는 것에 대한 긍정적인 해석을 거부한다면 상담사는 그 증상을 역설을 사용하여 설명할 수 있으며 진보와 성장보다는 클라이언트의 마음 준비 정도에 초점을 맞춘다.

(3) 세 번째 이메일

여기서는 치료를 넘어서서 클라이언트가 행동을 계획하고 새로운 가능성에 대한 비전을 갖도록 도우면서 클라이언트의 인식과 행동에서의 긍정적인 변화를 확인하고 정당화하고 의미 있는 변화를 이루어 내기 위한 과업과 행동 그리고 태도를 포용한다. 상담사는 클라이언트의 변화에 대한 저항을 예측해야만 한다. 세 번째 글에서 상담사는 동기의 재부여를 위해서 클라이언트의 이전의 글 속의 문장들을 말 그대로 파헤친다. 치료에 도움이 되는 방법들로는 긍정적 해석, 재명명하기, 유머, 증상의 객관화, 은유, 활용 가능한 자원의 확인, 창조적 오해, 적극적 탐구, 예상되는 어려움을 일상적인 이슈로 정상화하기 등이 있다.

(4) 네 번째 이메일

상담사는 무조건적인 긍정적 관심을 배경으로 하면서 클라이언트의 진보를 요약하고 타당화한다. 아직 해결되지 않은 문제를 언급하면서 교정적인 감정적 경험이 글 속에서 나타난 경우에는 그것을 강조하고 클라이언트의 사후치료를 의뢰한다. 웹 사이트, 책, 자료들 그리고 사이버 또는 면대면 지지그룹과 같은 자조를 위한 자원을 의뢰하면서 자립 목표를 강화한다. 마지막 글에서는 치료적 "목소리"의 내면화가 강조된다. 상담사는 클라이언트 스스로의 지혜와 경험에 권위를 부여하면서 뒤로 물러난다.

4. 사이버 상담의 특성

사이버 상담을 인터넷상에서 이루어지는 상담으로 정의하면서 이러한 사이버 상담의 특성들을 살펴보면 다음과 같다.

첫째, 탈억제 효과(online disinhibition effect)를 들 수 있다. 사이버 상담은 면대면 상담에서 클라이언트가 느낄 수 있는 죄책감이나 수치심을 느끼지 않으면서 자유롭게 감정을 표현하며 상담을 할 수 있도록 도울 수 있으며(Suler, 2004; Evans, 2009) 실제로 서비스 이용자들은 사이버 공간에서 더 편안하게 느끼고 자신의 비밀과 친구나 가족들과 이야기할 수 없는 것들을 더 잘 이야기할 수 있다고 하였다(Smith, 2005). 또한 사이버상의 의사소통을 통해서 그들은 다른 사람의 마음과 영혼에 보다 직접적으로 연결될 수 있다고 느끼게 된다(Suler, 2004). 이러한 현상을 Suler(2004a)는 '온라인 탈억제 효과(online disinhibition effect)'라고 정의하였으며 이것은 사이버상에서는 자신의 글에 대한 책임감을 보다 적게 느끼기 때문이기도 하다(Evans, 2009).

이영은(2000)에 의하면 컴퓨터 매개 의사소통(computer-mediated communication)이므로 정보기술의 탁월한 처리능력과 정보 전달능력이 인간의 의사소통과정에 적용되어 비언어적 표현이 제한되고, 익명성이 확보되며, 보다 평등한 의사소통과정이 이루어지며, 비인격적이고 자기중심적인 의사소통이 이루어지는 경향이 있다. 이러한 의사소통의 특징으로 인하여 가장 정직하고 진실한 정보가 제공될 수 있으며, 자살생각을 가진 클라이언트가 자신의 참을 수 없는 심리적 고통과 인지적인 압박감을 표현할 수 있게 된다(Sarchiapone, 2009).

사이버 상담실에 올라온 클라이언트들의 글은 말로 표현된 것보다 훨씬 더 그들의 감정적 상태를 잘 반영할 수 있으며 클라이언트의 심리적 질병을 반영하며 사이버 환경에서 심리치료에 유용하게 사용될 수 있다(Gilat & Tobin, 2009). 그러나 이러한 탈억제 효과는 친밀감을 지나치게 빨리 형성하게 되어 무례한 언어나 지나친 비난, 분노의 표현, 미움, 심지어는 위협을 표출하게 되고 이것은 결국 후회, 불안, 관계의 급속한 종결을 초래하게 될 수 있다(Suler, 2004). 특히 클라이언트가 지나치게 노골적으로 감정을 드러내거나 부적절한 표현을 한 경우에는 표현 당시에는 의식하지 못하고 있더라도 나중 어느 시점에 불편하게 느끼거나 후회하게 될 수 있다(Evans, 2009).

Suler(2004)에 의하면 탈억제 효과의 원인은 "당신은 나를 몰라"라는 문장으로 표현될 수 있는 익명성과 "당신은 나를 볼 수 없어"라는 눈에 보이지 않는 특성과 "당신은 나중에 볼 거야"라고 표현되는 지체된 반응과 "모두 내 머릿속에 있어"라고 하는 유아론적인 투입과 "우리는 평등해"라고 하는 중립적인 지위 때문이라고 하였다. 어떤 사람들은 비동시적 의사소통을 마치 개인적이고 감정적이며 적대적인 메시지를 게재한 후에 도망을 가버리는 것처럼 생각하기도 한다. 사이버 치료자인 Kali Munro는 이러한 현상을 "정서적인 뺑소니(emotionalhit and run)"라고 표현하였다(Suler, 2004). 또한 사람들은 무의식적으로 사이버상의 의사소통을 마치 자기 자신과 이야기를 하는 것처럼 느낄 수 있다. 우리가 우리 자신과 이야기를 할 때는 다른 사람들에게 말할 수 없는 것들도 모두 다 말할 수 있다.

둘째, 상담시간과 공간에 제약이 없다. 서비스를 제공하는 상담기관의 서비스에 이상이 없는 한 하루 24시간 언제나 접속하여 실시간 상호작용이 요구되지 않는 서비스를 받을 수 있다(임은미, 2006). 클라이언트는 언제 어디서든지 상담글을 올릴 수 있으며 상담사는 자신의 근무 시간에 어디서든 컴퓨터만 있으면 상담을 실시할 수 있으므로 클라이언트가 편리한 시간에 언제든 이용할 수 있다. 게시판 상담의 경우에는 대개 24시간 이내에 상담사가 응답 메시지를 올리도록 한다. 따라서 산간벽지에 거주하는 클라이언트나 거동이 불편한 장애인들도 상담을 받을 수 있다.

셋째, 읽기와 쓰기의 치료적인 효과가 증진된다. 이메일이나 게시판 상담에서와 같은 문자를 이용한 의사소통은 하나의 기술이며 기교인 동시에 말하는 것과는 다른 중요한 의사소통 방식이다(Suler, 2004). 인터넷의 사용은 전 세계 수백만 명에게 글 쓰는 즐거움을 다시 알게 하였다(Derrig-Palumbo & Zeine, 2005). 글쓰기는 관계에 영향을 미치며 관계는 다시 글쓰기의 질에 영향을 미친다(Suler, 2004). 깊은 감정을 문자로 표현하는 것은 매우 강력한 효과를 나타내며 그 과정과 그 행동 자체로 매우 치료적이다(Derrig-Palumbo & Zeine, 2005).

이영은(2000)에 의하면 글쓰기와 읽기를 통한 내러티브(narrative)는 자신을 익명의 타자들을 대상으로 되비추어 볼 수 있게 하므로 자기성찰을 극대화하며 통찰력을 증진한다. 자신을 어떻게 표현할 수 있는지 숙고하게 되는 반영의 영역(zone of reflection)을 가지게 되며 또한 글쓰기는 생각을 보다 시각화, 영구화, 구체화, 객관화할 수 있도록 한다(Suler, 2004). 이러한 것을 통해서 치료적 효과가 나타날 수 있다. 또한 글쓰기를 통한 외재화 현상이 일어남과 동시에 클라이언트는 자신의 내적 지혜를 반영하는 치료자의 목소리를 내면화하게 된다(Zelvin & Speyer, 2004). 말을 통한 상호작용을 글쓰기를 통한 상호작용으로 바꾸는 것만으로도 다른 지각, 기대 그리고 궁극적으로 행동을 바꿀 수 있는 재구조화를 가능하게 하는 상황과 기대를 제공한다. 또한 읽기를 통한 독서치료 효과도 제공할 수 있다.

넷째, 사이버 상담은 단회기인 경우가 많다. 이영은(2000)에 의하면 전통적 대면상담은 여러 회기가 진행되며 단회기인 경우는 예외로 간주된다. 그러나 사이버상에서 이리저리 돌아다니다가 상담사와 접촉하게 된 인터넷 사용자가 치료적 관계를 원하는 경우는 많지 않으며 그들은 치료적 상담이 무엇인지도 모르고 있을 수 있을 것이다(Zelvin & Speyer, 2004). 매체의 특성뿐만 아니라 단회기라는 데에서도 상담의 이론과 방법을 적용하는 데에 어려움을 가져온다. 따라서 단회상담에 맞는 전략과 상담기술을 전문적으로 개발하고 다듬을 필요가 있으며 이를 위해서는 이론적 경험적 연구가 필수적이다. 단회상담에서는 상담사가 내담자가 원하는 것을 빨리 파악하여 적합한 상담목표를 수립하여야 하며 단회상담을 운영하는 운영자는 상담 전략과 기법에 있어서 탈이론적인 융통성을 발휘하여야 하며 가장 적절한 상담 접근을 시도하여야 한다(이영은, 2000). 즉, 어느 한 이론에 기반하여 제시하지 않고 내담자의 원함에 따라 지지 제공, 문제해결 조력, 정보 및 조언 제공(박경석 · 김계현, 1993), 그리고 의뢰, 위기개입, 단기 심리교육과 동기부여 상담(Zelvin & Speyer, 2004) 등의 서비스를 제공할 수 있을 것이다.

다섯째, 또 다른 만남의 공간이다. 김영건 · 서영창(2003)에 의하면 가상공간에서는 상대방의 사고방식에 따라 자신의 모습도 그에 맞도록 쉽게 바뀔 수 있으며 만날 당시에는 자신의 마음을 열고 서로를 보다 친밀하게 느낄 수 있으나 현실에서의 인간관계보다 만남과 헤어짐이 쉽다. 따라서 상담관계에서 클라이언트가 훨씬 더 쉽게 자신의 마음을 열고 생각과 감정을 자유롭게 표현하고 의견을 주고받을 수 있고 상담가가 마음에 들지 않는 경우 쉽게 다른 상담가를 찾아 옮겨 갈 수 있을 것이다.

한편 면대면 상담과 마찬가지로 사이버 상담에 있어서도 사정은 서비스의 제공에 있어서 매우 중요한 요소이다. 특히 사이버 상담에서 치료자는 모든 클라이언트가 다 사이버 상담에 적절한 것은 아니며 또한 사이버 상담의 특성을 고려하여 해당 클라이언트의 문제와 욕구가 사이버 상담에 적절한 것인지 면대면 상담과 같은 다른 종류의 상담으로 의뢰를 해야 하는 경우가 아닌지 우선적으로 사정해야 할 윤리적 책임이 있다. 특히 자살생각을 표현하는 클라이언트는 필요한 치료를 거부하면서 도움을 구하는 한 가지 방법으로 사이버 상담을 받아들일 수 있으므로 클라이언트가 사이버 상담을 선택한 이유를 확인하고 사정하는 것은 중요한 일이다(Zelvin & Speyer, 2004).

사이버 상담에 적절한 클라이언트는 빈번한 인터넷 사용자이거나 시골 지역이나 거동이 불편한 심신 또는 청각장애를 가지고 있거나 아동을 돌보아야만 하기 때문에 면대면 상담에 대한 접근성이 제한되어 있는 사람(Zelvin & Speyer, 2004), 그리고 잦은 여행을 하는 사람, 업무상 스케줄이 빈번히 바뀌는 사람(Derrig-Palumbo & Zeine, 2005) 등을 그 대표적인 예로 들 수 있다.

또한 자신의 지역사회에서 쉽게 구설수에 오를 수 있거나 관심의 대상이 되어서 심리문제로 도움을 받는 경우에 스티그마를 경험할 수 있는 사람들의 경우에 사이버 상담은 매우 적절한 대안이 될 것이다(Zelvin & Speyer, 2004).

반면 사이버 상담이 부적절한 경우로는 첫째, 클라이언트가 서비스에 필요하거나 긍정적인 결과를 얻기가 어려운 수준의 불충분한 컴퓨터 사용능력을 가진 경우, 둘째, 클라이언트가 서비스가 제공되는 언어의 사용에 한계를 가진 경우, 셋째, 클라이언트가 사이버 매체를 통한 효과적인 지지에 한계를 가지는 장애를 가진 경우, 넷째, 클라이언트가 서비스 계약에서의 요구사항을 지키기를 꺼리거나 지킬 의지가 없는 경우, 다섯째, 클라이언트에게 해당 서비스의 제공방식으로는 적절한 케어가 제공될 수 없는 경우, 여섯째, 클라이언트가 해당 사이버 서비스의 클라이언트의 정서적 웰빙이나 안정상태를 위한 치료적 맥락에 잘 일치하지 않는 개인적 문제, 정신건강 문제, 장애 등을 가지고 있는 경우, 일곱째, 클라이언트가 법적으로 지켜야 할 사항이 사이버 서비스의 절차상 잘 맞지 않거나 비밀보장이 문제가 되는 경우 등의 예를 들 수 있을 것이다(Evans, 2009).

Mallen(2004)은 몇몇 사이버 상담에 대해서 연구한 연구들의 결과들을 요약하였는데, 그에 의하면 면대면 상담에서 사이버 상담으로 갑자기 전환하는 것이 이상적인 것은 아니지만 사이버 상담을 통해서도 온정과 관심이 전달되는 상담관계를 갖는 것이 가능한 것으로 보이며(Huws, Jones, & Ingledew, 2001) 덜 심각한 클라이언트들뿐 아니라 감옥에 수감 중인 클라이언트(Peyrot, 2000), 심한 정서장애를 가진 청소년(Zimmerman, 1987)과 같이 치료가 어렵다고 여겨지는 클라이언트들도 사이버 상담을 잘 받아들일 수 있는 것으로 보인다.

Chapter

13

부부갈등과 이혼위기

Chapter 13

부부갈등과 이혼위기

1. 부부갈등

갈등이란 두 개 이상이 대립하는 충동이나 욕구가 동시에 조재하여 행동의 결정이 곤란한 상태를 말하는 것이다(유영주, 1993). 서로 다른 환경에서 경험하고 각자의 가치관과 생활방식 및 사고방식을 가지고 성장한 두 사람이 결혼으로 결합하여 공동의 가정을 이루며 일상생활을 함께 영위하다 보면 서로의 차이를 이해하지 못하고 불가피하게 갈등이 발생하는데, 부부 상호 간에 부족한 자원이나 상충되는 목표에 직면하여 어려움을 겪는 것을 부부갈등이라고 한다(김갑숙, 1991). 부부는 성장한 배경이 각기 다르고 인성적 특성이 다름으로써 필연적으로 상호작용하는 데 어려움이 따르게 되고(조유리 · 김경신, 2000) 결혼생활은 두 사람이 부부라는 단위를 형성함으로써 이전에는 각자 혹은 부모가 정해 놓은 문제를 두 사람이 재협상을 통해 해결해야 하므로 이때 서로의 차이점으로 인해 갈등이 생기게 된다(Brown & Brown, 2002). 부부갈등은 어느 정도 서로 조절하거나 타협으로 부부관계를 발전시킬 수도 있지만, 그 한계를 넘어설 경우 결혼생활의 안정성을 위협할 수도 있다(강신성, 2014).

부부간에 발생하는 갈등은 가족갈등의 한 하위체계로 볼 수 있으며 갈등이론을 가족에 제일 처음 접목시킨 Sprey(1971)에 의하면 갈등은 개인 또는 집단이 희소자원, 경쟁적 수단, 양립 불가능한 상반된 목표 또는 이러한 것들이 결합한 것에 대한 개인, 집단 간의 적대감이라고 하였으며 갈등의 상태란 둘 이상의 불화, 즉 당사자 간에 계속적인 충돌이 존재하는 것이라고 하였다. 부부갈등에 대한 학자들의 정의를 보면 부부가 대립과 불일치를 해결하기 위해 상호 교환하는 관찰 가능한 부정적인 언어적, 비언어적 상호작용이라고 정의된다(Strauss, 1979). Coleman, Basow, & Raley(1984)는 가족관계 측면에서 부부관계에 초점을 맞추어 가족갈등을 가족 내 두 사람 이상의 구성원들이 자신의 욕구가 상대방과 상충된다고 생각하는 과정이며, 부부갈등은 '부부간에 상충되는 욕구, 목표, 기대의 불일치'라고 정의하였고, Galvin & Brommel(1986)은 가족 내 두 사람 이상의 구성원들이 자신의 욕구가 상대방과 상충된다고 생각하는 과정이라고 정의하였다. Davies & Cummings(1994)는 부부갈등은 부부간 욕구의 상충과 목표 및 기대의 불일치를 말하는 것이라고 정의하였고, Gottman(1994)은 결혼생활에는 긍정적·부정적 상호작용이 있지만 결혼생활에 영향을 더 미치는 것은 부정적인 상호작용이며, 이러한 부정적인 상호작용을 대표하는 것이 부부갈등이라고 하였다. 갈등 이론적 입장에서 부부갈등을 바라본 김오남(2006)은 이익이 상충되는 부부가 서로 각각 자기 이익을 추구하는 쟁취의 과정이라고 설명하였으며, Koerner & Jacobson(1994)도 부부 상호관계에서의 자원이 부족한 경우, 상충되는 목표에 직면하여 어려움을 겪는 것으로 정의하였다. 또한 Scanzoni & Szinovacz(1980)는 가족집단은 보다 합리적으로 각 구성원의 욕구가 충족되기 어렵다는 집단적 특징을 지니고 있다고 하였으며, 부부라는 친밀한 관계는 다른 인간관계보다 자신을 더 많이 노출하고 상호의존성이 높기 때문에 갈등이 일어날 가능성도 많다고 할 수 있다(Dominian, 1995).

부부갈등은 신체적, 정서적, 가족건강에 영향을 주는 요인이며, 부부 사이의 문제해결 과정에서 상호 적대적으로 반응하거나 부정적 상호작용을 하게 됨으로써 결혼생활 전반에 걸쳐 결혼만족도를 떨어뜨리는 결과를 가져온다(Fincham,

2003). 부부갈등은 부부 두 사람의 결혼만족도를 저하시키는 원인이 되며 심리적 불안감과 고통을 초래할 뿐 아니라 이러한 갈등이 지속될 경우 정신건강에까지 영향을 줄 수 있다(O'Leary, Malone, & Tyree, 1994).

부부갈등을 연구한 국내 연구들(박경란 · 이영숙, 2005; 이민식 외, 2000)에서는 부부갈등을 부부가 서로의 대립과 불일치를 해결하기 위해 교환하는 부정적인 언어 또는 가정생활의 여러 측면에서 겪는 긴장된 상호관계, 부부간의 불만족과 심리적 고통 등의 문제가 상충되어 나타나는 것이라고 하였다. 이러한 부부갈등은 부정적인 요소만 있는 것이 아니라 때로는 긍정적 상호관계로 발전해 가는 과정이 될 수 있기 때문에 갈등의 요인을 잘 살펴보고 이를 해결해 나가려는 노력이 무엇보다 중요하다(김은숙, 2001). 또한 이러한 갈등을 어떻게 해결하느냐에 따라 부부관계를 진전 혹은 악화시킬 수도 있기 때문에(양영숙, 2008) 건강한 결혼생활을 위해서는 부부 사이의 갈등을 적절하게 해소해야 할 것이다. 더욱이 중년기는 자녀의 독립으로 인해 가족 구성원이 부부중심으로 돌아가는 시기로 배우자에 대한 새로운 인식을 하고 부부관계를 새롭게 회복할 수 있는 기회로 여겨지고 있다(김승주, 2013).

2. 부부갈등의 요인 및 내용

현대사회의 부부갈등의 제 요인에 대해서는 학자들마다 접근방식이 다양하다. 기존의 연구들에서 부부갈등 영역으로 설정한 내용을 살펴보면 연구자들마다 조금씩 다른 모습을 보이나 각기 다양한 부부갈등 영역의 내용에 있어서 일반적인 틀을 찾아볼 수 있다. 대표적으로 부부갈등이 유발되는 원인으로는 신체생물학적 구조의 차이와 사회문화적 환경의 영향, 가정환경의 차이, 경제적인 요소, 종교적 갈등, 성문제, 성격차이, 취미활동, 의사소통문제, 주변인(시가 및 친정) 등이 있다(송동림, 2009). 또한 부부 사이에 의사소통의 결여와 분노조절의 미흡한 부분이 갈등의 주요 요인이 되며(Johnson, 2001) 부부갈등은 서로 방해가 되는 부분으로 발생을 하며 행동적인 요인과 인지적인 요인, 감정적인 요인에 있어 상호작용의 결과로 나타난다고 하였다(김시업, 2006). Rice(1979)는 부부갈등의 요인을 개인적 요인(건강, 가치관, 취미 등), 사회적 요인(지위, 소득, 친구관계), 관계요인(애정, 존경, 평등한 관계, 의사소통, 역할기대, 친밀성 등)으로 크게 세 가지로 구분하고 있다. 사회적 요인에 해당되는 소득, 즉 경제적인 요인은 공동생활 갈등영역으로도 분류가 되는데, 이것은 현대사회에서 삶을 영위하기 위한 중요한 요인이기 때문에 부부간에 갈등의 초점이 될 수 있으며 여러 선행연구에서도 경제적인 요인이 부부갈등에 영향을 미친다는 것을 밝혀왔다(Chinitz & Brown, 2001). 또한 부부 상호간의 대화기술과 문제해결능력의 부족으로 가정생활의 불만과 갈등이 심화되어 가정의 행복을 위협하는 요인으로 작용하고 있다(최선희 · 전명희, 1999). 끝으로 제삼자 갈등영역에서는 배우자 가족과의 갈등이 부부갈등에 가장 큰 영향을 주는 요인으로 나타났다(이성희 · 하근영, 2000; Bartle-Haring & Sabatelli, 1998).

실제 부부관계에서 발생하는 갈등의 이유는 다양하지만, 갈등의 중심은 보통 관계 그 자체인 내면에 있으며 부부간의 문제와는 상관없이 부부간의 관계적 문제가 구체적인 문제로 표면화되어서 나타난 것이라고 설명한다(박경란 · 이영숙, 2005).

3. 이혼위기

이혼율 증가는 부부갈등을 극복하지 못하고 이루어진 결과이다(이현주 외,

2012). 우리나라 부부 갈등 이유는 배우자 역할에 대한 갈등과 의사소통 부재와 가치관의 차이에서 오는 정서적 갈등을 제시하고 있다(이화연, 2005). 이혼위기 부부들의 호소문제는 주로 남성들은 '부인이 순종적이지 않다', '시댁에 못한다' 이다. 반면 여성들은 '남편이 존중하지 않는다', '매사에 일방적으로 생각하고 행동한다', '대화하지 않는다'고 보고했다. 이혼위기 요인으로 여성들은 남편의 경제적 무능력과 무책임을, 남성들은 부인과 생활양식의 차이, 처가와의 갈등이다(한국가정법률상담소, 2018).

그러나 여기에서 간과하지 말아야 하는 것은 외국의 보고만이 아니라 국내에서도 연구된 결과로서, 이혼의 근본적인 요인으로 결혼 당사자들이 결혼 전이나 배우자를 만나기 오래전에 이미 원가족으로부터 잠재되어 있는 것들(유명숙, 2017)을 모르고 이혼을 선택하는 사람들이 정작 자신의 문제가 무엇인지 알아차리지도 못한 채 이혼과 재혼을 반복하는 상황에 접하게 된다.

최정숙(2004)은 이혼과정에서도 이혼위기는 나타나는데 단계로 나누어 보면, 이혼으로 몰리는 단계, 자신에 대한 통제가 어려운 분리, 혼돈의 단계, 현실 수용 및 새 삶을 시작하는 단계, 사회적 독립, 관계 확장의 재정립 단계, 마지막으로 자신의 삶을 주도적으로 이끌어 가는 단계 등 체계적 과정을 말하고 있다. 이혼위기의 부부들은 이와 같이 이혼 결정 시점보다도 과정 중에 있다고 볼 수 있다(이경희, 2013). 이것은 이혼 과정의 정서적 측면인 민감, 전이, 새로운 안정감의 단계로 구분하였다. 최근에는 실제 이혼하지 않고 배우자와 정서적 단절, 즉 의사소통 없이 가정 안에서 별거나 남남같이 지내는 이혼위기 가정이 늘고 있다(봉동연, 2014). 우리나라의 사회는 현재 이혼 후 뚜렷한 대책이나 이혼 결과에 대한 객관적인 심사숙고 없이 이혼하는 경우에 이혼과 재혼의 반복이 되풀이되고 있는 실정이다.

2008년부터 진행된 이혼 전 숙려제도는 이혼에 대해 좀 더 심사숙고할 수 있는 시간을 줄 뿐만 아니라 상담을 필수적으로 하도록 제도화하여 지원하고 있다. 그러나 갈등의 골이 깊은 상황에서 짧은 기간 동안에 깊은 성찰의 시간이 어려울 뿐만 아니라 법원의 최종 판결을 앞둔 민감한 상황에서 팽배한 갈등과 심한 저항은 개인의 이야기를 심도 있게 다루기 어렵게 한다.

4. 중년기 여성의 이혼위기

이혼부부의 평균적인 연령은 매년 증가하였다(봉동연, 2014; 유명숙, 2017). 한국가정법률상담소(2018) 자료에는 해마다 이혼연령이 높아지고 있다. 특히 혼인생활 31년 이상은 매해 증가하여 1987년 대비 10.1배 증가를 보이고 있다. 이는 중년이혼위기가 황혼이혼으로 이어지는 것을 증명하고 있다. 그 원인으로는 혼인 초부터 있던 갈등이 혼인 기간 내내 지속적으로 반복되어 온 경우가 많았다(한국가정법률상담소, 2018). 이것은 결혼 전 원가족의 영향이 미해결과제와 심리적 문제를 남긴 채 결혼생활에도 영향을 미쳤음을 증명해 주는 결과로 볼 수 있다.

중년여성의 이혼위기 배경으로 중년기의 발달적 특성과 개인 심리와 사회적 요인 등이 연관되어 있다. 중년여성의 이혼위기에 있어 Conway(1978)는 중년기를 제2의 사춘기, 사추기(思秋期)라고 하며, 삶의 위기경험 후에 다양한 감정과 함께 나타나는 신체, 정서적 변화로 보았다. 중년여성들은 지나간 삶에 대한 회의와 앞으로 남아 있는 삶에 대한 불안으로 20~30년 동안 쌓인 부부갈등의 문제들을 더 이상은 참지 않았고, 억울함과 분노의 반복적인 표출로 부부관계 위기를 초래하였다(채경옥, 2007; Rice, 1989).

개인의 심리적 측면에서 부부 사이에서의 신뢰감 상실은 결혼생활을 위기로 이르게 하는 요인이 된다. 중년여성들은 남편의 외도나 부정을 대하는 관점에서 배우자에 대한 이해 부족으로 서로 다른 차이를 극복하지 못하고 문제 확대 경향이 있다(박천기, 2007). 부부 사이의 신뢰가 무너지면 배우자와 사는 것의 의미를 상실하고 이혼으로 이어질 가능성이 높아진다. 부부 사이의 신뢰 상실은 이혼위기의 중요한 요인이 된다.

결혼생활에서 남편에게 비현실적인 기대를 가지는 것도 문제가 된다. 신데렐라 콤플렉스를 가진 중년여성들은 남편이 모든 욕구를 충족시켜 줄 뿐만 아니라 자신의 무능한 부분까지 채워 줄 것을 기대하지만, 더 이상 배우자가 자신을 돌볼 능력이 없어지는 순간 실망과 환멸을 느낀다(양유성, 2008). 이와 같은 이상주의적 사고를 가진 중년여성들의 왜곡된 심리문제는 심각한 부부갈등을 일으키고, 이혼위기를 만든다.

부부간의 성(性)적인 문제 또한 이혼위기의 중요한 요인이 된다(Collins, 1992). 중년의 신체적 변화의 남녀 차이는 부부 사이의 성적인 교감의 단절과 부부관계 위기가 되기도 한다. 성적인 욕구를 배우자 외의 외부에서 충족하는 외도도 이혼위기가 된다(정태기, 2002). 배우자의 외도 사실은 씻을 수 없는 상처로서 원만한 부부관계 회복이 어려워 이혼으로 이어지기도 한다.

가정폭력으로 이혼을 결심한 중년여성 중의 64.8%가 남편의 지속적인 폭행에 10년 이상 시달려 왔으며(대법원, 2012), 수시로 폭력을 당하면서도 이들 중에는 자녀 양육과 경제적 자립이 어려워 이혼 결정을 하지 못했다. 배우자의 폭력은 결혼생활을 유지할 목적과 삶에 대한 목표 상실로 이어져 치유하기 어려운 상처를 안게 되므로 결국에는 이혼을 결정해야 하는 위기의 중년여성들이 늘고 있다(박태휘, 2005).

또한 사회적·환경적 측면에서의 중년여성의 이혼위기는 가족관계의 변화를 들 수 있다. 전통적인 가부장적 가치관에서 자녀·부부·개인중심의 가족문화에 적응 못하는 남편의 권위적 사고는 부부갈등을 일으킨다(Howard, 1990).

이혼법정에서 부부가 축적 재산을 반반씩 나누는 판결도 중년여성들의 이혼에 대한 고려 요인으로 볼 수 있다. 이혼이 성립될 때 전업주부 재산분할비율은 10년 전에는 30% 안팎이었으나 최근의 전업주부 재산분할비율은 40~50% 인정하는 판결이 이어지므로(이인철, 2012) 전업주부로서 재산분할의 몫이 늘어나게 되어 이혼 후의 자녀양육과 생계유지에 자신감을 갖게 되었다. 이와 같은 경제적인 문제는 삶의 질에 대한 중요사항으로 중년여성들의 이혼을 결정하는 요인이 되고 있다(손정미, 2007).

이 밖에 한국사회 중년여성의 이혼위기 요인 중의 하나로 가치관의 변화를 들 수 있다. 사회활동을 하며 경제력이 확보된 기혼여성들은 더 이상 가정에 매이지 않고, 권위적인 남편에게도 참지 않으며, 자녀양육 때문에 참고 사는 측면도 약해졌다. 또한 자기의 인생을 자녀들을 위해 더 이상 포기할 수 없다는 인식의 변화는 부부갈등이 이혼위기가 되는 원인을 제공하고 있다(채경옥, 2007).

그러나 이혼위기 요인들이 이혼으로 바로 연결되는 것만은 아니다. 중년여성들은 이혼위기상황에서 상대 배우자의 태도와 행동에 따라 갈등이 수습되거나 악화되기도 하며, 이혼위기에서 벗어나 가정이 회복되기도 하고 이혼으로 이어지기도 한다(곽배희, 2001).

5. 중년여성 이혼위기 극복 방안

중년여성들의 이혼위기는 시간이 걸리는 과정에서 지치고 피폐해지기 쉽다. 반면에 이혼위기를 헤쳐 나가는 과정에서 몰랐던 삶의 지혜를 배우기도 하고, 심리적으로 성숙하게 되어 고통스러운 위기의 시간을 오히려 변화의 과정으로 수용할 수 있게 되는데, 이는 이혼위기 극복의 첫걸음이라 할 수 있다.

이혼위기 해결방법으로 스트레스를 감소시키는 기술을 배우거나, 성공적인 적응에 방해되는 신경증적인 치료가 필요할 수 있다. 결혼 전의 생각보다는 결혼 후의 부부갈등과 위기를 잘 해결하며 지속적인 신뢰관계를 유지하는 것이 더 중요하다(Gottman, 1994). 부부갈등 중 이혼하지 않고 결혼생활을 잘 유지하기 위해서는 현재의 위기상황에서 의사소통을 잘 이끌어 낼 수 있는 능력과 배우자와 자신의 차이에 대해 이해하며, 수용하고 인정하는 것부터 시작해야 한다(김남진

외, 2010). 부부갈등은 상호작용의 특성이 있으므로 문제해결을 위한 의사소통이 지나치게 부정적인 부부는 긍정적인 부부보다 더 크게 부부갈등이 나타난다(Carrere & Gottman, 1999). 부부갈등 해결에 도움이 되는 것은 문제를 일으키게 된 배우자도 인간이며, 나 또한 완벽하지 않은 인간임을 기억하고, 배우자를 있는 그대로 사랑해야 한다(양유성, 2008). 자신과 다른 배우자의 차이점을 수용하고 이해하는 노력이 필요하며(Evans, 2012) 갈등해결을 위해서는 배우자의 원가족에 대한 이해와 원 가족체계로부터 분화능력을 키워야 한다(Wallerstein, 1995). 위기극복은 상처를 회복하는 것이 오래 걸릴 수 있음을 수용하는 것이 첫 단계이며, 긴 상처의 터널을 지날 때, 좌절과 고통이 수반될 수 있다는 것도 받아들여야 한다(Klagsbrun, 1985). 자신의 감정을 배우자에게 솔직하게 표현하고 배우자와 함께 치유의 시간을 보내는 것도 매우 바람직한 방법이다.

중년여성들은 지금까지 외적으로 치중했던 삶에서 벗어나 내면의 욕구에 귀를 기울이며, 자신과 자녀에게 주로 할애하던 시간들을 배우자와 함께하는 것이 필요하고 중요하다(Clinebell, 1988). 이혼위기상황에서 중요한 것은 자신의 행복이 배우자에게만 달려 있는 것이 아님을 기억하고 스스로 자신을 돌아보며 자기 자신에게 초점을 맞추는 것이다. 자기 자신의 소중함을 깨닫는 것은 이혼위기상황에서 자신감을 이미 회복한 것이다(유재성, 2003).

중년여성들은 이혼위기상황에서 자신에 대한 성찰과 사고의 확장이 필요하다. 자아 내부에 있는 젊음과 노화, 파괴와 창조, 남성성과 여성성, 의존과 독립 등의 양극성들을 통합해 갈 때에 생애 구조조정이 되고 심리적으로 더욱 성숙해지며 외부 환경과도 효율적인 상호작용이 이루어진다(Levinson, 1996).

Chapter

14

중독과 위기

Chapter

14 중독과 위기

1. 대마와 중독

마리화나는 대마(cannabis)의 잎과 꽃 부분을 건조하여 담배 형태로 흡연할 수 있도록 만든 환각제의 일종이다.

마리화나, 즉 대마초(大麻草)는 인도 대마에서 유래한 약물로 기원전 3천 년경에 중국에서 사용했다는 기록이 있으며, 기원전 1500년경 인도의 경전에는 대마초가 행복의 근원 또는 웃음을 일으키는 약물이라고 기록되어 있다. 미국에서는 독립전쟁 시에 처음으로 선박에서 사용되는 로프로 대마를 사용하는 등 19세기 중반까지는 서구에서 남용약물로 사용되지 않다가 19세기 초 이집트를 통해 미국에 전파되었다. 우리나라에는 베트남 전쟁이 있던 1965년 이후에 전파되어 미군 부대를 중심으로 유흥업소 종사자, 악사, 가수들에게 퍼져 나갔고 오늘날 연예인, 대학생, 청소년까지 사용범위가 확대되었다. 우리나라에서는 대마초를 1970년 이후에 '습관성의약품관리법'에 따라 규제를 하다가, 1976년에는 '대마관리법'을 제정하여 독립적으로 통제하였다.

대마초는 주로 대마의 잎과 꽃대기 부분을 잘게 부순 다음 파이프를 이용하거나 종이로 담배처럼 말아서 피우는데 미국에서는 속칭 'pot' 또는 'grass'라고도 한다. 이는 미국의 할렘에서 대마초를 화분에 많이 기르는 것을 빗대어 'pot'라고 말한 것이며, 'grass'는 잘게 자른 대마의 줄기와 잎의 모양이 풀을 잘게 자른 것과 비슷해서 붙은 이름이다. 이러한 대마초는 광범위한 사용자가 있음에도 불구하고 인체에 어떤 영향을 미치는지에 대한 정확한 과학적 정보가 많지 않다. 지금까지 알려진 정보에 따르면 대마초의 사용량과 사용자의 특성에 따라 인체 내에서 중추신경을 흥분시키거나 억제시키는 작용을 하기도 하고 환각을 일으키기도 한다.

일반적으로 대마초는 연기를 흡입한 다음 수초에서 수분 내에, 그리고 입으로 섭취한 경우에는 30~60분 이내에 효과가 나타나기 시작하는데, 불안해소와 도취감을 느끼게 되고, 환각과 생각의 비약도 일어난다. 또한 이를 장기간 사용하면 두려움과 급성공포, 심장질환, 고혈압, 정신병적 증상을 일으키기도 한다. 대마초에 취한 상태인 사람들은 옷이나 몸에서 풀 냄새와 연기 냄새가 나며, 자신의 생각이나 이야기를 정리하는 데 어려움을 겪는다. 또한 짧은 어구로 말하거나 평소보다 느린 속도로 말하며, 대화에 상관없는 단어들을 사용한다. 본래 성격보다 수다스러워지거나 다소 흥분한 상태가 되기도 하고, 때로는 꿈을 꾸는 듯한 상태거나 우울한 상태가 되기도 한다. 최근에는 더한 자극을 주기 위해서 여러 가지 다른 화합물을 첨가하여 판매하는 것을 사용하기도 한다.

대마초는 뇌와 밀접한 관련성이 있다. 인도 대마(Cannabis)에 함유되어 있는 성분으로, 기원전 3000년에 신농(神農)이 구전한 바도 있는 대마초, 즉 마리화나는 수천 년 동안 환각제로 널리 이용되고 있다. 마리화나의 성분 중 테트라하이드로칸나비놀(tetrahydrocannabinol, THC)이 환각을 일으키는 주범으로 알려졌다. 이를 소량 섭취해도 심혈관계 및 중추신경계에 강한 작용을 나타낸다. 심혈관 증상으로 심박동 증가 및 수축기 혈압상승, 결막충혈이 나타난다. 중추신경계 증상으로는 몽롱한 상태가 되고 대량에서는 선명한 환각을 동반하게 되며 쾌감을 느끼게 된다. 이런 마리화나 때문에 많은 사람들이 장래를 망치고 있다. 많은 사람들의 장래를 망치는 대마초, 우울증을 악화시키고 자살로 이어질 수도 있다.

마리화나를 반복 사용할 때는 모든 일에 피동적이고 내향적이 될 뿐만 아니라 집중력의 상실로 의욕을 잃고 인격 변화가 나타나게 된다. 또한 단기 기억이 손상되며 임무수행능력이 저하되며 과거, 현재, 미래를 혼동하는 인격 해리가 나타나 자신과 환경의 경계를 구별하는 능력이 감소된다. 경계의 상실과 함께 인류나 우주와의 일치감을 느껴서 높은 곳에서 뛰어내리는 자살행위도 하게 된다.

약 200만 명의 10대가 매년 우울증을 경험하고 있으며 우울증에 걸린 10대들은 또래보다 2배 이상 대마초를 남용하거나 의존하게 된다고 보고하였다. 대마초 사용은 우울증을 악화시킬 수 있고 정신분열병, 불안, 심지어 자살 생각을 3배나 더 많이 한다고 보고되고 있다.

인간의 뇌에는 대마초의 주성분과 결합하는 수용체가 있다. 최근의 연구결과에 따르면 놀랍게도 인간의 뇌에는 대마초의 주성분인 테트라하이드로칸나비놀이 결합하는 수용체(cannabinoid(CB) 수용체)가 있음이 밝혀졌다. 즉, 우리 뇌에 내인성 모르핀이 존재하고 있는 것처럼 대마초와 비슷한 환각물질이 존재하고 있다는 말이다. 얼마 전에 돼지의 뇌에서 대마를 피웠을 때와 비슷한 작용을 하는 것으로 보이는 새로운 화학물질이 발견되었다. 이 화학물질은 '아난다마이드'로 명명되었는데, 이 이름은 '행복'이라는 뜻의 산스크리스트어인 '아난다'에서 따온 것이다. 이는 인간의 뇌에 대마 수용체로 이루어진 어떤 신경체계가 존재하고 있다는 증거가 된다.

가끔 우리는 실제로 존재하지 않는 이상한 세계와 아름다운 세계를 눈에 그릴 때가 있다. 이때 인간은 고난의 현실세계를 벗어나 평소에 경험해 보지 않았던 이상 감각, 이상 세계, 휘황찬란한 세계를 꿈으로써 무한정의 창조적 생각에 빠질 수도 있다. 어떤 의미에서는 이런 생각이 삶의 산뜻한 청량제가 된다. 그러나 이러한 초현실적인 이상 감각이 자주 뚜렷이 나타날 때는 병적인 환각이 된다. 이와 같은 환각은 뇌에 존재하고 있는 대마초와 비슷한 신경계에 의해서 이루어진다.

사람의 뇌에 있는 환각신경계는 적절히 이용하면 약이 된다. 대마초는 환각제로 주로 사용되었지만, 대마초는 치료제로 일부 사용된 역사를 지니고 있다. 그 시기는 중국의 고대까지 거슬러 올라간다. 영국에서는 빅토리아 여왕의 주치의가 대마초를 가리켜 「가장 귀중한 명약 중 하나」라고 하면서 여왕의 생리통 완화제로 이를 처방했다는 기록이 있다. 대마는 또한 암 치료를 위한 화학요법 때 나타나는 구토를 멈추게 하고 후천성 면역결핍증(AIDS) 환자에게 식욕을 되찾게 하며 다발성 경화증(Multiple Sclerosis)의 경련을 진정시키는 작용을 하는 것으로 알려졌다. 이 밖에 녹내장 환자에게 안압(眼壓)을 감소시켜 주는 효과도 있다고 한다. 미국의 캘리포니아주 등에서는 암으로 인한 고통을 줄이고 입맛을 증가시키고 약에 의한 구토를 억제하기 위해 의사의 처방에 의해서 사용하고 있다.

의료용으로 사용되는 대마초 또한 마리화나의 환각효과가 LSD, 필로폰 등의 환각제보다 약하기 때문에 사용해도 되지 않느냐는 일부의 주장이 있지만, 마리화나는 다른 환각제 중독으로 가는 중요한 관문이 되기 때문에 결코 허용해서는 안 된다는 것이 학계와 법원의 판결이다.

최근 우리 뇌에 존재하고 있는 내인성 마리화나(칸나비노이드) 신경계는 두려운 기억을 제거하는 등 기억 조절 기능이 있는 것으로 알려지고 있어서 이 마리화나 신경계 조절을 통해 두렵고도 무서운 기억을 제거할 수 있게 될 날도 올 것이다. 또한 이 신경계는 과식과 흡연욕구를 자극하는 기능이 있는 것으로 보고되고 있어서 이 수용체 차단제를 다이어트와 금연약으로 개발하고 있다. 이와 같이 우리 정신과 신체에 백해무익(百害無益)하다고 알려진 대마초가 과학적 연구를 통해 인간의 질병 치료에 귀중한 명약으로 개발될 수도 있다. 이 세상에는 잘못 쓰면 독약이 되고 잘 쓰면 명약이 될 수 있는 약이 허다하다. 인간사에서도 이런 진리가 널리 통용될 수 있다는 것을 다시 한번 느낄 수 있다.

환각제 중독이 심해지면 완치가 불가능한 폐인이 될 수도 있다. 마약과 환각제 이용의 증가는 범죄로 이어지면서 자신을 파멸시키고 사회를 불행하게 만든다. 환각제는 환청, 환시 등 환각현상을 일으키는 물질로 본드, 대마초, LSD, 필로폰(암페타민 유도체인 메스암페타민[Methamphetamine]이 주성분), 엑스터시(암페타민 유도체 MDMA), 코카인, 케타민 등을 말한다. 이 가운데 코카인과 필로폰, 엑스터시 등은 각성 효과가 있는 환각제로 정신을 번쩍 들게 하고 감각을 예민하게 만드는 작용을 한다.

필로폰과 엑스터시 등이 각성작용과 환각작용을 나타내는 이유는 고도의 정신작용을 하는 신경전달물질인 도파민과 비슷한 구조를 가지고 있기 때문이다. 필로폰과 엑스터시 등을 복용하게 되면 뇌는 정신 기능을 담당하고 있는 도파민을 과도하게 유리시키거나 수용체에 붙어 도파민 신경계를 자극시키게 된다. 이와 같이 도파민 신경계가 과도하게 자극되면 제어되지 않는 비합리적인 사고와 행동이 나타나서 '정신분열증'이 생기게 된다. 필로폰 환각제의 가장 나쁜 부작용인 정신분열증은 자신은 물론 우리 사회를 파멸로 이끌 수 있다. 그리고 필로폰 등을 장기 복용하면 약효가 떨어졌을 때 몸이 처지고 피해망상이나 과잉공격 등에 사로잡히는 금단 현상이 일어나고, 중독증이 더 심해지면 망상형 정신분열증이나 반사회적이고 비윤리적이며 포악한, 마치 동물 같은 행동을 하는 등, 거의 완치가 불가능한 폐인으로 전락할 수도 있다.

2. 본드 중독

방심할 수 없는 부탄가스 · 본드는 환각제로서 자신을 파멸시킨다. 통계에 의하면 중고생들의 약 50%가 본드나 부탄가스를 흡입한 경험이 있다고 한다. 그러나 부모들은 대부분 본드나 부탄가스를 마시고 담배를 피우다가 폭발사고가 일어나 화상을 입었다는 어처구니없는 보도를 들을 때도 우리 집 아이는 그렇지 않다고 자신한다.

그러나 부탄가스나 본드를 한 번 맛보면 벗어나기가 힘들다. 다른 물질을 녹이는 유기 용매로 작용하는 본드나 부탄가스 등은 뇌혈관 장벽을 아주 쉽게 통과하여 뇌를 망가뜨려 뇌신경을 파괴시키는 것은 물론, 간이나 골수까지 파괴시켜 간염이나 재생불량성 빈혈을 일으키고 청각이나 시각장애 등 거의 모든 신체 장기에 손상을 일으킨다. 이처럼 본드나 부탄가스는 단 한 번의 흡입으로도 뇌를 망가뜨릴 수 있고 심지어는 생명을 잃게 하는 무서운 독극물이나 다름없다.

본드나 부탄가스는 순수한 마음과 정신으로 진리 탐구와 학문 탐구에 열중해야 할 우리 청소년들의 정신력과 판단력, 집중력에 심각한 장애를 일으킨다. 특히 나이가 아주 어린 초등학교 학생들이 본드나 부탄가스 흡입에 손을 대고 있다는 소식은 정말 안타깝다. 위기에 빠지고 있는 우리 아이들을 마약으로부터 보호하는 일이 무엇보다 급한 일이다. 부모들은 우리 아이들의 고민이 무엇이며 우리 아이들이 어떤 생각이나 행동을 하고 있는가를 주시하고 대화를 통해서 풀어나갈 방향을 마련하여야 한다. 그러기 위해서는 '내 아이는 괜찮겠지', '내 아이는 그런 것을 절대로 하지 않을 거야'라는 생각을 버려야 한다. 야단보다는 따뜻한 사랑의 말 한마디가 우리 아이를 본드나 부탄가스 중독으로부터 구해내는 길이다.

흡입제로 사용되는 본드, 가스 등은 코나 입을 통해서 흡입이 가능한 환각제로 각종 휘발성 물질을 말한다. 각종 공업용 접착제(본드), 시너, 부탄가스, 가솔린, 라이터 기름, 스프레이 페인트, 헤어스프레이, 매니큐어 지우개, 아교 등 여러 가지 종류가 있다. 우리나라 청소년들 사이에 접착제나 시너 흡입이 폭발적으로 유행하여 사회문제화되었으며, 최근에는 스프레이 캔(연료용 부탄가스 등)의 사용도 증가하고 있다.

3. 마약 종류

마약이란 모르핀, 코카인, 아편 등과 그 유도체로서 미량으로 강력한 진통작용과 마취작용을 지니며 계속 사용하면 습관성과 탐닉성이 생기게 하는 물질이다. 사용을 중단하면 격렬한 금단증세를 일으켜 마약을 사용하지 않고는 정상적인 생활을 할 수 없게 되며, 종국에 가서는 육체적으로나 정신적으로 폐인이 되게 하는 물질이다. 이런 물질이 의료 및 연구 이외에 목적에 남용되는 위험을 방지하기 위하여 정한 법률상 용어가 마약이다.

마약은 크게 천연마약, 합성마약, 향정신성 물질, 대마, 흡입제 5가지로 분류된다.

1) 천연마약－아편, 모르핀, 헤로인, 코카인 등

천연마약에는 아편 알칼로이드계 · 코카 알칼로이드계가 있다. 아편 알칼로이드계 마약으로는 아편, 모르핀, 헤로인 등이 있다. 이것은 모두 양귀비꽃으로 만든다. 아편은 양귀비꽃이 지고 난 후에 생긴 열매에 상처를 내어 흘러나온 액즙을 말려서 굳힌 것으로 생아편이라고도 한다. 검은빛에 특유한 냄새가 있으며 맛이 쓰다. 아편을 원료로 하여 제조되는 마약은 아편 가루(의약용 아편), 모르핀(염산 모르핀), 코데인, 헤로인 등이 있다.

코카 알칼로이드계 마약은 코카잎에서 만드는 것으로 코카잎 속에 함유되어 있는 코카인류가 마취작용을 지니고 있다. 코카인은 코카잎에서 분리된 것이다.

의료용으로 사용되는 염산코카인은 무색 또는 백색의 결정성 가루이며 냄새는 없고 맛이 쓰며 혀를 마비시킨다. 물에 잘 녹으며 빙초산 또는 에탄올에 잘 녹고 클로로포름(chloroform)에도 녹으며, 중추신경계통을 자극한다. 안과 질환의 치료,

구강 및 인후 등의 점막을 마비시킬 때 사용한다. 0.5g의 복용으로 사망할 정도로 독성이 강하다.

2) 합성마약－메사돈, 염산 페치딘 등

강력한 진통제 개발의 필요성에 따라 화학적으로 합성된 마약이다. 천연마약과 같은 강한 의존성을 갖지는 않으나 내성과 의존성 등 금단증상을 유발한다. 화학분자 구조의 유사성에 따라 페치딘, 메사돈, 모르피난, 아미노부텐, 벤조모르판 등으로 분류하고 있으며 현재 73종이 알려져 있으나 페치딘과 메사돈이 주로 남용되고 있다.

3) 향정신성 물질－메스암페타민(필로폰), 바르비탈류, 벤조디아제핀류, LSD, 메스칼린 등

환각을 유발, 발동시키는 물질이다. 특히 환각제의 경우, 실제로는 존재하지 않는 소리가 들리거나 물건이 보이고, 또는 냄새를 느끼는 등 병적 현상을 야기하는 작용물질이다.

LSD 및 이와 유사한 환각작용이 있는 물질, 메스암페타민(히로뽕) 및 이와 유사한 각성작용이 있는 물질, 바르비탈 메프로바메이트 및 이와 유사한 습관성 또는 중독성이 있는 물질, 프로폭시펜 및 이와 유사한 습관성 또는 중독성이 있는 물질 등과 사람의 중추신경계에 작용하는 것으로 이를 오용 또는 남용할 경우 인체에 현저한 위가 있다고 인정되는 물질이다.

4) 대마

대마초(칸나비스사티바엘)와 그 수지 및 대마초 또는 그 수지를 원료로 하여 제조된 일체의 제품을 말한다. 다만, 대마초의 종자, 뿌리 및 성숙한 대마초의 줄기와 그 제품을 제외한다.

4. 도박 중독

도박은 경쟁을 포함하는 놀이이자 금전을 추구하는 행위로, 그 결과가 언제나 불확실하다. 예를 들면, 바둑을 두면서 큰돈을 건다면 도박이라 할 수 있다.

도박은 돈이나 가치 있는 것을 걸고 더 많은 돈이나 재물을 따기 위해 결과가 불확실한 사건에 내기를 거는 행위를 말한다. 도박(gambling)의 단어는 스포츠나 놀이를 뜻하는 앵글로색슨어의 가멘(gamen), 가몬(gamon)에서 유래했다. 병적 도박은 "지속적으로 반복되는 부적응적인 도박행동"으로 정의된다.

도박 중독 및 병적 도박이 정신의학 또는 심리학 관련 학술지에서 공식적으로 인정받게 된 것은 1980년 미국정신의학회가 발간한 『정신장애의 진단 및 통계 편람 제3판』에 이름을 올리고 나서부터이다. DSM-Ⅲ는 도박 중독을 달리 분류되지 않는 충동 조절 장애로 분류했다.

1) 병적 도박 판별기준

미국정신의학회의 병적 도박 선별준거(DSM-Ⅳ)에 따른 선별준거는 다음과 같다.

① 도박에 집착한다(예: 과거의 도박 경험을 되새기고 다음 모험의 승산을 예상하거나

계획하고 도박으로 돈을 벌 수 있는 방법에 집착).

② 바라는 흥분을 얻기 위해 액수를 늘리면서 도박하려는 욕구가 있다.

③ 도박을 조절하거나 줄이거나 중지시키려는 노력이 반복적으로 실패한다.

④ 도박을 줄이거나 중지시키려고 시도할 때 안절부절못하거나 과민해진다.

⑤ 문제로부터 탈출하기 위한 수단으로 또는 불쾌한 기분을 덜기 위한 수단으로 도박한다(예: 무기력감, 죄책감, 불안감, 우울감).

⑥ 도박으로 돈을 잃은 후 흔히 만회하기 위해 다음 날 도박판으로 되돌아간다.

⑦ 도박에 관여된 정도를 숨기기 위해 가족들, 치료자, 또는 타인들에게 거짓말을 한다.

⑧ 도박 자금을 조달하기 위해 위조지폐 사용, 사기, 도둑질, 착복 같은 불법 행위를 저지른다.

⑨ 도박으로 인해 중요한 관계가 위태로워지거나 직업적, 교육적 기회나 출세의 기회를 상실한다.

⑩ 도박으로 야기된 절망적인 경제 상태에서 벗어나기 위해 돈 조달을 남에게 의존한다.

2) 도박의 종류

도박의 종류는 다음과 같다.

- **복권:** 즉석에서 일련의 숫자를 확인하여 당첨을 결정하는 즉석 복권 또는 스크래치 복권, 로또 복권, 컴퓨터를 이용하여 다양한 게임을 하고 즉각적으로 보상을 받는 전자 게임 등을 말한다.
- **컨비니언스 도박:** 카지노가 아닌 편의점, 바, 공항, 세탁실 등에서 간편하게 할 수 있는 도박이다. 혼자서 조작할 수 있는 슬롯머신과 비디오 포커와 같은 전자 게임 등이 여기에 속한다.

- **카지노:** 미국의 경우 28개 주에서 합법적으로 카지노 영업을 하고 있지만, 한국의 경우 외화벌이를 위해 외국인을 상대로 뒤늦게 시작된 산업으로 내국인 출입이 통제된 산업이었다. 현재 국내 17개의 카지노 중 16개의 카지노는 모두 외국인 전용이며, 2002년도에 강원도의 석탄산업 지역을 돕기 위한 특별법으로 내국인 출입이 가능한 강원랜드가 관 주도로 설립되었다.
- **경마:** 경마장에 직접 가서 베팅하는 경우 말고도 장외지점을 통해서 베팅할 수도 있다. 현재 국내 소재의 경마장은 서울경마공원, 제주경마공원, 부산경남경마공원이 있다.
- **스포츠 내기 도박:** 스포츠 베팅은 결과를 조작하고 싶은 유혹을 일으키기 때문에 스포츠계에서 볼 때 매우 중요한 문제이다.

3) 도박 중독의 특성

정신분석학자 에드먼드 버글러(Edmund Bergler)에 따르면 도박 중독자는 다음 여섯 가지 특성을 보인다.

- 도박 중독자는 정기적으로 도박을 한다. 여기서 양적 요소가 중요하긴 하지만 그 규모 역시 무시할 수 없다. 알코올 중독과 마찬가지로 문제는 도박자가 과도하게 도박을 하는 시점을 아는 것이 중요하다.
- 도박이 모든 다른 흥미들 가운데 우위를 점한다.
- 도박 중독자는 연이은 패배 경험에도 변치 않는 낙관주의를 보인다.
- 도박 중독자는 자신이 돈을 따는 한 결코 도박판을 떠나지 않는다.
- 도박 중독자는 신중하겠노라고 처음에 약속했음에도 불구하고 종국에는 지나친 위험을 감수한다.
- 도박 중독자는 도박의 단계에서 스릴(전율, 흥분, 고통과 쾌감을 동시에 느끼게 하는 긴장감 같은 감각)에 대한 주관적 경험을 가지고 있다. 도박자가 계속해서

열광적으로 추구하는 것은 바로 이 감각, 즉 스릴에 대한 갈망이다.

도박자에게 나타나는 심리적 특징은 미성숙함과 성격의 황폐화이다. 이들 중에는 중독되기 전부터 기본적으로 미성숙한 사람도 있고, 도박에 중독된 후에 이러한 특징이 더욱 두드러지게 나타나는 사람도 있다. 도박 문제가 심해질수록 도박자는 자신이 도박을 하고 있다는 사실을 철저히 감추고 빚을 갚거나 잃어버린 돈을 찾을 생각에만 집착한다. 마음이 급해지기 때문에 점차 성급해지고 화를 잘 내며, 별다른 이유 없이 사람을 의심하거나 비난하기도 한다. 또한 이들은 기분 변화가 심하다.

도박자는 도박 문제를 일부 인정하면서도 한편으로는 부정하거나 합리화하며 끊임없이 핑계를 댄다. 이들이 흔히 하는 변명은 다음과 같다.

- 잃은 돈을 복구하려는 소망 때문에 도박을 끊을 수가 없다.
- 나는 언제든 혼자서 도박을 끊을 수 있다.
- 한 번만 크게 따면 그만둘 것이다.
- 나는 습관성 도박자가 아닌 프로 도박사다.
- 나는 즐기면서 도박을 하고 있다. 도박은 나의 취미 생활이다.

도박의 과정을 살펴보면 다음과 같다. 병적 도박은 진행성의 다단계 질병이라는 특징이 있다(Custer, 1984). '승리 단계'라고 불리는 1단계는 초기 성공에 의해 강화되며 남자에게서 더 자주 발견되는데 이는 아마도 남성 도박이 더 경쟁적인 측면을 반영하는 것으로 보인다. 승리는 지위와 힘, 전능감을 느끼게 한다. 이 단계에 수반되는 특징에는 높은 에너지와 초점화된 집중, 숫자에 대한 능력감 향상, 도박 전략에 대한 흥미가 포함된다. 많은 사람들이 그들의 초기 승리를 운보다는 기술의 결과라고 생각한다.

예상치 못한 손실은 운이 안 좋았다고 자주 인식되는데 이것이 '손실 단계'라고 불리는 2단계로 이끈다. 이 단계의 특징은 '추적 도박'이다. 도박자는 더 자주 그리고 더 많은 양의 돈을 걸고 필사적으로 잃은 돈을 회복하고자 시도한다. 도박자는 손실을 숨기기 위해 중요한 사람들(가족, 친구, 고용주)에게 자주 거짓말을 한다. 도박자는 그들과의 관계가 악화되며, 재정 상태도 나빠진다. 결국 도박자는 궁핍 상태를 경험하게 되며 합법적인 돈의 출처가 고갈된다. 가족이 도박을 그만두겠다는 도박자의 약속을 믿고서 재정적 원조를 할 수도 있다.

돈을 잃고 손실을 만회하려는 순환적 패턴은 3단계인 '절망'으로 이끈다. 도박자는 사기, 횡령, 부도수표 발행, 도둑질과 같은 불법적인 활동을 통해 도박을 유지한다. 위법행위는 종종 대박이 곧 터지면 그 이후에 자금을 갚기 위한 의도였다고 합리화된다. 이 단계에서는 도피의 환상과 자살 생각이 흔한 것으로 보고된다(Lesieur & Rosenthal, 1991).

일부 도박자들은 '포기'나 '무망감'의 단계인 4단계를 경험한다. 도박자가 치료를 받고자 하는 경우도 있지만 고용주나 배우자, 가족의 강요로 오는 경우가 흔하다. 우울과 자살사고, 고혈압, 심계항진, 불면증, 위장장애와 같은 스트레스 관련 증상들이 보고되기도 한다(Rosenthal, 1992).

우리나라에서는 여섯 가지 합법적인 사행 산업이 운영되고 있다. 우리나라의 합법 사행 산업은 그 운영의 법적 근거를 갖고 문화체육관광부에서는 카지노, 경륜, 경정, 체육진흥투표권을, 농림식품부에서는 경마산업을, 기획재정부 산하복권위원회에서는 복권산업을 관장하고 있다. 이를 제외한 도박행위는 모두 형법 제23장 '도박과 복표에 관한 죄(제246~249조)'에서 법으로 규제하고 있다.

회피의 동기는 낮은 자존감, 우울감 및 불쾌한 정서를 피하거나 경감시키려는 회피적 목적에서 도박을 하는 것을 가리킨다. 우울에 깔려 있는 의미구조는 보상의 상실 혹은 부재로서 사람들은 선호하는 대상이나 사람의 상실(도박자들은 흔히 심각한 경제적 손해, 가족의 죽음이나 거절, 관계의 붕괴, 직업과 능력의 손실 등 중요한 상실을 경험한다)에 대한 반응으로 우울을 경험한다(Lazrus, 1991). 이렇게 도박자들이 결핍이나 상실을 대처하고 보상을 돌려받고자 하는 회피적인 동기에 의해 도박 행동을 지속할 수도 있을 것이다.

도박을 하게 되는 또 다른 동기 중 하나가 정서적 흥분이다. 흥분 추구는 도박에 급속히 빠져들거나 손실에도 불구하고 지속하게 되는 소인이 된다. 흥분의 신체적 소인은 신체적 각성 경험으로, 도박자는 적정 수준의 각성 경험을 유지하기 위해 도박을 계속한다(Brown, 1986). 조작적 조건화 모형에 의하면 도박으로 인해 각성 수준이 증가하면 이는 흥분으로 해석되며 흥분은 도박 행동의 일차적 강화물이 된다(Brown, 1986). 마지막으로 도박은 돈에 대한 열망이다(Herscovitch, 1999). 도박자들은 도박이라는 행위를 통해 즉각적이고 커다란 부를 꿈꾼다. 대부분의 문제성 병적 도박자들이 도박판에서 패배해 심각한 손실을 입지만 일시적으로는 승리해 큰돈을 만져본 경험이 있다.

도박의 원인으로는 인지적, 사회적, 생물학적 요소를 비롯한 다양한 요소들이 작용한다.

인지적 요인은 병적 도박의 발달과 유지에 중요한 역할을 하는 통제력의 착각, 편향적 평가, 미신적 신념 등 비합리적인 사고를 가리키며(Toneatto, 1999), 이는 문제성 도박자, 특히 병적 도박자들의 지속적이고 고착화된 인지적 특성이다(이홍표, 2003).

사회적 요인은 개인이 더 큰 사회에 대처하지 못해 생긴 반응이 병적 도박일 수 있다(Raylu & Oei, 2002). 이홍표(2004)는 도박 행동에 영향을 미치는 사회적 요인으로 도박에 대한 사회적 태도(도박에 대해 얼마나 부정적이고 긍정적인가), 사회적 통제(도박을 얼마나 허용하고 규제하는가), 접근 가능성(얼마나 도박에 쉽게 접근할 수 있는가) 등이 있으며, 도박 행동을 보이는 데 있어 개인의 선택과 결정도 중요하지만, 사회적 환경의 일차적 책임을 강조한다.

생물학적 요인은 뇌반구와 관련하여 반구의 변측성 성숙 부족이 병적 도박자의 충동 조절 문제와 관련이 있다(Hare & McPherson, 1984). 그리고 생화학적 불균형으로 세로토닌, 노어아드레날린, 도파민 시스템의 문제가 병적 도박의 발생과 관련이 있다(Bergh Eklund, Soederten, & Nordin, 1997).

4) 도박 중독 척도

도박 중독자의 진단을 위한 도박 척도를 소개하면 다음과 같다.

(1) 예일-브라운 강박척도의 병적 도박 개정판

예일-브라운 강박척도(Yale Brown Obsessive-Compulsive Scale)를 병적 도박의 심각성과 치료에 대한 증상의 변화를 평가하기 위해 개정했다.

(2) 도박증상 평가척도

도박증상 평가척도(Gambling Symptom Assessment Scale, G-SAS)는 치료 중의 도박 증상을 평가하기 위해 개발되었다. G-SAS는 지난주의 도박충동과 사고를 평가하는데 응답범위가 0에서 4에 이르는 12개의 문항들로 구성되어 있다. 응답 점수들을 더하면 총점의 범위는 0~48점에 이르며 31점 이상은 심한 증상을, 21~30점은 중간 정도의 증상을, 20점 이하는 가벼운 증상을 의미한다.

(3) 전반적 임상 인상척도-병적 도박

전반적 임상 인상척도(Clinical Global Impressions, CGI)를 도박연구자들이 개정하여 병적 도박의 심각성을 평가하고 정신약물학적 연구에서 전반적인 도박개선을 측정하고자 했다. CGI심각도와 개선 항목들은 7점 응답으로 되어 있다.

5. 성 중독과 위기

성 중독은 사회적으로는 성공했으나 개인적으로는 심한 고독감을 느끼는 상태에서 성적 모험을 통해 자기 존재를 확인하려고 애쓰는 증세를 말한다. 정신병의 일종으로 분류된다.

인간은 누구나 최고의 쾌감을 느낄 수 있는 섹스를 갈망하지만 성행위를 멈출 수가 없고 적절한 조절 능력을 상실하면 성 중독증에 이르게 된다. 성 중독은 외설적인 섹스행위에 빠지고픈 충동을 절제하지 못하고, 자신의 의도보다 더 오랫동안, 더 광범위하게, 자주 성행위에 빠져들며, 이런 행동을 자제하려고 해도 번번이 실패하면서 결국 직업, 학업, 직장, 가정의 붕괴를 초래한다. 한편 현대에는 인터넷이나 영상 매체를 통한 성적 모험이 날로 늘어나면서 '사이버 성 중독증'이 우려할 만한 수준까지 이른 것으로 알려져 있다.

한편 성 중독자는 성적인 집착으로 섹스를 통해 쾌감을 느끼고 기분이 좋아지는 것이 아니라 오히려 우울증, 절망감, 부끄러움, 허탈감을 느끼고 중독이라는 일정한 특징 때문에 성행위에 대해 강박관념을 가지게 되고 성적 행위를 하지 못할 경우에는 불안해지면서 성적인 행위에 더욱 집착하게 된다.

1) 성 중독의 개념

'성 중독'이란 용어는 아직 의학적으로는 정립되지 않은 용어로서, DSM-Ⅳ(정신장애의 진단 및 통계 편람 4판)에서는 '달리 분류되지 않는 성적장애(sexual disorder not otherwise specified)'로 정의되어 있다. 어떤 특정한 성적 장애의 진단을 충족시키지 않는 성 문제가 포함되며, 이는 성기능 부전이나 성도착증과는 다르다.

성 중독은 최근 20년 사이에 생긴 개념으로 성과 관련된 정신적 불안증 및 정신병적 증상에 심리적 의존, 신체적 의존, 금단증상이 동반되는 경우를 말한다. 마음에 심한 공허감, 고독감을 느끼는 상태에서 성적 모험을 통해 자기 존재를 확인하려고 애쓰는 증세로 시간과 장소에 상관없이 성적인 집착을 보이며 성적 모험을 추구하는 경향이 있다. 예를 들면 다음과 같다.

- 남성다움 또는 여성다움에 대해 자신이 부여한 기준에 비추어 볼 때 자신의 성적 기능수행이나 기타 특성이 부적절하다는 느낌

- 성적 파트너를 단순히 물건으로만 여기면서 끊임없이 대상을 바꿔 가는 반복적인 성관계에 대한 고통
- 성적 지남력에 대한 지속적이고 현저한 고통

2) 성 중독의 원인

호르몬 과다로 인한 신체적인 원인도 있지만 유전적인 요소나 호르몬 이상보다는 어린 시절 성적 학대나 부모와 이별에 의한 상처 부모의 비정상적인 자녀 양육 등 인생 가치관의 부재도 영향을 미친다.

3) 성 중독의 진단

성 중독 행위는 사람에 따라 다양하기 때문에 성행위와 관련하여 구체적인 증상을 파악하고 구체적인 성 중독 행위를 평가하며 성에 대한 왜곡된 신념을 파악해야 한다. 성에 대한 왜곡된 신념들을 파악하는 기준으로는 자신을 무가치하게 느끼는 감정의 유무, 자아존중감 유무, 열등감의 내용, 성에 대한 왜곡된 종교적 가치관의 유무, 자신의 성에 대한 왜곡된 핵심믿음 찾기 등이 있다. 아울러 성 중독 행위를 평가하려면 성행위의 주 횟수, 성행위의 대상, 성행위의 장소, 성적인 욕구를 느낄 때 떠오르는 생각들 비정상적인 행동 등을 구체적으로 파악해야 한다.

진단방법으로 패트릭 칸스(Patrik Carnes)가 만든 성 중독 스크린 테스트(sexual addiction screening test, SAST)와 성 중독 검사지(sexual addiction inventory, SAI)가 있다.

4) 성 중독의 특징

성 중독의 특징은 성적인 충동에 대해 통제력을 잃고 본인은 부정하겠지만 성적인 행동에 의해서 자신이 피해를 경험하고 삶의 다른 영역에서도 통제력이나 자제력을 잃고 시간이 지나면서 성적인 행동이 증가하고, 성관계가 끝나면 철회의 증상을 보인다(Kasl, 1989). 또한 성 중독이 있으면 아주 외설적인 섹스 행위에 빠지고 싶은 충동을 절제하지 못하는 행동을 반복하고 자신의 의도보다 더 오랫동안 더 광범위하게 자주 성행위에 빠져들며 이런 행동을 스스로 자제하려고 시도하지만 번번이 실패한다. 결국 직업, 학업, 가사, 사회적 의무를 해야 할 시간에 외설적인 섹스행위에 몰두하게 되는 것이다. 성격적인 측면에서 보면 매우 충동적이고 집착이 강하다. 성적 행동을 조절하는 능력이 없고 문제가 생기는데도 계속 성적 행동을 추구하게 된다. 그리고 성적 상상 때문에 다른 일을 못하고 결국 직장, 가정 모두 파탄에 이르게 된다.

(1) 성 중독의 패턴

알코올 중독자, 마약 중독자들이 기분을 전환시키는 화학물질과 병리적인 관계를 갖는 것과 마찬가지로 성 중독자들은 자신의 삶에서 다른 것과는 비교할 수 없는 강한 즐거움을 느껴서 슬픔, 분노, 공포감, 불안 등 고통스러운 감정을 마비시키고 삶 속에서 압박감과 스트레스 같은 문제로부터 탈출하려고 시도한다. 현실의 어려움에서 탈출하고 쾌락을 느끼고 싶은 동기가 강하기 때문에 다른 중독자(알코올, 마약 등)와 같이 성행위를 거부하기 어려워 반복적인 성행위를 하게 된다. 이후 다시 성행위를 하지 않겠다고 선언하지만 반복적으로 실패하여 중독행위를 그만두지 못한다(Earle & Crow, 1989).

(2) 성 중독의 증상

① 성적 행동으로 인하여 의학적 · 법적 대인관계에서 심각한 부작용이 나타남

② 지속적으로 자기 파괴적이거나 위험도가 높은 성적 행동을 추구함

③ 조절할 수 없는 행동을 함

④ 성적 행동을 중지하려는 시도를 반복함

⑤ 일차적 적응 기전으로 성적 강박이나 공상을 사용함

⑥ 성적 행위에 대한 욕구 증가함

⑦ 성적 행위와 연관된 심각한 기분 변화(우울, 황홀감)

⑧ 성에 관한 시간을 비정상적으로 많이 소비함

⑨ 사회적·직업적 취미 활동을 주로 성적 행동으로 추구함

⑩ 성 중독의 형태는 비정상적인 성행위를 포함

(3) 성 중독의 유형

성 중독의 네 가지 유형으로는 첫째, 성관계 후 다른 여자를 찾는 형태, 둘째, 동시에 여러 여자와 성관계를 갖는 형태, 셋째, 맺어질 수 없는 파트너에게 계속 집착하는 형태, 넷째, 강박적으로 자위행위에 몰입하는 형태가 있다. 기형적인 형태로는 변태성욕, 아동 성희롱, 연쇄 강간, 수간, 근친상간, 동성애 행동 등이 있다. 최근에는 인터넷 성 중독(sexual addiction)이 증가하고 있다.

5) 성 중독의 주기와 단계

(1) 성 중독의 주기

① **몰입:** 성행위에 대한 집착의 단계

② **의식화:** 습관적 행동으로 옮기는 단계

③ **강박적 성행위:** 성 행동의 단계

④ **절망:** 자포자기 단계

(2) 성 중독 동반질환

성 중독 동반장애로는 불안, 우울, 조울증 등의 한 증상으로 오는 경우가 더 흔하고 특히 버림받을 수 있다고 여기는 경계선 성격장애(borderline personality disorder), 많은 사람에게 관심을 받고자 하는 히스테리성 성격장애(histrionic personality disorder)에서 성 중독이 동반되는 경우가 많다. 억압 혹은 충동증상에 의해 나타나거나 마약 혹은 알코올 중독 등 물질 관련 장애와 높은 상관관계가 있다. 또한 성 중독증에서 성도착증적인 행위가 많은 경우 발견된다. 그러나 엄연히 드러나는 문제이고 개인으로서는 통제가 불가능하며 전문적인 도움을 받아야만 치료가 가능한 증상이다.

6) 성 중독의 치료

성 중독에 대한 치료는 개인상담, 집단상담, 부부상담, 익명의 지지자모임 등을 병행할 수도 있는데 개인적인 문제가 심각할수록 개인상담을 실시하고 부부관계의 개선을 위해서 부부상담을 실시해야 한다. 그러나 동시에 여러 상담을 하면 혼돈에 빠질 수 있으니 치료자는 임상적인 판단에 따라서 어떤 치료적인 접근을 먼저 할 것인가를 판단해야 한다. 아울러 심리치료뿐만 아니라 성 중독증 역시 일종의 강박증이기 때문에 대뇌가 관장하는 충동을 조절하기 위한 약물치료가 동반되어야 한다. 특히 자신의 행동을 고칠 동기가 없거나 자신이나 다른 사람에게 해로운 행동을 할 가능성이 많을 때는 입원치료를 해야 한다.

Chapter

15

감염병과 재난 위기

Chapter 15

감염병과 재난 위기

1. 감염병 역사와 유행 현황

감염병에 대한 역사와 유행 현황을 파악하기 위해 고찰한 결과, 감염병에 대한 기록은 「삼국사기」를 통해 삼국시대와 통일신라 시대부터 시작했으며 폐의 염증을 일으키는 급성 감염병이 유행했던 것을 알 수 있다(김부식, 1997). 고려 시대에 주로 유행하였던 감염병은 홍역과 천연두와 같은 발진성 감염병과 단역 및 온역이라고 불리는 열성 감염병이었다(김영미 외, 2010). 고려 시대에는 감염병 대응책으로서 송나라 의학을 수용하여 활용하였으며, 태조 대에 의학을 설치하고, 현종 대에는 동서대비원을 운영하여 감염병 대응을 위해 노력하였지만, 치료보다는 격리에 주안점을 두었다(김영미 등, 2010).

비슷한 시기에 중국과 유럽에서는 페스트가 유행했다. 유럽 전역에서 페스트로 인해 열 명 중 세 명이 사망하여, 총 2,400만 명이 사망하였다(Watts, 2009).

1347년 페스트 환자를 나병 환자와 같이 40일간 격리하는 정책을 시행하기도 하였다. 또한, 1465년 유고슬라비아에서 최초로 페스트가 의심되는 항구에 도착한 모든 배는 일정한 거리 닻을 내리고 40일 동안 육지와 교섭을 끊어야 하는

법이 제도화되었다(McNill, 2019).

조선 시대에는 320년 정도 감염병이 유행하였으며 천연두와 홍역이 국민들에게 가장 피해가 컸다. 1612년(광해군 4년) 12월 함경도에서 감염병이 발생하기 시작하여 전국적으로 확산하여 함경도에서만 2,900여 명이 사망하였다. 이에 광해군은 허준에게 감염병 매뉴얼을 편찬하도록 지시하여 동의보감을 보다 구체화한 내용인 「신찬벽온방(新纂辟溫方)」을 전국에 배포하였다. 이 시기 아메리카 대륙이 발견되면서 1524~1525년 잉카제국에 들어온 천연두로 인해 그곳에도 많은 감염병이 옮겨지기 시작해서 수천 명이 사망하였다(McNill, 2019).

1700년대에 들어서 세종은 감염병이 돌자 국민을 분산시키고 병에 걸린 사람과 정상인 사람을 분리해서 살도록 하였고, 분산 수용소를 만들어 이를 철저히 관리하였다. 조선 후기 정약용(1762~1836)은 천연두 예방을 위해 종두법 시행을 주장하고, 환자와 일정한 거리를 유지해야 한다고 하며 오늘날의 '사회적 거리두기'와 유사한 예방법을 역설하였다.

1821년에는 콜레라가 유행하여 8월 한 달 사이 여러 도시에 확산하여 이로 인한 사망자 수는 수십만 명에 이르렀다. 인천에서는 검역소를 설치하여 해양 검역을 하였고, 1886년에는 육상검역과 소독 활동을 하였다. 서양식 국립병원인 〈제중원〉에서 콜레라 방역 활동을 하였는데 지금의 감염병 매뉴얼인 '호열자병 예방 주의서'를 배포하였다(한국민족문화 대백과, 2021). 19세기에 영국은 다섯 차례의 유행성 콜레라로 인해 약 13만 명이 사망한 후 점차 사망자가 감소하지만, 19세기 인도는 콜레라로 인해 2,500만 명이 사망하였다. 우리나라는 1876년 일본에 보낸 수신사를 통해 1885년 종두법이 보급되기 시작했다(한국민족문화대백과사전, 2021). 1899년 의학교육이 시작되고 감염병 관리법이 시작되면서 법정 감염병이 지정되었다. 1900년대 초·중반에는 감염병 관리는 국민의 개도와 협조보다는 강압적인 경찰 단속 위주로 시행되었다. 1945년 이후에 감염병은 감소하기 시작하였지만, 1950년 6.25 전쟁 발생으로 감염병이 다시 증가하였다.

1951년 1월에 강원도, 충청북도 등에 발진티푸스가 발생하여 3만 명이 넘는 사망자가 발생하였으며, 4월에서 5월에는 장티푸스가 크게 유행하였고, 철원 등지에서는 유행성 출혈열이 발생하여 새로운 감염병으로 분류되어 관리되기 시작했다.

1959년에는 천연두가 더 이상 발생하지 않았고 다른 감염병들도 점차 줄어들기 시작했다. 호흡기 감염병의 경우 1918년 미국에서 독감 바이러스에 의해 발병한 스페인 독감(1918-1919)은 1차 세계대전 당시 세계 17억 인구 중 감염자는 2억~5억 명에 달했다. 특히, 홍콩 독감은 1968년 홍콩에서 처음으로 발생한 독감으로, 호흡기 증상과 오한, 발열, 근육통, 무기력증 등을 동반한 감염병이다. 이 독감이 유행했던 6개월여 동안 홍콩은 물론 베트남 · 인도 · 필리핀 등 주변 아시아 국가를 넘어 호주, 아프리카, 남미, 유럽으로 확산하면서 전 세계에서 100만 명 이상이 사망했다. 사스(SARS)는 2002년 11월 중국 광둥(廣東)성에서 처음 발생한 뒤 홍콩을 거쳐 전 세계로 확산한 중증급성호흡기증후군이다. 8개월 동안 30개국에서 8,000명이 넘는 사스 감염자가 발생했으며, 이 중 774명이 사망하며 치사율이 15%에 이르렀다. 신종 인플루엔자 A(Influenza A virus subtype)는 2009년 멕시코에서 시작됐다가 4월이 되면서 미국을 넘어 전 세계로 확산하였다. 초기에는 이 바이러스에 감염된 돼지를 통해 발생했기 때문에 돼지독감으로 불렸다. 신종 인플루엔자 A는 214개국에서 발병해 전 세계적으로 1만 8,500명이 사망했는데, 우리나라에서도 75만 명이 감염돼 250여 명이 사망한 바 있다. 메르스(MERS, 중동호흡기증후군)는 2012년 9월 이집트의 바이러스 학자에 의해 발견된 신종 감염병으로 2,949명이 감염되고, 858명이 사망한 감염병으로 박쥐에서 낙타를 통해 사람에게 전염되는 바이러스였다. 메르스는 2015년 5월 20일 국내에서 첫 환자가 발생하여 점차 확산하여 총 환자 186명, 사망자 수 38명, 치사율 19%에 이르렀다. 최근 COVID-19는 2019년 12월 중국 후베이(湖北)성 우한(武漢)시에서 처음 발생한 뒤 중국 전역과 전 세계로 확산한 호흡기 감염질환이다. 초기에는 원인을 알 수 없는 호흡기 감염병으로만 알려졌으나, 이후 새로운 유형의 코로나 바이러스(SARS-CoV-2, 국제 바이러스 분류 위원회 2월 11일 명명)에 의한 감염병임이 확인됐다(질병관리청, 2021).

COVID-19의 확산세가 전 세계로 이어지자, WHO는 2020년 1월 30일 국제적

공중보건 비상사태(PHEIC)를 선포한 데 이어 3월 11일 사상 세 번째로 팬데믹(pandemic, 세계적으로 전염병이 대유행하는 상태)을 선포했다(WHO, 2020).

2. 재난의 종류

국제 적십자연맹(International Federation of Red Cross and Red Crescent Societies, 2020)에서는 재난 유형을 자연재해, 기술 및 인간에 의한 재난으로 분류하고 있다. 여기서 자연재해는 급작스럽거나 점진적으로 시작되는 자연적, 물리적 현상에 의한 재난이다. 이에 속하는 재난으로는 지구 물리학적 재해(지진, 산사태, 쓰나미 및 화산활동), 수문학적 재해(폭우 및 홍수), 기후학적 재해(극한 온도, 가뭄 및 산불), 기상학적 재해(사이클론, 태풍, 해일), 생물학적 재해(질병 전염병 및 곤충 / 동물 역병) 등이 있다. 기술 및 인간에 의한 재난은 인간의 거주지나 그 근방에서 인간에 의해 발생하는 재난이며 환경 악화, 오염 및 사고 및 복잡한 응급상황, 충돌, 기근, 난민, 산업 사고 및 교통사고가 포함된다. 그리고 미국 약물 남용 및 정신 건강청(Substance Abuse and Mental Health Administration, 2020)은 재난의 종류를 자연재해, 인재, 대규모 외상을 일으키는 그 외의 사건으로 분류하고 있다. 먼저 자연재해는 인명 또는 재산 손실을 초래할 수 있는 대규모 지질 또는 기상사건을 의미하며 토네이도, 허리케인, 홍수, 산불, 지진, 가뭄 등이 이에 해당한다. 인재는 산업 사고, 총격사건, 테러행위 및 대규모 폭력사건에 의한 인명과 재산의 손실을 포함하고 있다. 마지막으로 대규모 외상을 일으키는 그 외의 사건은 전염병 발생, 지역사회 불안 사건 및 기타 유형의 외상성 사건을 의미한다. 한편 우리나라에서는 재난 및 안전관리 기본법(법률 제17479호, 2020)에서 재난을 국민의 생명 · 신체 · 재산과 국가에 피해를 주거나 줄 수 있는 것으로 정의하고 있으며 크게 자연재난과 사회재난으로 구분하고 있다. 자연재난은 태풍, 홍수, 호우(豪雨), 강풍, 풍랑, 해일(海溢), 대설, 한파, 낙뢰, 가뭄, 폭염, 지진, 황사(黃砂), 조류(藻類) 대발생, 조수(潮水), 화산활동, 소행성·유성체 등 자연 우주 물체의 추락·충돌, 그 밖에 이에 준하는 자연현상으로 인하여 발생하는 재해이다. 사회재난은 화재·붕괴·폭발·교통사고(항공사고 및 해상사고 포함)·화생방사고·환경오염사고 등으로 인하여 발생하는 대통령령으로 정하는 규모 이상의 피해와 에너지·통신·교통·금융·의료·수도 등 국가기반체계의 마비, 감염병 또는 가축전염병의 확산, 미세먼지 등으로 인한 피해를 포함하고 있다. 이렇게 재난의 종류에 대한 분류는 각 기관과 지역의 특성에 따라 다소 차이를 보이지만 크게는 재난의 발생 원인에 따라 자연재난과 인재로 구분하고 있다. 그리고 감염병에 대한 구분은 해외의 경우 자연재해의 범위에서 생물학적 재난으로 해석되기도 하고 대규모 외상을 일으키는 재난으로 분류되기도 하며 국내의 경우에는 전염병을 사회재난으로 구분하고 있다. 이는 각각의 정의가 중점을 두는 영향과 대처의 방향을 반영한 것으로 보이며 전염병이 다른 재난과는 구분되게 인간에 대한 생물학적 영향력과 큰 규모의 사회적 영향력 모두를 가지고 있음을 시사하고 있다.

3. 재난 상황에서의 심리적 영향

재난의 심리적 영향에 대한 선행연구들은 재난을 겪은 피해자들이 급성 스트레스 장애와 외상 후 스트레스 장애를 경험하거나 우울증, 자살 등 심리적 문제가 유의하게 증가함을 보고하고 있다(이지현·김유숙·최영아, 2004; Carty, O'Donnell, & Creamer, 2006), 또한 피해자들은 재난 이후에도 정서적인 어려움을 겪으며(배정이 외, 2010; 조용래·양상식, 2013), 변화된 환경과 재정적 손실, 가족관계의 변화 등이 장기적인 생활 스트레스로 작용하여 2차 외상을 경험할 수 있다(Bland et al., 1996).

이러한 연구결과들은 재난에 의한 심리적 영향이 분명히 존재하며 그 기간이 발생 시점을 넘어 장기적으로 이어질 수 있음을 보여주고 있어 이에 대응할 심리적 개입이 필히 요구된다고 볼 수 있다. 다양한 재난 중 감염병에 대한 심리적 영향을 조사한 연구에서는 중증급성호흡기증후군, 신종인플루엔자, 중동호흡기증후군, 코로나바이러스 감염증-19 등에 관한 연구가 진행되었다. 2002년 발생한 중증급성호흡기증후군과 관련된 연구들을 살펴보면 격리 기간과 외상 후 스트레스 장애의 유의미한 상관관계가 나타났으며 전염병 출현 후 30개월 동안 90명의 생존자를 대상으로 한 연구에서는 30개월 후에도 참여자의 33.3%가 정신장애 증상을 보였으며 그중 25.6%는 외상 후 스트레스, 15.6%는 우울증을 보였다(Hawryluck et al., 2004; Mak, Chu, Pan, Yiu, & Chan, 2009). 그리고 생존자들은 신체 회복 후 상당히 높은 수준의 고통, 불안 및 우울 증상을 경험할 뿐만 아니라 지역사회 또는 정신과적 표본에 비해 낮은 삶의 질을 경험하는 것으로 보고되었다(Cheng et al., 2004). 또한 많은 생존자와 간병인들은 이웃과 고용주로부터 차별을 받았으며 직장, 학교, 서비스 사용 및 사회적 관계를 포함하여 다양한 상황에서 소외되고 기피당하였으며, 생존자들이 병력을 숨기고 도움을 구하지 않는 모습을 보였다(Bradsher, 2003; Person, Sy, Holton, Govert, & Liang, 2004). 2009년 미국과 멕시코에서 발생한 신종인플루엔자에 관한 연구에서는 치료에서 체외식 폐 보조기구를 사용한 생존자와 아닌 생존자에게서 각각 불안(50%, 56%), 우울증(28%, 28%)의 증상이 나타났으며 외상 후 스트레스 장애(41% 및 44%)의 위험도 있는 것으로 조사되었다(Luyt et al., 2012). 또한 신종인플루엔자에 대한 대중의 반응에서는 전염병과 관련된 미디어 및 홍보에 노출되었을 때 소독 젤 구매 및 대중교통 수단에 대한 우려 및 회피 반응이 나타나며 대인관계 범위가 작은 사람들이 더 불안함을 느끼고 감염에 대한 불안이 높은 사람들이 대인관계 접촉을 더 줄이는 것으로 나타났다(Rubin, Potts, H., & Michie, 2010).

2013년 발생한 중동호흡기증후군에 관한 연구에서는 환자와의 접촉으로 격리되었던 1,692명 생존자를 대상으로 불안과 분노증상을 조사한 결과 격리 기간 동안 7.6 %가 불안을 나타내고 16.6 %가 분노를 경험하게 하였으며 중동호흡기증후군으로 인한 만성피로가 생존자의 지속적 우울을 통해 PTSD에 간접적인 영향을 미치는 것으로 나타났다(Jeong et al., 2016). 또한 중동호흡기증후군 생존자 또는 사망자의 가족이 질병에 대한 소문으로 인하여 사회로부터 심리적 외상을 경험하는 것으로 나타났다(Sim, 2016). 그리고 2020년 중국에서 발생한 코로나바이러스 감염증-19 생존자에 관한 연구는 아직 보고되지 않고 있으며 중국 일반인 1,210명을 대상으로 한 Wang 외(2020)의 연구에서는 응답자의 53.8%가 발병의 심리적 영향을 중간 또는 심각으로 평가했으며 16.5 %가 중증 우울증 증상을 보고했다. 그리고 응답자의 28.8%는 중등도나 중증의 불안 증상을 보고했다.

4. 국내 재난 심리지원 서비스

현재 국내의 대표적인 재난 심리지원 기관으로는 국립서울병원 심리위기지원단을 모태로 하여 2018년 개소한 국립정신건강센터 소속 국가트라우마센터(National Center for Trauma), 국립정신건강센터 심리위기지원단, 국민안전처의 지원을 받아 대한적십자사에서 운영하고 있는 재난심리회복지원센터 등이 있다(유성은 외, 2018). 그 중 재난심리회복지원센터는 전국 17개 센터를 중심으로 2007년부터 서귀포 태풍, 봉화, 부산 집중호우, 태풍 '볼라벤', '덴빈', 울주군 산불피해 등과 같은 자연재해에 대한 심리상담 지원뿐만 아니라 태안 유류유출사고, 해운대 화재피해, 연평도 포격 사건, 구제역 발생, 구미 불산 유출, 아시아나 추락사고, 경주 마우나오션리조트 붕괴사고, 세월호 침몰사고, 메르스 등에 대한 사회재난에 대해서도 심리지원 서비스가 이루어졌다. 또한 코로나 19와 관련한 심리지원 서비스로는 국가트라우마센터 및 국립정신의료기관, 정신건강복지센터로 구성된 신종 코로나바이러스 통합심리지원단과 지자체, 관련 학회(한국심리학회, 한국상담심리학회, 한국상담학회) 등에서 코로나 심리지원 서비스를 제공하기 시작하였다. 특히 국가트라우마센터는 2019년 재난 정신건강 실무자를 위한 표준매뉴얼을 통해 재난의 정의와 대상 그리고 참여 기관과 인력의 역할을 제시하였으며 2020년 2월 코로나 19와 관련하여 심리적 응급처치를 포함한 구체적인 심리지원 가이드라인을 제공하고 있다(국가트라우마센터, 2020).

Chapter

16

위기상담사의 역할 및 전문성

Chapter 16

위기상담사의 역할 및 전문성

1. 상담사의 역할과 자질

상담사(Counselor)란 개인 및 가족, 조직의 심리, 정서, 관계, 문화에 대하여, 상담을 통해 내담자의 심층적인 내면을 탐색하며, 이로써 내담자의 사고, 행동, 정서에 어떠한 영향을 미치는지를 밝혀내어 문제 진단을 하고, 심리검사, 상담프로그램 등, 도구나 상담기법을 활용하여 예방 교육, 발달지도 및 치유 활동을 하는 자(한국표준직업분류, 2018)를 말한다.

상담 관련 학회에서는 내담자의 신체적, 정신적, 사회적, 영적 안녕을 증진하는 복지를 가장 우선시하고, 내담자의 성장과 사회공익을 위하여 최선을 다하는 자(한국상담심리학회, 2018; 한국상담학회, 2018)라고 정의 내리고 있다. 이렇게 볼 때, 상담사란 인간의 개인적인 특성과 환경적인 특성에 대한 전반적인 이해를 바탕으로 일상생활에서 어려움을 경험하거나 갈등에 놓인 내담자에게 문제를 해결할 수 있는 힘을 기를 수 있게 돕는 자라고 할 수 있다. 상담사의 이러한 활동은 체계적이고 지속적인 훈련과정을 통해 전문성을 가지게 되고 전문상담사로 성장할 수 있다.

상담의 주체로서 상담사는 "상담에서 가장 중요한 도구는 상담사 자신이다"라는 말로 대표되기에(Corey & Corey, 2002), 상담사는 내담자의 문제해결과 성장을 조력하기 위해 전문적인 자질을 갖추어야 하고, 상담과정에서 상담사 자체가 도구가 되기 때문에 인간적 자질 또한 갖추어야 한다.

전문상담사의 자질을 크게 인간적 자질과 전문적 자질로 나누어 살펴보면 다음과 같다(Nystul, 2006).

첫째, 인간적인 자질로는 내담자에 대한 믿음을 줌으로써 내담자가 존중받고 있다는 것을 느끼게 하고, 내담자의 긴장을 풀어 내담자가 상담에 대해 여유를 가지고 접근할 수 있게 하며, 상담의 어려움에서도 포기하지 않고 실패의 경험을 상담을 위한 효과적인 도구로 사용할 수 있어야 한다. 또한, 상담과정에서 전문상담사는 상담의 도구가 된다는 점과 그 핵심에는 인간적 수양이라는 점이 있다는 점에서 끊임없이 자기 성장을 위해 노력하여야 한다.

두 번째, 전문적 자질로는 전문상담사는 상담에 대한 이론적 틀을 가지고 있어야 하고, 상담경험으로 쌓이면서 전문상담사가 자신의 이론을 개발하여야 할 것이다. 그러나 상담이론의 개발은 사실 어렵고 기존의 개발된 이론들을 완전히 이해하여 자신만의 스타일로 상담을 자유자재로 할 수 있어야 할 것이다. 전문상담사가 가진 전문적 자질 중 실제적인 측면에서 어떤 이론적 틀에 따라 기존 이론을 합친 경우를 포함하여 자신이 현재 선택한 이론으로 상담과정을 효과적이고 능수능란하게 진행하여야 한다. 전문상담사는 어떤 상담 기법을 아는 수준이 아니고 실제로 다룰 줄 알아야 하며, 다룰 수 있는 수준을 넘어서 주어진 여건에 따라 가장 적절한 상담 기법을 의도적 노력 없이 자동적으로 적용할 수 있어야 한다(김인규 · 이미현 · 정보인, 2013). 상담사와 내담자의 상담관계를 형성하는 것이 상담사 자신이라고 하는 이유(Skovholt, 2011)에서 보면 상담사의 역할은 치료자이기 때문에 똑같은 상담 기법을 활용하더라도 내담자에게 맞게 새롭게 창조하여 적용하는 것이 중요하다.

전문상담사가 전문가로서의 역할을 유지하기 위해서는 상담에 대한 연구도 계속되어야 한다. 전문상담사가 내담자를 효과적으로 도울 수 있기 위해서는 자신이 적용하고 있는 상담기법을 포함한 상담이론에 대해 계속적인 의문을 가지고 더 타당성이 있고 효과적인 기술을 개발해야 한다(최연화 · 양명숙, 2013). 전문상담사는 자신이 개발하였든 선호하는 이론이든 상담이론에 대한 계속적인 질문과 의문을 가지고 문제를 개선하기 위한 노력을 하여야 한다. 완벽한 상담이론은 없으며, 모든 내담자에게 공통적으로 사용 가능한 이론도 없을 것이다. 따라서 전문상담사는 자신이 적용하고 있는 이론에 따라 상담을 하면서도 그 이론에 대한 계속적인 보완이 있어야 하며, 말 그대로 이론은 검증을 위한 과정들을 거쳐야만 한다.

결론적으로, 전문상담사들은 상담의 특성상 고도의 지식과 기술, 경험을 갖추어야 하고 효과적인 상담 장면을 이어가기 위해서는 상담사 자신이 치료적 도구로써의 역할에 충실해야 한다. 이는 상담사가 중요한 변인으로 상담에서 성공에 영향을 미치기 때문이다(홍지영 · 유정이 · 김진희, 2018). 이렇게 상담의 성과는 어떤 접근의 상담을 하느냐보다는 어떤 상담사인지가 관련 깊다는 결론을 내리고 있다(Luborsky, McClellan, Diguer, Woody, & Seliegman, 1997; Huppert et al., 2001).

따라서 상담사는 자신을 이해한 만큼 내담자를 이해할 수 있고, 자신이 성장한 만큼 내담자를 성장시킬 수 있으므로 자신이 어떤 사람인지 잘 알고 있어야 한다. 이를 위해 전문상담사로서 자신을 인식하고 이해하려는 노력, 즉 정체성을 위한 노력을 게을리해서는 안 된다(이장호 외, 2005). 정체성은 한번 발달하였다고 하여 그대로 유지되는 것이 아니라 언제든 위협받고 흔들릴 수 있는 역할 갈등 및 혼란을 경험할 수 있기에 상담사의 지속적인 노력이 필요하다.

전문상담사가 전문가로서 역할을 계속 수행하기 위해서는 전문적 수련을 지속적으로 계속해야만 한다. 상담을 실제로 계속하지 않거나 자신이 하고 있는 상담과정에 대해 평가를 받지 않을 경우에 전문상담사는 곧 한계에 맞닥뜨린다. 자신의 실제 상담 능력에 대해 점검하고 향상하기 위한 노력을 게을리하지 않아야 한다(이형득, 1992; Nystul, 2006). 이때 전문상담사는 유능감을 갖고 자신의 역량을 스스로 모니터링할 수 있어야 한다고 하였다(Goodyear, 2014).

한 사람의 유능한 전문상담사가 되기 위해 전문성 향상은 자연스럽게 이루어지지 않는다. 상담사가 전문지식과 기술을 축적해 나가야 한다는 선행조건과 더불어 전문인으로서의 정체성과 핵심 요소인 유능감을 발달시켜 나아가야 한다는 것이다. 전문상담사의 유능감(Competence)이란 내담자에게 적합한 상담 서비스를 제공할 수 있는 능력을 비롯해 상담에 필요한 지식, 기술과 태도를 반영하는 상담 전문가로서의 전체적인 적합성을 뜻한다(Rubin, 2007). 즉, 개인과 공동체의 이익을 위하여 의사소통, 지식, 기술, 임상적 추론 정서, 가치 그리고 성찰 능력을 신중하게 일상적으로 사용하는 것(Epstein & Hundert, 2002)이라고 정의할 수 있다.

2. 전문상담사의 전문성

상담사는 상담에 관한 전문지식과 기술을 통합하여 상태 불안을 해결하고, 내담자와의 상담을 통해 새로운 경험을 하면서 경계선을 발달시키고, 이론적 방향을 선택하여 자신만의 상담스타일을 찾아가는 발달단계를 거치면서 전문성을 익히게 된다. 전문상담사의 '전문'은 전문직에 대한 정체성을 말하며 '연속적인 과정 또는 평생과정(Continually Becoming)으로 학위과정의 시작에서부터 상담을 그만두는 시기까지 지속적으로 이루어지는 역동적인 과정을 갖는다(노미화 · 최연실 2017). 초심상담사가 상담을 수행하면서 경험이 쌓일수록 현장에서 습득한 새로운 행동과 정서가 발달하는데, 그 과정에서 정체성 혼란 및 충격 등을 경험한다고 하였다. 이때 상담사는 상담기술과 유능감에 긍정적 · 부정적 영향을 받기도 하지만, 이러한 과정을 통해 자신감이 강화되면서 정체성을 형성해 나간다고 하였다(Auxier 2003).

이러한 전문직 정체성은 전문직 자아개념과 혼용되어 사용되기도 한다.

전문직 자아개념(Professional self-concept)이란 전문직업에 종사하는 개인이 자기 자신에 대해 가지는 느낌과 견해로 전문직 종사자 스스로에 대해 어떻게 평가하는지에 대한 정신적인 지각을 의미한다(백은주, 2016). 전문상담사인 자신을 어떻게 여기고 있는가에 관한 자아개념을 포괄적으로 함축하고 있으며, 개인의 전문성 유지를 위한 심리적 동기 향상에도 긍정적인 영향을 미친다. 정체성의 발달은 상담사의 발달 수준에 따라서 변화를 가지게 된다. 초심상담사들은 슈퍼바이저, 멘토링 및 동료 슈퍼비전 등을 통해 자기 자신을 검증하고, 숙련 상담사들은 지속적인 학습과 상담을 하며 경험을 쌓고 전문성을 발달시키게 되며, 전문가 단계에서는 일에 대한 현실 감각을 갖추고, 일과 삶의 조화를 추구하면서 스스로를 검증하게 된다고 하였다(Moss, 2014).

전문성의 구성요소에는 전문지식과 기술, 경험, 문제해결능력이 포함된다. 전문가가 보유하는 지식과 경험은 역할 특수성을 가지며, 상담한 시간 동안의 교육과 훈련 그리고 다양한 경험을 통한 성찰과정을 통해 축적되며, 문제해결능력은 지식과 경험의 결합으로 해당 분야의 문제를 해결하는 과정을 통해 길러진다(문현기, 2015; 오현석 외, 2009). 이에, 전문가의 특징으로는 각자의 분야에서 뛰어나며 광범위하고 의미 있는 형태를 인지한다. 초심자보다 수행이 신속하며 남다른 기억력을 갖고, 깊고 중요한 수준에서 문제를 이해하고 해결한다. 문제를 통찰하는 시간을 갖고 강한 자기 점검 기술을 가지고 있다.

전문상담사를 'Profession Counselor'라고 하며, 전문적 상담을 제공하는 사람으로 일상적인 관계에서가 아닌 전문적인 관계에서만 발견할 수 있는 특별한 전문성을 가지고 있다(이재창, 1996). 상담사의 전문성은 상담사가 상담할 수 있는 능력을 충분히 갖추고 있는 사람으로 보이는 정도를 말하며, 전문성의 개념에 대해(Knox, 1980) 자기 확신감, 열정, 개방적 태도, 창의성으로 보았고, Frensch & Sternberg(1989)는 경험과 훈련을 통해 획득되고 숙달되는 능력으로 보고 있다는 점에서 경험과 훈련을 강조한다.

상담사의 전문성을 정의하기 위한 선행 연구들을 보면, 초기에 이루어진 연구들로는 초보상담사와 숙련된 상담사의 특성을 비교하는 연구들인데, 두 집단 간의 차이를 통해 전문성 개념에 접근하였다. 초보상담사들은 논리적으로 옳고 그

름을 판단하려고 하고 훈련받은 상담기술을 사용하려고 하는 반면, 숙련된 상담사는 내담자에게 효과적인 상담이 되도록 하기 위한 노력에 초점을 두기 때문에 보다 상담성과가 높다고 보고하였다(Cummings, 1993). 그리고 초심상담사는 열정적으로 이론적 지식을 열심히 습득하지만, 실제 상담 장면에서는 여러 가지 어려움을 경험하게 된다고 하였다. 어려움으로는 숙련상담사에 비해 내담자에 대한 알아차림이 부족하고, 상담과정과 상담기술에 대한 수행에 걱정이 많다. 높은 수준의 불안을 경험(Dodge, 1982)하는 초심상담사는 개념화한 내담자의 모습과 일치하는 방향으로 해석하려고 노력하므로 소진을 경험하며 상담 수행에 더 많은 주의를 기울여서 내담자에 대한 통찰이 잘 일어나지 않게 된다(Hill, Charless, & Reed, 1981).

상담에 대한 전문성은 역동적인 발달과정을 거치므로 전문성 발달에 대한 초기연구와 더불어 상담사의 교육 및 훈련과정을 위한 슈퍼비전과 상담사 발달 연구들로 시도되었다.

상담사의 전문성 발달 과정은 상담연구의 중요한 주제 중의 하나이며, 현재까지는 주로 발달 과정에서 드러나는 핵심요소를 탐색하는 방향으로 진행되어 왔다. 그 중 Skovholt와 Ronnestad(1992)는 5년간 100명의 상담사 및 심리치료사를 대상으로 상담전문가로 성장해 가는 과정에서 나타나는 다양한 주제들을 정리하였다. 핵심적인 두 가지 분류로는 독립적인 상담사로 성장해 가는 개별화(individuation) 과정과 성장 과정(Process) 자체로 나누어진다. 개별화란 상담과 관련된 지식 상담사로서의 역할, 내담자에 대한 개념화 등에 대해 본인만의 고유한 인식체계를 형성한다는 것을 의미한다. 수동적으로 학습한 전문지식으로부터 자신만의 이해의 틀을 형성하고 주체적으로 지식을 통합해 가는 여정으로 성장해 간다는 것이다.

그리고 성장 과정 자체의 특징과 관련된 것이다. 초심상담사들은 슈퍼바이저, 교수, 동료 상담사, 내담자들에 영향을 받고 동시에 이론과 연구, 본인의 사생활, 사회적·문화적 환경과 같은 확대된 영역에 의해서도 영향을 받는다. 아울러 상담사로 성장하는 과정은 일정한 학습과정을 따르지만, 개인마다 성장에 필요한 시간이나 양상이 다르게 나타날 수 있다. 성장은 천천히, 그러면서도 갑작스럽게 일어나지만, 초심상담사일 때 경험하게 되는 불안은 점차 편안함과 자신감으로 대체되는 것이 일반적이다. Skovholt & Ronnestad(1992)가 상담사 성장과정이 다양한 요소에 영향을 받고 장기간 진행되는 개별화 과정임을 밝혔다면, Jennings, Goh, Skovholt, Hansen, & Banerjee-Steven(2003)은 상담사의 성장 과정에서 네 가지 핵심적인 요인들을 정리하였다.

먼저, 첫 번째는 경험(experience)이다. 상담사의 경험이 쌓여갈수록 방대한 양의 지식을 습득하게 되고 그 지식을 활용함에서 일정한 체계를 구축하고 동시에 여러 변인 간의 상호작용을 고려하게 된다(Martin, Slemon, Heibert, Hallberg, & Cumming, 1989). 두 번째 요인은 상담사 개인의 성격특징(Personal characteristics)이다. 상담사의 성격은 내담자와의 관계의 질을 결정하고 이는 다시 상담성과로 이어질 수 있다(Luborsky, Mclellan, Woody, O'Brien, & Auerbach, 1985). 숙련된 상담사가 되기 위해서는 전문성에 가치를 부여하면서도 겸손하게 노력하고, 자신을 드러내면서도 고독을 즐기는 등 모순되는 듯하지만 유연한 성격과 자신의 모습을 있는 그대로 수용하는 통합적 성격을 갖는 것이 필요하다(Skovholt, Jennings, & Mullenbach, 2004). 세 번째 핵심요소는 미국심리학회에서 교육, 연구, 실습 등에 걸쳐 최근 강조하고 있는 다양한 문화를 수용하고 차이를 존중할 수 있는 능력(cultural competence)이다. 그리고 네 번째 요인은 상담사가 모호하거나 불확실한 상황에 대해 인내하는 능력이다. 이처럼 상담사로 성장하는 과정은 다양한 경험, 상담사 자신의 성격, 문화적 요인들의 영향을 받는다. 이러한 발달 과정을 거친 상담사들은 그들만의 독특한 특징을 지닌다.

Skovholt & Jennings(2005)는 전문상담사들을 면담함으로써 그들의 인지적, 정서적 및 관계적인 특성을 구분하였다. 먼저, 인지적인 특성으로는 상담사들은 지속적인 학습을 중요시하고, 오랜 시간 동안 축적된 경험을 보유하고 있으며 복잡하고 모호한 문제에 좌절하기보다는 이를 성장의 기회로 활용한다. 두 번째는 정서적 특징인데, 상담사들은 자신에 대해 자각하고 성찰하며, 방어적이지 않고 타인의 피드백에 대해 개방적인 태도를 취한다. 또한 정서적으로 안정되어 있고 자신의 개인적인 삶과 전문가로서의 삶이 일관적이 되도록 노력하며, 내담자에게 더 나은 성장을 제공할 수 있도록 자신의 정서적인 건강에도 관심을 가진다. 끝으로, 관계적인 측면에서 상담사들은 좋은 대인관계 기술을 가지고 있으며 타인이 말을 잘 들어주고, 관찰하며 그들의 복지를 중요시한다. 이들은 이를 통해 상담 장면에서 효율적인 작업동맹을 형성하는 능력이 있다.

이러한 상담사의 전문적 특성을 인지, 정서, 관계 영역으로 구분하여 살펴보는 통합적 관점과 지식, 기술, 자기 자각의 요인이라는 슈퍼비전의 훈련 요소는 상담사의 전문성 발달을 이해하는 데 중요한 이해의 틀을 제공해 준다. 끊임없이 학습하는 인지적 특성, 스스로를 성찰하고 심리적 건강을 유지하는 정서적 특성, 원활하게 상호작용하는 대인관계적 특성을 보유하고 아울러 내담자의 구체적인 내용 중심의 사례 개념화를 하기보다 종합적이고 포괄적인 정보를 활용하여 사례 개념화를 하는 능력을 계발하여야 한다.

상담사의 발달 연구는 상담사 요인이 상담 과정에서 치료적 요인으로 중요하다는 인식으로 연구에 대한 관심이 더 늘어나고 있다. 지금까지의 상담사의 발달 연구들로는 주로 상담사의 발달단계 수준에 따른 자기 대화, 역전이 관리능력, 알아차림, 사례 개념화 등의 차이에 대한 연구(손은정 · 이혜성, 2002; 손진희 · 김계현, 2001)가 진행되어 왔다. 그 대부분이 상담사의 발달단계에 적합한 상담사 교육 및 슈퍼비전을 제시하는 것에 초점을 둔, 전문가로서의 임상적 기술을 살펴보는 양적 연구들이 많았다. 상담사 발달을 위한 교육 발달단계에 따른 범주는 기준에 따라(심흥섭, 1998) 상담대화기술, 알아차리기, 사례이해, 상담계획, 인간적 · 윤리적 태도의 다섯 가지 유목화 단계로 나누는 방법과 실습 준비기와 실습 수련기, 자기 수련기의 세 가지로 상담사 교육 발달단계에 다른 범주를 기준으로 하는 연구들이 있다(김계현 · 문수정, 2000).

기존의 연구들은 주로 상담사의 전문가적인 발달에 초점을 맞추고 있어 개인적인 상담사의 발달 과정에 대한 경험적인 부분에 대한 깊은 연구가 부족하였다. 그래서 상담사의 전 생애적 발달을 위해서는 개인적으로 또는 전문가적, 종합적인 발달이 필요하며 전인적인 상담사 발달을 강조한다.

상담사 발달 모델의 핵심은 상담사 발달이 전 생애적으로 지속적인 수련과 임상 경험을 통해 이루어지면, '전문가적 자기 발달'과 '개인적 자기 발달'이 통합되어 전인적인 발달을 이루어 간다는 것이다(Skovholt & Ronnestad, 1992). 상담사는 개인적인 삶과 전문가로서의 삶이 통합된 전문상담사로서 발달해 나간다는 것이다. 이러한 전 생애 발달적 관점의 상담사 이해는 전문성과 개인적 특성이 조화를 이루는 통합된 상담사에 대한 비전을 제시해 준다.

상담사의 전문성 발달은 멈춤이 아닌 지속적인 활동으로 보며, 상담사의 숙련과 전문성 연구에서 상담사의 전문성 발달은 시간이 소요되고, 경험의 확장, 의지의 성장, 일하는 환경의 개방, 성찰이 필수적이며, 초기에는 확실성을 추구하지만, 숙련도가 올라갈수록 불확실성을 수용하고 그 안에 머물 수 있다고 하였다. 전문적 삶의 단계가 한 사람의 개인적 삶의 단계와 유사하다고 본 것이다. 상담사는 자기성찰을 통해 전문성 발달을 도모하고 상황에 따라 새로운 방식을 발견할 수 있게 되며 초심상담사와 숙련상담사는 서로 다른 방식으로 정보에 집중하고 파악하는 등 내담자의 다양한 측면들을 지각하는 데 차이를 보일 수 있다는 것이다(김진숙, 2006).

초심상담사들은 내담자를 표면적으로 이해하고 심층적이고 다각적인 측면에서 통합적으로 이해하는 것이 부족한 것으로 살펴진다. 초심상담사들이 겪는 상담에 대한 자신감과 확신이 부족하다는 어려움에 반해 숙련상담사들은 발달과정에서 축적된 인지적, 정서적, 태도적 특성들을 바탕으로 질적으로 다른 관점에서 내담자 강점과 활용방안을 제안하고 있다(Skovholt, 2005).

초심상담사와 숙련상담사와의 상담 수행의 차이에 대한 인지적 연구도 진행되었는데, 이러한 연구를 종합하여 Chi와 그의 동료들(1988)은 영역에 관계없이 초심상담사와 숙련상담사들의 인식적 수행상의 차이를 다음과 같이 일반화시켰다. 숙련상담사들은 자신의 영역에서 효율적인 능률을 발휘하며, 커다란 의미 있는 패턴으로 바르게 지각하며 적은 오류 하에서 기능을 수행하고 문제를 해결한다. 단기기억력과 장기기억력이 초심상담사들에 비해 뛰어나고 문제를 깊은 수준으로 보고 표상하며 재인지 과정을 거치며 문제를 질적으로 분석하는 데 많은 시간을 할애한다. 자기 검토능력(self-monitoring skill)이 우수하다. 초심상담사들이 숙련상담사로 성장하는 과정에 있어서 영역 특수적(Domain specific) 지식의 차이가 아닌 보다 근원적인 부분의 차이가 있으며, 전문지식을 통해 내담자의 문제해결 상황을 적절히 사용할 수 있으려면 많은 지식을 형성하는 것뿐만 아니라, 내담자의 상황에 적합한 인식구조를 거쳐 공감을 통한 촉진이 이루어져야 한다.

3. 위기상담사의 전문성을 위한 실습

상담사 지망생에게 상담실습은 실제 내담자와 대면하는 기회를 제공한다는 점에서 극히 중요하다. 내담자는 실습 동안 걱정, 기대, 설렘, 좌절, 희망, 자부심 등 다양한 감정을 경험하게 된다. 혹독한 수련과정을 거친 상담사는 자신에 대해 더 깊이 인식하게 되고, 다양한 상황에 대처할 수 있는 능력을 보유하게 될 것이다. 이렇듯 상담실습의 목적은 바로 상담사의 전문적 역량을 키우기 위한 것이다. 상담실습의 목표를 좀 더 세분화하여 소개하면 다음과 같다.

- 수련생이 내담자 문제를 이해하고 공감하는 기본적 능력을 갖추고 있는지를 검증한다.
- 상담활동의 주요 절차와 상담사의 역할을 인식하도록 돕는다.
- 내담자와 공감적이고 협력적인 상담관계를 형성하는 능력을 훈련시킨다.
- 내담자의 저항이나 상담사 자신의 감정적 동요에 대처하는 방법을 배운다.
- 상담사 자신에 대한 이해 증진 및 성숙을 촉진시킨다.
- 전문적 상담에 대한 포괄적인 전망 또는 비전을 형성하도록 도와준다.
- 주요 심리검사 결과의 해석을 통해 검사결과와 내담자 행동 및 태도 간의 관

련성을 파악할 수 있게 훈련시킨다.

1) 상담실습의 구조

(1) 실습자의 요건

실습자의 요건이라 함은 어떤 사람이 상담실습 프로그램에 수련생으로 참여할 자격이 되느냐 하는 것이다. 정규 상담실습에 임하기 위해서는 대학원 수준의 상담이론 과목과 심리평가 과목을 반드시 이수해야 한다. 상담에 관련된 과목, 즉 성격심리학, 발달이론, 이상심리학 또는 정신병리학, 사회학습 이론 등에서 적어도 3개 이상의 과목을 수강함이 바람직하다.

상담사의 자격을 1급과 2급으로 나누어, 대학원을 졸업하지 않은 사람이라도 2급 자격을 취득할 수 있는 길을 열어두고 있다. 그리고 2급을 취득한 후 소정의 기간이 지난 후 1급으로 승급할 수 있는 방안을 마련하고 있어 반드시 대학원을 나온 사람에게만 전문상담사의 길을 열어주는 것은 아닌 듯 보인다.

(2) 실습 내용

전문가 교육기관의 실습 프로그램은 면접을 위한 실습 외에도 다양한 것을 포함한다. 전술한 실습목적을 달성하기 위해 상담사는 다양한 종류의 훈련을 경험해야 하기 때문이다. 다음은 대개의 수련 프로그램이 제시하는 주요 실습 내용이다.

① 학업, 직업, 인간관계를 주문제로 하는 상담면접을 적어도 10~20사례 이상 경험하기

② 성격, 흥미, 적성, 임상적 진단검사 등 적어도 5~10회 이상의 심리검사 실시 및 결과 해석하기

③ 사례연구회의, 연구 세미나, 공개 사례발표회에 참여하기

④ 최소 1회 이상의 사례 발표하기

⑤ 심리검사 및 상담의 접수업무, 상담 관련 자료의 분류 및 보관 실습, 실습기관 업무회의 참석하기

⑥ 실습자 자신의 감수성을 향상하기 위한 소집단 인간관계 훈련 프로그램에 참여하기

⑦ 소집단 인간관계 훈련 프로그램을 최소 1회 이상 직접 운영해 보는 경험하기

⑧ 기타 실습교육기관의 업무 중 지도감독자가 훈련을 요한다고 판단하는 과제하기(이상의 교육 내용은 모두 지도감독자의 감수를 받아야 한다)

(3) 실습시간

실습수련생은 대학원 졸업자의 경우 1~2년 정도, 학부 졸업자의 경우 2~3년 정도의 기간 동안 수련할 것을 권장한다. 대부분의 전문가 수련기관에서 요구하는 세부 실습 내용을 모두 이수하려면 2년 정도의 기간이 소요되는 것은 보통이다.

실습 내용의 시간 배정에 대해 알아보자. 실습교육기관의 전문적 수준과 시설 등의 조건에 따라 실습시간에 차이가 있을 수 있으나, 대체로 각 실습생은 적어도 1주일에 10시간 정도의 시간을 실습장소에서 활용해야 바람직하다고 볼 수 있다.

〈10시간의 실습시간일 경우〉

- 개인상담(내담자 접촉, 2시간)
- 심리검사의 실시/해석(1시간)
- 주례 사례발표회 또는 사례연구회의 참석(2시간)
- 실습교육자의 개인지도(2시간)
- 상담실 주요 업무(접수, 교육 프로그램의 기획 및 추진, 기록 및 관리 등)의 견학 및 지원 실습(2시간)

• 집단과정 프로그램 및 상담실 업무회의 참여(희망에 따라 1~3시간)

(4) 실습도구 및 실습장소

상담실습에 이용되는 실습기재들로는 다음과 같은 것이 있다.

① 국내외 전문가의 사례 연구보고 및 논문
② 국내외 전문가의 상담 및 심리치료 녹음테이프
③ 실습자가 사용할 녹음기 및 녹음테이프
④ 실습교육에 활용할 비디오테이프 및 필름(영상자료)
⑤ 각종 심리검사도구
⑥ 상담 업무에 관련된 각종 정보 및 자료철

상담장소는 대체로 상기한 실습기재와 수단이 마련되어 있고, 적어도 2명 이상의 심리검사 및 상담 전문가가 재직하고 있는 기관이 되어야 한다.

(5) 실습지도자 지침

실습지도자가 되려면 대체로 대학원에서 상담 관련 학문을 전공하여 석사 이상의 학위를 받고 전문학회 공인자격시험에 합격한 후 실습기간을 포함하여 약 5년 이상의 상담경력 소지자가 바람직하리라 생각된다. 공인된 전문가 자격을 가지고 있을 뿐만 아니라 실무상담경력이 풍부한 상담사가 실습지도자가 되어야 하는 것이다.

실습지도자는 실습교육기관의 사정과 시설 조건에 따라 적합하게 수련생을 지도, 감독하여야 한다. 실습지도자는 실습자의 준비와 실습진행의 효율성을 위해서 실습과정에 대한 계획표를 작성하여 실습자에게 배부하고 안내해 주는 것이 바람직하다.

실습지도자와 실습자 간의 관계는 상담사와 내담자 간의 관계와 비슷한 점이 있다. 실습지도자는 실습자의 전문적, 인간적 성장에 항상 초점을 맞추어야 한다.

실습지도자는 실습자에게 매우 권위적인 존재가 되며, 따라서 권위적인 측면의 부작용을 조심해야 한다. 하지만 실습자가 받아들일 수 있다고 생각되면 많은 질문과 지적을 통해 실습자의 역량을 향상시켜야 한다.

실습지도자는 일방 투시경을 통한 관찰, 녹음테이프 및 비디오테이프 내용의 검토, 사례보고서와 실습자가 제시하는 기타 자료에 따른 실습 내용 검토를 통해 실습자를 지도한다.

4. 실습자의 전문적 성장

전문가라고 하면 내담자의 복지와 정신적 건강에 대해 책임을 지고, 자신의 전문적 역량을 통해 내담자를 변화시킬 수 있어야 한다. 즉, 전문가는 도와주려는 마음만 있는 사람이 아니며, 자신의 치료 역량을 계발하기 위해 끊임없이 노력해야 한다.

실습자는 상담을 잘할 수 있는 수준에 도달하기 위해 상담 원리와 기법을 배우고 지도감독자에게 철저한 감수를 받아야 한다. 뿐만 아니라, 자기 자신의 감정과 동기에 대한 통찰을 가져야 할 것이다. 즉, 자기 자신에 대한 이해를 더 깊이 하는 것이다.

상담사로서의 전문적 성장을 위한 실습자의 노력은 실습과제의 수행, 실습지도의 교육 등 공식적인 것만으로는 부족하다. 실제 삶의 현장에서 꾸준한 자기 탐색과 그에 따른 인간적 성장의 노력도 있어야 한다. 인간적으로 성숙한 사람이 더 전문적인 상담사가 될 수 있는 것은 자명한 일이다.

내담자에게 좀 더 집중하는 데 도움이 될 만한 조언 열 가지를 소개하면 다음과 같다.

1) 긴장하고 불안해할 필요가 없다.

상담사가 반드시 내담자의 문제를 해결해 주기보다 내담자 스스로 탐색하고 정리하는 과정을 돕는다는 사실을 명심하는 것이 중요하다. 천천히 면접을 진행하면서 내담자에게 상담관계가 어떤 것인가를 경험하게 하여야 한다.

2) 특정 상담이론에 매이지 마라

면접 중에 자신의 자연스러운 반응양식을 상담기법에 맞추지 말고, 오히려 자신의 성격과 언행에 상담기법을 맞추어 가려고 해야 한다. 진심으로 내담자에게 흥미를 가지고 도와주고 있다는 태도를 전달한다면, 설령 상담기법상의 오류를 범한다 해도 '좋은 상담관계'를 유지할 수 있는 것이다.

3) 내담자를 경청하고 관찰하라

내담자의 말을 예민하게 듣고 관찰하는 것이 상담사로서 훌륭한 출발임을 명심해야 한다. 먼저 상담사 자신을 의식하지 말고, 내담자의 언행을 열심히 듣고 보는 것이 중요하다. 또한 내담자의 비언어적 행동에 대해서도 상담관계에 의미가 있을 경우에는 상담사의 반응을 전달해 주는 것이 필요하다.

4) 내담자가 '현재의 자기'를 말할 때에는 방해하지 말고, 그렇지 않을 경우에는 중단해도 좋다.

내담자가 자기에게 의미 있는 자료를 말해 주거나 주로 감정적인 자료를 이야기하고 있을 때에는 상담사가 방해하지 않는 것이 바람직하다. 그러나 내담자가 자기의 이야기가 아닌 시국담(時局啖)이나 지나치게 지성화된 일반론을 펴고 있을 경우에는 내담자의 이야기 흐름을 중단할 수 있다. '무한정한 무조건적 경청'은 결코 내담자를 위하는 것이 아니고, 상담사의 의무를 다하는 것도 아님을 명심해야 한다.

5) 면접 중에는 '심리학적인 이해나 가설'을 생각하지 마라

"내담자 행동의 원인은 … 때문이 아닐까?" 하는 식의 가설을 세우고 이를 검증하려 하거나, "이것은 투사고, 저것은 접근–회피 갈등"이라는 식의 단정을 내려서는 안 된다. 상담사는 늘 '지금–여기(here and now)'에 충실하려고 노력하면서 내담자를 이해하고 수용하는 것이 중요하다.

6) 내담자의 침묵을 인내하라

상담사는 내담자의 침묵에 참을성을 갖고 기다리는 훈련이 필요하다. 그리고 어느 정도의 침묵이 경과한 후 내담자가 상담사의 반응을 기다리거나 수용할 수 있다고 판단되는 순간에 말하면 되는 것이다. '당신이 침묵을 하는 동안 무엇을 생각하고 어떤 심정으로 있었는지 궁금하군요.', '당신의 침묵이 길어지니까 내가 좀 답답해지고 불편해집니다.'와 같은 반응이다.

7) 내담자가 이해할 수 있게 전달하라

상담사는 항상 내담자의 수준을 고려하여 그가 이해할 수 있게 전달하는 것이 중요하다. 어려운 용어와 현학적인 표현을 써가며 내담자가 이해할 수 없는 수준을 전달하려고 한다면, 내담자는 가슴이 아닌 머리로 받아들이기 시작하면서 주지화하는 경향이 있다.

8) 항상 상담사 자신이 아니라 내담자에게 초점을 맞추어라

상담실습자로서는 '내담자에게 초점을 맞춘다.'는 말의 실제적 의미를 파악해야 한다. 이 말은 상담면접의 역점이 계속 내담자의 요구와 관심에 주어져야 하고, 상담사가 주고 싶은 정보나 토의하고 싶은 내용에 역점이 주어지면 안 된다는 뜻이다.

상담사는 자신의 감정적 동요 때문에 내담자에게 초점을 맞추지 못하게 되는 상황을 경계해야 한다. 상담사는 자신의 감정 반응에 흔들리지 말고, 반대로 그것을 건설적으로 이용할 수 있도록 역량을 계발해야 한다.

9) 자신에게 솔직하고 자신을 격려하라

상담의 초심자다운 자연스러움과 솔직성을 지니는 것이 중요하다. 그리고 자신의 한계에 대해 인식하는 것도 중요하다. 한계를 알아야 자신을 인정하고 격려할 수 있기 때문이다.

10) 자신의 역량을 끊임없이 계발하라

상담사는 자신의 역량을 계발하기 위해 끊임없이 노력해야 하며, 이 같은 노력은 수련기관 내에서뿐만 아니라 실제 인간관계 장면 속에서 계속 이루어져야 한다.

참고문헌

강준만(2007). 선샤인 논술사전. 긍정심리학. 서울: 인물과사상사.

강진령(2005). 집단상담의 실제. 서울: 학지사.

곽금주, 박혜원, 김청택(2011). K-WISC-Ⅳ 전문가 지침서. 서울: 학지사.

권석만(2008). 긍정심리학: 행복의 과학적 탐구. 서울: 학지사.

권석만(2012). 현대 심리치료와 상담이론. 서울: 학지사.

김경희, 이미나 외(2018). 모래상자치료 입문. 박영스토리.

김교헌(2002). 심리학적 관점에서 본 중독. 한국심리학회지: 건강, 7(2), 159-179.

김교헌(2006). 중독과 자기조절: 인지 신경과학적 접근. 한국심리학회지: 건강, 11(2), 1-37.

김교헌, 최훈석(2008). 인터넷 게임 중독: 자기조절 모형. 한국심리학회지: 건강, 13(3), 551-569.

김기태(1993). 위기개입론. 서울: 대왕사.

김동민, 강태훈, 김명식, 박소연, 배주미, 선혜연, 이기정, 이수현, 최정윤(2018). 심리검사와 상담. 서울: 학지사.

김용태(2000). 가족치료이론: 개념과 방법들. 서울: 학지사.

김유숙(2000). 가족상담. 서울: 학지사.

김재환, 오상우, 홍창희, 김지혜, 황순택, 문혜신, 정승아, 이장한, 정은경(2014). 임상심리검사의 이해. 서울: 학지사.

김준기(2009). 영화로 만나는 치유의 심리학: 상처에서 치유까지 트라우마에 관한 24가지 이야기. 서울: 시그마북스.

김중술(1998). 다면적 인성검사; MMPI의 임상적 해석. 서울: 서울대학교출판부.

김진숙(2003). 청소년상담의 기초. 서울: 한국청소년상담원.

김진희, 박미진, 임경희, 조붕환(2017). 학교상담사를 위한 상담면접의 실제. 서울: 학지사.

김춘경(2006). 아들러 아동상담. 서울: 학지사.

김춘경, 이수연, 이윤주, 정종진, 최웅용(2016). 상담학 사전.

김필진(2007). 아들러의 사회적 관심과 상담. 대전: 학지사.

김향희, 나덕렬(1997). 한국판 보스톤 이름대기 검사(K-BNT). 서울: 학지사.

김현희, 김재숙, 강은주, 나해숙, 양우성(2010). 상호작용을 통한 독서치료. 서울: 학지사.

김형태(2007). 21세기를 위한 상담의 이론과 실제. 서울: 동문사.

김혜숙(2004). 가족치료의 이론과 기법. 서울: 학지사.

김홍근(2001). Kims 전두엽-관리기능 신경심리검사: 해설서. 대구: 도서출판 신경심리.

노안영 역(2005). 아들러 상담이론과 실제. 서울: 학지사.

노안영(2005). 상담이론과 실제. 서울: 학지사.

류옥희(2009). 아들러학파 상담기법과 개인상담 사례 분석. *Journal of Counseling Psychology, 9*(1), 97-118.

마크 발뢰르, 크리스티앙 뷔쉐르(2010). 도박 중독(최의선 역). 서울: NUN.

박성희(2004). 공감학: 어제와 오늘. 서울: 학지사.

박현주(2009). 미술치료 진단기법의 이해. 서울: 양서원.

방선욱(2003). 심리학의 이해. 경기: 교육과학사.

백양희, 김지유(2014). 청소년 미술치료. 서울: 양서원.

서미, 김지혜 외(2020). 청소년자해상담. 서울: 학지사.

서울대학교 행복연구센터 홈페이지. http://happinessclass.snu.ac.kr/

송영혜(2019). 놀이치료 개론. 서울: 에버그린북스.

신영철(2001). Cyber-addiction의 진단 및 병리. 한국중독정신의학회 춘계학술대회 초록집.

심영섭, 김준형, 김은하(역)(2006). 시네마테라피. 서울: 을유문화사.

심우엽(20001). 교육심리학. 서울: 교육출판사.

위영희, 장현숙, 전숙영 외 4명(2016). 아동상담. 서울: 학지사.

유미(2013). 미술치료의 이해. 경기: 이담북스.

유성경, 조하나(2003). 낙관성 수준, 상황, 대상에 따른 대인관계도식의 차이. 한국심리학회지: 상담 및 심리치료, 15(3), 567-580.

유형근, 김윤희, 김지혜, 이유미(2010). 자살하려는 아이들. 서울: 학지사.

이미나 김수경 외(2021). 임상미술치료 이론과 실제. 경기: 공동체.

이미나 박경화 김영환(2021). 청소년 심리 및 상담. 경기: 지식공동체.

이미나 외(2020). 중독상담과 재활. 경기: 정민사.

이미나(2018). 한국모래상자치료학회 추계학술대회 Self가 나타난 모래상자이야기 주제발표.

이미리, 김춘경, 여종일(2020). 청소년 심리 및 상담. 서울: 학지사.

이부영(2011). 분석심리학. 서울: 일조각.

이부영(2014). 분석심리학이야기. 서울: 집문당.

이영분, 김유숙(1994). 가족분석가계도. 서울: 홍익재.

이운경, 김민주, 윤기봉(2018). 맞벌이 부모의 일—가정 갈등, 온정적 양육행동 및 학령초기 아동의 문제행동 간의 관계. *Korean J Child Stud, 39*(3), 141-156.

이장호(1986). 상담심리학 입문. 서울: 박영사.

이장호, 정남운, 조성호(2016). 상담심리학의 기초. 서울: 학지사.

이재훈(2002). 분석심리학(정신분석용어사전, 미국정신분석학회).

이혁의(1996). 청소년 위기극복을 위한 목회적 대안－위기상담 기법을 중심으로－. 호서대 대학원 석사학위논문.

이홍표 외(2013). 파스칼의 내기, 노름의 유혹: 도박의 이해와 치료. 서울: 학지사.
이홍표(2003). 비합리적 도박 신념이 병적 도박에 미치는 영향. 한국심리학회지: 임상, 22(2), 415-434.
이홍표(2004). 5요인 도박 동기 검증과 도박 동기가 도박 심각도에 미치는 영향 −문제성 및 병적 도박자를 대상으로−. 한국심리학회지: 건강, 9(3), 555-568.
임성관, 김은하, 이연실, 이환주(2014). 청소년을 위한 독서치료. 서울: 시간의 물레.
전애영(2012). 심리를 읽어가는 모래놀이치료. 경기: 공동체.
정문자(2016). 아동상담의 이해. 서울: 학지사.
정순례, 양미진, 손재환(2016). 청소년 상담이론과 실제. 서울: 학지사.
정여주(2014). 미술치료의 이해. 서울: 학지사.
정여주(2016). 미술치료의 이해(2판) 이론과 실제. 서울: 학지사.
정인석(1991). 상담심리학의 기초 이론. 서울: 대왕사.
정진복(2004). 신경심리학적 평가. 안창일(편저). 임상심리학. 서울: 시그마프레스.
정태기(1998). 위기와 상담. 서울: 크리스찬 치유목회연구원.
정현주(2005). 음악치료학의 이해와 적용. 서울: 이화여자대학교 출판부
조현춘, 조현재 역(1996). 심리상담과 치료의 이론과 실제. 서울: 시그마프레스.
조현춘, 조현재, 이희백, 천성문 역(1999). 집단심리상담의 이론과 실제. 서울: 시그마프레스.
채규만(2002). 성 중독 치료. 한국목회상담학회: 목회와 건강, 227-249.
최병철, 문지영, 문서란, 양은아, 김성애, 여정윤(2015). 음악치료학(3판). 서울: 학지사.
최정윤(2016). 심리검사의 이해. 서울: 시그마프레스.
최진영(2011). 한국판 치매평가검사(K-DRS-2) 전문가 요강. 서울: 학지사.
최현석(2011). 인간의 모든 감정. 경기: 서해문집.
한국청소년상담원(2006). 청소년상담 과정 및 기법. 서울: 한국청소년상담원.
현청환(2002). 상담이론 그리고 연습. 서울: 창지사.
황은영, 이유진, 정은주(2014). 음악심리치료의 이론과 실제. 서울: 학지사.

Aguilera, Donna C. and Janice M. Messick. (1994). 위기개입론: 이론과 방법(김만두 역). 서울: 홍익재.
Aspinwall, L. G., & Brunhart, S. M. (2000). What I do know won't hurt me: Optimism, attention to negative information, coping, and health. In J. E. Gillham(Ed.). *The science of optimism and hope: Research essays in honor of Martin E.P. Seligman(pp. 162-200)*. Philadelphia: Templeton Foundation. Published, 2000.
Ausubel, D. P. (1968). *Educational psychology: A cognitive view*. New York: Holt, Rinehart and Winston.
Baddeley, A. D. (1976). *The psychology of memory*. New York: Basic Books, Inc.

Bergh, C., Eklund, T., Soedersten, P., & Nordin, C. (1997). Altered dopamine function in pathological gambling. *Psychological Medicine, 27*(2), 473-475.

Bergler, E. M. (1985). *The psychology of gambling*. International Universities Press. Etats-Unis.

Binet, A., & Simon, T. (1976). *The development of intelligence in children*(E. S. Kit Trans.). Baltimore, MD: William & Wilkins.

Blanco, C., Orensanz-Munoz, L. J., Blanco-jerez, C., & Saiz-Ruiz, J. (1996). Pathological gambling and platelet MAO activity: a psychobiological study. *American Journal of Psychiatry, 153*(1), 119-121.

Bransford, J. D. (1979). Human cognition: Learning, understanding and remembering.

Brems, C. (2005). 심리상담과 치료의 기본 기술[*Nasic skills in psychotherapy and counseling*]. (조현춘, 이근배 역). 서울: 아카데미 프레스.

Brophy, J. E., & Good, T. L. (1986). *Teacher behavior and student achievement. In M. C. Wittrock(Ed.), Handbook of research on teaching*(3rd. ed). New York: Macmillan Publishing Com. 328-375.

Brown, R. I. (1986). Arousal and sensation seeking components in the genera explanation of gambling and gambling addiction. *International Journal of Addiction, 21*, 1001-1016.

Bruer, J. T. (1999). *The myth of the first three years: A new understanding of early brain development and lifelong learning*. New York: The Free Press.

Bruscia, K. E. (2003). 음악치료(최병철, 김영신 역). 서울: 학지사.

Buck, J. N., & Hammer, E. F. (Eds.) (1969). *Advances in the house tree-person technique: Variations and applications*. Los Angeles, CA: Western Psychological Services.

Buck. J. N. (1948). The H-T-P techniques: A Quantitative and qualitative scoring manual. *Clinical psychology, 5*, 1-120.

Burns, R. C. (1987). *The Kinetic HTP*. New York: Brunner Mazel.

Carnes, P. (1986). Progress in sexual Addiction: An Addictive Perspective. *SIECUS Report*, July, 4, 6.

Cattell, R. B. (1963). Theory of fluid and crystallized Intelligence: A critical experiment. *Journal of Educational Psychology, 54,* 1-22.

Chapin, J., & Coleman, G. (2009). Optimistic bias: What you think, what you know or who you know?. *North American Journal of Psychology, 11*(1), 121-132.

Ciarrochhi, J. W. (2002). *A Self-Regulation Manual for Individual and Family Therapy*. [김경훈, 김태우, 김한우, 안상일, 이영찬, 최성일 역(2007). 도박 중독 심리치료. 시그마프레스.]

Clinebell, Howard J. (1984). Basic Types of Pastoral Care & Counseling, Nashville: Abingdon Press.

Cormier, S., & Hackney, H. L. (2016). *Counseling stategies and interventions for professional helpers, Global Edition*(9th ed.). Boston, MA: Pearson Education Limited.

Crooks, R., & Baur, K. (1996). *Our Sexuality*. Brooks/Cole Publishing Company.

Csikszentmihalyi, M. (1990). *Flow: The psychology of optimal experience*. New York: Harper & Row Publishers, Inc.

Custer, R. L. (1984). Profile of the pathological gambler. *Journal of Clinical Psychiatry, 45*, 35-38.

De Shazer, S. (1988). *Clues: Investigating solutions in brief therapy*. New York: Norton.

Doll, B., & Doll. C. (1997). *Bibliotherapy with young people: Llibrarians and mental health professional working together*. Englewood, Co: Libraries Unlimited, Inc.

Dweck, C. S. (1975). The role of expectations and attributions in the alleviation of learned helplessness. *Journal of Personality and Social Psychology, 31*, 674-685.

Egan, G. (2013). *The skilled helper: A problem-management and opportunity-development approach to helping*(10th ed.). Pacific Grove, CA: Brooks/Cole, Cengage Learning.

Egan, R., Watson, J. C., Goldman, R. N., & Greenberg, L. S. (2004). *Learning emotion-focused therapy: The process-experiential approach to change*. Washington, DC: American Psychological Association.

Elder, A. (1993). Trading for a Living; Psychology, Trading Tactics, Money Management. John Wiley & Sons.

Elkind, D. (2001). *The hurried child: Growing up too fast too soon*(3rd. ed.). Cambridge: Da Capo Press.

Elliot, R., Watson, J. C., Goldman, R. N., & Greenberg, L. S. (2004). *Learning emotion-focused therapy: The process-experiential approach to change*. Washington, DC: American Psychological Association.

Evams. D. R., Hearn, M. T., Uhlemann, M. R., & Jvey, A. E. (2000). 상담의 필수기술: 효과적 의사소통을 위한 사례중심 접근법[*Essential interviewing: A programmed approach to effective communication*]. (성숙진 역). 서울: 나남출판.

Evertson, C. M., Emmer, E. T., & Worsham, M. E. (2000). *Classroom management for elementary teachers*(5th ed.). Boston: Allyn & Bacon.

Exner, J. E. (1969). *The Rorschach system*. New York: Grune & Stratton.

Freud, S. (1928). *The Future of an Illusion*. London: Hogarth Press.

Good, T. L., & Brophy, J. E. (1990). *Educational psychology: A realistic approach*(4th ed.). New York: Longman. 251-254.

Gouveia, S. O., & Clarke, V. (2001). Optimistic bias for negative and positive events. *Health Education, 101*(5), 228-234.

Grant J. E., & Potenza, M. E. (2012). 병적 도박의 치료와 임상 지침(이재갑 외 옮김). 서울: 학지사.

Grante, J. E. (2008). *Impulse Control Disorders*. [충동조절장애(김교헌, 이경희, 이형초, 권선중 역)(2009). 학지사.]

Greenberg, I. S. (2002). *Emotion-focused therapy*. New York: Guilford Press.

Guilford, J. P. (1967). *The nature of human intelligence*. New York:McGraw-Hill.

Hackney, H., & Cormier, L. S. (2001). *The professional counselor: A process guide to helping*(4th ed.). Needham Heights, MA: Allyn & Bacon.

Hanser, S. (2002), *Music therapist's handbook*. St. Louis: Warren H. Green, Inc.

Hill, C. E. (2012). 상담의 기술[*Helping Skills: Facilitating Exploration, Insight, and Action*(3rd ed.)]. (주은선 역). 서울: 학지사.

Hynes, A. M., & Hynes-Berry, M. (1994). *Biblio/poetry therapy-The Interactive process: A handbook*. st. Cloud, MN: North Star Press of St. Cloud.

Ivey, A., & Ivey, M. B. (2013). *Intentional interviewing and counseling: Facilitation client development in a multicultural society*. Monterey, CA: Brooks/Cole.

Jarvis, T. J., Tebbutt, J., & Mattick, R. P. (1995). *Treatment Approaches for Alcohol and Drug Dependence: An Introductory Guide*. [중독상담과 재활(신성만, 전영민, 권정옥, 이은경, 조현섭 역(2010). 학지사.]

Kasl, C. D. (1989). *Women, Sex, and Addiction*. New York: Ticknor: Fields.

Lazarus, R. S. (1991). *Emotion and Adaptation*. NY: Oxford University Press.

Lesieur, H. R., & Rosenthal, R. J. (1991). Pathological gambling: A review of the literature. *Journal of Gambling Studies, 7*, 5-39.

Levine, M., & Troiden, R. (1988). The myth of sexual compulsivity. *Journal of Sex Research, 25*, 347-363.

Lieberman, D. A. (2000). *Learning: Behavior and cognition*(3rd ed.). Belmont, CA: Wadsworth.

Masters, W. H., Johnson, V. E., & Kolodny, R. C. (1995). *Human Sexuality*. New York: Harper Collins College Publishers.

McGoldrick, M., Gerson, M., & Shellenberger, S. (1999). *Genograms: Assessment and intervention*(2nd ed.). NY: W.W. Norton & Company.

Meyer, L., & Melchert, T. P. (2011). Examining the content of mental health intake assessment from a biopsychosocial perspective. *Journal of Psychotherapy Integration, 21*(1), 70-89.

Miller, P. M. (2009). *Evidence-based Addiction Treatment*. New York: Academic Press.

Miller, S. (2008). 'What is the Secret of their Success?' paper presented at the supershrinks workshop, Melbourne, Australia, 19 November 2008.

Moran, E. (1970). Varieties of pathological gambling. *British Journal of Psychiatry, 116*, 593-597.

Mordock, John B. & William Van Ornum(1991). 아동과 청소년을 위한 위기상담(강문희 역). 서울: 교문사.

Ormrod, J. E. (1999). *Human learning*(3rd ed.). New Jersey: Prentice-Hall.

Ormrod, J. E. (2000). *Educational psychology: Developing learners*(3rd ed.). Merrill: Upper Saddle River, New Jersey.

Pelt, Rich Van. (1995). 사춘기 청소년들의 위기상담(오성춘, 오규훈 역). 서울: 한국장로교출판사.

Peterson, C., & Vaidya, R. S. (2001). Explanatory style, expectations, and depressive symptoms. *Personality and Individual Differences, 31*, 1217–1223.

Petry, N. M., Ammerman, Y., Bohl, J., Doersch, A., Gay, H., et al. (2006). Cognitive–Behavioral Therapy for Pathological Gamblers. *Journal of Consulting and Clinical Psychology, 74*, 555–567.

Rapaport, D., Gill, M. M., & Schafer, R. (1968). *Diagnostic psychological testing.* Internation university press, Inc.

Rohde, A. (1946). Explorations in Personality by the Sentence Completion Method. *Journal of Applied Psychology, 30*, 169-181.

Rosenthal, R. J. (1992). Pathological gambling. *Psychiatric Annals, 222*, 72-78.

Rosenthal, R., & Jacobson, L. (1992). *Pygmalion in the classroom: Teacher expectation and pupils' intellectual development*(newly expanded ed.). New York: Irvington Publishers.

Rubin, J. A. (1999). *Art therapy. An introduction.* Philadelphia: Brunner & Mazel.

Rubin, J. A. (2005). *Child art therapy.* New York: Wiley & sons, Inc.

Salovey, P., & Mayer. J. D. (1990). Emotional intelligence. *Imagination, Cognition, and Personality, 9*(3), 185-211.

Scheier, M. F., & Carver, C. S. (1993). On the power of positive thinking: The benefits of being optimistic. *Current Directions in Psychological Science, 2*, 26-30.

Shaffer, D. R. & Kipp, K. (2009). *Developmental psychology: Childhood and adolescence*(8th ed.). New York: Wadsworth Publishing.

Smith, K. L., Subich, L. M>, & Kalodner, C. (1995). The transtheoretical model's stages and process of change and their relation to premature termination. *Journal of Counseling, 42*(1), 34-39.

Sparry, L., & Sparry, J. (2012). 상담실무자를 위한 사례개념화 이해와 실제(이명우 역, 2014). 서울: 학지사.

Spearman, C. (1927). *The abilities of man: Their nature and measurement*. New York: Macmillan.

Sternberg, R. J. (1985). *Beyond IQ: A triarchic theory of human intelligence*. New York: Cambridge University Press.

Stone, H. W., Peterson, G. (1986). 위기상담(오성춘 역). 서울: 대한기독교출판사.

Swihart, Judson J. & Gerald C. Richardson. (1995). 위기상담(정태기 역). 서울: 도서출판 두란노.

Teyber, E. (2000). *Interpersonal process in psychotherapy*(4th ed.). Pacific Grove, CA: Brooks/Cole.

Thomas, R. M. (2000). *Comparing theories of child development*(5th ed.). Belmont, CA: Wadsworth.

Wadeson, H. (1980). *Art psycotherapy*. New York: John Wiley & Sons.

Watanabe, T., and Okamoto, Y. (2005). "The relationship between personality development after bereavement and care experience". *The Japanese Journal of Developmental Psychology, 16*(3): 247-256.

Wechsler, D. (1958). *The measurement and appraisal of adult intelligence*(4th ed.). Baltimore, MD: Wiliams & Wikins.

Weinrib, E, L. (1983). *Images of the self: The sandplay therapy process*. Boston: Sigo Press.

Weinstein, N. D., & Klein, W. M. (1996). Unrealistic optimism: Present and future. *Journal of Social and Clinical Psychology, 15*(1), 1-8.

Wright, H. Norman. (1998). 위기상담학(전요섭, 황동현 역). 서울: 쿰란출판사.

Young, K. S. (2007). Cognitive-behavioral therapy with internet addicts: Treatment outcomes and implications. *Cyberpsychology & Behavior, 10*, 671-679.

저자소개

■ **이미나**

현 광신대학교 복지상담융합학부 교수이며, 동 대학원 휴먼서비스교육학과(다문화사회교육전공, 중독상담전공) 주임교수이며, 아동가족학박사, 상담심리학박사, 다문화이민정책 등을 전공했다. 광주광역시 재난심리지원센터 상담활동가이다.

주된 저서는 다문화가족복지 및 상담/공동체, 생애주기별 부모교육/교육과학사, 영유아발달/학지사, 문화예술교육론/동문사, 청소년 심리 및 상담/지식공동체, 중독상담과 재활/정민사 등이 있다.

■ **김경숙**

현 호남신학대학교 사회복지상담학과 객원교수이며 광주여자대학교, 전남대학교 사범대학 상담심리학과 외래교수이며, 광주보석심리상담연구소(소장), 미래교육과상담 광주북부지부평생교육원(대표이사)로 교육학 및 상담심리 박사를 전공했다.

주된 연구로는 아들러이론에 근거한 목회돌봄 교육프로그램 개발 및 효과, 생애주기별 부모교육(교육과학사) 등이 있다.

■ **박정인**

현 호남신학대학교 사회복지상담학과 객원교수이며 광주여자대학교 상담심리학과 외래교수이며, 미래교육과상담 광주북부지부평생교육원(전무이사)로 교육학 및 상담심리 박사를 전공했다.

주된 연구로는 청소년 그릿증진 프로그램 개발 및 효과와 청소년기 부모역할 격려프로그램 기초연구 등이 있다.

위기상담의 이론과 실제

초판 1쇄 인쇄 / 2022년 3월 21일
초판 1쇄 발행 / 2022년 3월 25일

•

공저자 / 이미나 · 김경숙 · 박정인
발행인 / 이 중 수
발행처 / **동 문 사**

•

서울특별시 서대문구 홍제원 1길 12
(홍제동 137-8)
Tel: 02)736-3718(대), 736-3710, 3720
Fax: 02)736-3719
등록번호: 1974.04.27. 제9-17호
가격: 24,000원

•

ISBN: 979-11-6328-423-9 (93330)
E-mail: dong736@naver.com
www.dongmunsa.com